孔庙和国子监博物馆藏进士题名碑

清代卷

（第一册）

孔庙和国子监博物馆　编著

文物出版社

图书在版编目（CIP）数据

孔庙和国子监博物馆藏进士题名碑. 清代卷. 第一册 / 孔庙和国子监博物馆编著. -- 北京 : 文物出版社, 2024.6

ISBN 978-7-5010-8244-5

Ⅰ. ①孔… Ⅱ. ①孔… Ⅲ. ①孔庙—石刻—汇编—北京②进士—人名录—中国—清代 Ⅳ. ①K877.42 ②K827=2

中国国家版本馆CIP数据核字(2023)第215126号

孔庙和国子监博物馆藏进士题名碑·清代卷

（第一册）

编　　著：孔庙和国子监博物馆

责任编辑：郑　彤　陈博洋
封面设计：程星涛
封面摄影：周　怡
责任印制：王　芳
出版发行：文物出版社
社　　址：北京市东城区东直门内北小街2号楼
邮政编码：100007
网　　址：http：//www.wenwu.com
经　　销：新华书店
印　　刷：北京荣宝艺品印刷有限公司
开　　本：889mm × 1194mm　1/16
印　　张：27
版　　次：2024年6月第1版
印　　次：2024年6月第1次印刷
书　　号：ISBN 978-7-5010-8244-5
定　　价：260.00元

前 言

孔庙和国子监是元明清三代皇家祭祀孔子的场所，也是国家最高学府和教育管理机构。国子监始建于元至元二十四年（1287 年），孔庙始建于元大德六年（1302 年），国子监居西，孔庙居东，呈现“左庙右学”的规制。孔庙和国子监管理处建立于 2005 年，2008 年博物馆成立，馆内保存有 477 通碑刻。在孔庙第一进院落分布着四组碑林，其中绝大部分碑刻为元明清三代的进士题名碑，这些进士题名碑共计 198 通，上面刊刻了每一科科考的时间，以及元、明、清三代 51624 名进士的姓名、籍贯和甲第名次等信息。

进士题名碑是伴随着中国古代重要的选官制度——科举制度产生、发展而来的，它源于唐代的“雁塔题名”，即考中进士科的学子以题名于慈恩寺大雁塔的形式而举行的一种自发性庆祝活动。宋代承袭唐代制度，北宋进士题名碑立于相国寺和兴国寺，亦由进士自行刊刻。南宋起，进士题名碑立于礼部贡院，贡院是为了防止作弊而在各地设置的专门用于进行考试的场所。南宋时期，尽管由个人刻立、用来纪念本籍考中进士情况的进士题名碑已出现于各地学校和文庙中，但是立于贡院的进士题名碑已由官方题刻并承担全部费用。金代也实行科举取士的制度，目前也有一通女真文刊刻的进士题名碑留存。

元代自延祐元年（1314 年）开科取士，共举行 16 次科举考试，现存 3 通进士题名碑，位于孔庙一进院的西北区域。这 3 通碑是清康熙三十一年（1692 年）国子监祭酒吴苑在孔庙启圣祠院落中偶然发现的。

明初建都南京，洪武四年（1371 年）开科取士，洪武二十一年（1388 年）刻石立于南京国子监。永乐皇帝迁都北京后，从永乐十三年（1415 年）殿试后，将进士题名碑立在孔庙国子监内，一直到崇祯十三年（1640 年）的科考，共有 77 通明代进士题名碑存在至今。明代进士题名碑的刻立由礼部、工部和翰林院共同完成。刊刻的内容包括刻碑记（万历以后出现较少），按甲次分刻的进士姓名、籍贯，还有负责考试官员的姓名和官职。

清代自顺治二年（1645 年）开科，至光绪三十一年（1905 年）废科举，共举行科考 112 科，共立进士题名碑 118 通，其中包括 2 通满洲进士题名碑和 4 通翻译题名碑。有清一代，除康熙三年（1664 年）至雍正

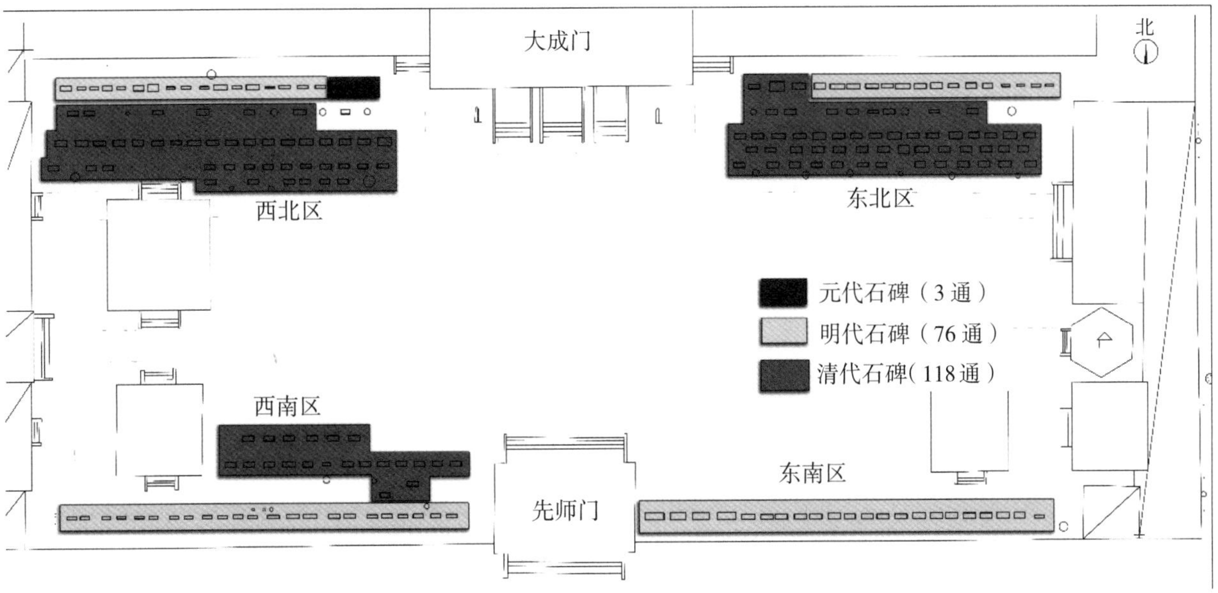

孔庙和国子监博物馆藏进士题名碑现状分布图

三年（1725 年）中的 23 通进士碑以及清末光绪二十九年（1903 年）和三十年（1904 年）的 2 通进士碑是私人捐资刻立的外，其余均由朝廷出资，礼部、工部和国子监负责刻立。清代进士题名碑的内容包括按甲次刻录进士的姓名、籍贯，以及内容比较简略的碑记。

进士题名碑是孔庙和国子监博物馆独特的文物资源，是研究中国古代科举制度以及教育、士子文化等重要的文物载体。2023 年以来，博物馆再次迎来了大量的观众和众多的交流、学习、访问活动。围绕着新时期文物工作的方针，肩负传承和弘扬中华优秀传统文化的责任使命，博物馆的各项工作生机勃勃地开展起来。我们一方面以馆藏进士题名碑拓片为基础，继续开展馆藏石质文物的三维扫描，对比《明清进士题名碑录索引》开展研究，梳理出与《索引》记载不同之处，进行标注；另一方面查阅、梳理《清史稿》列传中记录的进士题名碑人物，列入书中，使相关人物的信息和内容更丰富。作为博物馆的工作人员和文物的守护者，我们期望通过这些工作和努力，能够为观众带来更多的文化服务内容，也为相关研究人员开展更深入的研究以及将馆藏资源转化成更多样的文化产品提供翔实的基础资料。

我们的团队很年轻，一年多来，参与工作的几位同志在日常工作以外，加班加点整理图片、查阅史料、梳理资料。第一册书中，我们综合各方面因素，按时间顺序选定了自清顺治至雍正年间共计 36 通进士题名碑进行整理、编辑、校勘碑文。其中，顺治三年（1646 年）丙戌科、顺治四年（1647 年）丁亥科、顺治六年（1649 年）己丑科、顺治九年（1652 年）壬辰科、顺治九年（1652 年）策试满洲进士壬辰科、顺治十二年

（1655年）乙未科、顺治十二年（1655年）策试满洲进士乙未科由周怡编校；顺治十五年（1658年）戊戌科、顺治十六年（1659年）己亥科、顺治十八年（1661年）辛丑科、康熙三年（1664年）甲辰科、康熙六年（1667年）丁未科、康熙九年（1670年）庚戌科由李晴编校；康熙十二年（1673年）癸丑科、康熙十五年（1676年）丙辰科由李晴、张慧编校；康熙十八年（1679年）己未科由张慧、马琛编校；康熙二十一年（1682年）壬戌科、康熙二十四年（1685年）乙丑科、康熙二十七年（1688年）戊辰科由绳博、张慧编校；康熙三十年（1691年）辛未科、康熙三十三年（1694年）甲戌科、康熙三十六年（1697年）丁丑科、康熙三十九年（1700年）庚辰科、康熙四十二年（1703年）癸未科、康熙四十五年（1706年）丙戌科由绳博编校；康熙四十八年（1709年）己丑科由吕欧、马琛编校；康熙五十一年（1712年）壬辰科、康熙五十二年（1713年）癸巳科由胡文嘉、吕欧编校；康熙五十四年（1715年）乙未科由吕欧、周怡编校；康熙五十七年（1718年）戊戌科、康熙六十年（1721年）辛丑科、雍正元年（1723年）癸卯科、雍正二年（1724年）甲辰科、雍正五年（1727年）丁未科、雍正八年（1730年）庚戌科由胡文嘉编校；雍正十一年（1733年）癸丑科由吕欧、马琛编校。

我们在编写本书的过程中，遇到了很多的困难和问题，尽管十分努力，但由于水平有限，本书一定还有许多错误和疏漏，期待得到读者的批评指正，我们将在后续的出版过程中及时改正。

本书编辑委员会

2024年5月

凡 例

一、本书旨在通过拓片与碑铭相结合的形式，从图像和文字两个方面，对孔庙和国子监博物馆藏进士题名碑的所载信息加以呈现。

二、本书所录清代顺治、康熙、雍正三朝进士题名碑计有 36 通，依据年科的时间先后排序，起自顺治三年（1646 年）丙戌科，讫于雍正十一年（1733 年）癸丑科。

三、本书分为上下两编。上编按照时间顺序，逐科展示我馆藏进士题名碑拓片，并且辑录进士名单；下编逐科摘引见于《清史稿》列传记载的进士生平。

四、上编每一科内，首先展示石碑碑身的完整拓片，呈现全貌，标注年科。石碑经年已久，由于自然风化、石材性质等多种原因，碑文或清晰或漫漶，情况繁杂。对于碑文局部细节，本书尽量予以呈现，置于碑身全貌之后。

五、上编每一科内，在拓片图像后，列出本科三甲进士名单。名单以进士题名碑的碑铭为基础，依据拓片制作释文，形成进士名录。对于碑文漫漶、拓片残损而难以辨认的部分，本书参考了《北京图书馆藏中国历代石刻拓本汇编》（北京图书馆金石组编，中州古籍出版社 1989 年版）和《明清进士题名碑录索引》（朱保炯、谢沛霖编，上海古籍出版社 1980 年版），对馆藏拓片所载名录尽量辨认核对或补出。

六、下编每一科内，对于该科进士中在《清史稿》（赵尔巽等撰，中华书局 1978 年版）列传部分有专门记载的，本书对相应内容进行摘编，以期对进士生平事迹有较为具体的呈现。在上编进士名录部分，这些进士的姓名下加有横线，以作为提示。下编在摘引《清史稿》文字时，每科按三甲顺序列出进士列传，以碑铭所载进士姓名作为序号标题，注明所在卷和列传序数，然后将《清史稿》对应文字依原貌进行摘引和简化。

七、为便于阅读，本书整体采用简化字，力求以通行规范汉字对进士姓名和摘引的《清史稿》内容进行简化。考虑到本书涉及大量人名和文言用字，体量也较大，简化工作以《新华大字典》（商务印书馆辞书研究中心编，商务印书馆 2017 年版）为据，同时参考《现代汉语词典（第 7 版）》（中国社会科学院语言研究所词典编辑室编，商务印书馆 2016 年版）、《常用语言文字规范手册》（教育部语言文字信息管理司组编，商务印书馆 2016 版）、《新华大字典（第 3 版 · 彩色本）》（《新华大字典》编委会编，商务印书馆国际有限公司 2015 年版），在尽力遵循总原则的基础上，对个别特殊情形进行具体分析，灵活执行。对于进士姓名，尽量用碑上原字以示尊重。简化时，该字如在《新华大字典》中设有独立字头，则保留原字（例一）；如无独立字头，但与某字头存在繁体或异体关系，则简化为对应的字头用字（例二）；如无独立字头，且未见于任何字头存在繁体或异体关系，则保留碑文原字（例三）。对于摘引自《清史稿》的文字的简化，则通过上下文确定字义，再依据该义下的繁简或异体关系进行简化，力求合于通行的书写和阅读习惯。

例一：康熙六十年辛丑科第二甲进士“吴穀”之“穀”，碑铭作“穀”，《新华大字典》收录“穀”字作为字头，故而尽管“穀”在表达“稻谷”等义项时有对应的简化字形“谷”，此处人名用字之“穀”仍保留原字，不用“谷”。

例二：雍正二年甲辰科第一甲进士“陈德华”之“德”，碑铭作“悳”，《新华大字典》未见收录“悳”作为字头，而将其作为“德”的一种异体字形，故而此处简化为“德”。

例三：康熙五十七年戊戌科第三甲进士“戴洪橴”之“橴”，碑铭作“橴”，而该字形在《新华大字典》中未见收录，故而此处人名用字仍依原字形作“橴”。

八、本书注释内容源自整理拓片，参详史料的过程中所发现的差异或特殊情况，具体可分为三类。其一，以拓片所反映的碑铭作为基准，对参《明清进士题名碑录索引》“历科进士题名录”部分的记载，对于进士姓名用字不同者，加以注释。对于与《清史稿》所用名或姓名用字不同者，一并在上编进士名录部分进行注释，在下编《清史稿》摘引部分不再单独注释。其二，部分进士于《清史稿》列传部分有所记述，而对应卷首未列其名，而是将其传寓于他人传下，对于这类情况，本书也以注释形式标注其来源位置，以便读者追溯史料原文。其三，对于本书编撰过程中发现的其他独特现象，以注释形式加以说明。例如，康熙四十八年己丑科、康熙五十七年戊戌科等科碑铭，进士题名的上方或下方均见小字注文；再如康熙五十七年戊戌科，存在部分第三甲进士排名顺序与文献记载不同的情况。对于这些由碑铭反映出的特殊信息，本书也通过注释加以呈现和说明。

目　录

上编　进士题名碑三甲名单

下编 进士题名碑人物列传

上编　进士题名碑三甲名单

顺治三年（1646年）
丙戌科

顺治三年（1646年）丙戌科

第一甲　赐进士及第共 3 名

傅以渐　吕缵祖　李爽棠

第二甲　赐进士出身共 77 名

梁清宽　陈　爌　樊缵前　王炳昆　刘景云　田厥茂　李世镐　朱之锡　黄志遴　李棠馥　法若真　万惟枢
董　琄　梁清远　翟文贲　楼　晟　王无咎　高丹桂　石维昆　匡兰兆　胡兆龙　韦成贤　梁知先　张尔素
吕绍栻　杨宗岱　张彦珩　王依书　高鹏南　崔士俊　耿于垣　朱之弼　杨思圣　多象谦　毛一豸　纪　耀
高　明　史　载　陈衷一　赵嗣美　夏敷九　刘芳声　刘肇基　赵映乘　王　度　官靖共　阎廷谟　甯之凤
刘　楗　翟凤翥　李实秀　宋牧民　刘克家　王一骥　袁懋功　王荃可　窦　蔚　李　贲　刘鸿儒　孙珀龄
王廷谏　傅维鳞　张文炳　法若贞　王紫绶　高　桂　王　桢　柴望岱　王再兴　赵维旗　董笃行　王天眷
王舜年　林起龙　李脉健　吴　瑄　王体晋

第三甲　赐同进士出身共 293 名

单若鲁　艾元徵　李胤喦　孙胤裕　乔映伍　周历长　陈　协　李培基　李生芳　苏文枢　滑文蔚　朱　裴
常自牧　李　浃　田一伦　李大升　张　嘉　沈兆行　杨宗震　冯永祯[①]　孟学孔　张四教　刘中砥　张　逸
郭一鹗　高　玮　袁　浴　李培真　蓝　滋　马　颀　高　景　韩充美　杨　璜　王　纪　王道新　贾　都
王廷猷　李唐裔　杨君正　李振春　王期远　霍　炳　张纯熙　胡希圣　林起宗　徐化龙　侯良翰　崔胤弘
吕慎多　张国宪[②]　韩　范　陈国经　何可化　李　蔚　张惠迪　王士骥　李　炌　张初旭　席教事　刘文隽

王 鼎　魏裔介　王 谘　苏 铣　单父令　邵士标　禹昌际　王胤祚　鲍开茂　刘之琦　韦 炳　宋 杞

常居仁　吴治汇　庞太朴　李 适　张慎行　李岱阳　蔡永庄　李 玿　李世铎　段昌祚　赵 汴　王三接

杨时荐　刘泽芳　李善感　郭皇畿　王克生　魏尔康　郝肖仁　杜承美　张奎昇　袁天秩　畅 悦　马胤昌

于嗣登　陈益修　梁肯堂　杨三知　李鸿勋　尚际明　青伯昌　史三荣　武士豪　张 爌　陈公定　周 朴

杨原澄　马 瑾　袁襜如　褚士昇　刘 澍　潘朝佑　贾 壮　薛元瑞　张笃行　宗良弼　刘 霦　张其抱

和元化　毕振姬　吕维檩　刘 澜　李 鲸　江起元　赵胤振　朱之玉　雷嘘和　吕士秀　李 源　郭鹏霄

赵方晋　魏象枢　邓林瞿　曹之锦　马其昌　宫廷珍　杨在陛　丁浴初　王 忻　卢 铸　杨运昌　刘 昌

郭 镇　张 翀　胡之骏　张流谦　马缵绪　王体言　王公选　王惟叙　成观光　赵 昉　程 佺　石 申

阎 玿　唐 瑾　张联第　王 宏　赵班玺　张万绥　王登录　王天鉴　卫贞元　刘芳誉　赵 宾　宋之屏

马 刚　连起凤　胡以温　柴 濬　师若玮　胡应徵　李遵度　刘之屏　张慎为　朱国俊　侯方夏　王德显

李若琛　刘士兰　雷鸣皋　刁 昇　崔 蔚　陆华疆　卫绍芳③　朱廷位　左射斗　王 度　薛胤隆　段上彩

周之鼎　翟凤梧　张文明　张 汧　王鼎胤　李云起　颜永锡　赵齐芳　程附凤　张梦蛟　刘源濬　张 芳

郑 瑛　赵士俊　黄朝荐　瞿四达　高 爽　史 编　韩绵禧　沙 澄　李时蓁　马仲融　傅作霖　李恩光

王廷杰　赵明英　安 锐　解体健　姚赓唐　李天伦　谢宾王　白所见　李光胤　高之彦　李成性　陆运际

叶承宗　扈 标　刘世祯　于四裳　刘嘉注　杭齐苏　刘 漪　刘蚤誉　上官鉴　杜来凤　张启泰　刘廷训

孔传孟　王春阳　赵永祚　李 溥　田六善　刘 楷　袁凤彩　晋淑轼　庞 禔　史良植　卜汝弼　宋 翔

刘修己　郭肇基　李道昌　陆 嵩　解元才　刘三章　张 翮　张启元　史具勋　杨荣胤　苏弘祖　韩重辉

侯国泰　李焯然　孙芝华　张元镇　任 佐　武攀龙　王润身　郭知逊　赵士弘　孙尔令　崔子明　王同春

范发愚　曲圣凝　张元庆　李锺庚　刘胤德　孙 镜　阴应节　李荣宗　秦之铉　刘 纬　王 嶙　罗应选

乔震蕃　梁 遂　王兰彰　阎鹤昇　任昌祚

注：

①冯永祯，《明清进士题名碑录索引》作冯永桢。

②张国宪，《清史稿》卷二百四十四列传三十一“季开生□弟振宜”列传中有载。

③卫绍芳，《清史稿》卷二百七十六列传六十三“卫既齐”列传中有载。

顺治四年（1647 年）
丁亥科

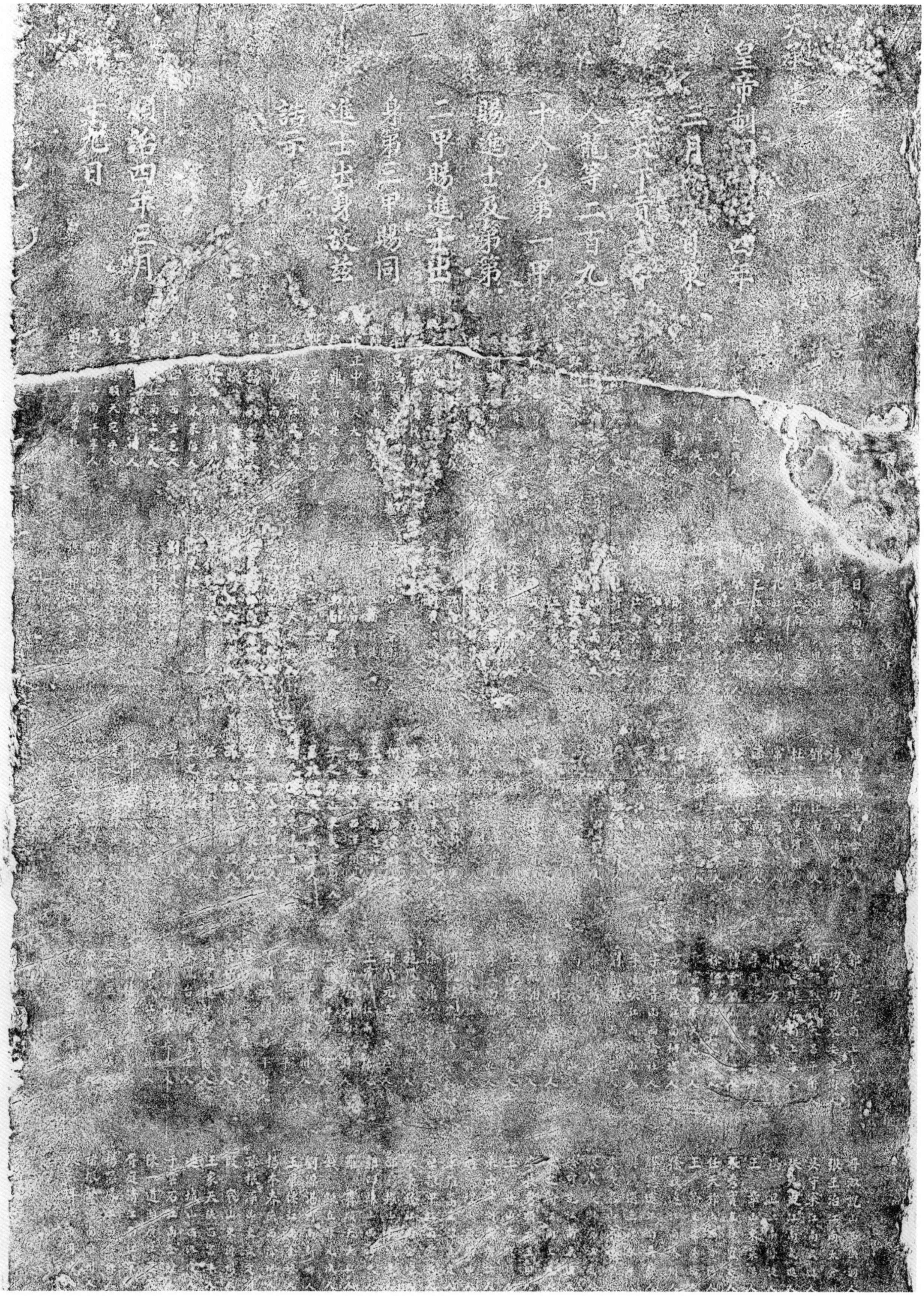
皇帝制曰
四年
三月
策天下貢士
龍等二百九
十八名第一甲
賜進士及第第
二甲賜進士出
身第三甲賜同
進士出身敬茲
誥示
順治四年三月
日

顺治四年（1647年）丁亥科

第一甲　赐进士及第共3名

吕　宫　程芳朝　蒋　超

第二甲　赐进士出身共57名

于明宝　周启嶲　李及秀　王大礽　钱祖寿　徐兆举　杨　镛　郝惟讷[①]　徐果远　张弘俊　冯　溥　方若珽
张安茂　唐朝鼎　须兆祉　宋徵舆　佘一元　冯右京　李昌垣　陈　卓　庄正中　杨　鼎　张　垦　卓　彝
王凤鼎　冀如锡　黄　机　诸舜发　宋　琬　马光裕　刘思敬　蒋之绂　苏　霖　高　翱　翁长庸　李　目
傅长祺　刘履旋　冯达道　李宗孔　赵函乙　许　焕　窦遴奇　陆有声　姚玄煐　秦仁管　范朝瑛　陆元龙
秦才管　谷应泰　胡芝发　胡惟德　聂政新　杨世学　陈　伟　李　敬　宋学洙

第三甲　赐同进士出身共238名

土　埰　张九徵[②]　王辅运　孙宗彝　陈忠靖　胡昇猷　郑之璞　朱克简　李　蔚　工伯勉　苏东杜　刘德炎
陆运熺　王灏儒　萧家蕙　孙应龙　张光祁　冯雷鸣　汤调鼎　邓　旭　杜　漺　常若柱[③]　潘泗水　黄敬玑
史允琦　李　芷　田国足　顾　仁　吴六一　唐　稷　杜　果　马鸣萧　张元枢　李　澄　武缵绪　石　玮
郝翀翰　杨毓兰　戚良宰　万方庆　何　棅　王章炳　岳峻极　李之芳　吕大猷　刘元运　董　玫　王三畏
冯　斑　任文晔　王之鼎　李　宪　高　明　李中白　堵廷棻　庄同生[④]　邹自式　郭　亮　杨大功　周绳烈
曹垂璨　郭　方　李应轸　傅云鹏　徐谦生　章云鹭　方亨咸　李长青　李　瑛　刘　玺　叶子循　马云举
谭希闵　董大翮　王际有　李孟雨　蒋胤修　周文烨　徐　鼎　施凤翼　郜焕元　王家桢　李如瑜　张毕宿

刘芳声　王　熙　丁同益　张　宽　叶甘棠　罗云逵　朱凤台　王　训　顾予咸　钱裔禧　王世噩　张能鳞
贾　濬　晋淑说　张王治　吴守采　张九嶷　冯　旦　王　章　张秀实　任天祚　王　翰　徐我达　缪慧远
樊鸿选　朱长泰　张夙成　徐可先　朱之翰　李长秀　王　晋　朱士冲　赵　瑾　娄维嵩　曾振甲　袁秉铨
邵　擢　郭四维　罗　森　钱　綎　刘源湛　王康侯　杨本春　孙根深　段　衮　王象天　连　城　于云石
陈一道　胥庭清　杨藻凤　褚振声　张　珥　张　昊　程汝璞　张台耀　汪浴日　武全文　高仁度　杨　泰
汪永瑞　刘玉瓒　叶　舟　柴　望　贾弘祚　黄炳启　李彦珂　靳秉璋　朱　虚　王允谐　赵志忭　温树珧
邢若鹏　贺运清　范印心　罗大猷　朱天宁　叶嘉徵　崔抡奇　王廷机　阮鞠廷　钱世锦　焦象贤　张祚先
王　榜　董上治　薛　眉　吴用光　葛　陛　吕鸣纯　王秉直　李　陶　靳龙光　孙自成　刘复鼎　刘　振
赵来鸣　刘缉尧　薛　耳　高光国　盛　交　刘　帱　许　襄　乔来凤　刘允谦　王建中　史树骏　江中楫
陈廷楹　朱廷瑞　李廷枢　龚景运　王　劝　周文华　宋国彦　喻　勋　李人龙　王道隆　米　襄　杨六德
李世洽　虑毓粹　张鲲翔　蔡琼枝　穆尔谟　赵　编　徐明弼　冯美玉　万应皋　郜炳元　吴道凝　蒋尔琇
季振宜　余国柱　叶腾凤　李生美　刘　禅　相启运　田萃祯　李　倩　王起彪　蔡含灵　王民瞻　周嘉植
史士僎　胡扬俊　鲍凤仞　程万里　杜良祚　邢以正　刘惠恒　张　晖　李纯质　虞　宁

注：

①郝惟讷，《清史稿》作郝维讷。

②张九徵，《清史稿》卷二百四十四列传三十一“张玉书”列传中有载。

③常若柱，《清史稿》卷二百四十四列传三十一“季开生□弟振宜”列传中有载。

④庄冋生，《明清进士题名碑录索引》作庄冏生。

顺治六年（1649 年）
己丑科

顺治六年（1649年）己丑科

第一甲 赐进士及第共 3 名

刘子壮 熊伯龙 张天植

第二甲 赐进士出身共 77 名

范光文 黄日祚 徐致觉 方玄成 周 莛 王应京 林云京 狄 敬 孙 籀 左敬祖 胡 亶 吴南岱
张道湜 成 亮 何 采 杨旬瑛 刘芳声 张习孔 袁国梓 张 表 丁峻飞 安 焕 周茂源 周体观
李登云 施闰章 姜图南 施肇元 黄元衡 梁以桂 黄自起 马烨曾 王 锳 颜 敏 丁 彦 刘国钦
吴之纪 焦毓瑞 何承都 曾子京 张茂先 吴正治 郝 浴 郁之章[①] 曹本荣 李本晟 周曾发 郭一鹗
戴 玑 孔自洙 王广心[②] 徐增美 郭金铉 卫之琮 翁祖望 王 清 张新标 韩 玙 许熙宇 孙允恭
李缙明 马之� 李铭常 萧嗣奇 张士甄 黄宣泰 祝 昌[③] 潘瀛选 高光夔 杨穀汝 王 垓 诸 豫
沈 焯 顾 贽 张 璇 寿以仁 匡兰馨

第三甲 赐同进士出身共 315 名

曹 琪 黄象雍 徐必远 谭凤祯 锺明进 董文骥 叶树德 任中杰 周景从 季开生 陈 贽 沈 鼒
相有度 王绍隆 王庆章 赵 焘 李光座 方于光 陆振芬 郭之培 冯 偀 徐 炟 刘元琬 庄有筠
王介锡 员起龙 陈嘉善 李 颋 衣璟如 李子燮 施起元 林嗣环 周公轼 邬象鼎 王道南 史 燧
沈搏上 龙起潜 薛信辰 郑龙光 贾廷奭 王 教 杨模圣 周 礼 王 庭 陆 彪 张之璧 闵渠黄
鲁期昌 刘 珖 瞿廷谐 侯于廷 刘宏誉 任克溥 彭舜龄 胡应霈 彭 爌 王嘉生 陈上年[④] 赵胤翰

汪继昌　刘兆元　袁大受　陈　舒　陈兆鸾　韩　理　周永绪　李世耀　金汉蕙　赵霖吉　杨行健　王嗣皋

孟绾祚　胡　允　姚延著　冀绍芳　郑　名　尹明廷　荆其惇　黄中通　南起凤　张舜举　苏腾凤　韩　冲

王毓恂　胡顺忠　沈　伦　王大章　葛天骅　季还春　谢　泰　盛　治　潘士璜　张日浣　汪　汇　柯赓昌

黄颢中　史弘谟　张六部　刘世永　吴道煌　杨绍武　王运启　倪篇元　谢　观　董象乾　谢　宸　尹　衡

魏似韩　何其智　朱廷璟　吴天麒　孙　温　刘广国　王鼎臣　余廉徵　张廷宾　尚金章　华士眉　董巽祥

董朱衮　汪　蘅[5]　蔡震兰　孙大儒　吉允迪　贾程谊　崔作霖　程启朱　崔　杰　郭一元　王廷议　吴来仪

史象晋　袁　英　钱茂秦　熊　焯　董应誉　钱　江　王笃庆　朱承命　范光遇　李嘉胤　韩文锋　牛天宿

董　襄　魏　震　张三异　储　曾　王　洵　席　式　徐徵凤　张禹谟　范廷元　许缵曾　张继前　蔡祖庚

祝匡基　赵梦仁　方跃龙　杨仕显　陈宪冲　吴宗孟　徐　惺　杨元勋　柯　耸　朱挟镲　吴衷一　孙弘诘

成晋徵　徐　翀　萧世賨　宋奇杰　朱　瑛　叶锺芝　徐鼐臣　李仪古　侯振世　朱　绂　刘汉卿　程　云

费纬祉　宗　彝　李即龙　胡明垣　汪基远　陈廷枢　易道沛　李雨霑　范正脉　张　瑄　王世裔　杨逢春

郭行义　蒋如瑶　冷开泰　刘　綋　王　绣　倪　斌　唐彦帙　吴道观　裴春魁　杨　璛　范　龙　刘之浴

卢　綋　唐运皞　陈　基　张自涵　丁　敬　高尔修　金汉鼎　顾如华　何士锦　沈令式　鱼飞汉　吴庆期

夏人佺　陈天清　郑遹玄　胡三顺　钱君铨　张一震　范　进　张超方　宋可发　侯　杲　南　仪　王国玮

祝　喻　夏　霖　沈在湄　李祥光　顾涞初　卜永昇　李可乔　诸保宥　聂文逵　陈　凝　刘嗣美　黎民牧

李　桢　王　辛　程万善　孙　遂　王功成　管抒素　邓秉恒　费国暄　周世昌　宋文运　张弘祚　韩　豫

刘　环　胡悉宁　成肇毅　林忠顺　李成矿　赵　晒　马廷赞　董士昌　吕补衮　刘源清　王宠受　沈之琏

纪御蛟　魏　冒　李汝为　于朋举　周　琼　韩有倬　成　性　于之挺　顾　煜　周一熊　卢运昌　张启钥

朱绍凤　戴　玄　赵映斗　孙　灏　杨宗昌　王　铿　白惺涵　曹期嘉　沈闳劭　萧维楧　雷一龙　赵一心

范惟粹　洪胤嵩　郭如俨　孙昭锡　吴之镆　童钦承　杨廷谏　刘　恺　王斗枢　姚延启　叶万善　王伯翔

胡翼圣　汤家相　杨　洁　李长胤　杜霁远　张光祖　唐梦赉　陈　太　宋士俊　刘顺昌　杜希旦　庄朝生

许士璜　窦士范　龙纳铭[6]

注：

①郁之章，《清史稿》卷四百九十八列传二百八十五 “郁褒”列传中有载。

②王广心，《清史稿》卷二百六十七列传五十四“王项龄”列传中有载。

③祝昌，《清史稿》卷四百八十八列传二百七十五 “杨应鹗”列传中有载。

④陈上年，《清史稿》卷四百八十八列传二百七十五 “杨应鹗”列传中有载。

⑤汪蘅 ,《明清进士题名碑录索引》作汪衡。

⑥龙纳铭，《明清进士题名碑录索引》作龙讷铭。

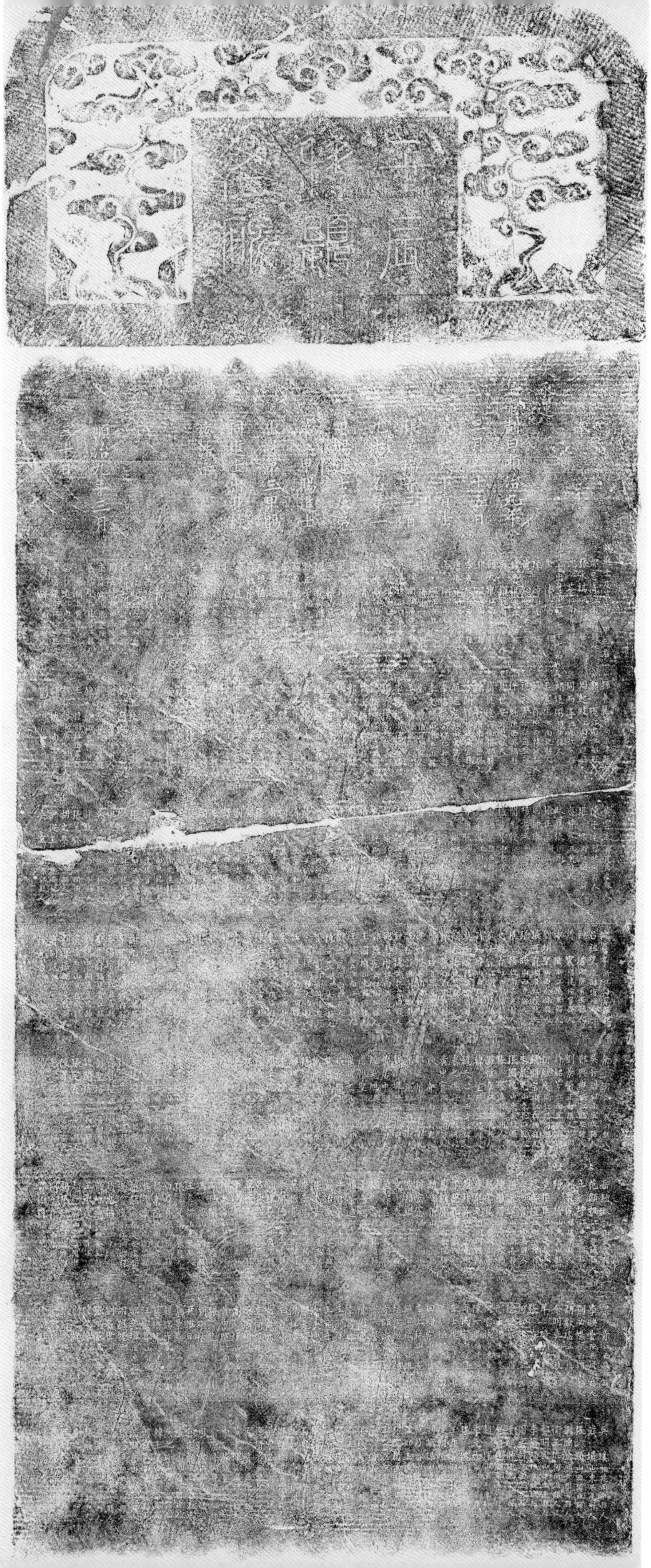

顺治九年（1652 年）
壬辰科

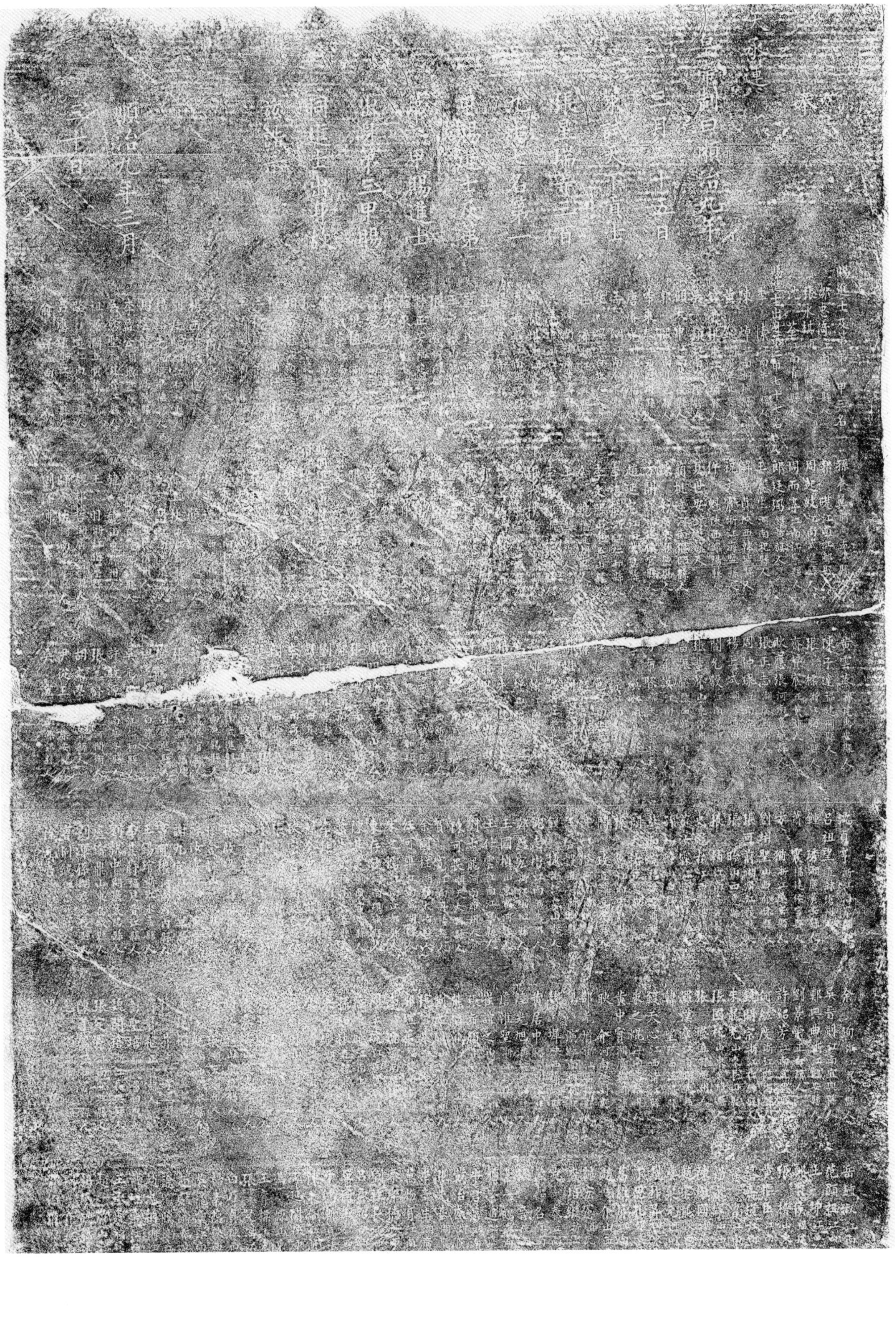

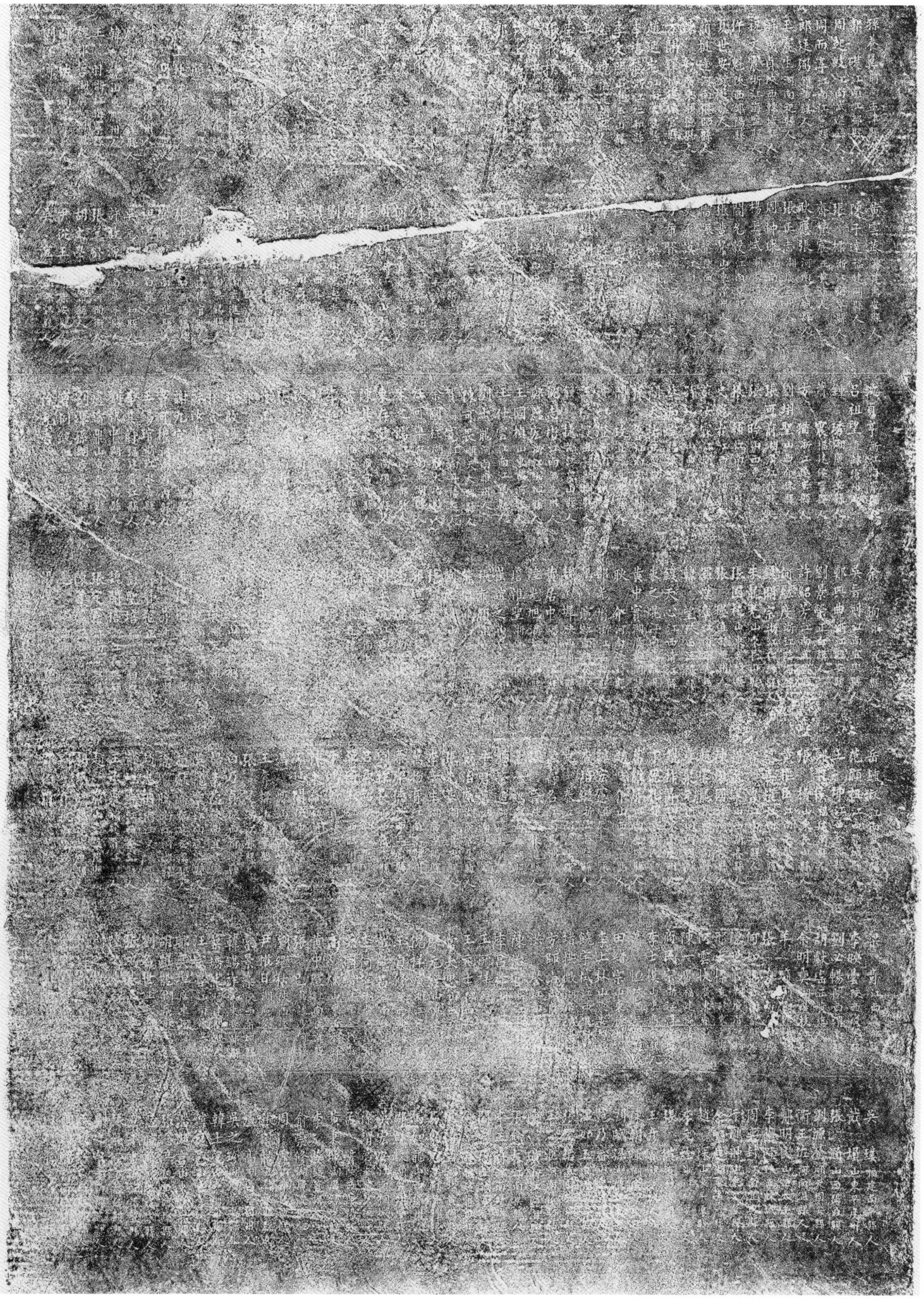

顺治九年（1652年）壬辰科

第一甲　赐进士及第共 3 名

邹忠倚[1]　张永祺　沈　荃

第二甲　赐进士出身共 77 名

李　慷　陈　焯　黄　釥　钱受祺　吴　颖　顾大申　郭　熙　李来泰[2]　唐赓尧　王　纲　迟　煌　庄　镈
汪炼南　吴亮中　曹尔堪　唐德亮　杨兆鲁　笪重光　许　瑶　王元曦　张　溍　林正芳　范承谟　李文煌
萧家芝　耿拱极　苏祖荫　费　达　张居昌　胡尚衡　张　标　王孙蔚　王廷璧　纪振边　张　茁　杨西狩
刘廷献　杨绍先　马云龙　李盈公　吴愈圣　祖泽阔　路　遴　吕应锺　俞　铎　孙养翼　郭　础　周起岐
周而淳　郎廷弼　王震生　解几贞　祝文震　仵　魁　夏世安　蔺挺达　陈　彩[3]　方开铎　赵延宅　李禧熊
李文熙　金　镜　王　瑞　李振邺　张我朴　汤衍中　戎上德　郭　濬　张应桂　侯于唐　孙期昌　蔡元禧
傅世舟　金　铉　李鼎玉　邵　灯　艾　秀[4]

第三甲　赐同进士出身共 317 名

徐　越　周允钦　冯　标　张瑞徵　罗光众　徐来清　夏安运　刘必显　徐上扶　吴　闾　刘大谟　严自泰
韩　魏　王　羽　魏邦哲　师　佐　刘泽溥　黄云蒸　陈子达　张　标　齐赞宸　耿应张　张正志　周仲球
杨士斌　阎允毅　张蜚声　雷振声　史承谟　方希贤　李　焕　洪　琮　程　邑　徐　经　郝惟训　王　勰
施维翰　高　坪　杨于先　周龙甲　许重华　吴琪滋　赵曰冕　陈适度　傅感丁　何　澄　周明新　张星瑞
郑钦陛　刘毓桂　彭　翩　李上林　阎毓伟　龚必第　王元衡　龚廷历　孙仁溶　薛　沄　张迎禊　徐腾晖

祖述尧　吴元石[5]　许启源　张翼舒　胡文学　尹从王　吴　浤　沈贞亨　吕祖望　锺　琇　萧　震　方　犹
刘翊圣　张可前　张　昤　张　辅　史彪古　苏汝霖　孙锡龄　蔡而烷　阎天祐　孙　鲁　阎　玫　沈一澄
王馨穀　钱　捷　沈志彬　郑蕴宏[6]　王国桢　王仕云　刘士龙　陈可畏　贺　宽　余国柱　汪可准　宋之儒
東存敬　陈其美　叶先登　李延矩　刁全史　狄宗哲　张　灏　叶正蓁　郭　棻　孙启后　张含辉　苏汝霖
谢九官　窦可权　王锡琯　李其蔚　刘执中　卢铸鼎　刘浑孙　曹同统　徐元吉　余　恂　吴晋剡　郑兴曲
刘景荣　许绍芳　何纮度　钱开宗　朱龙光　张国杞　张　暧　罗汉章　韩　望　钱天心　朱之焜　黄中实
耿　介　邵光胤　杨　演　魏　墀　黄居中　陆光旭　詹惟圣　崔谊之　张希颜　熊侪鹤　刘之骥　张　基
郭瑄第　李　煊　周季琬　陆鸣时　孙如林　朱　绶　余　缙　孙如周　许　侃　宋士显　萧綦隆　尚九迁
崔之瑛　王　纪　王建枢　徐　昇　齐赞枢　彭圣培　魏开禧　张定宪　陈有虞　毛　炳　汤　斌　岳锺淑
范显祖　王　坤　郑羽侯　张　楷　黄枢臣　蔡嘉祯　贾　曾　杨永宁　陈维国　赵云龙　娄聚元[7]　戴祚昇
丁思孔　葛维屏　赵　介　谭弘宪　查培继　史　泰　陆寿名　张　晋　韦一鹤　龚荣遇　牛君藩　戴治盛
张先基　李奇生　万物育　秦乐德　刘祚长　吕奏韶　单国玉　于鸿渐　陈永命　王延阁　冯　源　王夺标
张　翼　白乃贞　杨素蕴　吴龙章　赵献论　徐　腾　赵忠柟　戴旭华　王承裘　赵　嵊　杨梦鲤　荆　彦
邵伯胤　梁　奇　李映昙　刘必畅　胡献瑶　余明彝　羊　琦　张　芳　何如龙　陈世第　邢士标　何云扶
陈一簣　商民宗　李士模　萧　恒　田绪宗[8]　李上林　饶宇栻　堵拱微　方师诲　洪　誉　陈治官　李昌祚
王毓祥　王元士　常大忠　廖元发　倪祥爌　王自修　戴应昌　李何炜　吴国缙　高　熏　黄中瑄　张　巳
刘继祜　尹惟日　索景藻　韩锡祚　叶矫然　汪宗鲁　邝奕垣　胡跃龙　刘名世　张鸿基　陆之洓　荆之茂
张好奇　赵鹗荐　徐　珏[9]　吴　璞　戴　埙　张　涵　刘源澄　卫王佐　郑明良　李荫澄　周奕封　于鹏翀
余崛起　赵　琛　李元烇　张　俣　王彦宾　陈朝晖　刘临孙　范乃蕃　温如玉　张文韬　王　汇　陈　璜
张愈大　李正蔚　阎宗尼　愈　逊[10]　欧阳璧　易象兑　马如龙　邹白淑　吴弘安　徐谓弟[11]　孟　崆　黄秉坤
李　英　俞崇修　周　霖　张现龙　卢　高　吴之珍　韩士望　韩庭邑　潘飏言　张志尹　陆腾凤　章平事
张厥修　刘之宗　王禔躬　郑四端　田起龙

注：

①邹忠倚，《清史稿》卷三百五列传九十二“邹一桂”列传中有载。

②李来泰，《清史稿》作李泰来。

③陈彩，《清史稿》卷二百六十六列传五十三“徐元珙”列传中有载。

④艾秀，碑刻小字注“复姓郑”。

⑤吴元石，《明清进士题名碑录索引》作吴玄石，碑刻小字注“更名雯清”。

⑥郑蕴宏，《明清进士题名碑录索引》作郑蕴弘。

⑦娄聚元，《明清进士题名碑录索引》作娄聚玄。

⑧田绪宗，《清史稿》卷五百八列传二百九十五“田绪宗妻张”列传中有载。

⑨徐珏，《明清进士题名碑录索引》作徐钰。

⑩愈逊，《明清进士题名碑录索引》作俞逊。

⑪ 徐谓弟，《明清进士题名碑录索引》作徐谓第。

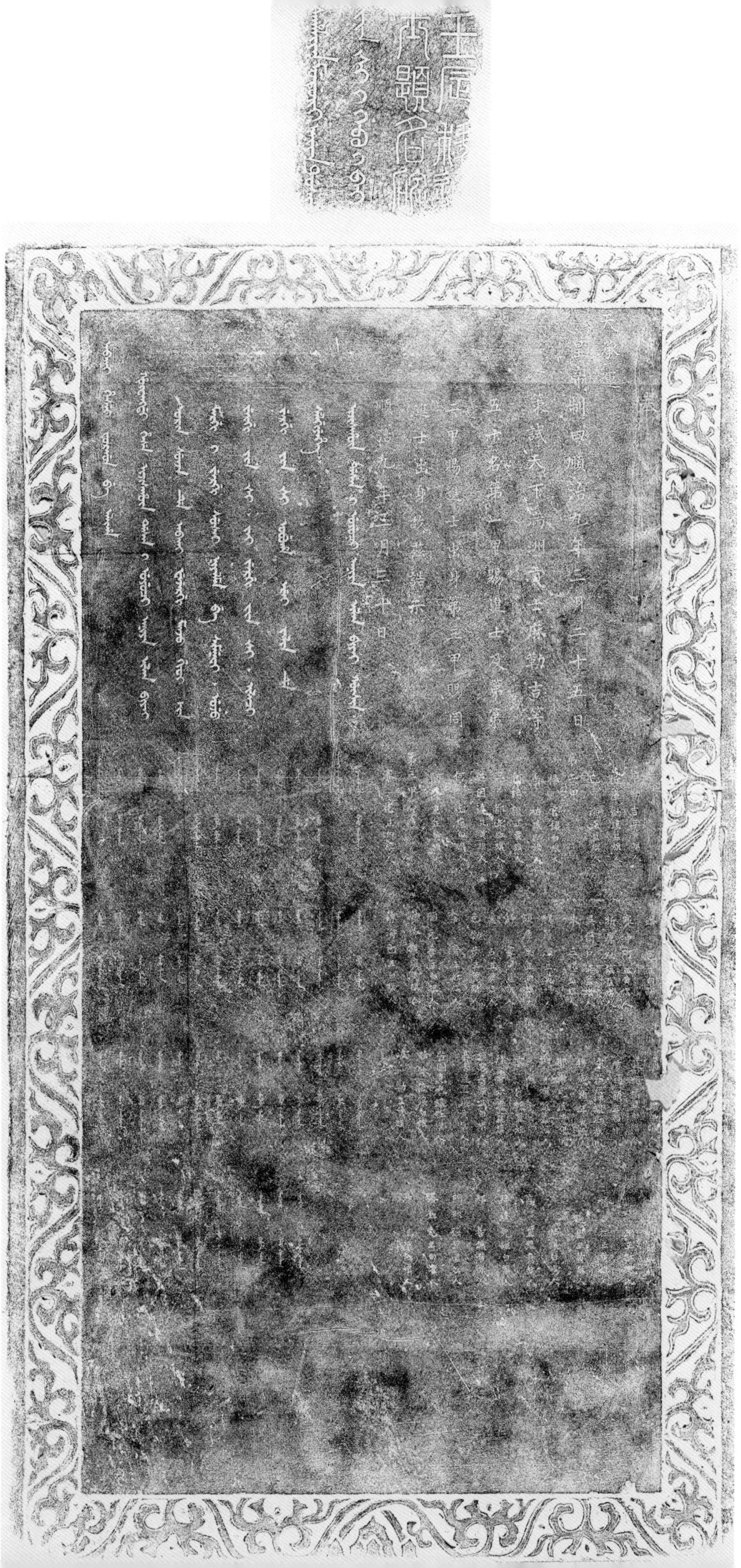

顺治九年（1652年）策试满洲进士壬辰科

天承運
皇帝制曰順治九年三月二十五日
策試天下滿洲貢士麻勒吉等
五十名第一甲賜進士及第第
二甲賜進士出身第三甲賜同
進士出身故茲誥示
順治九年三月三十日

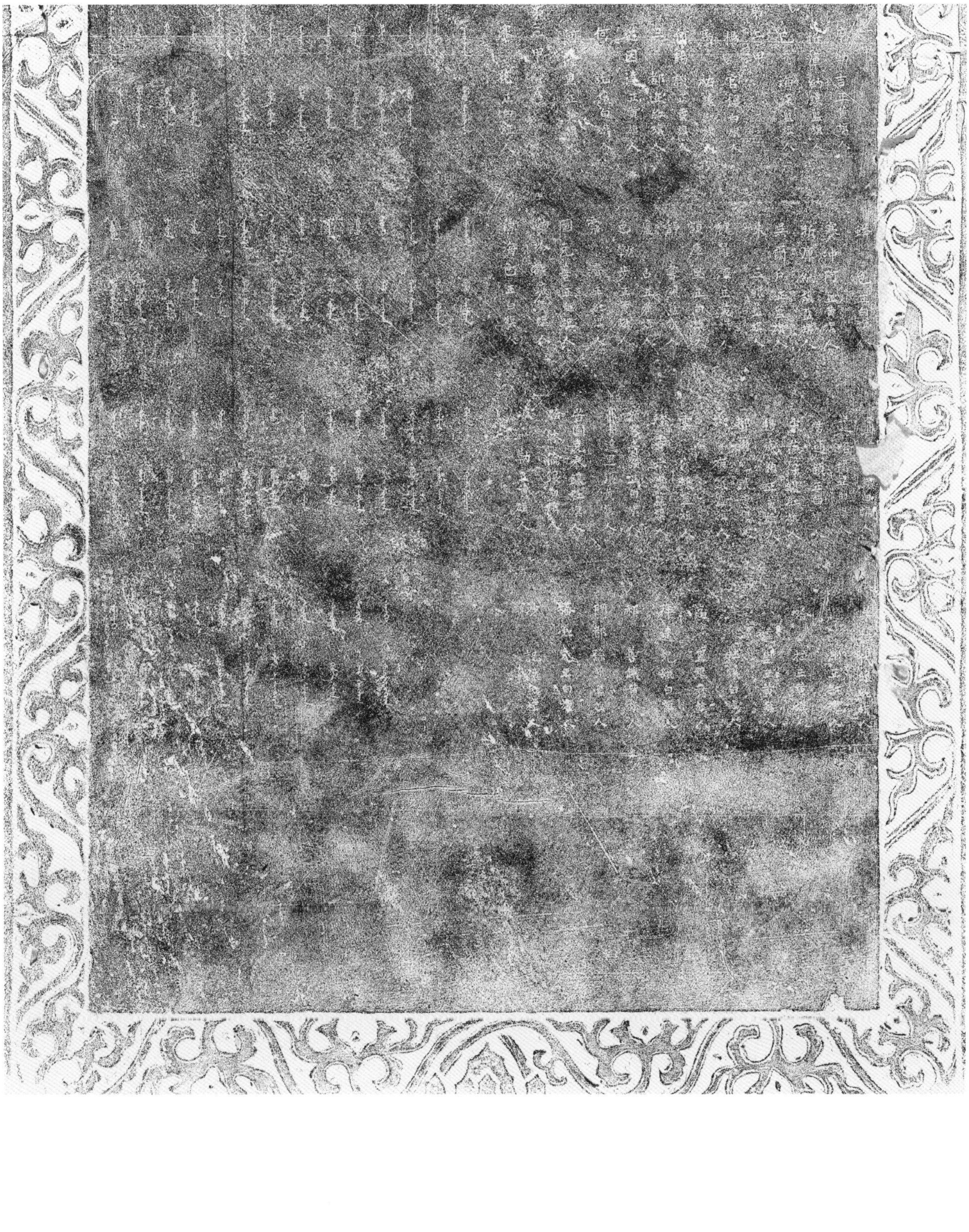

顺治九年（1652年）策试满洲进士壬辰科

第一甲 赐进士及第共3名

麻勒吉 折库纳 巴 海

第二甲 赐进士出身共7名

杨 官 马 祐[①] 何锡谈[②] 三 都 迈因达 何 托 阿萨里

第三甲 赐同进士出身共40名

赛 花 蟒 色 赛冲阿 折库纳 吴尔户 朱 三 魏罗浑 额库里 舒 书 卢 占 色勒步 索 济 图克善 纳冷额 苏海色 鼐音达 达哈塔 吉通额 宋苏保 穆成额 都尔巴 讷 布 云 代 蟒吉六 额客青额 赛音达里 苦图克泰 哈木伦 波 勒 吴拉代 进 州 哈 拉[③] 八达里 赛 柱 高 里 拜达儿 郝 善 门都孙 塔必兔 沙 记

注：

①马祐，《清史稿》作玛祜。

②何锡谈，《清史稿》作阿什坦。

③哈拉，《明清进士题名碑录索引》作合拉。

顺治十二年（1655年）
乙未科

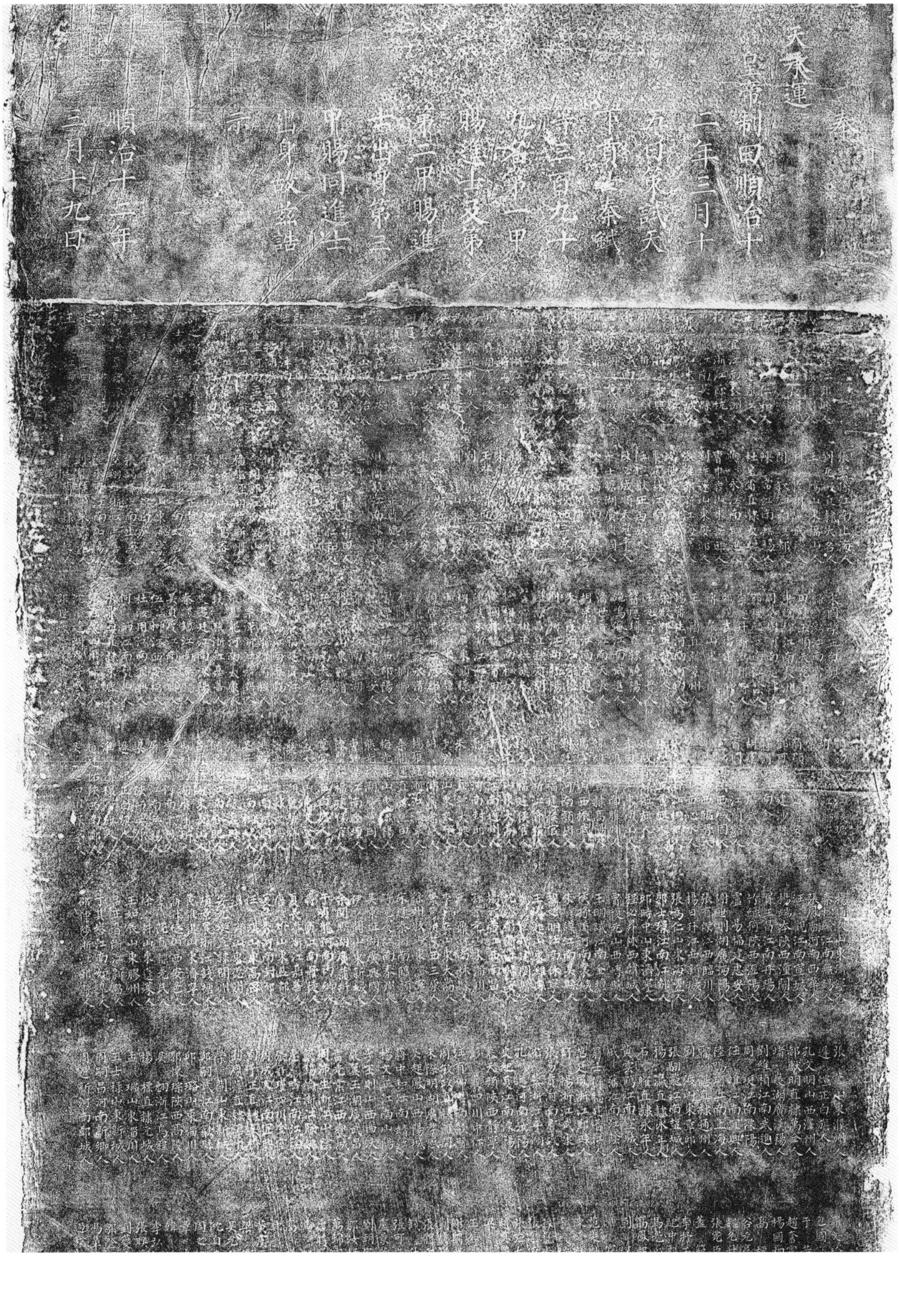
奉天承運
皇帝制曰順治十
二年三月十
五日策試天
下貢士秦鉽
等三百九十
九名第一甲
賜進士及第
第二甲賜進
士出身第三
甲賜同進士
出身故茲誥
示
順治十二年
三月十九日

顺治十二年（1655年）乙未科

第一甲　赐进士及第共 3 名

史大成　戴王纶　秦　鉽

第二甲　赐进士出身共 77 名

王益朋　王命岳　宋德宜　严　沆　黄　鼎　孙光祀　郭世纯　朱　旂　周震藻　徐元珙　王泽弘　丁　澎
杨志远　刘芳躅　郭曰燧　杨延锦　徐元絭　陈　戬　胡在恪　杨　霖[①]　尹源进　徐旭龄　徐致章　田逢吉
李镛金　孙胤骥　吕和锺　王发祥　吴来绂　洪士铭[②]　邱象升[③]　任　埈　张翰扬　薛奋生　张有光　王日藻
万　鼒　许之渐　虞士烨　喻　珩　刘体仁　洪若皋　冯源济　翁　佶　朱麟祥　王　琬[④]　张云孙　刘元徵
王　鹭　刘昌臣　闵　叙　陈　常　杜皇甫　黄　永　曹申吉　刘祚远　张惟赤　沈世奕　巢震林　任暄猷
陈必成　华士瞻　陆廷福　李震生　秦　琅　戴　斌　黄云史　杨名耀　朱孔照　王登云　刘　沂　刘　辉
王汝棐　张嘉祚　陈祚昌　张登举　胡简敬

第三甲　赐同进士出身共 319 名

张松龄[⑤]　史逸裘　蒋龙光　朱张铭　刘宗韩　何元英　李开邺　杨继经　綦汝楫　孙象贤　裴绍宗　顾景锡
袁州佐　年仲隆　张锡怿　陆翔华　陆求可　刘胤桂　贾廷兰　宋国荣　归　泓　田种玉　申紘祚　周令树
邓种麟　李燧升　郑观吉　傅　扆　王　阶　杨蕃生　康殿邦　王元晋　符应琦　施鸣佩　潘世晋　胡宗虞[⑥]
朱　霞　荆　柯　孙际昌　甯心祖　徐绍芳　董国栋　陈鼓永　胡景曾　于可托　胡启甲　巩维城　尤师锡
雷学谦　纪　元　韦弦佩　杨　鼒　王　揆[⑦]　周景濂　龚九震　嵇永福　唐彦晖　许宗浑　张见龙　钱　黯

史飏廷　秦镳　吴贞度　伍柳　杜汝用　何讷　张鼎彝　张注庆　沈逵　邵世茂　顾豹文　胡健
常建　商显仁　邓可权　符渭英　胡虞潢　甯国珍　党以让　谢敦懿　韩张　张超　张恩斌　姚启盛
李曰桂　袁鸿谟　韩雄胤　冯云骧　刘廷桂　蒋宣　龚勋　林文辉　马光远　程天旋　万泰　朱蓰
于鹏翰　胡韵　杨雍建　桑开运　梅光鼎　熊光裕　曹锺浩　陈圣泰　董常国　从大为　龚鲲　甯光玺
洪启槐　吴子云　张萃　倪衷复　吕凤梧　马淑昌　李如兰　屠尚　梁铉　迟炤　淮清　赵廷佑
吴暹　杨通久　秦松龄　张凤翮　汪观　杨端本　贺王昌　竹绿猗　卢易　谢世则　张有杰　杨日升
张为仁　郭士璟　邱时中[8]　程必昇　贾复元　王明试　侯抒愤　朱谟　程之明　王震起　郑章　沈彫
杨元蕃　孙宗元　王鼐　李立　李彦珽　徐州牧　宋逢泰　许光震　吴景祉　伊辟　余开熙　于肖龙
蒋寅　夏长泰　唐炌　苌孕秀　任琪　温泮　安九埏　项景襄　黄维祺　乔升德　李浣　徐杆
王如辰　吕正音　丁其誉　邵仲陟　张荩　迟煊　孔文明　郝献明　堵嶷　刘维祯　周珽　任雄
陆鸣珂　雷湛　刘渡　张翮飞　杨瀛　石曜　黄云鹤　戚藩　翁士伟　范廷凤　舒畅　张易贲
沈棻　孔迈　史纪夏　慕天颜　彭襄　汪有朋　周敏政　朱际明　吴起凤　蒋中和　杨文正　李丕则
严翼王　雷光业　周沛生　戴锡纶　惠畴　张吾瑾　周成文　刘子正　刘庆藻　荣开　郑嗣武　邱璐[9]
郭怀琮　吴翾　杨标　孟瑞　王士禄　周嗣昌　周道新　罗文瑜　包国京[10]　于芳　赵奋霄　杨国相
高标　谷元亨　魏允升　张完臣　盖范　李抒玉　纪中兴　马光启　高凤起　刘深　章霖　范廷魁
陈灯　李毓楠　孙胤光　张懋德　张施大　赵奠丽　梁熙　王若羲　谢兰英　刘广誉　张体元　钱升
张可立　卢景芳　刘朝宗　邬汝楫　万锦雯　唐时亨　冯镛　高曦　郑向　黄虞再　梁儒　吴允升
沈自南　周之旦　章贞　韩遴　李弘敏　张联箕　刘夔生　邹登嵋　冯皋强　过松龄　周建鼎　张我鼎
李栋朝　耿佐明　张嘉善　鄢翼明　孙中麟　刘毓安　张登选　董绍邦　陆左铭　邵嘉胤　王昌嗣　张若麒
丁象鼎　耿効忠　郑鼎镇　许书　欧阳光缙　张鼎新　张凤起　梁御鼎　王志鳌　范廷华　李继白
史崇恂　王震亨　陈国桢　张伟　张光烈　许纩　孟述绪　孙继　金玉式　杨霞　张怀德　陈立礼
陈年榖　齐洪勋　张应瑞　焦荣　高瑜　祖之麟　祖泽潜　银文灿

注：

①杨霖，《明清进士题名碑录索引》作杨森。

②洪士铭，《清史稿》作洪士钦，卷二百三十七列传二十四“洪承畴”列传中有载。

③邱象升，《明清进士题名碑录索引》作丘象升。

④王琬，《明清进士题名碑录索引》《清史稿》作汪琬。

⑤张松龄，《清史稿》卷四百八十八列传二百七十五“叶有挺”列传中有载。

⑥胡宗虞，《明清进士题名碑录索引》作吴宗虞。

⑦王揆，《清史稿》卷四百八十四列传二百七十一“王昊”列传中有载。

⑧邱时中，《明清进士题名碑录索引》作丘时中。

⑨邱璐，《明清进士题名碑录索引》作丘璐。

⑩包国京，《明清进士题名碑录索引》作谢包京。

奉天承運
皇帝制曰順治十二年三月十五
策試天下滿洲貢士賈勤等五
十名第一甲賜進士及第第二
甲賜進士出身第三甲賜同進
士出身故茲誥示
順治十二年三月二十二日

顺治十二年(1655年)
策试满洲进士乙未科

奉
天承運
皇帝制曰順治十二年三月十五
策試天下滿洲貢士賈勷等五
十名第一甲賜進士及第第
二甲賜進士出身第三甲賜同
士出身故茲誥示
順治十二年三月二十二日

第一甲
圖爾宸正白旗人
賈勷正紅旗人
索泰正白旗人

顺治十二年（1655年）策试满洲进士乙未科

第一甲 三名

图尔宸 贾 勤 索 泰

第二甲 七名

董 色 胡西图 乌大禅 莫乐洪 门得礼[①] 吴把海 马 鼐

第三甲 四十名

得木图 达尔布 阿思哈 车克出 娃尔答 伊桑阿 萨木哈[②] 那 鼐 恩吉图 达扬阿 能 德 葛色特 朱马礼 舒 书 噶尔噶图 库 察 阿达布 葛尔特 那尔代 色黑得 阿尔达礼 达 舒 拉 自 李 柱 刘 喜 查 汉 托必泰 和 尚 库三那 特者布 八 拜 恩克参 岂他他 色 冷 侯 黑 阿哈代 班 第 鄂尔介 图尔坤 占木苏

注：

①门得礼，《明清进士题名碑录索引》作门德礼。

②萨木哈，《清史稿》作萨穆哈。

顺治十五年（1658年）
戊戌科

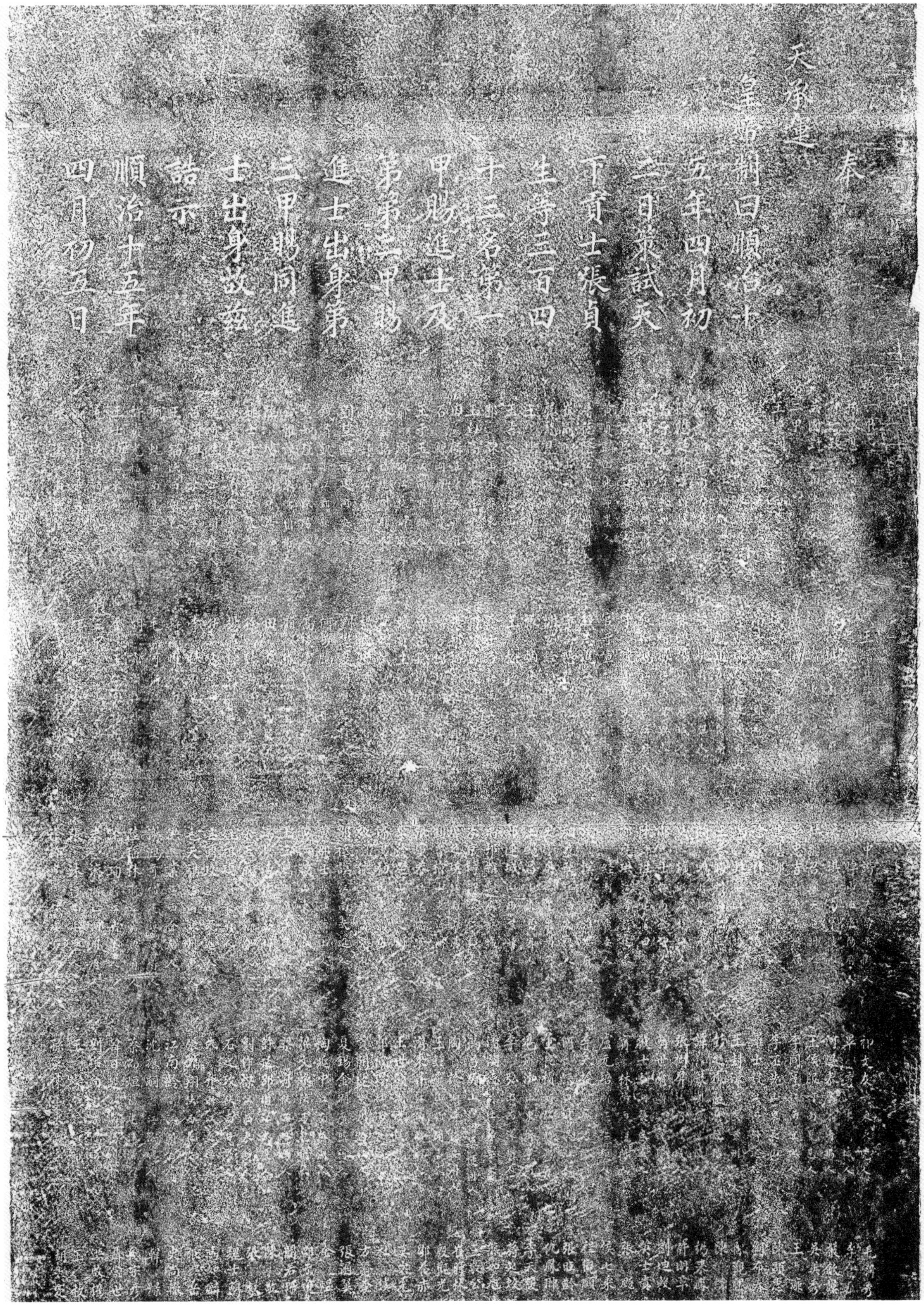

奉天承運
皇帝制曰順治十五年四月初二日策試天下貢士張貞生等三百四十三名第一甲賜進士及第第二甲賜進士出身第三甲賜同進士出身故茲
誥示
順治十五年四月初五日

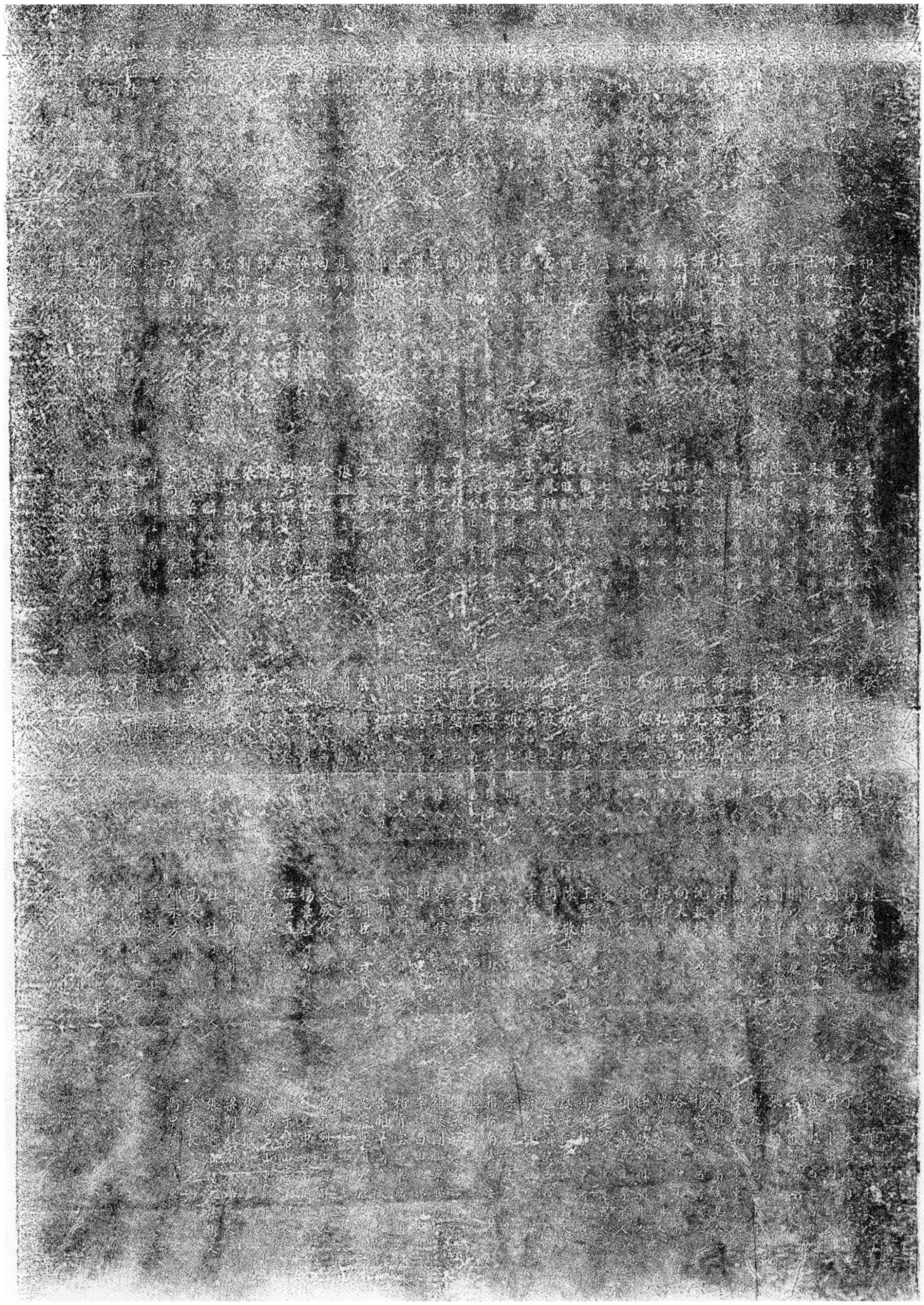

顺治十五年（1658年）戊戌科

第一甲　赐进士及第共3名

孙承恩　孙一致　吴国对

第二甲　赐进士出身共80名

王遵训　陆　鉴　富鸿业[①]　俞之琰　邬　昕　陆懋廷　马晋允　吴珂鸣　顾耿臣　黄贞麟　屠德隆　崔尔仰
龚龙见　王　埙　王吉人　郭　谏　王曰高　田　麟　石　鲸　王于玉　俞　灏　林云铭[②]　冯萼舒　刘望龄
钱肃凯　黄如瑾　萧惟豫　陆　璇　姚士升　章采岳　沈奇生　吕显祖　王　镒　顾　虬[③]　许岩光　王士禛[④]
毛　逵　罗孙燿　朱　选　戴王缙　徐之凯　陈禋祉　赵　钥　呙正仪　凌鹗远　高斗阶　李长青[⑤]　江殷道
凌　焜　徐鹏扬　徐喈凤　张一鹄　于　琏　官于宣　钱志进　李念慈　谢玄铨　张　炳　王　松　徐士吉
郭　昌　张邦福　叶方恒　曾王孙　张贞生　莫之栻　杨正中　刘懋夏　何芳腾　高凌云　顾　岱　田　薰
徐　臻[⑥]　杨应标[⑦]　伊　巘　李　杜　蒋　曜　毛际可　胡　鄂　金怀玉

第三甲　赐同进士出身共260名

丁应龙　彭士俊　钱中谐　高　晫　吴　淇　杜继召　毕忠吉　连应郑　涂景祚　冯　甦　王养晦　顾　鹏
吴　矿　储　士　陈　珄　邹度琪　卢　经　沈　汉　颜象龙　史胤庚　王飏昌　郭连城　万邦维　朱京琦
詹之瑛　刘鲁桧　张寅恭　李发魁　傅亶初　张　俍　邹祇谟　黄邵士　黄　绶　王三荐　汤原清　余玉成
姚祖项　吴鼎玫　毛天骐　洪　业　谢鸿奇　陆瑶林　沈　珣　朱　济　张　沐　徐粹忠[⑧]　祁文友　毕　秀
何际泰　王侯服　李同亨　李丕先　罗士毅　王封溁　彭之凤　谭　篆　张树屏　翁世庸　严士骑　甯　林

卢元培　李天授[9]　何　缙　董良槚　扈　泓　李　弘　潘嗣德　冯昌奕　陶　谕　王锺灵　游东昇　王世显
郭佩璆　黄开运　夏锡金　陶延中　梁文焕　梁　舟　许延邵　刘作梁　石之玫　朱　介　张鹏翔　江南龄
沈振嗣　蔡而烜　韩日起　刘宗向　王　灿　孙家栋　毛漪秀　李含春　严钦谟　吴美秀　王　濂　陈显忠
刘布春　陈觐圣　陈　纬　杨来凤　许明章　刘迪毅　黄士贵　张　飏　侯七乘　程观颐　张旺龄　仇凤翀
李天馥　蒋起蛟　熊如旭　王敬公　崔蔚林　殷观光　邹养赤　莫与先　杜　镇　方济奎　张尔翼　金　煜
邵于道　阎若琛　陈　敬　张　叙　魏士兰　马如麟[10]　张熙岳　史尚辙　韩　熤　熊宗彦[11]　聂当世　洪启权
王　枚　胡大定　张志禧　郭　枢[12]　高子翼　王保鳌　王　渫　黄洪辉　李冲霄　赵玄览　万里侯　洪图光
程　瀚　邹　弘　金　良　刘业广　赵　仑　牛光斗　李培初　黄运启　陈懋芳　林　颢　汪以淳　徐文烜
郑昆璧　郑人琦　宋士琇　阚　选　刘　桓　张天翼　阚碧霞　甯世珽　胡公著　丘　泰　于登俊　锺国义
陈美典　龚　荪　王世英　冯　壮　张　涵　康国祥　戴　玺　张大奇　虞二球　熊赐履　林仪凤　冯肇楠
刘　梅　侯　曦　关以华　刘泰祥　袁鼎先　刘振基　洪泮洙　沈延标　向大观　梁才倎　范其铸　钱元修
陈肇昌　王圣时　陈　敬[13]　胡可及　李岱生　柴伟观　吴本植　尚翌岐　娄维岑　张贞侯　郑　重　刘思辑
郑邦相　侯周臣　谢元瀛　艾厥修　杨景煌　伍亶直　程应辰　欧阳焯　胡宗鼎　杜　桂　高文鉴　邓永芳
焦　澍　谢荣昌　萧翱材　侯体随　吴引祚[14]　王兴贤　李　灏　丁　泰　刘　卜　黄　熙　王起岱　张　枏
常九经　陈应乾　刘维烈　杨宏器　谷　峰　韩允嘉　任溯昉　项　嘉[15]　魏双凤　冯光祚　应纯仁　张正谊
游名柱　李　馨　郭指南　熊赐玙　何玉如　雒献图　李粹白　柏肯堂　李开早　沈崇宁　张　瑛　孙启烈
杜允中　翟于磐　成瑞石　张　枢　梁朝柱　张奇抱　李枝长　马中骦

注：

①富鸿业，碑刻小字注“更名鸿基”。

②林云铭，《清史稿》卷五百八列传二百九十五“林云铭妻蔡”列传中有载。

③顾虬，碑刻小字注“复姓许”。

④王士禛，《清史稿》作王士祯。

⑤李长青，《明清进士题名碑录索引》作郑长清。

⑥徐臻，碑刻小字注“复姓杜”，《清史稿》作杜臻。

⑦杨应标，《明清进士题名碑录索引》作杨应可。

⑧徐粹忠，碑刻小字注“复姓屠”，《明清进士题名碑录索引》作屠粹忠。

⑨李天授，碑刻小字注“复姓张”。

⑩马如麟，《明清进士题名碑录索引》作翁如麟。

⑪ 熊宗彦，碑刻小字注“复姓邹”。

⑫ 郭枢，《明清进士题名碑录索引》作胡枢。

⑬ 陈敬，碑刻小字注“奉旨增廷字”，即改名陈廷敬，《清史稿》作陈廷敬。

⑭ 吴引祚，碑刻小字注“复姓杨”。

⑮ 项嘉，碑刻小字注“复姓名顾高嘉”。

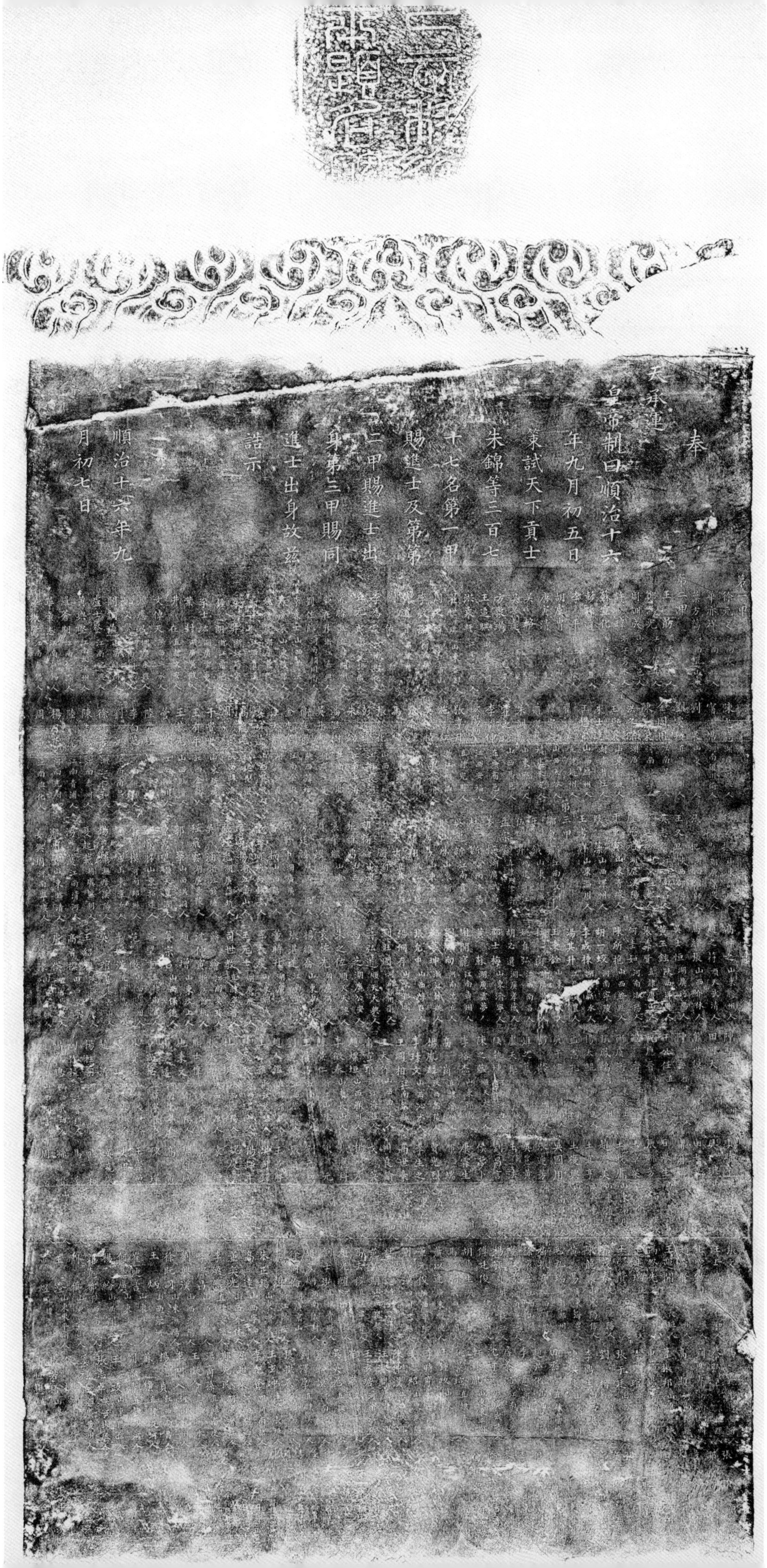

顺治十六年
（1659年）
己亥科

奉
天承運
皇帝制曰順治十六
年九月初五日
策試天下貢士
朱錦等三百七
十七名第一甲
賜進士及第第
二甲賜進士出
身第三甲賜同
進士出身故茲
誥示
順治十六年九
月初七日

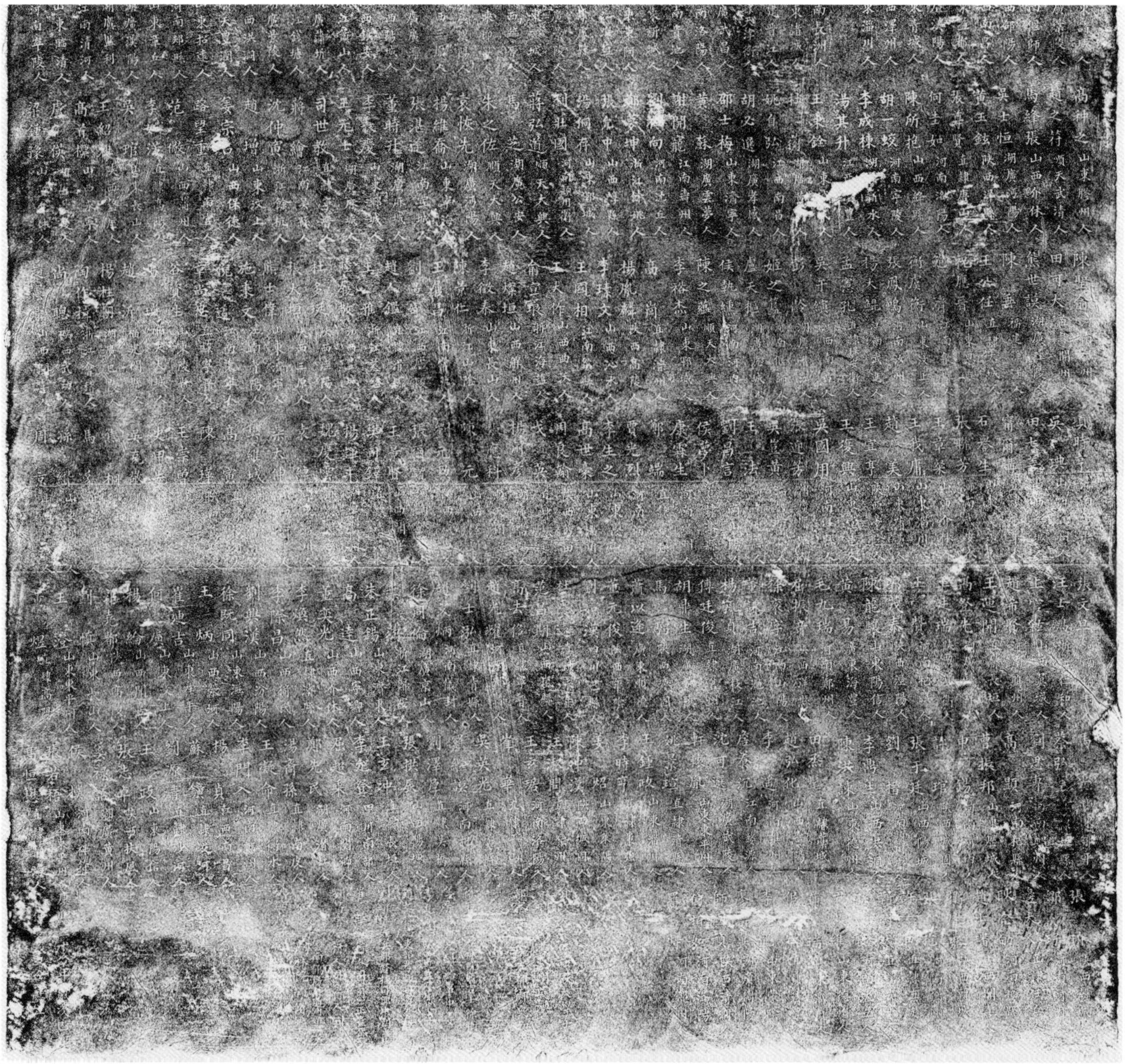

顺治十六年（1659年）己亥科

第一甲 赐进士及第共3名

徐元文 华亦祥 叶方蔼

第二甲 赐进士出身共97名[①]

王　勗 郑为光 周训成 许　玮 苏宣化 彭孙遹 李　平 胡虞胄 唐寅清 吴　辂 吴景运 方象璜
王追骐 洪乘轩 翟世琪 周之麟 李敏孙 黄道晋 刘　佑 李为霖 丘元武 常时泰 龚在升 刘佐临
李廉士 康廉采 姚禘虞[②] 郑日奎 朱　昇 锺　朗 李士竑 叶　封 井　在 文倬天 廖应召 姚文燮
阎调鼎 卢士登 黄与坚 罗苍期 华章志 华振鹭 陈光龙 甯　诰 刘　果 刘雯旷 金国用 陈　策
洪之杰 王与襄 朱士达 王懋官 翟　廉 韩宗文 萧熙祯 朱训诰 霍之琯 李　伸 欧阳动生
张亨升 施　铉 吴　桢 张含瑾 马　骕[③] 张麟化 彭　珑 朱　锦 潘滋树 吴升东 卫运扬 金光房
汪士奇 袁舜荫 高龙光 周　灿 于觉世 王有年 王恭先[④] 管　恺 陆从桂 李向芝 刘　昆 徐孺芳
陈志纪 陆　箎 杨凤苞 周　渔 孙必振 欧阳鼎 张　杷 王又旦 吴志灏 翟延初 卢乾元 于重寅
段　藻 王考祥

第三甲 赐同进士出身共277名

邹象雍 王　钺 伍　昇 孟宗舜 姜　愃 杜　断 吴运新 耿弘启 李居易 马麟翔 马大士 彭上腾
胡循纶 张维鼎 袁肇继 项一经 房廷祯 饶轸中 乔　楠 曹玉珂 丁克扬 张瑾光 吴　涵 程飞云
郭　巩 曹鼎望 张凤羽 李　模 赵　旭 杨　煇[⑤] 夏起载 汤　濩 郑州玺 姜兴周 高种之 赵之符

马绛张　吴士恒　黄玉铉　张尊贤　何圭如　陈所抱　胡一蛟　李成栋　汤其升　王秉铨　杜　蘅　姚自弘

胡必选　邵士梅　黄　苏　谢开宠　刘祖向　郑梦坤　张允中　汤侗存[6]　刘壮国　蒋弘道　马　芝　朱之佐[7]

袁恢先　杨维乔　张湛逢　董时升　李长庆　王元士　司世教　蒋　绘　沈仲寅　赵　增　姜宗吕　路望重

范　儆　李如滂　吴　琯　王绍祖　高首标　卢　偀　梁锺豫　陈圣俞　田可大　熊世谟　陈　垂　王公任

祝应晋　鲍　济　衡虞衡　张凤鸣　杨大鲲　孟宪孔　吴于缜　彭　龄[8]　姬之篙　卢天枢　侯执缥　陈之蕴

李裕杰　高　岗　杨胤麟　李瑧文　王国相　王大作　俞宣琅　赵灿垣　李徵泰　陈景仁　王履昌　刘遇奇

赵人鉴　王　雅　陆履敬　杜多珽　张大垣　熊士伟　施秉文　倪　适　章尚忠　谷资生　马　玑　赵　沂

杨柱朝　陶作楫　尚　聪　赵宪鼎　项时亨　吴　琠　田七善　甯尔讲　石誉生　张联芳　王章粲　王我庸

赵济美[9]　王宜亨　王复兴　吴国用　张迎芳　吴岂黄　王　法　刘昌言　侯梦卜　康霖生　郑　端　贾光烈

李生之　高世豪　周良翰　戈　英　杨州彦　张应科　陈　元　刘元勋　张尔储　王景贤　樊司铎　杨辉斗

魏庆云　袁　绰　柴大伸　樊维域　高　寅　陈　瑋　王崇曾　史甲先　吴克敬　焦　桐　马　豸　孙　缵

周　京　张文旦　汪士鹏　上官铉　赵希贤　王运开　高登先　王廷瑞　王　赞　郭茂泰　陈龙骧　黄　易

毛九瑞　屈振奇　徐衮字　董谦吉　杨毓贞　傅廷俊　胡鼎生　马　骝　萧以逢[10]　董元俊　刘如汉　杜震远

范昌期　高去侈　赵光耀　刘士泓[11]　赵文炳　徐同伦　叶　蘅　朱正锡　高　达　董奕光　李焕然　李际昌

刘兴汉　徐既同　王　炳　崔迪吉　何　广　杨　纶　郭尧都　刘　慎　王　澄　董　煜　马　光　蔡弘璧

刘思专　高　显　曹振邦　申　锡　许　瑄　张于廷　刘　搢　李鼎生　陈洪谏　田烝髦　赵弘化　李　遥

詹养沅　沈可选　轩辕胤　姚景瑄　王锺政[12]　李时亨　姜　照　陈冲汉　汪淑问　王玄琚　崔　崋　吴英先

罗继谟　刘泽厚　张拱辰　王玄冲　李允登　屈起乘　郑先民　汤裔振　王凝命　李门入　杨　贞　苏　矿

刘源清　王　政　张志卓　奚禄诒　侯　朴　张若梧　高恒懋　张　玠[13]　邹　玗　边大乂　耿念劬　赵士璠

卫胤嘉　张　抱　许　洄　靳閤然　孙　馥　尹严维　蒲　瑞　但鸾举　李见龙　廖联翼　师国桢　何柏如

罗　博

注：

①本科为加科。《明清进士题名碑录索引》载本科第二甲共 96 名，没有碑中第二甲 78 名“王恭先”。

②姚徲虞，《明清进士题名碑录索引》作姚缔虞。《清史稿》作姚缔虞。

③马骕，《明清进士题名碑录索引》作马绣。

④王恭先，《明清进士题名碑录索引》本科无此人。

⑤杨煇，《明清进士题名碑录索引》作杨燁。

⑥汤侗存，《明清进士题名碑录索引》作汤洞存。

⑦朱之佐，《清史稿》卷二百六十三列传五十“朱之弼”列传中有载。

⑧彭龄，《明清进士题名碑录索引》作彭玄龄。

⑨赵济美，《明清进士题名碑录索引》作赵济姜。

⑩萧以逄，《明清进士题名碑录索引》作萧以逢。

⑪ 刘士泓，《明清进士题名碑录索引》作刘士弘。

⑫ 王锺政，《明清进士题名碑录索引》作王锺玫。

⑬ 张玠，《明清进士题名碑录索引》作张衷玠。

顺治十八年（1661年）
辛丑科

顺治十八年（1661年）辛丑科

第一甲　赐进士及第共 3 名

马世俊　李仙根　吴　光

第二甲　赐进士出身共 77 名

孙　録　董　含　唐子瞻　王庭龙　俞　嶙　米汉雯　邵延龄　周庆曾　赵其星　王政资　赵　昕　张玉书
刘芳喆　严胤肇　邵昆岳　杜继美　甲　檖　陈以恂　吴源起　莫大勋　朱前诏　岳宏誉　许全临　郑开极
陈　潜　沈日章　潘见龙　李永庚　龙可旌　盛民誉　高之驹　刘元慧　李时谦　方　舟　龚锡瑗　沈　鯆
武之亨　朱世熙　张嘉璨　程梦简　郭懋勋　孙　蕙　常鋐禧　杨　栻　杨　燸　卫　徵　张尔奎　孙汝楫
曹林韵　徐　斌　王祚振　刘　馩　李质素　武应新　顾启祥　魏裔讷　张方起　甯世旋　周根郜　刘钦邻
江　皋　苏　嵋　赵景福　徐淑嘉　陈震先　张其善　邓士杰　张林纶　于嗣昌　谢　相　蒋德陵　唐世徵
李　式　潘之彪　蔡时光　王维坤　阎　洞

第三甲　赐同进士出身共 303 名

张　鹏　罗人琮　王瞻祖　滕　达　姚　𨠊　程甲化　张　焞　李作楫　孙　奏　任　玥　张其行　田喜霦
屈逸乘　张士骃　龙　榜　胡光瑗　吴　轸　熊　僎　周斯盛　汪时泰　王公楷　邱允通[1]　张如鶱　钱　雨
王念祖　愈复亨[2]　涂梦花　陈尧言　王士麟　何儒显　单务嘉　卫执蒲　李道泰　刘宗熹　汤　淳　侯元棐
李　熊　莫之伟　倪懋赏　张日星　方秉桢　牛　枢　王克巩　任孔昭　范绍淳　黄道弘　周　式　申涵盼
黄楫汝　程起张　张　衡　许来音　郑泰枢　徐　镇　曹官淳　尹　任　刘凤岐　成其范　胡永泰　沈懋声

田显吉　连佳胤　宋庆远　马　澄　党　直　张圻隆　高　棻　林尧英　黄叔铉　姚文燕　冯锡祺　邵　沖
叶映榴　潘邵珪　杨梦枝　陆长卿　詹允捷　陈心澡　李世锡　胥　琬　李之栋　岳峰秀　洪　济　杨季昌
王维翰　恽　骕　徐芳昇　王复旦　金式玉　程　涞　赵奎晃[3]　吕兆麟　许攀桂　姚运昌　蒋　扶　熊维祺
杨　蕴　谢　钰　丁斗柄　黄梁室　薛蕴芝　李芳华　杨　蕃　傅大业　谢宸荃　纪　星　朱大乾　赵绳祖
江　源　胡大成　毕盛赞　陈民怀　杨士元　叶苾奉　刘毅志　萧法何　戚延锡　陆费锡　徐与乔　曹　烈
王临元　郑　侨　朱元裕　朱射斗　侯殿邦　林长存　崔鸣鹭　郑耀然　王　尹　薛佩玉　史毓光　沈兆奎
郑二成　王文龙　莫梦吕　殷维藩　陈常夏　丘园卜　李　翔　苏　嵋　李　芳　都　甫　陈应遴　方元启
万　彦　柴胜任　康孟侯　余配元　刘源洁　陈　宏　李　铠　刘宗亮　郝　年　乔甲观　张翼飞　周大训
贺基昌　侯维翰　刘　滋　湛　缙　王又汧　赵家骏　聂士贞　方　晟　贾蕃男　王九鼎　陈胤甲　张召南
朱约淳　袁承炜　张士任　陈辅世　吴　洪　宗　琮　王豫嘉　任先觉　申弘谟　李　锦　王　吉　李　桓
韩雯焕　高鹏起　陈之位[4]　廖　观　汤　聘　鲍一复　佘象斗[5]　俞廷瑞　杨佐国　王锡九　臧振荣[6]　贾　熼
严　勋　崔梦吉　李锺盛　井　庡　骆宁桢　郭景汾　陈石麟　高景之　李芳辰　周世泽　吴胤蕃　韩　烺
张应胜　汪　沅　唐之寘[7]　佘鸿升[8]　刘朝宗　余有斐　徐士杰　韩淑文　邹衍泗　刘争光　乔振翼　庄名弼
丁腾海　温应奇　郑　愫　赵　述　黄日焕　孙光旭　马象麟　郑之谌　张锺英　陈隽蕙　李接第　徐致敬
范孚嘉　王裕昌　王文煌　俎如蕙　张于德　王　萃　陈孚辰　毕盛青　庞守谦　刘举士　魏宗衡　屈就起
孙惊涛　黄金襄　杨凤藻　赵培基　乔梦蛟　刘嗣煦　赵之珩　张鸿猷　卢　醇　冯可参　谢御诏　程良器
区简臣　俞　珄　刘宗濂　崔天宠　刘宗沛　马　骃　张凤仪　李履祥　李　埙　张罗俣　袁　璇　史伯言
彭翼宸　庄永龄　吴曰爌　江同海　陈于达　谢　遴　许三礼　张　斗　任　玑　李文缃　宋　睿　卫秦龙
李自郁　邓　性　赵鸣玉　杨纯臣　张　珽　吴　材　葛鼎元　蒲　珩　徐之璧　裴宪度　索　著　李士璞
张轩儒　赵锡胤　宋必达　韩荩光　韩敬所　阎必卓　顾瀛秀　徐诰武　潘志标　李时震　黎翼之　傅　锽
朱　彝　刘允生　宋义镜

注：

①邱允通，《明清进士题名碑录索引》作丘允通。

②愈复亨，《明清进士题名碑录索引》作俞复亨。

③赵奎晃，《明清进士题名碑录索引》作赵煃晃。

④陈之位，《明清进士题名碑录索引》作陈之佐。

⑤佘象斗，《明清进士题名碑录索引》作余象斗。

⑥臧振荣，《明清进士题名碑录索引》作臧振荥。

⑦唐之賔，《明清进士题名碑录索引》作唐之宾。

⑧佘鸿升，《明清进士题名碑录索引》作余鸿升。

康熙三年（1664年）
甲辰科

奉天承運
皇帝制曰康熙三年
三月二十日策
試天下貢士沈
珩等二百名第
一甲賜進士及
第第二甲賜進
士出身第三甲
賜同進士出身
故茲誥示
康熙三年三月
二十二日

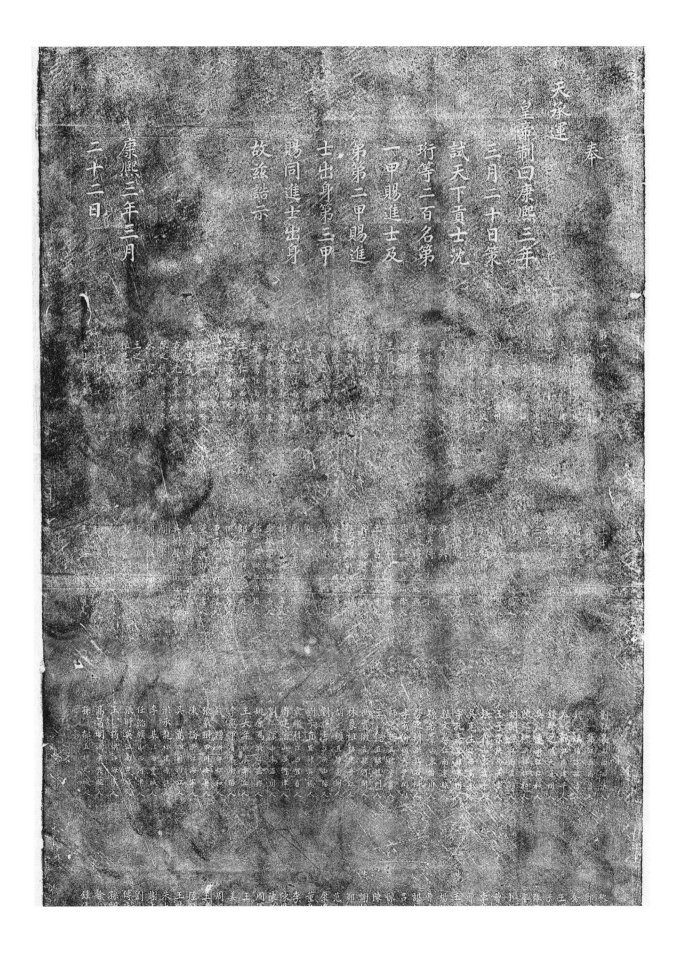

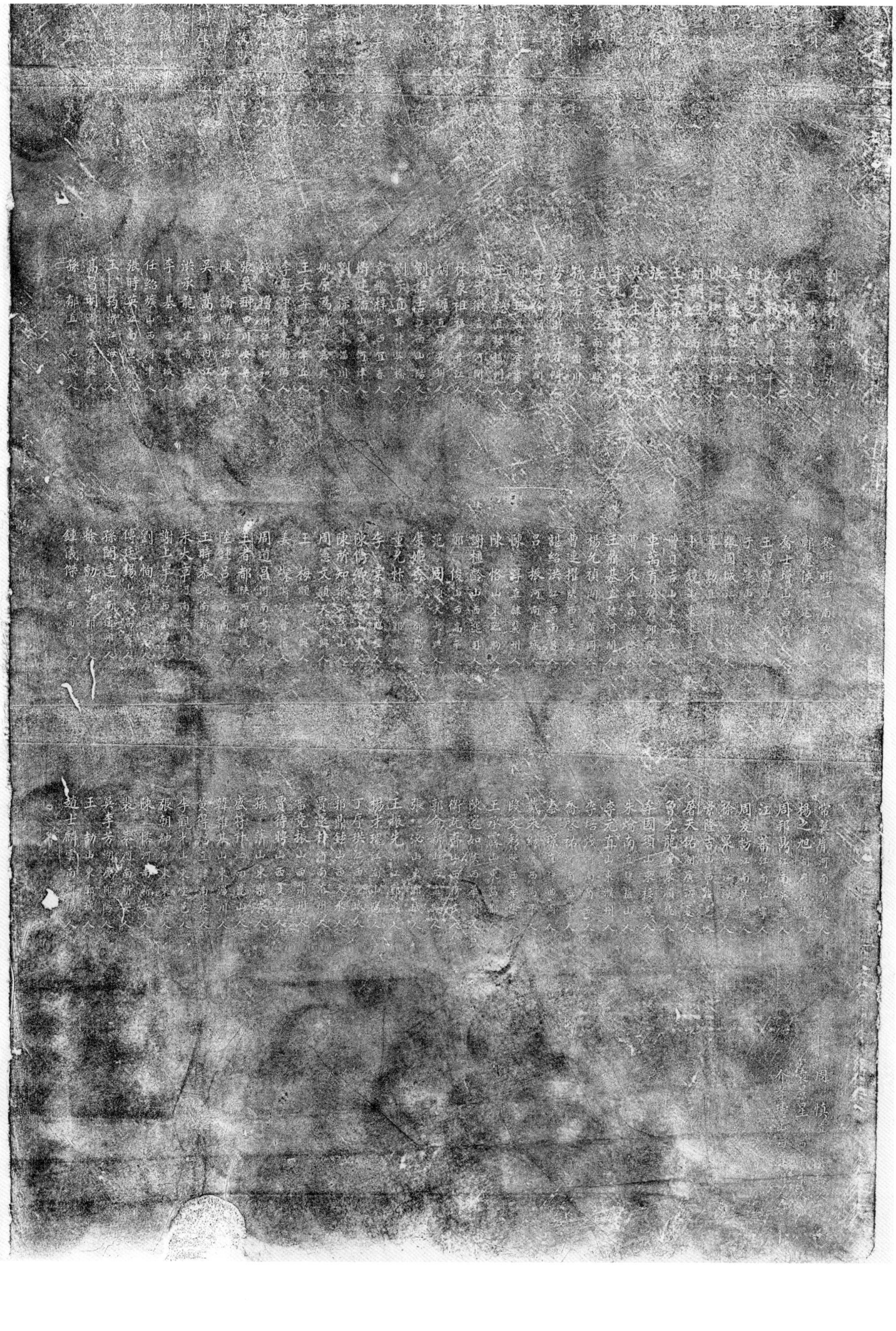

康熙三年（1664年）甲辰科

第一甲　赐进士及第共3名

严我斯　李元振　秦　弘

第二甲　赐进士出身共40名

沈　珩　李芳广　李鸿霔　田　雯　庞见龙　金作鼎　陆　舜　夏以锋　李本泓　李伯臣　梁联馨　王履同
严曾矩　刘梁嵩　高宗砺　熊飞渭　翁与之　费之圻　吴元龙　段维衮　白彦良　宗　书　王　仁　王连瑛
丁启相　吴复一　谭忠义　方殿元　陈之仪　朱　雯　王之旦　程良惺　李　迥　汪肇衍　吴自肃　王士骥
张士埙　诸定远　李世德[1]　孙元亨

第三甲　赐同进士出身共157名

李胤枫　杨锺岳　周振瑗　柯　愿　屠　溶　徐懋昭　尹　巽　黄彦博　秦敬传　茹　铉　刘　玮　王俞昌
吴三锡　程万锺　吴黄龙　蒋弘绪　邹　峄　马文璧　胡士著　李振宗　郑　宣　邵宗周　何际美　曹有光
单务孜　范　炜[2]　吴树声　阎必崇　郭为瑛　王元镳　高　宫　秦钜伦　杨　熼　王　铉　刘弘襄　熊一潇
魏　焕　岑　鹤　锺声之　吴　远[3]　陈之柽　胡开生　王子京　张　翕　吴克生　李孔嘉　程文彝　孙若群
劳之辨　李有伦　师若琪　王　懿　冯赍徵　林象祖　胡　矿　刘谦吉　刘子直　袁继梓　卫建藩　刘　深
姚原沩　王大年　李应甲　钱　增　张象翀　陈　论　吴　嵩　洪承龙　李　基　任绍爌　张时英　王　筠
高昌明　孙　郁　黎　曜　郑应侯　乔士增　王锡韩　于　濂　张国城　霍　勋　卜　镜　曹贞吉　车万育
曹　禾　王鼎基　杨允祯　曹连擢　谌绍洪　吕　振[4]　陈　淳　陈　恪　谢櫑龄　郑　俊　范　固　康姬秀

董允忭　李　棠　陈俊卿　陈所知　周宪文　王　梅　姜　灿　周道昌　王者都　陆锺吕　王时泰　朱大章

谢上举　刘　恂　傅廷锡　孙闳达　徐　勍　锺仪杰　常翼胤　杨之旭　周邦鼎　江　蕃　周爱访　徐　昶

景隆吉　屠天佑　曾光龙　牟国须　朱爚南　李元直　李培茂　乔启祐　秦　璟　戴朱纮　段文彩　王承露

陈邃如　卫既齐　郭命新　张　泌　王振先　杨才瑰　丁序珙　郭鼎铉　贾还朴　雷竟振　贾待聘　孙　蒨

盛符升　韩维基　黄德焻　李观光　张朝绅　陈　愹　裴　袠⑤　吴李芳　王　劼　赵士麟　周　慎　袁景星

介孝璹

注：

①李世德，《明清进士题名碑录索引》作李世惠。

②范炜，《明清进士题名碑录索引》作范玮。

③吴远，《清史稿》作邵远平。

④吕振，《明清进士题名碑录索引》作吕棖。

⑤裴袠，《明清进士题名碑录索引》作裴裘。

康熙六年（1667年）
丁未科

奉
天承運
皇帝制曰康熙六年
三月二十日策
試天下貢士黃
礽緒等一百五
十五名第一甲
賜進士及第第
二甲賜進士出
身第三甲賜同
進士出身故茲
誥示
康熙六年三月
二十二日

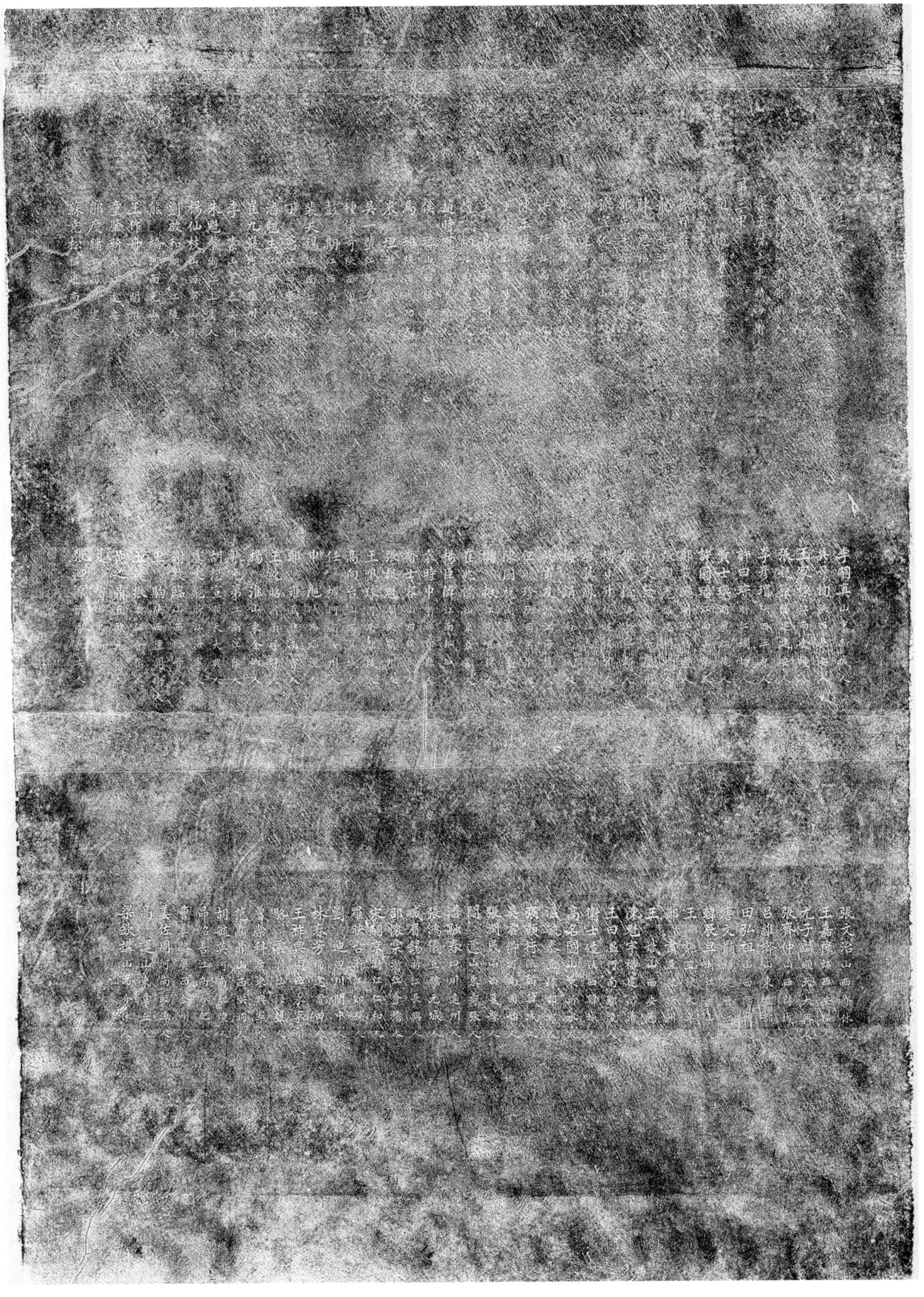

康熙六年（1667年）丁未科

第一甲　赐进士及第共 3 名

缪　彤　张玉裁　董　讷

第二甲　赐进士出身共 40 名

夏　沅　魏麟徵　宋师祁　张　英　史鹤龄　姚文熊　沈胤范[1]　任　塾　储方庆　万　任　汪懋麟　张　溶　颜光敏　陆　棻　纪　愈　卢　琦　郑侨生　刘长发　谢兆昌　蔡泰升　吴之颐　汪溥勋　乔　莱　何　觏　姚淳焘[2]　单父麟　井洛如　储善庆　高　琭　丁　时　刘泽溥　严曾所　贾鸣玺　何天宠　朱敦厚　方象瑛　戚令畹　唐朝彝　黄礽绪　赛玉纮

第三甲　赐同进士出身共 112 名

赵　随　吴道来　孙百蕃　龙　光　陈睿思　邵岳斗　孙宣化　谢文运　朱翰春　洪　玗　陈玉瑾　丁启豫　王　易　赵　炳　赵时可　侯　璋　马　班　来　垣　吴一蜚　锺仪奇　彭　期　裴天锡　丁　蕙　潘翘生　崔九嶷　李　素　朱魁鳌　杨仙枝　刘启和　熊　纶　王作舟　童肇新　邹度镛　苏尧松　李嗣真　吴景恂　王家栋　张凝箓　李彦瑁　许曰琮　黄士焕　许国璠　郑载飏　张觐光　尚大发　张　楷　杨日升　唐翼凤　梅　钼　吴甫及　汪毓珍　陈国祝　储　振　崔兆儒　杨臣邻　袁时中　乔士容　张报魁　王鸣球　高向台　任　枫　申　旭　郑　雍　王纪昭　杨　淮　张光第　胡懋宣　虞文彪　谢敦临　王　驹　王毅振　黄之鼎　夏　畴　张泗源　张文治　王嘉禄　尤子麟　张齐仲　吕维榦　田弘祖　唐文黼　韩辰旦　王　谦　郑　肃　王　斌　陈魁宇　王曰温　卫士适　高名图　温毓泰　张顾行[3]　吴云卿　张润民　阎　遽　潘融春　张鸿仪

臧眉锡 邵怀棠 宋嗣京 罗映台 刘 迪 林春芳 王祚兴 骆 云 曾荣科 范鄗鼎 胡毓英 昂绍善 曹云路 姜佐周 高 运 梁钦构

注：

①沈胤范，《明清进士题名碑录索引》作沈胤范。

②姚淳焘，《清史稿》卷二百四十七列传三十四“姚延著”中有载。

③张顾行，《清史稿》卷二百六十四列传五十一“张廷枢”中有载。

康熙九年（1670年）
庚戌科

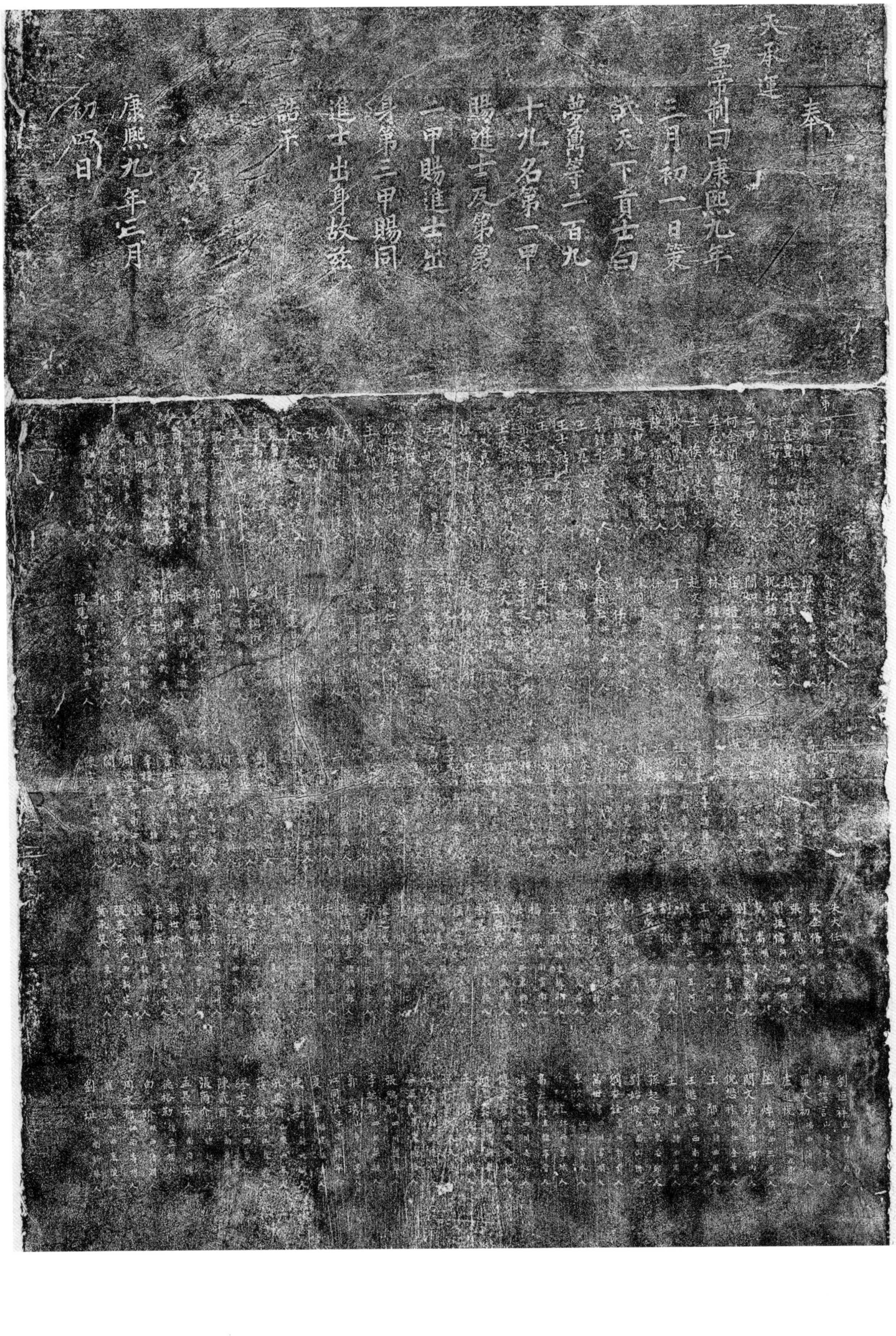

奉天承運
皇帝制曰康熙九年
三月初一日策
試天下貢士白
夢鼐等二百九
十九名第一甲
賜進士及第第
二甲賜進士出
身第三甲賜同
進士出身故茲
誥示
康熙九年三月
初四日

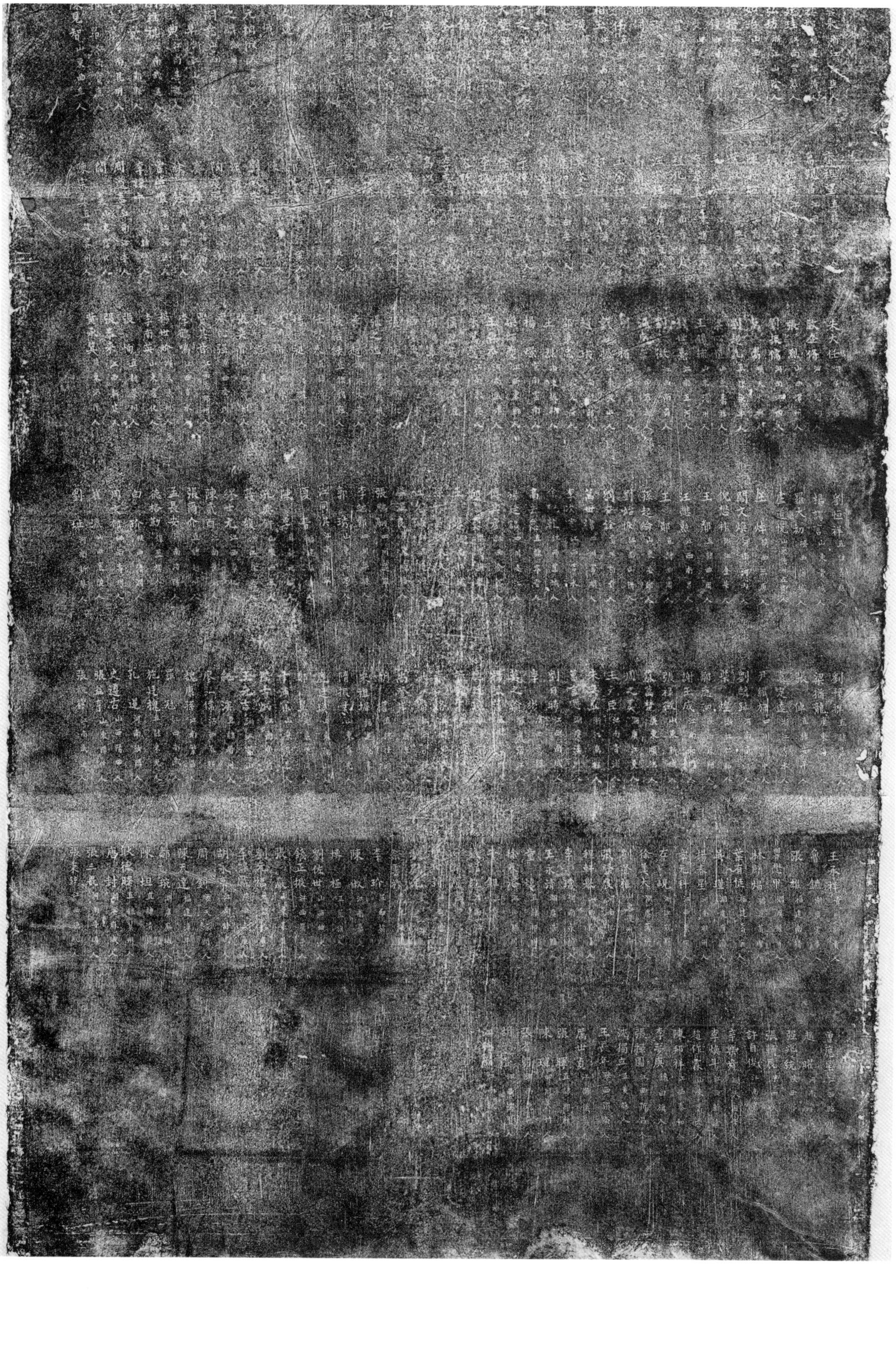

康熙九年（1670年）庚戌科

第一甲　赐进士及第共 3 名

蔡启僔　孙在丰　徐乾学

第二甲　赐进士出身共 57 名

何金蔺　李光地　王　俟　耿愿鲁　陈　琛[①] 赵申乔　陆龙其[②] 李录予　王　宽　王士祐　王　掞　郭天锦
王縠韦　张又良[③] 卢　綖　黄　斐　汪　虬　葛惠保　倪长犀　王原祁　叶　燮　钱　霞　张　霖　冷　然
张曾祚　李为观　孟亮揆　骆仁埏　陈秉谦　陈梦雷[④] 陆荣登　张　烈　黎日升　顾需枚　崔徵璧　俞云来
陈彝辉　赵廷珪　祝弘坊　阎如珆　庄　搢　林　锺　赵文叚　丁　宣　徐　灏　陈国纲　黄　任　金相玉
高　璜　万　谦　王维珍　李予之　吴天璧　吴曾芳　张　录　许孙荃　张为焕

第三甲　赐同进士出身共 239 名

沈尚仁　祖文谟　李　谊　顾天挺　韩　裴　李文远　刘　楫　谷元调　周之麟　邵嗣尧　李　阜　朱　典
刘维祺　管三觉　车文龙　郭　昂　陈见智　齐祖望　葛觐昌　李振裕　张　琦　陈义晖　叶淑衍　毛延芳
曾华盖　程化龙　汪　镎　高尔公　王愈扩　郭　恒　吴本立　康如琏　钱光晋　于栋如　侯殿祯　李振世
黎敦简　李文炳　高以位　曾逢年　方　来　黄云企　沈　宁　王　综　吴维骏　郑惟飙　陈　正　刘敬宗
汪浩然　陶虞飏　赛　璋　涂　铨　曹燕怀　李让中　周道泰　阎　羹　陈宗彝　朱大任　欧企修　张　烈
刘振儒　万　嵩　刘超凡　梁心恒　王锡辅　钱世熹　刘　徵　温应崇　别　楣　戴名振　赵　珙　邵秉忠
王　烈　杨　熼　乐师夔　王无忝　朱鸳鹭　侯弘基　胡鸣皋　白梦鼐　张　晓　张之溢　李　起　张结绿

任启泰 杨 昶 梁 楠 张 经 张奕曾 廖必强 贾其音 李鹤鸣 杨世炌[5] 李南英 张 恂 张泰来

黄承箕 刘恒祥 杨谔言 罗大初 卢道悦 王 焯 阎文焕 倪懋祚 王 邻 汪懋勋 王 郧 孙起纶

刘始恢 刘在铨 万世纬 李次莲 余配乾 高去怠 杨廷诏[6] 傅其彦 邱 彝[7] 王 镩 孙祚昌 江允沩

劳温良 张鹏翮 李竑邺 郭 琇 江同淇 夏 晋 陈 孚 孔兴釪 蒋 馥 缪士元 陈贰酉 张尔介

孟长安 德格勒 白 玠 周文郁 崔 瀛 刘 址 刘豫祥 梁犹龙 张 倬 袁定远 尹维旆 刘麟趾

柴 煌 邹应泗 谢玉成 张禄徵 苏万楚 周之美 王元臣 朱奕皋 葛言飏 刘日晞 李 彬 莫之翰

杨振藻 鹿廷瑄 管父才 秦 恪 洪 炜 尚登岸 胡 权 宋祖墀 隋振业 鹿廷瑛 郑 昱 于沛霖

陆士炳 王先吉 纪 沄 廖弘伟 魏康孙 罗 冠 施廷槐 孔 暹 史遵古 张益亨 张祖箓 王承祥

鲁 镳 张 雄 瞿懋甲 林麟焻 叶有挺 吴 瑾 杨春星 章元科 左 岘 徐美大 刘登枢 张发辰

程轩举 李 瑞 王永清 童 炜 徐春溶 牛 钮 张铭旂 石润广 贺世封 魏殿元 佘云祚 李 玠

陈 俶[8] 博 极 刘佐世 钱正振 张 严 刘元福 李皞凤 胡永亨 周 钊 陈天达 邹 琬 陈 坦

耿德曙 唐 封 张三畏 张秉铉 曾应星 赵 曜 强兆统 张辅辰 许自俊 辛乐舜 李焕斗 赵作霖

陈邦祥 李梦庚 张禄图 沈独立 王长年 厉世贞[9] 张 晖 陈 瑄 张省躬 胡 澄 江德新

注：

①陈琛，《明清进士题名碑录索引》作俞陈琛。

②陆龙其，《清史稿》作陆陇其。

③张又良，《明清进士题名碑录索引》作屠又良。

④陈梦雷，《清史稿》卷二百六十二列传四十九“李光地”列传中有载。

⑤杨世炌，《明清进士题名碑录索引》作杨士炌。

⑥杨廷诏，《明清进士题名碑录索引》作王廷诏。

⑦邱彝，《明清进上题名碑录索引》作丘彝。

⑧陈俶，《明清进士题名碑录索引》作周陈俶。

⑨厉世贞，《明清进士题名碑录索引》作厉士贞。

康熙十二年（1673 年）
癸丑科

康熙十二年（1673年）癸丑科

第一甲 赐进士及第共3名

韩　菼　王度心　徐秉义

第二甲 赐进士出身共40名

顾　汧　黄士埙　陆胤蕃　林仲达　宫梦仁　蒋　伊　李百龄　傅予润　丁廷楗　许圣朝　陈　瑄　高曰聪
黄志焕　蒋扶晖　陆经正　颜光猷　王　琯　徐　上　吕廷云　栗芳林　谢于道　程大吕　许翼权　程芳胄
李钦式　张祖荣　周　昌　徐振采　马鸣銮　刘淑因　徐　倬　王曰曾　王龄昌　郝惟谟　丁　松　李尚隆
韩　竹　罗秉伦　冯遵祖　恽启巽

第三甲 赐同进士出身共123名

缪锦宣　张凤翀　祕丕笈　林　模　钱绍隆　钱之焘　沈胤城　张　琴　马天选　王允琳　李基和　高以永
黄裳吉　毕拱垣　徐　潮　柴廷望　王　燮　周士皇　杨敬儒　胡乔年　韩庚寅　汪鹤孙　宋　鸿　张念仲
张　英　乔明樟　束启宗　司　铉　谢简捷　施大晁[1]　朱　采　董　闾　林　诚　王承烈　范士瑾　黄　伸
张朝采　文景藩　陈永祚　颜正色　高重光　祝　期　徐元梦　靳文谟　陆应瑄　韩士修　马孔怀　邓文修
王贯三　齐以治　王笃祜　葛　符　屠允诚　万　肃　赵　衍　田成玉　殷　章　张毓秀　刘其锡　韩维翰
王鼎冕　阚福兆　王尹方　任振世　刘逵选　曾　寅　丁尔俊　李　叶　王　注　张汝贤　卢前骥　董粤固
王　郇　龚　章　荆洪扬　岳　崧　沈复昆　吴　瞻　萧　玮　陈　翰　花　尚　葛鸣鹍　李　进　陈三省
杨　鼎　张志栋　马　翀　井　睦　苏　玮　欧阳旭　吴　震　张鼎新　郭允屏　戴　继　孙　星　任清涟

李六成　余应霖　张正书　张际鹏　慎宗耀[②] 沈　攀　夏熙采　周维秬　刘　荛　徐达乾[③] 金门楫　常仲让

甯天瑞　王胤芳　何江如　梁凤翔　吴恒秀　马希爵　潘　璋　张凤翀　程奇略　白小子　唐四表　殷　鼎

王锡命　吴世基　张冲光

注：

①施大晁，《清史稿》卷四百八十八列传二百七十五“叶有挺”列传中有载。

②慎宗耀，《明清进士题名碑录索引》作慎宗耀。

③徐达乾，《明清进士题名碑录索引》作余达乾。

康熙十五年（1676 年）
丙辰科

康熙十五年（1676年）丙辰科

第一甲　赐进士及第共 3 名

彭定求　胡会恩　翁叔元

第二甲　赐进士出身共 50 名

魏希徵　沈三曾　沈　涵　顾　藻　彭会淇　熊赐瓒　成　德　王项龄　沈旭初　王吉武　李应廌　杨　瑄
汪　霦　高　联　李辅世　顾洪善　任弘嘉　张仕可　王云凤　高层云　高　裔　何裔云　杨之奇　冯云骕
刘初吉　唐子锵　张　集　李　锦　吴　晟　刘　凡　许承宣　王启沃　潘　沐　沈　毂　朱　云　李　涛
张榕端　陈齐永　陈锡嘏　王化鹤　史　珥　孟缵祖　费之逵　顾曾颐　杨作桢　赵　璁　董尔弘　李用楫
锺　璜　叶舒崇

第三甲　赐同进士出身共 156 名

钱三锡　郑　亮　高联璧　刘嗣季　王　瑞　郑际泰　杨九有　范　勰　闫世绳[1]　李开第　丘时成　陈尧典
苏　俊　杨虞宫　彭开祜　石如琏　翁　畾　王请轼　刘　谦　杨袭蟜　陈　勋　滑操德　魏　勰　卞永宁
黄图昌　景贞吉　张麟文　张元徵　徐必遴　童　楷　沈支柄　王含真　顾　焯　程　濬　许克猷　赵昌龄
王缉植　刘体元　郭伟峨　侯玉辂　陆　宾　马鸣銮　邢开雍　解九畴　张　晸　汤彭年　谈九乾　刘　彦
郑麒光　张　瑾　沈一揆　张嵩龄　史长昆　李肇丰　雷池昆　文超云[2]　刘　介　胡忠正　戴　璠　刘应枢
牛　美　应大用　杨尔淑　朱　衮　黄　立　杨任枫　郇　瑜　石　禄　徐士讷　黄兰森　黄本讷　令狐永观
陈启贞　窦重光　胡世藻　石文桂　刘　镳　张启祚　牛以撰　臧大受　张　璲　刘芳世　胡诏虞　刘　炯

于　渶　罗衍嗣　于　瑮　刁克崇　张茂枝　张继善　钱文玠　高一琯[3]　陆德元　荆元实　黄　升　张　隆

索　柱　赵　旭　郭文炳　孟鸣珂　曲　震　潘好让　牛克长　贡　琛　李云龙　刘　鼎　陈时夏　班达礼

孔兴坛　谢公洪　姚克钦　李嘉猷　王可大　黄亮可　高明峻　方　韩　陶式玉　徐　迈　王奂曾　彭崇洪

郭之祚　万　愫　杨念祖　裘充美　张　洽　司百职　党声震　宋　绎　杨琼枝　沈永裕　王沔水　田肇埏

樊咸修　史秉直　王吉相　额　滕　吴升秀　马振古　保　民　赵之随　舒　瑜　单　燮　高遐昌　李　瞍[4]

朱观我　闫足兴[5]　李瑞徵　萧鹏程　王斗机　荆王采　萧云起　齐体物　李华之　李文灿　李作哲　甄承嗣

注：

①闫世绳，《明清进士题名碑录索引》作阎世绳。

②文超云，《明清进士题名碑录索引》作文超灵。

③高一琯，《明清进士题名碑录索引》作高琯。

④李瞍，《明清进士题名碑录索引》作李聘。

⑤闫足兴，《明清进士题名碑录索引》作阎足兴。

康熙十八年（1679年）
己未科

奉天承運
皇帝制曰康熙十八年三月二十日
策試天下貢士馬教思等一百五十一名第一甲賜進士及第第二甲賜進士出身第三甲賜同進士出身故茲誥示
康熙十八年三月二十三日

康熙十八年（1679年）己未科

第一甲　赐进士及第共3名

归允肃　孙　卓　茆荐馨

第二甲　赐进士出身共40名

吴震方　张廷瓒　秦宗游　田　需　陈　捷　赵执信　曹鉴伦　马教思　刘果实　沈朝初　闫中宽[1]　金　甫
钱登峰　蔡维寅　沈　筠　靳　让　王材任　虞兆清　吕　爚　杨大鹤　陆祖修　李承绂　方　伸　郁世焜
刘　楷　陆　史　郝士锌　陆　舆　傅京初　刘　曾　李孚青　法　樗　李宗培　曹志周　郭　藩　张　睿
王　旦　王师旦　佘艳雪　王沛思

第三甲　赐同进士出身共108名

丁　玮　庄延裕　房　嵩　孙子昶　张重启　王　澄　焦毓栋　汪晋徵　成康保　郑维孜　熊开楚　卞士弘
王承祜　张玉履　丁　翊　宋敏求　崔　靖　潘应宾　王颖士　吴　标　顾　镡　顾　琛　乔文锦　侯麟勋
郭　治　刘鸿诰　盛锺贤　马汝基　侯宝三　林　琛　龚宜生　梁　弓　荆孝锡　吴　琇　王令树　耿　惇
夏云来　陈紫芝　刘士聪　唐　勋　陆　炯　张克嶷　李岘寿　吴应庚　于绍舜　吴维城　耿克仁　俞　寅
张振凤　李　槱　黄　亮　张光豸　张　宣　王泽长　周新邦　王　言　程皋绩　赵其昌　卢帝臣　吴道焕
李先固　钱二白　鲍　荐　朱廷献　秦　禟　刘世熼　赵玉振　唐　泓　王风采　朱　振　陈汝弼　程大夏[2]
蒋远发　马体仁　韩　宜　刘　拯　邵元度　畅泰兆　丁宗闵　卢　熙　郁　裴　郭允升　李大振　郭遇熙
任观瀛　薛兆麒　秦广之　丁　易　孟汉儒　宋　谦　任　璇　褚有声　卜景超　赵作舟　王鼎臣　郑西锡

毕友宜 华 黄 杨 雍 吕尚傅 赵 濬 胡考生 李毓英 陈德敏 李 煜 田象三 刘广聪 武 筹

注：

①闫中宽，《明清进士题名碑录索引》作阎中宽。

②程大夏，《明清进士题名碑录索引》作任大夏。

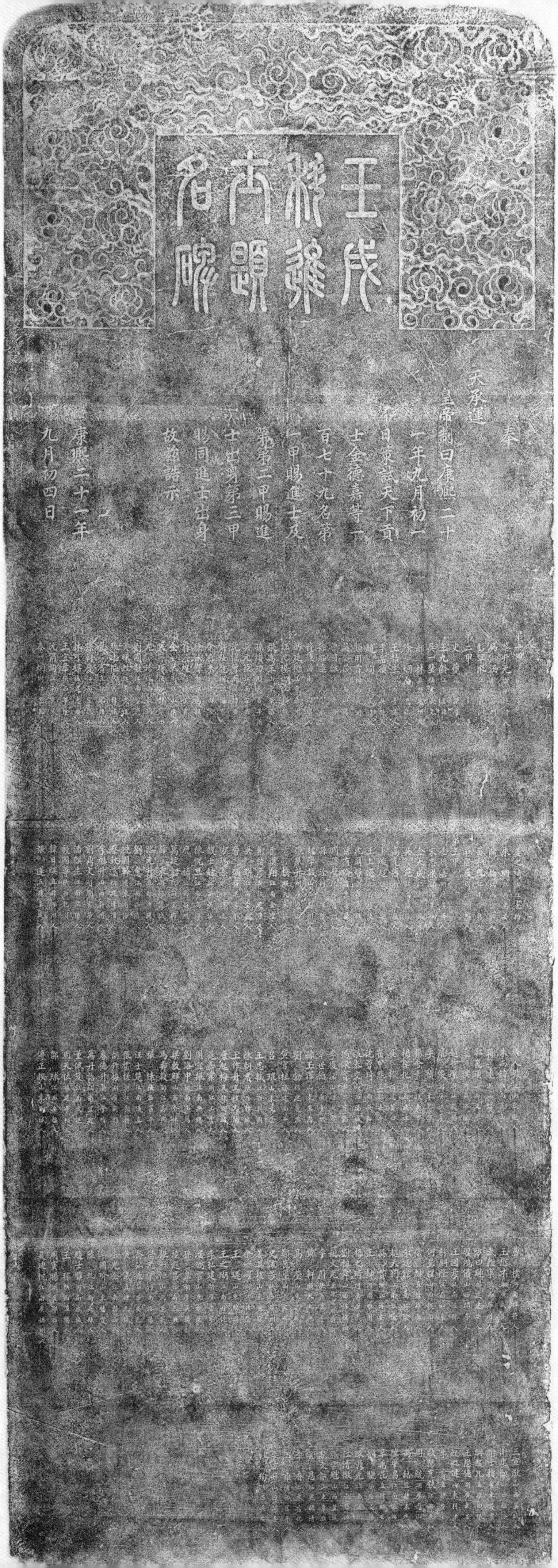

康熙二十一年（1682 年）
壬戌科

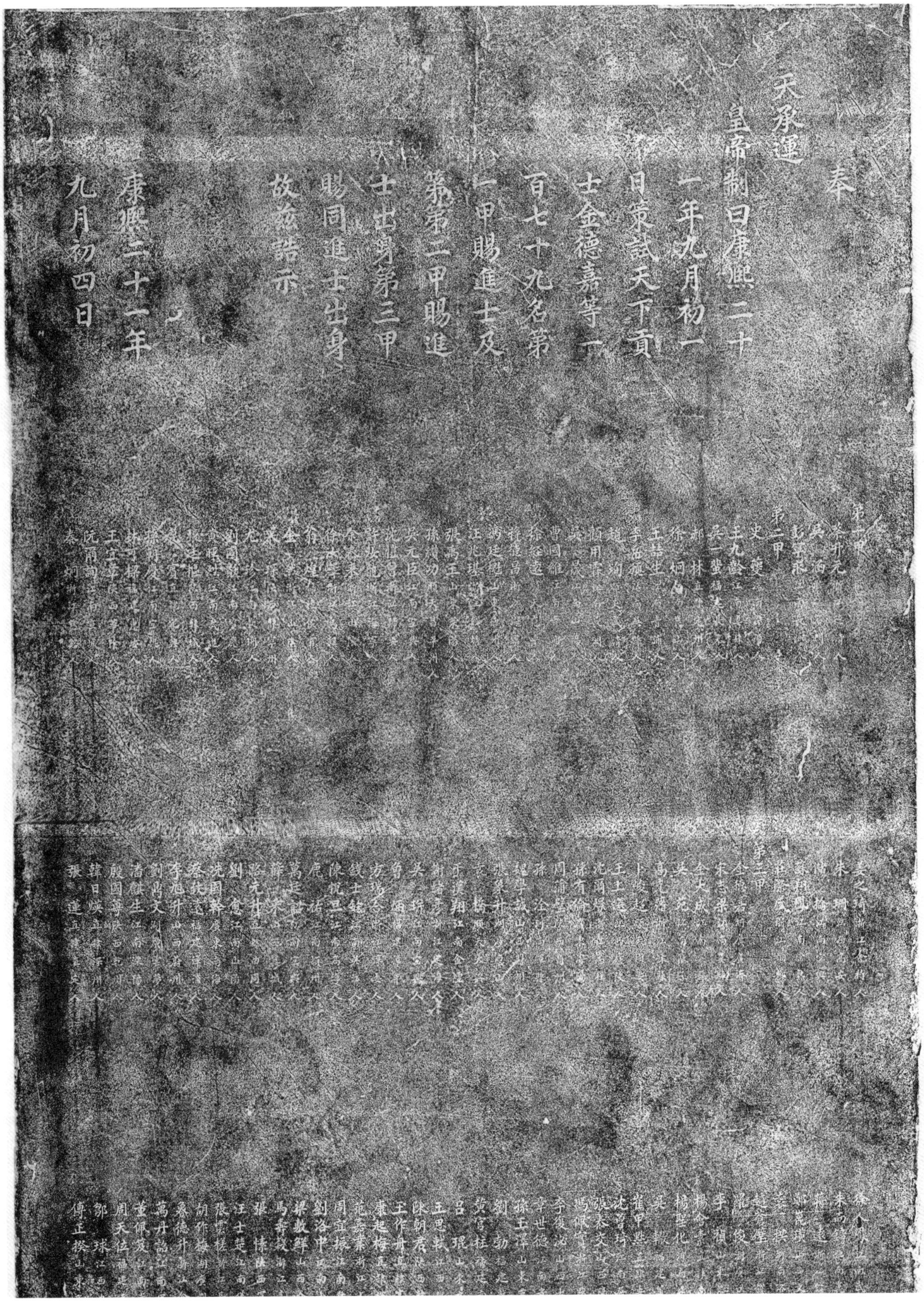
奉
天承運
皇帝制曰康熙二十一年九月初一日策試天下貢士金德嘉等一百七十九名第一甲賜進士及第第二甲賜進士出身第三甲賜同進士出身故茲誥示
康熙二十一年
九月初四日
第一甲
第二甲
第三甲

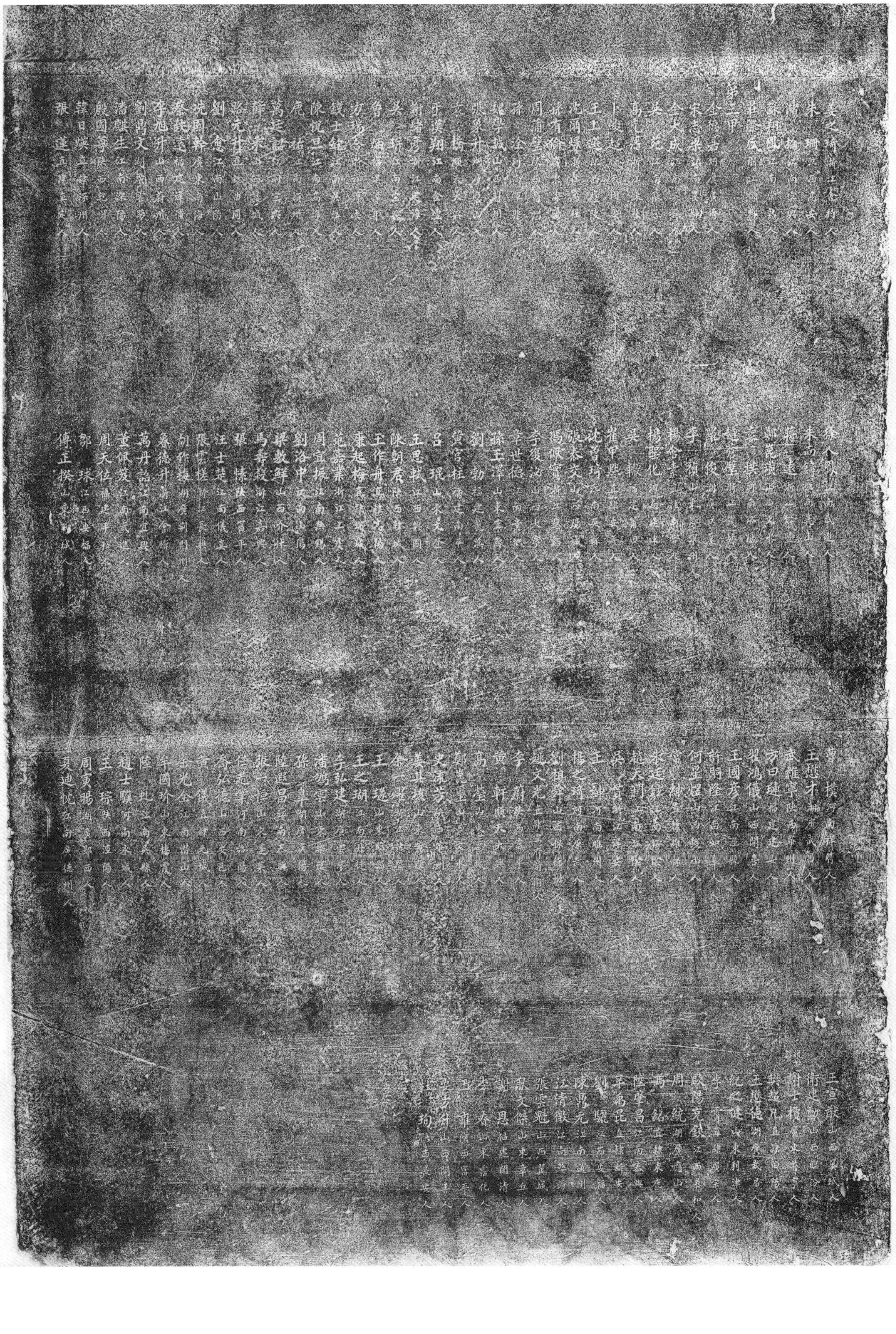

康熙二十一年（1682年）壬戌科

第一甲 赐进士及第共 3 名

蔡升元 吴 涵 彭宁求

第二甲 赐进士出身共 40 名

史 夔 王九龄 吴一蜚 郝 林 徐 炯 王喆生 李岳颁 赵 珣 顾用霖 吴 晟 曹国维 徐经远 蒋德昌 冯廷櫆 汪兆堪 张禹玉 孙缵功 吴元臣 沈恺曾 许汝龙 余泰来 徐汝峄 翁 煌 金 然 慕 琛 尤 珍 刘国黻 黄晖烈 张廷枢 鹿 宾 孙朝庆 林可梁 王宜章 阮尔询 秦 炯 姜之琦 朱 珊 储 抡 苏翔凤 庄际盛

第三甲 赐同进士出身共 136 名

金德嘉 宋志梁 金大成 吴 苑 高克藩 卜峻超 王上选 沈尔燝 孙有伦 周蒲璧 孙 洤 魏学诚 张象升 袁 桥 于汉翔 谢绪彦 吴 玶 曾 炳 方瑞合 钱士铉 陈悦旦 鹿 祐 万廷诏[1] 薛 采 路元升 刘 愈 冼国干[2] 蔡致远 李旭升 刘鼎文 潘麒生 殷国尊 韩日煐 张 莲 徐人凤 朱而锜 蒋 远 郑昆璜 袁 拱 赵苍璧 罗 俊 李 祯 杨含素 杨圣化 吴 辙 崔甲默 沈曾琦 张泰交 冯佩实 李复泌 章世德 孙玉泽 刘 勃 黄宫柱 吕 琨 王思轼 陈朝君 王作舟 康起梅 范嘉业 周宜振 刘洛中 梁敷鲜 马寿縠 张 愫 汪士楚 张云槎 胡作梅 鲁德升 万丹诏 董佩笈 周天位 邹 球 傅正揆 曹 朴 王懋才 武维宁 方曰琏 翟鸿仪 王国彦 许嗣隆 何星煜 常 绅 朱廷铉 赵天润 吴 贯 王 绅 杨之琦 刘祖舜 姚文光 李 蔚 黄 轩 高 莹 郑昆玺 史流芳 姜其垓

余一耀　王　璲　王之瑚　李弘建　潘鹏云　孙　皋　陆遐昌　张一恒　任光业　乔弘德　黄　仪　余光全
牟国玠　陆　虬　赵士骥　王　琮　周寅旸　夏迪忱　王宣猷　卫建勋　谢士槚　樊超凡　王懋德　纪之健
李　霄　欧阳克铁　　　周　统　冯　铭　陆肇昌　辛禹昆　刘　骊　陈鼎元　江清徵　张云魁　耿文杰
谢　恩　李　脊　王　雍　安方升　杜　珣

注：

①万廷诏，《明清进士题名碑录索引》作范廷诏。

②冼国干，《明清进士题名碑录索引》作洗国干。

奉
天承運
皇帝制曰康熙二十
四年三月二十
日策試天下貢
士陸肯堂等一
百六十四名第
一甲賜進士及
第第二甲賜進
士出身第三甲
賜同進士出身
故茲誥示
康熙二十四年
三月二十三日

康熙二十四年
（1685年）
乙丑科

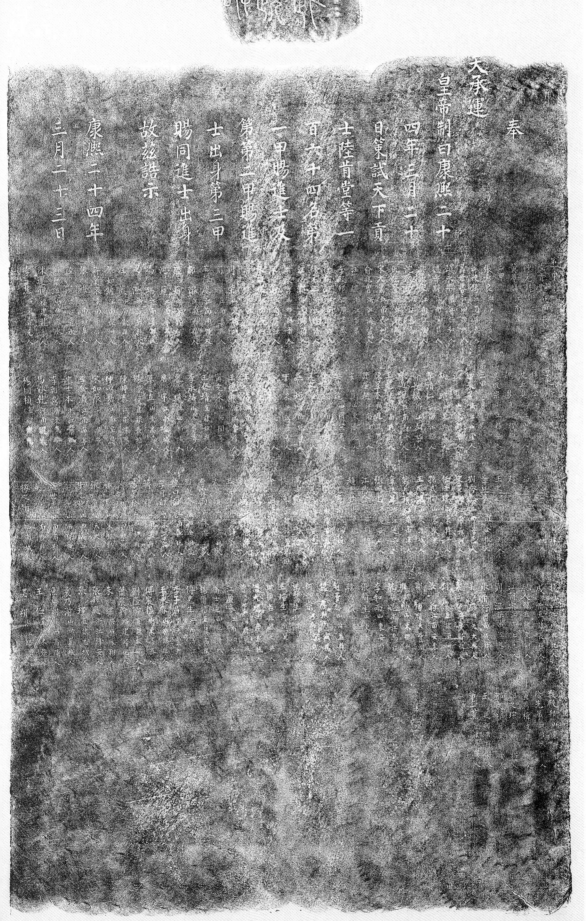

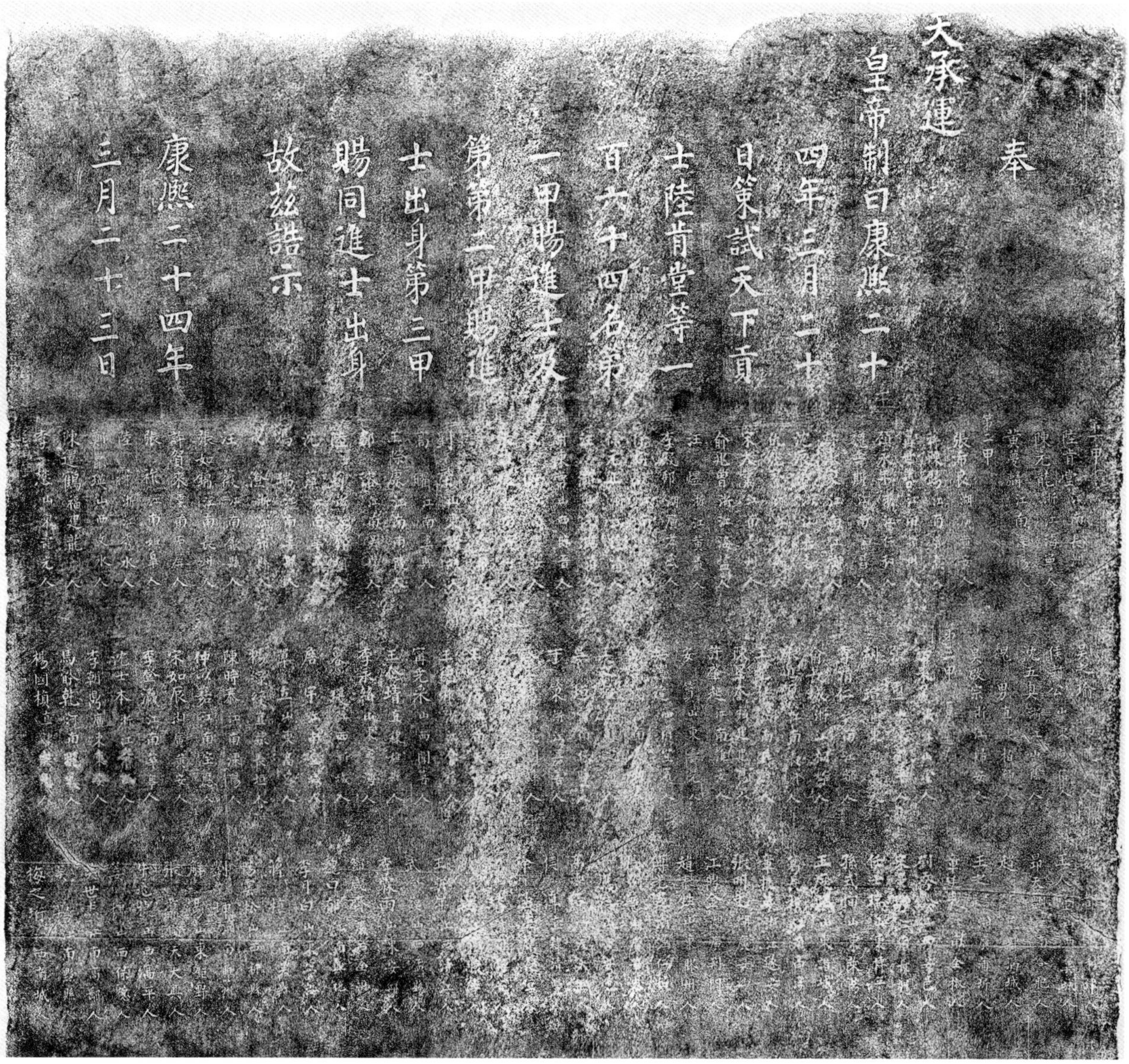
奉
天承運
皇帝制曰康熙二十
四年三月二十
日策試天下貢
士陸肯堂等一
百六十四名第
一甲賜進士及
第第二甲賜進
士出身第三甲
賜同進士出身
故茲誥示
康熙二十四年
三月二十三日

康熙二十四年（1685年）乙丑科

第一甲　赐进士及第共 3 名

陆肯堂　陈元龙　黄梦麟

第二甲　赐进士出身共 40 名

张希良　蒋陈锡　甯世簪　顾永年　魏寿期　许承家　沈辰垣　仇兆鳌　宋大业　俞兆曾　汪　煜　李殿邦
徐树穀　徐元正　汪　灏　谢陈常　宋　衡　张孟球　谢　锡　刘　棨　高　曜　王际康　邹　溶　陆　筠
沈　藻　冯　瑞　戎　澄　汪　薇　张如锦　许贺来　张　祚　陆　霦　郑昆瑛　陈迁鹤　李　懋　吴之瑜
侯封公　沈五粢　魏　男　吴启宗

第三甲　赐同进士出身共 121 名

诸来晟　张　玺　胡　瑄　李湝仁　俞长城　张道源　王允持　陈星奎　许肇起　安　篔　樊泽达　金居敬
王之枢　吴　垣　丁　策　蔡其聪　彭　軏　王　治　王德祚　甯尧采　王企靖　李永绍　鲁　塽　詹　宇
单　立　杨绿绶　陈时泰　仲以嘉　宋如辰　李登瀛　沈士本　李朝鼎　马体乾　杨国桢　魏　都　王人隆
昂天翩　赵　灏　王之鹏　章廷表　刘乔龄　宋景琇　任士瑞　孙式恂　王度昭　葛长祚　章振萼　张明先
江鼎金　赵泰甡　傅光遇　张召华　景应熊　高寿名　侯　溥　徐　涵　关　琇　钱　选　王斯年　武令谟
李霖雨　邓咸齐[①]　魏曰郁　李月白　蒋　埴　畅云松　刘　坤　解　易　张　翥　牛兆捷　姜　櫄　吴世杰
吴　鹗　梅之珩　魏曰祁　成　霈　纪人龙　江朝宗　刘　涵　张伯行　吴　琪　袁同贤　刘　伟　张　豹
郑　恂　孙　勷　沈　崐　李和雨　张麟生　韩鼎盛　赵台宪　魏　溥　何朝宗　杨笃生　王培生　田得名

潘大璘　曹　觉　江广誉　乔士适　杨尔皓　傅克生　李子昌　王永春　傅宸楹　刘隆卿　萧宸翰　朱　绣
张羽飏　张　璟　袁乃湔　鱼鸾翔　王　佡　吴　楫　战殿邦　徐先第　黄鼎楫　郑之琮　邓文祁[2]　王　廷[3]
董一薰

注：

①邓咸齐至梅之珩 13 人，次序与《明清进士题名碑录索引》不符。

②邓文祁，《明清进士题名碑录索引》作邓文蔚。

③王廷，《明清进士题名碑录索引》作王珽。

康熙二十七年（1688 年）
戊辰科

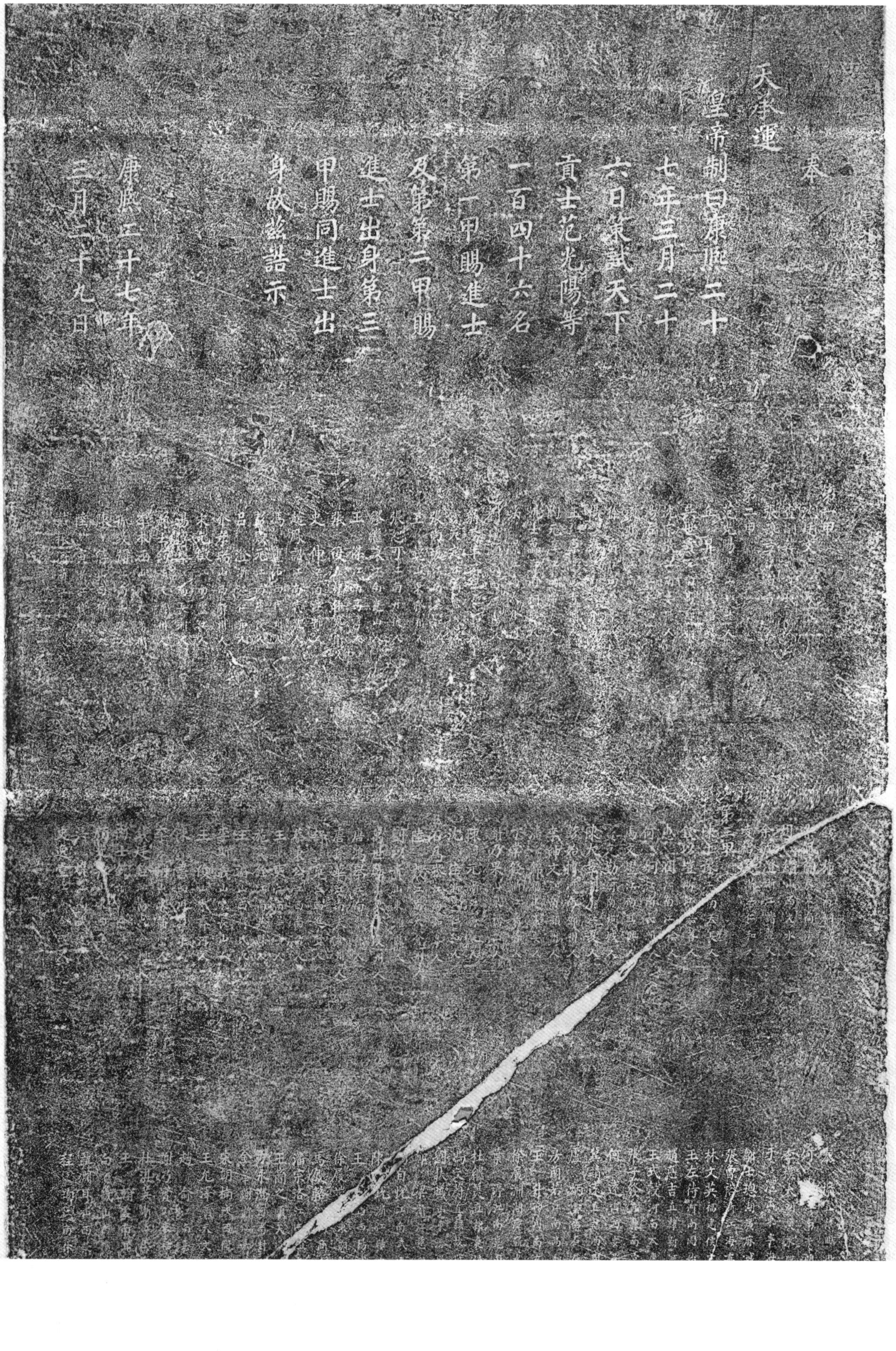
奉
天承運
皇帝制曰康熙二十
七年三月二十
六日策試天下
貢士范光陽等
一百四十六名
第一甲賜進士
及第第二甲賜
進士出身第三
甲賜同進士出
身故茲誥示
康熙二十七年
三月二十九日

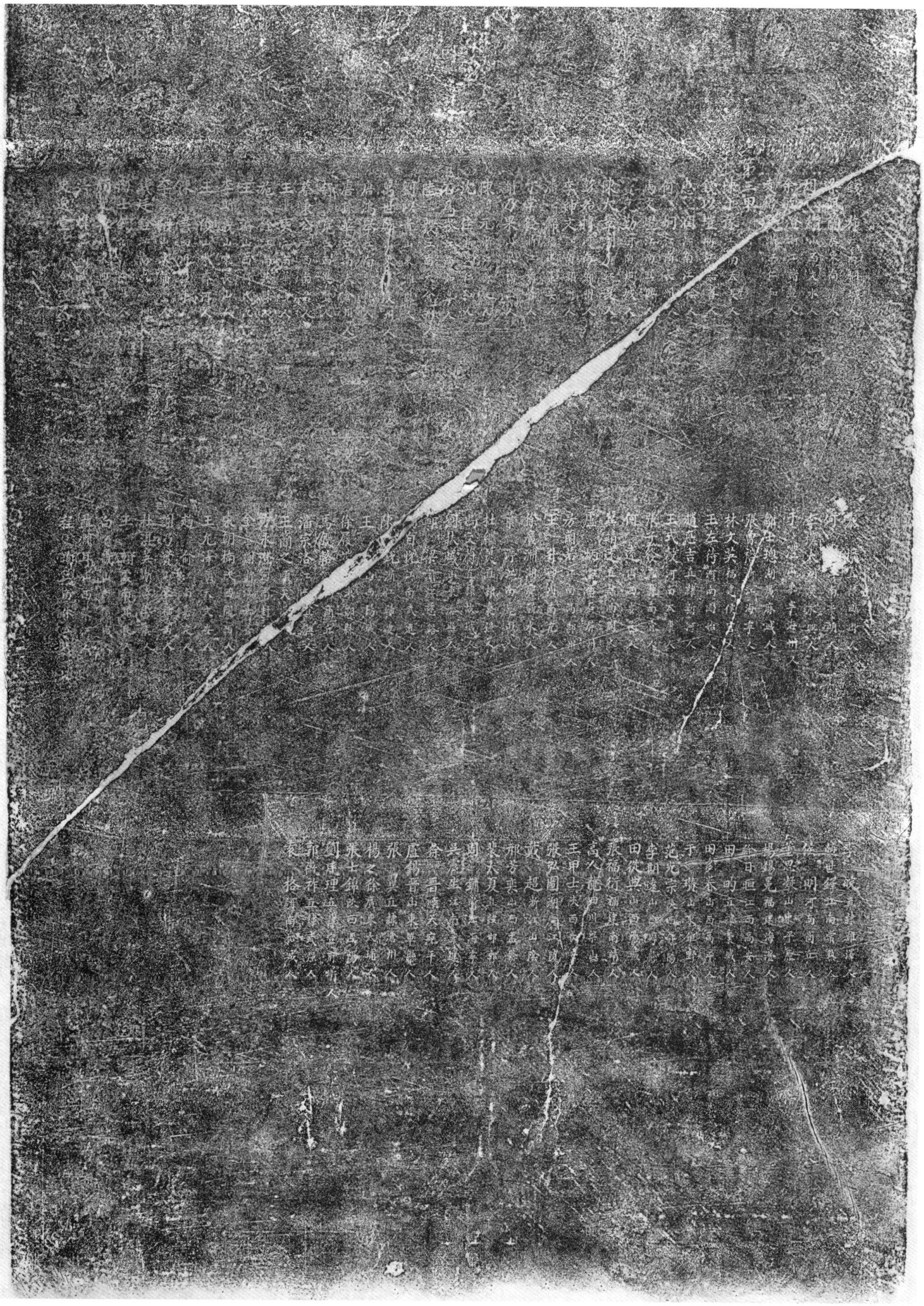

康熙二十七年（1688年）戊辰科

第一甲　赐进士及第共 3 名

沈廷文　查嗣韩　张豫章

第二甲　赐进士出身共 40 名

范光阳　丘　昇[1]　吴世焘　沈宗敬　汤右曾　项亦銮　徐　宾　杨　仑　王　原　陶元淳　姚士藟　吴　暻
刘　灏　翁嵩年　钱天定　张尚瑗　王　懿　张恕可　缪继让　王　杰　张　复　史　伸　赵凤诏　冯　壅
彭殿元　吕　澄　介孝瑞　宋元徵　汤传榘　郝士钧　李本涵　孙致弥　陈　綍　陆　寅　戴振河　钱　旆
梁佩兰　胡　缵　余毓澄　凌绍雯

第三甲　赐同进士出身共 103 名

陈于豫　钱以垲　惠　润　何　炯　马文熤[2]　窦克勤　陈大章　彭始抟　李绅文　潘　锦　丁棠发　谢乃果
陈　元　沈　佳　石为崧　陆　毅　刘以贵　万世馨　唐鸿举　唐孙华　舒　宽　蔡秉公　王　奭　施震铨
王　濬　李斯义　王　俊　陈　书　李　枏　钱廷铨　陶士铣　颜光敩　吴　炜　史逸堂　秦　扩　何　牧
李朴大　于　澧　邹士璁　张曾裕　林文英　王左待　赵德吉　王式穀　张子发　何　远　冀靖远　卢　炳
房兰若　王　升　徐广渊　叶　淳　杜继美　冯文蔚　刘扶曦　郑　梁　陶自悦　陈　锐　王　璋　徐履端
马殷辂　潘宗洛　王简之　方永澄　金皋谢　宋朝楠　王允泽　赵　俞　谢乃实　杜淇英　王　翰　白　畿
聂渊耳　程　珣　李　晥　赵世铎　侯　明　董思凝　杨锡冕　徐日暅　田　畇　田多眷　于　缵　范光宗
李期远　田从典　张福衍　高人龙　王甲士　张弘图　戴　超　邢芳奕　裴大夏　周　镛　吴震生　徐　晋

卢锡晋 张 翼 杨之徐 张士锦 刘廷理 郭徽祚 袁 格

注：

①丘昇，《清史稿》作查昇。

②马文熤，《明清进士题名碑录索引》作马文煜。

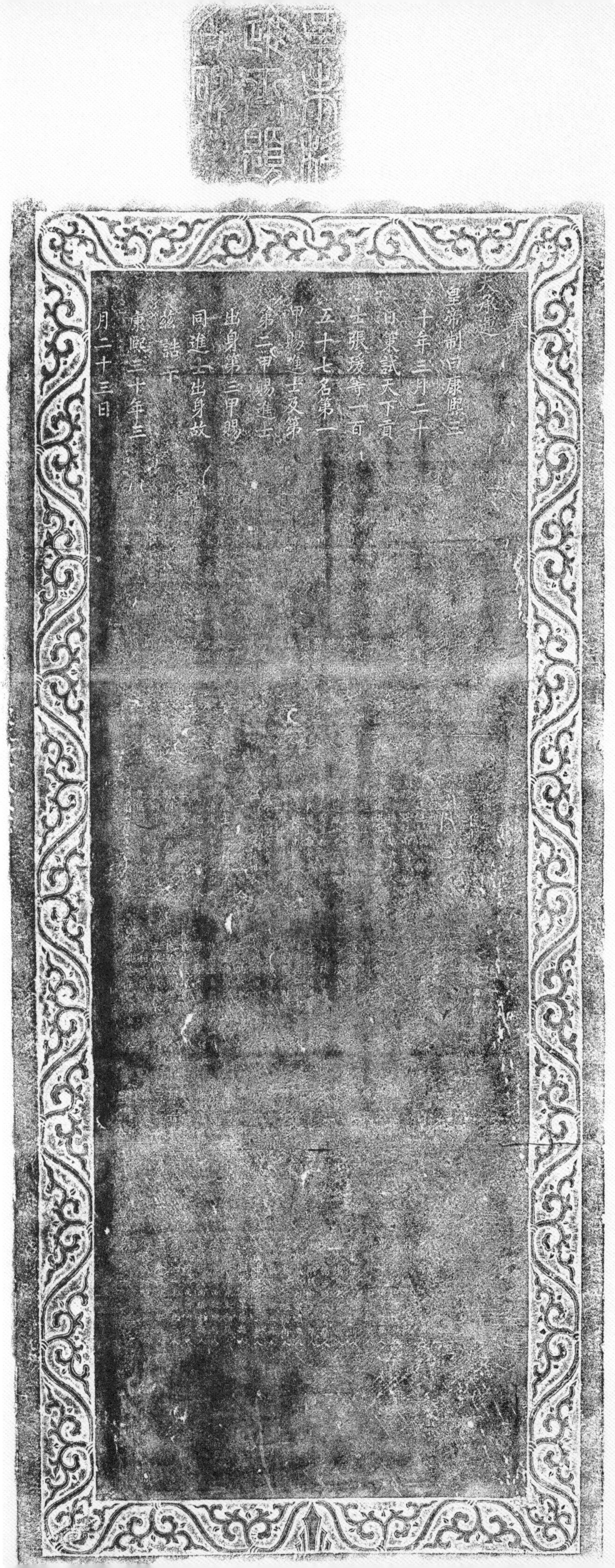

康熙三十年（1691 年）
辛未科

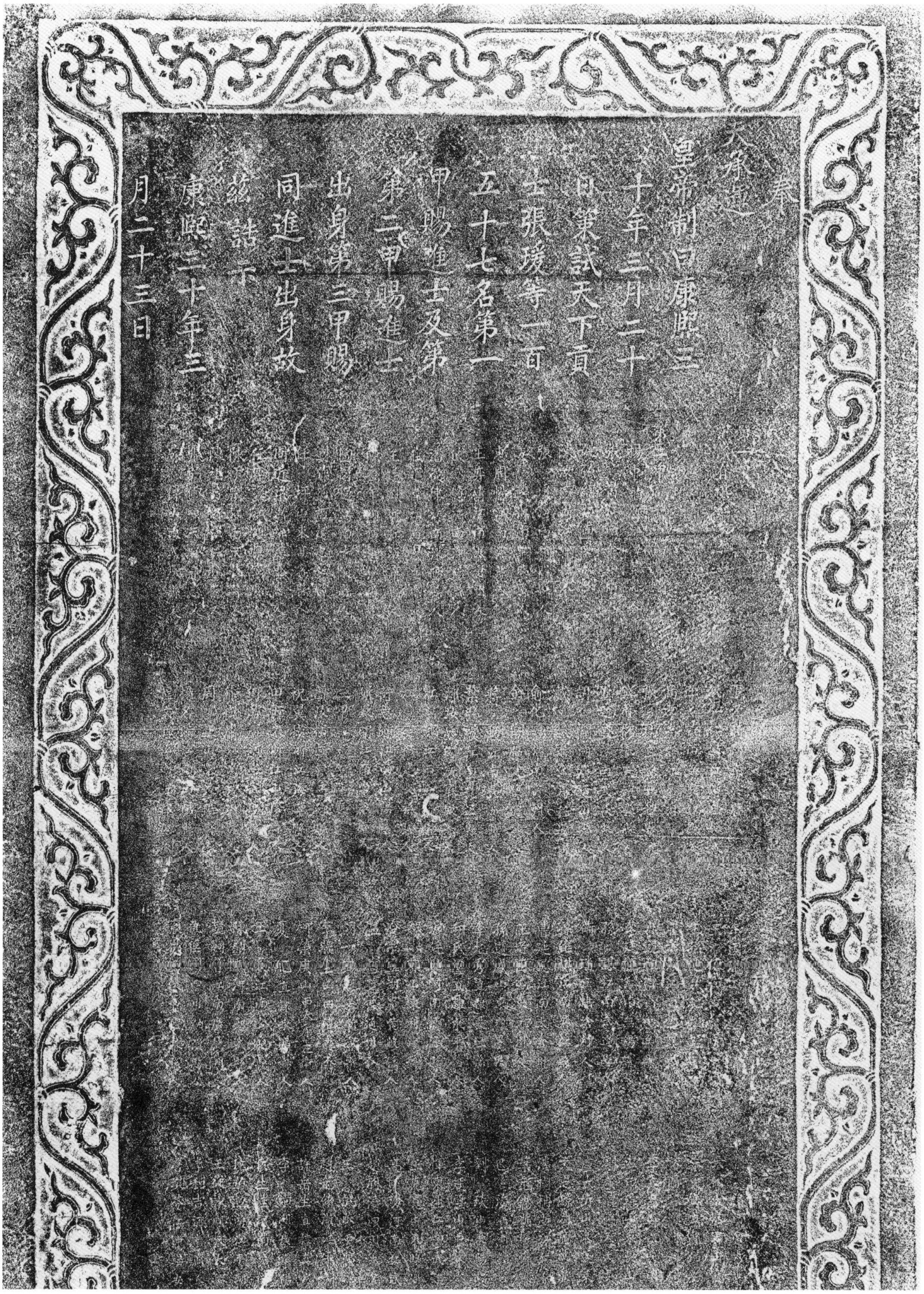
奉天承運
皇帝制曰康熙三
十年三月二十
一日策試天下貢
士張瑗等一百
五十七名第一
甲賜進士及第
第二甲賜進士
出身第三甲賜
同進士出身故
茲誥示
康熙三十年三
月二十三日

康熙三十年（1691年）辛未科

第一甲　赐进士及第共 3 名

戴有祺[①] 吴　昺　黄叔琳

第二甲　赐进士出身共 40 名

杨中讷　张　昺　姚弘绪　陈汝咸　张　瑗　姜　遴　惠周惕　王奕清　狄　亿　潘从律　庄廷伟　王廷献
陈鹏年　陶尔燧　刘作梅　任　坪　周近梁　任奕鏊　陈于荆　陈祺昌　张弘俶　苏　伟　张孝时　姚弘仁
李　楚　高孝本　张　瑀　钱肇修　董之燧　胡　润　戴　绂　俞化鹏　金　潮　蒋　勋　叶弘绶　邹汝鲁
江　球　江　雯　许志进　陈春明

第三甲　赐同进士出身共 114 名

贾汝楫　祝翼模　田轩来　何居广　徐树庸　周　正　杨名时　程文正　牟国珑　王　传　王孙延　瞿孝春
冉觐祖　李廷枢　孙　谋　卫　璠　孙维祺　曹延懿　王者臣　孙道盛　李允秀　和氏玺　璩廷祐　魏　郊
冷宗昱　温　为　胡一麟　李燕生　柯荣庚　夏　纪　王　褎　陈开泰　赵嗣晋　仇匡国　张拱极　张　洛
佘松生　朱文卿　喀尔喀　李其昌　石曰琮　刘肇崐　卢大圻　文志鲸　潘树枏　叶元锡　巴　海　刘　琰
李廷璧　恽东生　王克宽　高　玢　赵羽清　王　侃　赵光绪　许岳生　李　镄　袁生桂　沈弘勋　王从鲸
李和吉　詹琪芬　贾之彦　李振玑　樊绍祚　王赐召　张步瀛　严调鼎　赵　炯[②] 阎锡爵　林洪烈　杨　艮
邵　观　景日昣　蔡　醻　张起宗　阿　金　韩宗纲　张嘉麟　张寿峒　姜承焯　巩皇图　张愈奇　蒋兆龙
顾鸣阳　邹　琯　王克昌　张曾庆　毛　鹍　李象元　张联元　徐元灏　李良模　宋徵烈　蒋　敩　萧道弘

高于嵋 胡麟徵 张为经 苏成俊 朱 嵩 惠霖嗣 张翔凤 李 密 焦毓鼎 赵匡世[3] 高 昍 梁贻椿
李雍熙[4] 熊维祝 任伦备 房于泗 王 介 何龙文

注：

①戴有祺，康熙二十七年戊辰科进士，本科补殿试。

②赵炯至赵匡世 38 人，次序与《明清进士题名碑录索引》不符。

③赵匡世，《明清进士题名碑录索引》作葛匡世。

④李雍熙，《明清进士题名碑录索引》作李熙雍。

康熙三十三年(1694年)
甲戌科

奉
天承運
皇帝制曰康熙三十
三年三月十五
日策試天下貢
士[illegible]之仙等一
百六十八名第
一甲賜進士及
第第二甲賜進
士出身第三甲
賜同進士出身
故茲誥示
康熙三十三年
三月二十三日

第一甲
黄龍眉浙江海寧人
一甲[illegible]
楊[illegible]陝西[illegible]人
[illegible]禄寺[illegible]福建福安人
孟[illegible]陝西靈州人
胡[illegible]廣東海陽人
陳[illegible]廣東海康人
吳隆元浙江仁和人
[illegible]山東臨清人
趙錫仁[illegible]
楊[illegible]四川[illegible]
唐[illegible]浙江會稽人
曹[illegible]浙江[illegible]
王日[illegible]
劉[illegible]四川江津人
海鳳[illegible]湖廣[illegible]
秦[illegible]河南[illegible]
劉廷琛直隸永年人
方大瑞湖廣江夏人
[illegible]鳳池浙江秀水人

康熙三十三年（1694年）甲戌科

第一甲　赐进士及第共 3 名

胡任舆　顾图河　顾悦履

第二甲　赐进士出身共 40 名

汪　倓　汪　漋　李暄亭　裴之仙　龚　铎　王　桢　熊　苇　陈成永　陈　璋　张逸少　周道新　陈豫朋
吴　锺　从　澍　田　沆　张大有　袁锺麟　张时雍　纪遴宜　李天祜　黄龙眉　杨　颙　钱安世　陈　恂
徐鸿逵　张丙厚　于　采　李成铬　吕履恒　成永健　陈梦球　李　璠　郑　晃　王全臣　屠　沂　范长发
阿锡台　吴学颢　吴廷琪　方　迈

第三甲　赐同进士出身共 125 名

张其相　戴　盼　吴琦起　岳　度　林豫吉　孟之珪　周鸿宪　陈霆万　朱辉珏　陈允恭　张梦熊　傅　森
张德桂　朱锡鬯　康行僴　李　瀛　曹彦栻　廖长龄　程　湄　拉都立　林可煜　程　湜　周振举　高　怡
黄中理　杨芳裔　张友程　周起渭　陈廷桂　谢　藩　陈　璸　吴隆元　冀　霖　赵锡仁　杨　棠　唐曾述
曹辰容　王日昇　刘　錧　海凤翥　袁宸黼　刘珙徵　赵瑞晋　谢肇昌　觉罗满保　黄觐光　郭嵘之
刘廷瑛　方文瑞　徐凤池　苏滋忭　五　哥　蔡日光　李　雍　苏　琠　海　宝　严德泳　黄彦标　杨　璨
曹世璞　高天挺　陈守创　刘　俨　杨希鲁　袁　良　李文高　田慕芳　张有光　张　瓒　管　灏　黄　舆
祝文彬　李长祚　吴　岳　毛殿飏　牟　恒　赵守易　赵尔孙　黄利通　吴甫生　谭尚箴　吴时谦　张盘基
李燕俊　唐之材　张　琮　刘士驌　李先立　高其倬　朱　轼　郦祖仁　杨名远　隋　铨　屈颖藻　于振宗

袁有龙　刘凌云　江　潢　胡　俊　吴　玥　雒　伦　米调元　邹世任　赵起蛟　高　崧　王家骕　法　海
贾之屏　徐　振　李廷璧　李　训　王耿言　陈荀会　何　通　任　谦　段丕承　陈　珣　高斗光　戴大集
杨万春　刘五孚　郭　沆　殷元福　金肇桢　易　乘

康熙三十六年（1697 年）
丁丑科

奉
天承運
皇帝制曰康熙三十
六年七月十三
日策試天下貢
士汪士鋐等一
百五十名第一
甲賜進士及第
第二甲賜進士
出身第三甲賜
同進士出身故
茲詔示
康熙三十六年
七月十七日

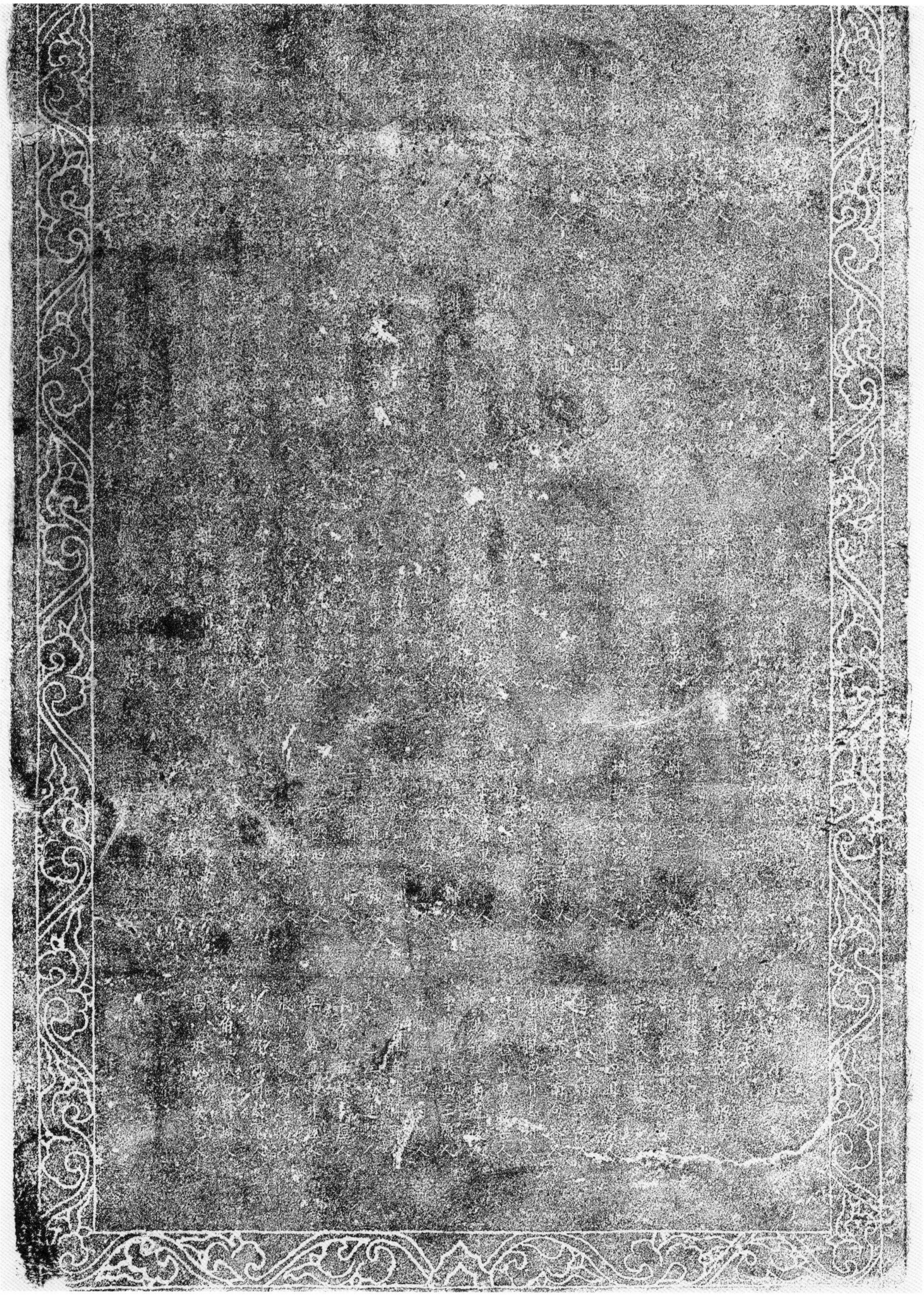

康熙三十六年（1697年）丁丑科

第一甲　赐进士及第共 3 名

李　蟠　严虞惇　姜宸英

第二甲　赐进士出身共 40 名

汪士𬭎　徐树本　车鼎晋　朱良佐　陈　苌　庄清度　朱　扆　陈壮履　龚汝宽　李发枝　王　诰　桑　格
李继修　王嗣衍　程本节　徐　容　李凤翥　何斌临　周　彝　田云翼　陈至言　乔云名　沈曾纯　王一导
余正健　徐　发　段　曦　查　赉　赵申季　翁大中　朱　谟　何　芬　宋聚业　徐　旭　许　琳　单畴书
赵宸黼　郑　驷　彭兆逵　陈　冕

第三甲　赐同进士出身共 107 名

朱启昆　吴宗丰　易永元　邹图云　康五瑞　张元臣　左有言　萧名俊　查克建　吴文炎　阿尔赛　王世兴
屠程珠　孔尚先　周祚显　张庚曜　李　林　刘　堂　孙　振　谢　俨　甄　昭　杜　李　李廷勋　张士典
王　樌　万为恪　曹家甲　王屿孙　张仕浑　周景岷　何桂蕃[1] 马龙騄　蔡　珽　裘君弼　李　恭　冯千英
李周望　田光复　陈尧仁　刘岱年　陆　韬　周国宪　常　哥　梁学源　陈文灿　马象观　潘明祚　陈一蜚
刘云汉　刘时通　陈又良　张允浣　安于仁　铁范金　郭于蕃　李而侗　李　栻　胡舜裔　李甡麟　李绍周
薛祖顺　刘三异　任尔琼　胡　铨　乔于溱　杨瑛森　孙　跃　姚　璐　曹　鼐　高尚瑛　钱士峰　阿进泰
傅　敏[2] 薛　堪　董　哲　汪培祖　李绍芳　赵　倓　苏　铭　魏重轮　尹　烈　王　焯　乐玉声　王如岳
施云翔　张起鹤　薛善士　张省括　张懋德　宗孔范　宗孔授　成文运　李　爔　赵昌祚　李国凤　赵　暄

欧阳齐　李性悌　张树侯　韩法祖　支　邑　李方熙　吴　迪　张鼎梅　段　舒　卫伯龙　马　珽

注：

①何桂蕃，《明清进士题名碑录索引》作何贵蕃。

②傅敏，《清史稿》作福敏。

康熙三十九年（1700年）
庚辰科

奉
天承運
皇帝制曰康熙三十九年三月二十日策試天下貢士王露等三百五名第一甲賜進士及第第二甲賜進士出身第三甲賜同進士出身故兹誥示
康熙三十九年三月二十三日

康熙三十九年（1700 年）庚辰科

第一甲 赐进士及第共 3 名

汪 绎[①] 季 愈 王 露

第二甲 赐进士出身共 60 名

张成遇 管昂发 严宗溥 杨守知 董 麒 张 翮 许 谷 王守烈 王孙谋 高 舆 李 楷 王开泰
查嗣瑮 辜文麟 杨尤奇 史 普 顾楷仁 汪升英 林绍祖 江为龙 蔡 彬 严元啅 励廷仪 陈吴岳
沈 宣 齐 溥 林思睿 周廷槐 张德纯 刘 愫 梁棠荫 李梦髙 吴卜雄 顾惟讷 金 樟 陈嘉猷
魏嘉谋 沈近思 许迎年 姜朝勋 胡承谋 林 矿 费洪学 王廷珹 包 咸 陶 彝 林 镜 魏必大
严开昶 杨汝谷 史 泓 江 芑 文 岱 章应璧 武承谟 陈沂震 赵善昌 李 榛 沈家鹗 周士玙

第三甲 赐同进士出身共 242 名

史贻直 钱兆沆 林应春 方 辰 沈庆曾 介孝瑹 徐永宣 薛士仁 张振嗣 赵友夔 金之存 秦国龙
邵旦平 张开第 陈作霖 范基祚 顾三典 夏 灿 刘基长 李 珍 聂 恒 吴 荃 蓝启延 吴元诒
范 景 齐士琬 王延祺 韩遇春 李继泌 褚 绪 王允猷 许 湄 张 谦 董新策 巫桢孙 董 玘
周光斗 凌绍焻 李 灼 王昌言 汪养纯 沈曾懋 金元宽 雷先春 谢天植 阎 愉 高元吉 王 竚
王士仪 晁子管 朱周士 施 霖 许其谊 魏锡祚 王培宗 周士佃 李延恺 洪世翰 沈从隆 孙志仁
胡绍安 曹三德 乔于瀛 杜光先 叶道复 蔡维城 宫建章 魏方泰 张 燧 周懋勋 范允鏋 谢举安
张登杰 马国屏 李 性 刘 侃 汪与恒 张 烈 王 涵 王 珀 于元吉 余尚钰 郭晋熙 陈廷纶

于之辐	林元桂	瓦尔达	文　明	韩孝基	潘应枢	李士瑜	朱世衍	李　晶	吴之锜	张遇隆	韩　蕃
谭再生	秦学洙	孙克明	程绳武	林可乔	袁　芝	吴　镐	赖　辉	梁国宝	梁通洛	陈　还	刘师恕
王溯维	吴　堂	陆　师	潘成云	王孙熊	李　抡	王文炳	姚　馩	余　珖	刘慧奇	郑景洛	张　鲤
金　璞	马　楠	王　纮	盛　度	王鹿瑞	杨　玠	朱　濡	陈鹗荐	吕曰正	来燕雯	金　瑛	刘芳远
秦君扬	田衷孚	李　薛	徐继昌	觉罗逢泰		叶思华	王永祚	陈　滨	段　昕	马　焆	任五伦
杜能忠	福　寿	朱　良	常　住	高光宗	王　俟	韩　瑛	朱大成	张廷玉	张心浴	王　翼	杨苏臣
蓝　岩	叶绍芳	那　善	马元勋	王景曾	雷　恒	刘作楫	卫　隽	吴从至	李帅正	刘光秀	徐　銡
郑兴祖	程　璞	鲍　夔	叶　鲁	陈大宾	孟寅生	郭九同	梅廷标	张衷恪	郭　杞	裴正时	武　龄
廖　琬	富尔敦	张两铭	蔺惟谦	李　琮	袁　安	林　竹	张　琰	锺铭文	王　权	张如绪	谢　鼒
赵鸿猷	陈雅琛	刘国英	韩天翥	朱兰泰	荆文康	苏　埙	干建邦	张素履	托　贤	周　苏	张元锐
陆士渭	张象蒲	杨　述	王曰俞	孟　涛	蔡任鹄	曾　昕	夏熙泽	郑大奎	平　住	何肇宗	许　愫
高其伟	张射标	年羹尧	李凤彩	贾　林	陈协文	李廷模	刘孟弘	何成波	卢镕九	马振龙	裴家鐈
陈若沂	王一元	孙　常	柏光斗	许殿元	邢泽临	张调陛	来　楫	王爰溱	张瑞生	戴　宽	蔡　璗
李闳中	奚　湛	丁书升									

注：

①汪绎，为康熙三十六年丁丑科进士，本科补殿试。

康熙四十二年(1703年)
癸未科

奉
天承運
皇帝制曰康熙四十
二年四月初四
日策試天下貢
士王式丹等一
百六十六名
第一甲賜進士及第
第二甲賜進士出
身第三甲賜同進
士出身故茲誥
示
康熙四十二年
四月初七日

康熙四十二年（1703年）癸未科

第一甲　赐进士及第共3名

王式丹　赵　晋　钱名世

第二甲　赐进士出身共50名

汪　灏　查慎行　何　焯　蒋廷锡　吴廷桢　陈邦彦　薄有德　汪文炯　陈世倌　吴瞻淇　宫懋言　归　鸿　唐执玉　汪　份　潘体震　廖赓谟　陆秉鉴　乔兆栋　孙兆奎　查嗣珣　涂天相　万　经　沈嵩士　王澄慧　高徐基　陈　嵩　徐树敏　朱秉哲　贺方来　朱　书　林祖望　许　田　王元位　云中官　俞　梅　宋　至　杨存理　章藻功　韩贻丰　唐麟翔　伊　泰[1]　杨　绪　吴蔚起　刘　岩　朱廷宁　卞咸和　王遐祚　赵殿最　张自超　赵　昌

第三甲　赐同进士出身共113名

张廷标　李陈常　龚廷飏　吴　烘　赵　琮　蒋嘉猷　王一元　孔毓仪[2]　祝安国　李　颂　靳治岐　土　边　陈人文　沈元炼　罗兴义　马汝爲　张士骧　钱晋珏　盛弘遂　西　库　辛　炜　王居建　刘金声　詹嗣禄　李　沐　刘　圻　阮应商　吴　琏　朱　琬　赵徵介　朱斯裕　郈　衡　王延礼　谢履忠　柯乔年　耿古德　祝　诒　张　澂　虞　弘　魏文碧　高志绅　刘祖任　胡忠本　周式度　蒋书升　葛斗南　闵　衍　丁腹松　张　晋　薛禄天　王　旒　牛天宿　杨王发　黄大德　赵泰临　王士铨　熊学烈　李景迪　董　泰　郭　志　杨万程　秦　镐　魏世泰　李天祥　陈士敷　王嗣昌　万肃铎　李　笈　陈懋德　石拱极　王　孚　蒋　肇　王　炳　薛裔昌　阿进泰　吴　相　薛　垲　李　苏　徐廷宣　李士桢　李　堂　王谨微　吴锡炤　吴天锡

刘兴元　康　樵　张　瑶　高岱宗　何　垣　张秉盼　郑为龙　才　住　秦源宽　韩　黄　凌应揆　徐　上
刘　汧　王汉周　万民钦　张廷超　秦　扬　张　峩　郭兆垣　马　骏　魏　沅　千　藻　耿绣彝　勒腾额
李凤翔　杨士文　刘敬德　何　瑞　汪兆熊

注：

①伊泰，《明清进士题名碑录索引》作伊太。

②孔毓仪，《明清进士题名碑录索引》作孔幼仪。

康熙四十五年(1706年)
丙戌科

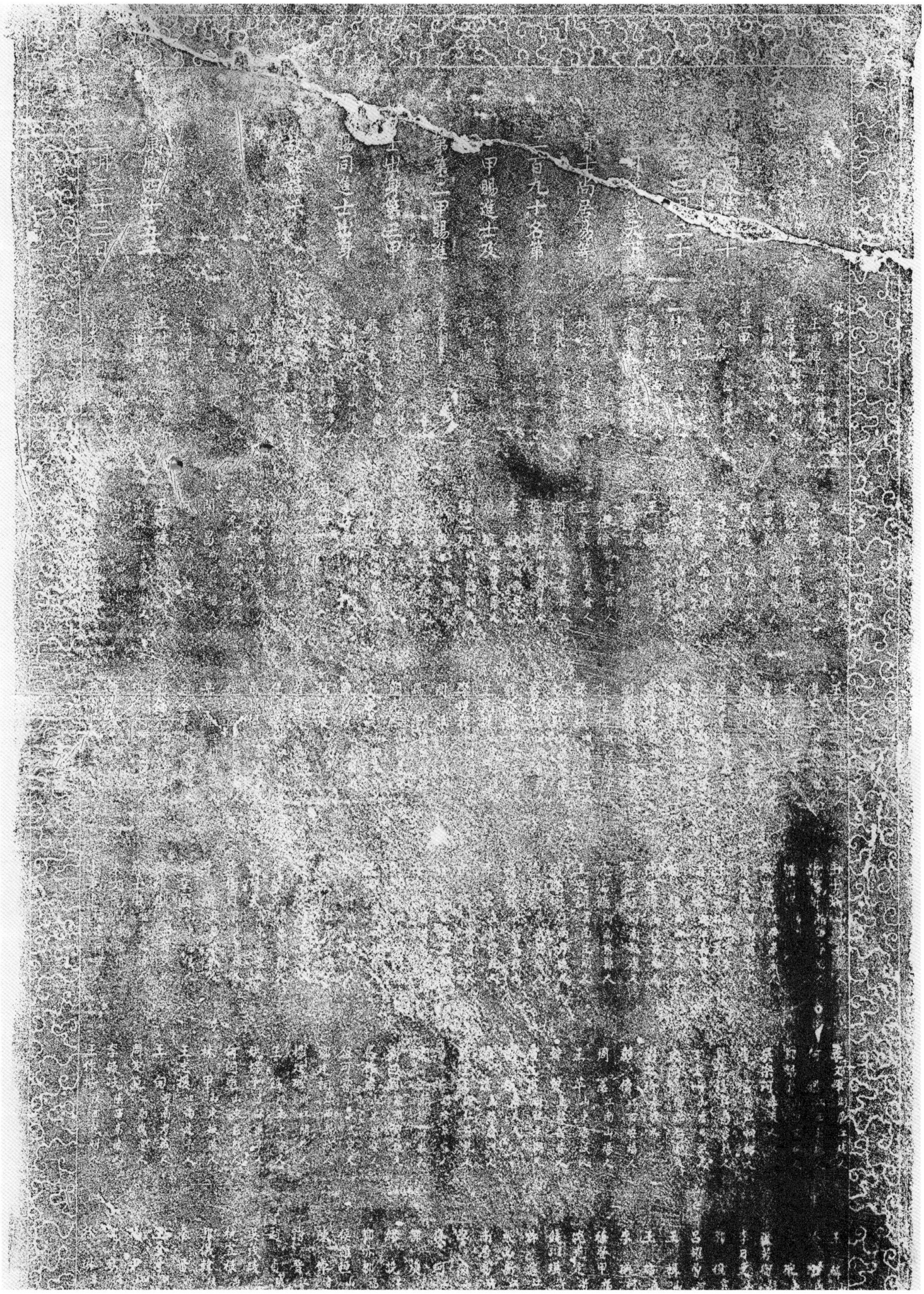

康熙四十五年（1706年）丙戌科

第一甲 赐进士及第共3名

王云锦 吕葆中 贾国维

第二甲 赐进士出身共50名

俞兆晟 吴士玉 彭廷训 乔崇烈 蔡学洙 邹奕凤 林之濬 顾秉直 赵士英 沈翼机 俞长策 张 映
吴关杰 戴思讷 嵇曾筠 熊 本 杨开沅 宫鸿历 庄令舆 田 易 卢弘熹 陆赐书 何 煜 查嗣庭
王壮图 胡世昌 索 泰 陈大辇 施 焘 陈世倌 陈观颙 曹思义 柯天健 吴廷寀 李玉鋐 廖赓融
王 坦 施德涵 郑任钥 王 谟 顾开陆 张 铎 李 敏 万 瑄 汤之旭 张 机 诸葛铭 从方函
陶元运 齐方起

第三甲 赐同进士出身共237名

李元起 鞠孙楼 吴文煊 王允晋 闵 昌[1] 何 深 王昭被 高攀嵩 卫昌绩 陈时夏 王 霖 傅王雯
宋一端 贾兆凤 余祖训[2] 杨宗泽 陈 均 邵锡章 觉罗坡岱 刘青藜 许维楷 杨为棫 彭维新
姜承谦 钱荣世 王克让 李锺峨 闵 佩 马 豫 阎尧熙 史庆义 陈 琼 杨企震 崔致远 任 沄
张暻枢 魏定国 岳 维 郑金章 邵锡光 樊 琳 李 莹 王开运 王士炳 诸起新 满 保 张懋能
葛亮臣 王棨如[3] 浦文焯 赵 祁 陈廷炜 窦容恂 沈瑞鹤 王思训 钱志彤 陆逢宠 蒋殿宾 李 棠
张 寅 郁士超 奇勒伦 刘朝讲 张调元 吴 树 吴文渊 杜 滨 钱攀元 张可夫 李树目 李 焕
李掌圆 陈维岳 薛士玑 朱文龙 陈秉忠 李文煇 何 鉴 郑锡爵 吴宗阿 曹 枢 龚晋锡 丁士一

史尚节　刘之玠　彭　倩　周　宪　王　苹　韩　煛　卢生甫　刘　植　孙　说　吴世雍　潘　楷　魏　嵘
刘曰朝　马作肃　俎可尝　邓廷相　杨廷琚　王　镐　姚协于　何国玺　林　甲　王志援　王　甸　周定范
李毓岐　王作楷　王之麟　徐　恕　李　琬　张若衡　李日更　郭　伟　吕耀曾　王　楫　王　琮　李　琠
徐登甲　沈光定　钱以瑛　许　进　张必新　尚居易　李　灏　钱　珂　邹　庚　谬　诜　郑亦邹　侯维垣
陈　倬　诸　晋　赵　贞　吴茂陵　杭宜禄　郭仪韩　秦　晋　王全才　马　尹　都　麦　徐　琳　常　生
张云鹗　丘　晟　刘文璲　王允文　李累珠　王我都　魏　壮　袁守待　刘骥良[4]　杜文焕　范　琇　雷　应
韩凤声　刘　溥　周　杰　李　樟　刘自唐　李士珍　萧　震　洪晨孚　王　坦　诸葛琪　鲁　曾　卫士桢
赵　资　毛远宗　德　弘　陈厚燿　韩允恭　吕文樱　王　珻　来　珏　包　括　蒋　纲　魏　观　张　钺
王　珍　李　璇　那　山　寿致润　王秉义　秦　骧　程　彦　七　十　陶国奇　周玉甲　谢王宠　李空凡
聂师尧　罗其贞　王显一　刘　洽　尚彤庭　何如栻　梁星庆　赵　煜[5]　赵世勋　阎光衍　陈元度　甯秉谦
田承谟　戴兆佳　罗　濬　梁兆吉　蒋　进　刘　鉴　徐能容　段巘生　周　俊　王业昌　王作朋　陈亦濂
冯云会　陈　绂　赵予信　白　璇　李　悛　高汝樽　吴瑞马[6]　孔　豸　杨　标　毛　钰　张鸣皋　夸　喀
骚达子　臧　琮　沈一葵　张云路　黄　装　赵　玮　倪文辉　汪度弘　刘嗣因　郝　濬

注：

①闵昌，《明清进士题名碑录索引》作叶昌。

②余祖训，《清史稿》作余甸。

③王棨如，碑刻小字注“本姓方”。

④刘骥良，《明清进士题名碑录索引》作蔡骥良。

⑤赵煜，《明清进士题名碑录索引》作赵煌。

⑥吴瑞马，《明清进士题名碑录索引》作吴瑞焉。

康熙四十八年（1709 年）
己丑科

奉
天承運
皇帝制曰康熙四十
八年三月二十
日策試天下貢
士戴名世等二
百九十二名第
一甲賜進士及
第第二甲賜進
士出身第三甲
賜同進士出身
故茲誥示
康熙四十八年
三月二十三日

康熙四十八年（1709年）己丑科

第一甲 赐进士及第共 3 名

赵熊诏 戴名世 缪 沅

第二甲 赐进士出身共 50 名

朱元英 杨锡恒 储在文 陈随贞 徐 斌 戚麟祥 孔毓玑 阿克敦 申 玮 须 洲 张起麟 黄叔璥
黄 缵 李 绂 朱一凤 惠士奇 吴观域 路仍起 徐用锡 王凤池 李 中 秦道然 沈时宜① 黄振国
费 源 王作梅 黄叔琬 方 觐 蔡世远 陈似源 唐绍祖 朱青选 骆寿朋 蒋锡震 邹汝模 蒋 涟
汪见祺 于 广 王应珮 汪 诚 阎 圻 赵继抃 金虞廷 阎 咏 方式济 刘嘉本 冯应铨 吕谦恒
邵锦江 顾 濂

第三甲 赐同进士出身共 239 名

韩孝嗣 史 随 汪 倬 郑羽逵 周人龙 乔 儆 吴 筠 马受曾 方 伯 顾 芝 蒋义淳 宋 筠
黎致远 高棠萼 庄 汉 高德修 王奕鸿 孔传忠 刘甫生② 张 照 方一韩 胡德浩 顾五达 马 益
潘采鼎 郁 芬 吴 曙 李同声 钱人龙 蒋 麟 张景崧 卢 轩 徐文驹 戈 辑 蒋仁锡 色楞阁③
徐方光 王如芳 王童蔚 陆绍琦 李茂华 张需讷 侯 瑜 皇甫文聘 陈 棫 王元蘅 顾 周
赵 蕃 张 玢 谢履厚 陈世倕 杨世芳 刘大毂 邵言纶 张淑郿 张绍贤 屠先庚 程 喈 杨 正
李足兴 徐学榜 吴承捷 应综文 何世璂 王时宪 亓 煦 郑纯礼 倪 溥④ 张学孜 刘秉铉 王心朝
刘云翻 徐士鹭 萧士鉴 刘念椿 喻觐采 张学庠 曹如瑄 黄秉铨 赵国麟 王履仁 何景云 张 嵩

雷　淳	崔　灿	王肯构	李昉棶	王大纶	程　翅	芮复传	程　璲	祝万选[5]	钱　倬	汪洄民	丘尚志
徐　超[6]	李前勋	张应绶[7]	范令誉	李果实	李　蕡	贾　伦	张　椎	曾　谨	王　镄	黄廷贵	薛俊声
高镇峰[8]	詹铨吉	江　成	张作舟	姚士勷	李厚望	苏　璜	张世任	哈尔泰	濮起熊	张　昉	王僧慧
王廷僚	张书绅	黄承祖	李率先	孙来贺	龙为霖	张奎光	郝　镛	叶　亮	陈　偦	朱若功	胡绍高
严思位	颜　敏	樊　贞	陶　成	汤豫诚	陈余芳	黄　越	李　炯	姚一经	孔毓玠	王　勊	白　兼
赵　音[9]	陈　诗	管凤苞	孙金坚	董策醇	王承烈	苏　溵	段世缙	黎益进	孙超群	李长庚	林　缙
薛乙甲	周凤来	边　溪	陈守仁	杨　绍	万如济	袁　皞	陈　纶	林　莹	翁廷资	高维新	韩性善
张令璜	颜光伫	赵东暄	邵之旭	孙贞励	曾世琮	张鹏翼	阎宗衍	孙庭楷	徐元禧	周天任	梁　植
徐　阆	程大聿	朱　纶	陈　会	张大受	周道裕	万　瑄	傅之诠	王敬修	何士达	王念臣	朱廷遴
李汝霖	黄敬中	李元梅	颜绍标	梁　迪	吕　滉	蒋　亮	李　发	郝　曙	孔衍治	张端翊	高缉颢
刘弘猷	葛佩琯	曹抡彬	赵　宣	张翰扬	胡文灿	吴弘助	任　溥	王作砺	黑天池	徐诚身	吕孚凤
薛化成	窦彝常	朱作霖[10]	邓葵友	沈　镐	董　昌	阴　俨	所　住	辛禹奕	张揆亮	邓佳植	王锡庆
朱之璘	蔡祖班	刘潆符	张　鉴	张　晓	王辛元	积　善	车　松	李玘尊	蒋宪文	辛禹籍	余庆锡

注：

①沈时宜，碑刻小字注“本姓孙”。

②刘甫生，碑刻小字注“本姓钱”。

③色楞阁，《清史稿》作塞楞额。

④倪溥，碑刻小字注“本姓陆”。

⑤祝万选，碑刻小字注“本姓钱”。

⑥徐超，碑刻小字注“本姓周”。

⑦张应绶，碑刻小字注“本姓李”。

⑧高镇峰，碑刻小字注“本姓陈”。

⑨赵音，碑刻小字注“本姓黄”。

⑩朱作霖，碑刻小字注“本姓郎”。

康熙五十一年（1712年）
壬辰科

康熙五十一年（1712年）壬辰科

第一甲　赐进士及第共 3 名

王世琛　沈树本　徐葆光

第二甲　赐进士出身共 50 名

卜俊民　曹　鸣　李锺侨　陶贞一　刘于义　潘允敏　王图炳　鄂尔奇　杨士徽　何国宗　秦靖然　田嘉穀
徐云瑞　冯汝轼　查云标　许　镇　林　佶　俞鸿图　杜　诏　周王春　鲍　开　孟　班　杨祖楫　李慎修
杨玉岧[1]　何应鳌　林　昂　顾嗣立　卜兆龙　昝茹颖　汪泰来　王　澍[2]　汪鹤皋　刘大韇　狄贻孙　徐　杞[3]
易　简　漆绍文　王箴舆　周天祜　程梦星　汪　楫　薄　海　春　山　秦　休　郁　瑞　周金简　黄师琼
张春庆　王时鸿

第三甲　赐同进士出身共 124 名

乔时适　董胡宏[4]　周　彬　钱金森　周有堂　张秉亮　洪　泽　郭孙顺　钱廷献　杨　湝　沈世屏　夏慎枢
黄天球　陈王谟[5]　刘轶政　舒大成　李五福　何隆遇　吴振镐　杨森秀　寿奕磐　华觐光　觉罗名昌
田广运　胡　煦　千　兆　陶必达　张佺枝　王　珍　陈　锐　王淑京　李登瀛　沈曾发　张世文　毕　潚
钱　祐　李居广　李如璐　牟　壳　徐　依　周　桢　侯廷琳　宋　晶　应朝昌　高泽弘　于　菜　耿之昌
牛元弼　吴　翊　刘公津　甯时文　陈德荣　许基山　张　淳　韩三善　翟正经　归　琏　崔　楙　王　瀛
张　宜[6]　田长文　阎九畴　汤大辂　张　焘　李介福　甄之璜　景　仑　莫与及　苏习礼　陈以刚　高　卓
丁　善　吴宸生[7]　张延庆　白子云　鲁　立　高锺岳　鹿　耿　黄之绶　王梦旭　孙廷翼　徐启统　林景拔

李棠荫　迟之金　从元灿　王遵扆　谢济世　郑之侨　侯　靖　觉罗吴拜　　虞景星　李　湜　徐树屏
武安邦　三　格　李汝懋　张　旭　刘　蛟　邹启孟　陈见龙[8]　刘正远　刘三策　李祖望　张丰孙　何腾三
孙宗绪　张　镛　韩三公　璩廷庆　孙　诏　谢鹏程　徐永祜　凌　霄　崔鹤龄　张璞玺　郑其储　张乾修
潘　祥　王　亩　窦祖禹　王　钧　戈懋伦　张　坦

注：

①杨玉嵩，《明清进士题名碑录索引》作吴玉嵩。

②王澍，《明清进士题名碑录索引》作汪澍。

③徐杞，《清史稿》作徐杞。

④董胡宏，《明清进士题名碑录索引》作胡宏。

⑤陈王谟，《明清进士题名碑录索引》作陈谟。

⑥张宜，《明清进士题名碑录索引》作张谦宜。

⑦吴宸生，《明清进士题名碑录索引》作吴震生。

⑧陈见龙，《明清进士题名碑录索引》作倪见龙。

康熙五十二年
（1713年）癸巳科

康熙五十二年（1713年）癸巳科

第一甲　赐进士及第共3名

王敬铭　任兰枝　魏廷珍

第二甲　赐进士出身共50名

杨绳武　刘自洁　孙见龙　许王猷　万承苍　吴廷揆　吴　襄　徐　骏　蔡　嵩　蒋　洞　王　赉　陈治滋
景考祥　冯　髙　刘嵩龄　高　辉　王奕仁　蒋洽秀　李元真[1]　赵　洵　于本宏　乔学尹　刘　泌　庄　楷
蒋继轼　张　梁　张荣源　黄文虎　徐　鼎　王希曾　王贻荃　曹　仪　傅尔杰　陈学海　唐建中　屠　洵
曹鉴临　刘　沄　朱　馥　袁国桴　周本治　颜绍缵　厉　煌　袁　浚　徐士林　程　崟　王协灿　林仪凤[2]
张　缙　苑林嵋

第三甲　赐同进士出身共143名

朱向中　姚培和　蒋　杲　王之骥　世　禄　褚　越　邹允焕　姚三辰　姚　炯　梅廷对　潘述祖　张　珍
车敏来　孙嘉淦　黄焘世　黄　钜　陆　琮　曾振宗　温　仪　李茹旻　徐云祥　陈春英　曹志宏　何人龙[3]
陈世侃　王希洪　陈　焯　任　嵩　陆　翼　史在甲　徐大受[4]　吴孝登　朱曙荪　陆式龙[5]　江　发　李飞鲲
董　玧　陈　法　顾之樽　毛汝诜　汤大瑜　向日贞　李近阳　苏彤绍　王绍先　甘汝来　丁　莲　祁文瀚
张　汉　严启汉　张　岑　陈六义　陈　溥　张光华　马　瑛　张虞熙　朱天保　王　桴　石生晖　郑三才
胡承赞　郝　祺　焦绥祚　陆赵泰　程光鄂　金　镳　王　游　杨世照　林鹤来　南弘绪　董　植　茹昌鼎
徐流谦　敬　篧　赵　晟　黄　华　方宏度　魏　朝　文大漳　秦树炽　那曰玫　杜　薰　庄　论　金鼎锡

赵廷辅　周世培　贾　甡　陈　沆　潘晋晟　崔　莅　叶　蓁　张元怀　苏滋恢　春　台　巩建丰　甯世藻
徐敦蕃　雷　霦　涂学诗　臧尔心　张　宣　毕　瀗　汤一中　张梦白　鄢大年　僧格勒　王国栋　余光祖
王　桢　吴　翀　蒋如松　刘元声　秦宗淑[6]　魏　泌　薛　斌　胡　安　王之臣　杨克慧　李熮庚　秦奕诜
汪曰鲲　王玉璇　唐　璥　匡　瑮　赵　瓒　罗　翼　杨　琼　王言惠　申朝桢[7]　高　煓　王　凝　王运元
陈有怀　陈大任　于周礼　千　殊　潘光灯　孟宗美　寿致浦　傅　元　吴世模　王大烈　叶大楷

注：

①李元真，《清史稿》作李元直。

②林仪凤，碑刻小字注“本姓颜”。

③何人龙，《清史稿》卷四百九十七列传二百八十四“何复汉”列传中有载。

④徐大受，《明清进士题名碑录索引》作蔡大受。

⑤陆式龙，碑刻小字注“本姓管”。

⑥秦宗淑，碑刻小字注“本姓宋”。

⑦申朝桢，《明清进士题名碑录索引》作陈朝桢。

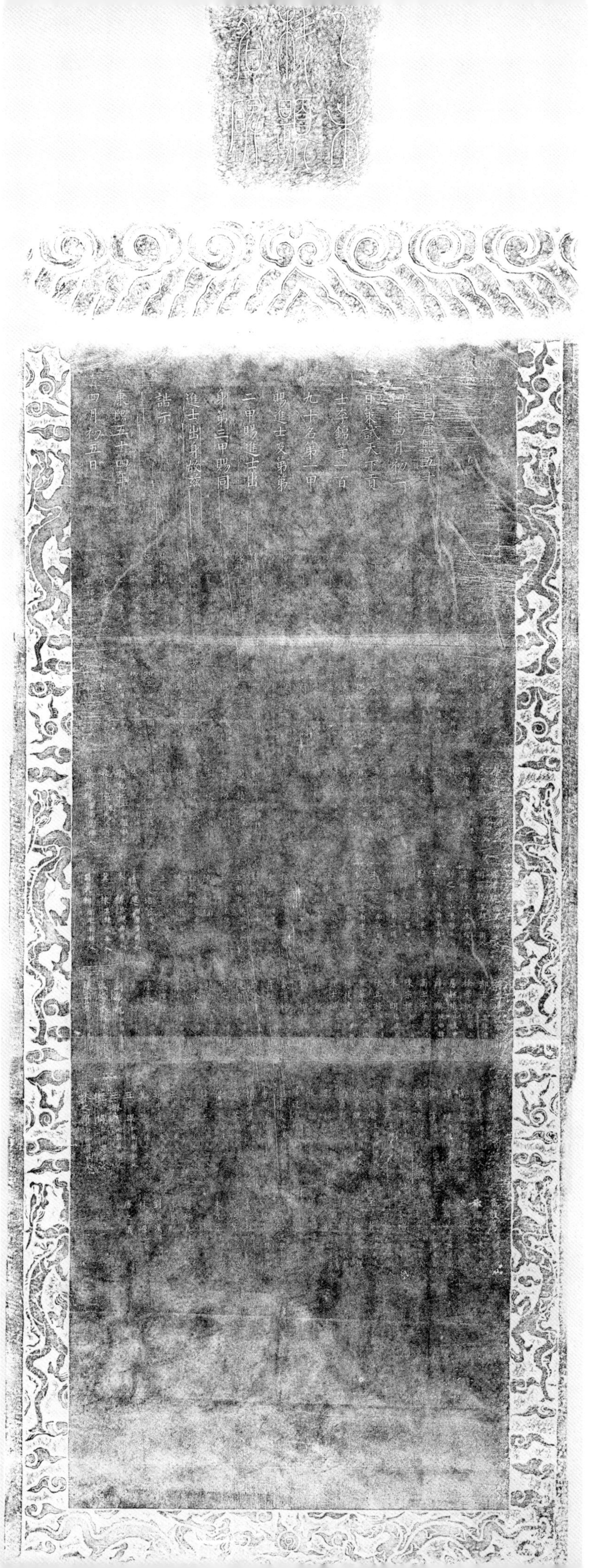

康熙五十四年（1715 年）
乙未科

奉天承運
皇帝制曰康熙五十
四年四月初三
日策試天下貢
士李錦等二百
九十名第一甲
賜進士及第第
二甲賜進士出
身第三甲賜同
進士出身故茲
誥示
康熙五十四年
四月初五日

康熙五十四年（1715年）乙未科

第一甲　赐进士及第共 3 名

徐陶璋　缪曰藻　傅王露

第二甲　赐进士出身共 40 名

李文锐　张应造　吴应桢　任中柱　汪受祺　蔡衍诰　陈　仪　李　锦　李克敬　梅瑴成　胡彦颖　怀渊中
陈邦直　杨超曾　曹友夏　汤　倓　李凤岐　张鸣钧　沈继贤　徐德泓　施昭庭　杨克茂　朱　璋　张　铝
张麟甲　蒋芳洲　石　杰　赵　城　朱兆琪　成　文　凌如焕　陈武婴　王时瑞　张　翼　王世睿　侯　度
张朱霖　李天宠　宫　雒　顾沈士

第三甲　赐同进士出身共 147 名

裘　琏　江　济　方景诩　田大玺　丁续曾　黄相旦　李炳旦　庄汝扬　杨凤岗　栗尔璋　蔡宾兴　朱丕彧
胡虞继　周　澂　王云倬　陈王绶　德　龄　张　缝　冯叔嫌　罗　爌　博　山　余敏绅　秦士颙　蒋万祀
关　陈　景四维　邓州彦　周之桢　吕　功　李　秩　窦启瑛　许日炽　路　衡　宋怀金　张希圣　罗勉仁
沈　竹　萨纶锡　吴传觐　胡尔默　李修行　刘之苏　王　筹　惠克广　陈暻文　丘　镛　朱天荣　黄鹤鸣
蒋　林　张弘俊　薛天玉　宋　镃[1] 郭　洁　陈宪周　姜朝俊　王用中　王　璋　陈弘训　郭嗣龄　陈世仁
王大年　薛天培　杜启运　秦　铸　冀　栋　昌天锦　李三光　郝士铉　徐学炳　房毓桢　薛　鹏　高玉芬
陈宗标　朱　朗　张正榜　叶华暐　杨枝建　魏士瑛　李　锦　杨　缵　戴滋畅　李祖旦　许登庸　陈自彰
宋之树　赵尚友　刁承祖　粟千锺　季运隆[2] 陈永浩　萧　劼　刘梦龙　张继咏　陈于蕃　刘信嘉　方克壮

高荀侨 谭 琏 潘 淳 严禹沛 张 鹍 田玉芝 齐淑伦 张景谦 徐霞彩 彭 祜 张 谧 陆述宣
赵 枚 唐开运 杨云翼 范 芬 洪世本 韩从王 王廷枚 王蕙生 赵中遴 冀 矩 王 淏 王楙绩
魏 协 朱之问 雷殷荐 朱缁衣 德 新 权步武 严盛昌 赵希濂 王弘培 周元超 王 苍 纪之从
杨 瑁 洪 勋 胡 煦 乔 昆 牛思任 刘起宗 索 柱 周孙著 朱允元 周 球 赵好义 李梦麟
刘维汉 林 嵘 唐之仪

注：

①宋镃，《明清进士题名碑录索引》作宋鳞。

②季运隆，《明清进士题名碑录索引》作李运隆。

康熙五十七年
（1718年）
戊戌科

奉天承運
皇帝制曰康熙五
十七年四月
初五日策試
天下貢士揚
爾德等一百
六十五名第
一甲賜進士
及第第二甲
賜進士出身
第三甲賜同
進士出身故
茲誥示
康熙五十七
年四月初八
日

康熙五十七年（1718年）戊戌科

第一甲　赐进士及第共3名

汪应铨　张廷璐　沈锡辂

第二甲　赐进士出身共40名

金以成　单　翰[1]　查　祥　陈万策　李志沆　崔　纪[2]　叶长扬　庄亨阳　董　俊　王懋竑　张梦征　徐　本[3]
习　寯　杨振翰　吴家骐　顾　仔　冯汉炜　曹源郊　许　均　伊尔敦　邹升恒　宋　照　傅王霅　萧宸捷
曾元迈　沈承烈　董　钺[4]　陈之缇[5]　徐大枚　顾祖镇　毕　谊　刘丕谟　张梦拓　徐　模　杨尔德　王　恪
黄鸿中　张　炜　杜　藻　夏开衡

第三甲　赐同进士出身共122名

吴　涛　杨　椿　李天龙　沈嘉麟　马　倬　吴士进　李　兰　熊应璜　丁勺曾　郑　江　汪嗣圣　王　炜
王　瓒　康　忱　谢光纪　朱大贤　胡　瀛　胡士侨　贾　澂　严文在　黄　图　徐聚伦　蔡一澧　刘　翽
刘运鲋　李治国　张天翼　张　璨　饶世经　杨昌言　周　璋　沈培种　赵与鸿　孙　骐　高元昆　彭　洙
李士元　董自超　赵恒祚　杨自钦　龚相玉　姚永先　李琼枝[6]　郭　操[7]　赵　胜　刘　博　戴洪槛[8]　郑　堃
王　霨　王　明　戴允恭　杨　熉　石光玺　苏　圻　顾兆麟　张廷煌　冯嗣京　徐元鳌　刘　彤　庄士元
李志远　郑　嶹　颜光晖　任际虞　刘翰书　曲　槺　刘仁达　史　增　董　怡[9]　觉罗思强　陈舜裔
蔡曰逢　戴　珽　张彤标　王立常　卿　悦　蔡名载　仪于庭　韩慧基　崔　宣　魏亦晋　任元勋　韩　楷
郑　度　王梦尧　李　洵　杨询朋　李根云　万上达　管学宣　严瑞龙　徐裕庆　解震泰　赵曰睿　雷天铎

张宪龄 张 极[10] 傅树崇 刘 灿 戴廷坚 赵曰瑛 曹永祺 黄绍琦 冯 怡 张之珩 王极昭 张天畏
李玉书 李尧畴 杜 遂 卢愈奇 李景运 赵尔楷 杨兆锬 陈之遇 童 保 丁源渭 邹 训 杜天培
萧师谔 李符恭 阎自新

注：

①单翰，《明清进士题名碑录索引》作潘翰。

②崔纪，《明清进士题名碑录索引》作崔珺。

③徐本，《明清进士题名碑录索引》作徐木。

④董钺，《明清进士题名碑录索引》作张钺。

⑤陈之缇，《明清进士题名碑录索引》作侯之缇。

⑥李琼枝，《明清进士题名碑录索引》作陈琼枝。

⑦郭操，碑刻小字注“改名琏，又奉旨改国琏”。

⑧戴洪槛，《明清进士题名碑录索引》作戴洪禭。

⑨董怡至李玉书 40 人，次序与《明清进士题名碑录索引》不符。

⑩张极，《明清进士题名碑录索引》作翟张极。

康熙六十年（1721年）
辛丑科

奉
天承運
皇帝制曰康熙六十年四月初二日策試天下貢士儲大文等一百六十三人第一甲賜進士及第第二甲賜進士出身第三甲賜同進士出身敬茲誥示
康熙六十年四月初五日

第一甲

康熙六十年（1721年）辛丑科

第一甲 赐进士及第共 3 名

邓锺岳 吴文焕 程元章

第二甲 赐进士出身共 40 名

王兰生 黄之隽 俞鸿馨 姚世荣 邵 基 姜邵湘 鲁曾煜 姚之骃 靖道谟 邵 泰 杨廷选 邹世楠
李 咸 王敛福 钱陈群 沈起元 蒋恭棐 励宗万 留 保 谢道承 王兆符 卢见曾[1] 葛柱邦 杨汝梗
于 枬 俞元祺 顾栋高 郑大德 夏力恕 恽宗洵 觉罗恩寿 吴端升 吴 穀 姜任脩 蒋文元
梁 机 胡国楷 储大文 李 清 吴启昆

第三甲 赐同进士出身共 120 名

李光墺 王 植 宋华金 冯 咏 赵可大 杨梦琰 杨 锦 何 溥 段西铭[2] 沈成琏 吴 栻 任 相
李 桓 冯 谦 崔乃镛 唐继祖 储郁文 牟 瀜 储雄文 宋在诗 祝寿名 王还朴 杨于位 沈 遴
罗克拔 李若采 张对墀 杨魁甲 司马灏文 张士毅 邵成桢 应上苑 马维翰 张符骧 夏立中
侯来旌 王克宏 牛天申 刘维新 赵 笏 陆奎勋 袁耀玉 范卜年 介锡周 王 溥 杨缵绪 彭家屏
梅 枚 吴 锟 林闻誉 程仁圻 三 格 蒋大成 彭 亮 王士俊 卢建中 乔世臣 徐士俊 何 浩
何 朗 彭人瑛 陈惟煜 安受腆 陶德焘 严 洁 壮 纯 周毓真 刘葆采 彭起渭 锺元辅 卫学瑗
黄 秀 杜先瀛 郑佑人[3] 蒋 梓 邓 牧[4] 郭应元 屠用谦 李梅宾 萧 炘 全乾象 王 恕 谢国维
周知非 郭 稷 李文华 关上进 莫魁文 李 渭 汤万炳 黄焕彰 郭绍璞 曹 涵 杨 景 梁 樟

万绳祜　彭之华　姚　滔　周大赉　樊正域　董思恭　李开叶　李捷元　杨弘绪　万咸燕　戴　亨　王元稚　孙国玺　张勿迁　欧锺谐　彭士商　赵升朝　晏斯盛　王锡年　刘廷翰　张发祖　陈　恺　李先枝　甘曰懋　边　果

注：

①卢见曾，《清史稿》卷三百四十一列传一百二十八“卢荫溥”列传中有载。

②段西铭，《明清进士题名碑录索引》作段四铭。

③郑佑人，《明清进士题名碑录索引》作郑侑人。

④邓牧，《明清进士题名碑录索引》作邓枚。

雍正元年
（1723年）
癸卯科

奉
天承運
皇帝制曰雍正元
年十月二十
七日
下貢士楊炳
等二百四十
六名第一甲
賜進士及第
第二甲賜進
士出身第三
甲賜同進士
出身故茲誥
示
雍正元年十
月三十日

雍正元年（1723年）癸卯科

第一甲 赐进士及第共3名

于 振 戴 瀚[1] 杨 炳

第二甲 赐进士出身共63名

张廷珩 沈 淑 焦祈年 李 桐 倪师孟[2] 周学健 万承苓 吴 钊 陶正中 胡蛟龄 邹光涛[3] 潘 果 任芝发 陈齐宦[4] 张廷瑑 史惇化 许 焞 马金门 帅念祖 缪曰芑 松 寿[5] 胡承璘 夏治源 尹继善 周绍龙 李徵临 李 端 戴永椿 朱世勋 马翼赞 何玉梁 来谦鸣 严民法 孙鸿淦 崔 琳 夏之芳 邵锦涛 沈荣仁 鲍 梓 张仕遇[6] 黄景佳[7] 陈道凝 游绍安 胡香山 曹 鐭 蔡书绅 俞 韩[8] 张 考 钱孙振 刘浩基 刘吴龙[9] 高 山 徐以升 卢生薰 颜希圣 孙 果 张曰琏 张彦昌 张以琣 鲁遐龄 张 江 卫廷璞 王霖奏[10]

第三甲 赐同进士出身共180名

金作楫 魏周琬[11] 洪肇楙 吴大受 沈文豪 蔡良庆 范 咸 顾 海 纪逵宜 钦 涟[12] 陈 惠 陈弘谋[13] 徐大梁 王 鼐 黄岳牧 望君录 张荫圻 施 濬 倪 洄 郑 溥 周 琰 裴世兆 王士任 魏元枢 刘敬与 于 汧 蒋 祝[14] 沈志荣 林天木 颜希圣 图 麒 谢 莘 王 藩 保 良 俞来求[15] 陈 诚 朱作元 王大树 张志亨 江天泰 张振义 七十一 武绍周 王乔林 周 嵩 张若涵 陈衣德 申 茂 许履坦 裘君弢 永 世 罗凤彩 林嵩基 黄允肃 明 晟[16] 程材传 王 辂 骆光宸 杨胪赐 郑方坤 翁运标 牧可登 李 淮 冯允升 崔锺琅 聂奕隆 翁 藻 陆宗楷[17] 李 玠 柯 煜 沈 梁 尚 彬

余世堂　图　南　邓士楚　戴彬畅　邵大椿　罗廷仪　陈　本　郭　美　袁起涛　蒋汾功　梁万里　王振世

吴象宽　王步青　刘曰福　何梦篆　吴王坦[18]　吴　珽　史昌孟　阿成峨　罗国珠　黄施锷[19]　陈汝霖　李　徽

茹　林　麻居湄　万　里　吕崇素　王　谦　沈懋华[20]　喀尔钦　薄履青　张洪谟　陈芳楷　吕鼎祚　叱　骝

胡景定　何有基　从　洞　万礼祖　苏霖渤　金履宽　黄　典　李　嵩　何齐圣　王　奎　李　杜　黄元铎

胡良佐　徐　宁　严有禧[21]　窦　容　闫奉化[22]　姜颖新　卢　杰　冉　瑾　陶士偰　武　珩　徐毓桂　贺同珠

萧系尹　慧　德　昌　龄　朱闰章　李　音　刘　熺　王纯鐠　叶建封　魏　钿　汪开铨　方可丹　赵　温

王显正[23]　周世禄　朱　鉴　刘兴第　黄　祐　严梦元　邵大生　王又朴　辛克一　朱时冕　李之峄　王景献

孙　昭　张士瑄　徐自任　蔡兆昌[24]　朱之辨　胡　清　张人崧　晏命世　夏士锦　李友绛　王　曧　王　佐

周毓元　郑以任　焦周屏　何　傥　华实著　凌尔炤　崔锺瑭　朱　谌　陈长复　马咸厚　朱弘仁　郭　樑

注：

①戴瀚，《清史稿》卷五百二列传二百八十九“戴天章”列传中有载。

②倪师孟，《明清进士题名碑录索引》作沈师孟。

③邹光涛，《明清进士题名碑录索引》作胡光涛。

④陈齐寔，《明清进士题名碑录索引》作陈齐实。

⑤松寿，《清史稿》作嵩寿。

⑥张仕遇，《明清进士题名碑录索引》作朱仕遇。

⑦黄景佳，《明清进士题名碑录索引》作唐景佳。

⑧俞韩，《明清进士题名碑录索引》作沈韩。

⑨刘吴龙，《明清进士题名碑录索引》作吴龙。

⑩王霖奏，《明清进士题名碑录索引》作蔡霖奏。

⑪ 魏周琬，《明清进士题名碑录索引》作周琬。

⑫ 钦涟，《明清进士题名碑录索引》作叶涟。

⑬ 陈弘谋，《清史稿》作陈宏谋。

⑭ 蒋祝，《明清进士题名碑录索引》作朱祝。

⑮ 俞来求，《明清进士题名碑录索引》作张来求。

⑯ 明晟，《明清进士题名碑录索引》作胡晟。

⑰ 陆宗楷，《明清进士题名碑录索引》作陈宗楷。

⑱ 吴王坦，《明清进士题名碑录索引》作王坦。

⑲ 黄施锷，《明清进士题名碑录索引》作施锷。

⑳ 沈懋华，《明清进士题名碑录索引》作冯懋华。

㉑严有禧，《明清进士题名碑录索引》作戴有禧。

㉒闫奉化，《明清进士题名碑录索引》作阎奉化。

㉓王显正，《明清进士题名碑录索引》作郑显正。

㉔蔡兆昌，《明清进士题名碑录索引》作张兆昌。

奉天承運
皇帝制曰雍正二年十月初二日策試天下貢士王安國等二百九十九名第一甲賜進士及第第二甲賜進士出身第三甲賜同進士出身故茲誥示
雍正二年十月初五日

雍正二年
（1724年）
甲辰科

奉
天承運
皇帝制曰雍正二
年十月初二
日策試天下
貢士王安國
等二百九十
九名第一甲
賜進士及第
第二甲賜進
士出身第三
甲賜同進士
出身故茲誥
示
雍正二年十
月初五日

雍正二年（1724年）甲辰科

第一甲　赐进士及第共3名

陈德华　王安国　汪德容

第二甲　赐进士出身共81名

汪由敦　王　峻　赵大鲸　李重华　熊直宋　徐天麒　吴延熙[1]　熊晖吉　周廷燮　于　枋　吴应龙　李清植
吴应枚　程　班　开　泰　谢朋庚　刘统勋　严源焘　毕　涟　诸　锦　吴兆雯　储元升　储龙光　王廷琬
陈　浩　朱　陵　郭　振　周吉士[2]　尹会一　应　雯　胡　㼆　薛士中　蒋振鹭　吕守曾　范　璨[3]　庄敦厚
陈齐登　李寿彭　吴鸣虞　顾　贽　徐焕然[4]　贾如玺　徐　瑗　陈绍芳　孙扬淦　吕日登　陈大玠　雅尔纳
冯元方　金名世　邓泽永　屠嘉正　史　茂　刘　保　傅煇文　沙长祺　杨士鉴　郑拔进　高景蕃　李应机
赵鉴远　王泰甡　包　涛　顾维铸　刘良璧　岳生夔　石去浮　俞　荔　王　玙　朱良裘　叶居仁　吴日煜
陈鬲鉴　安　偲　朱　煐　李之峥　宋嵩巘　贵　昌　李国相　周长发　金　铭

第三甲　赐同进士出身共215名

徐立御　吴祖留　冯祖悦　程开业　曾道亨　金　相　陶良瑜　车　柏　杨允服[5]　恒　德　龚健飏　周龙官
程　恂　杨　瓒　张　鼍　周家相　秦伯龙　丁　煌　郭　位　陈　璟　陈之潗　邱上峰　屠应麟　傅　埾
王文清　马　严　张锺秀　谢重灿　唐之元　胡南藩　周大璋　杨风然　唐传鉎　潘思矩　刘廷元　李子靖
陈凤友　严遂成　徐允年　阮汝暻[6]　黄在中　施阳林　陆　培　聂蟾宫　陈　纲　李　纮　赵立身　陈庆门
魏世隆　秘象震　王建中　景　份　刘所说　陈世翰　邱轩昂　陆汝钦　杨廷为　王锡九　王德纯　张孝扬

陈慰祖　朱　檠　曹大隆　运　太　李　崡[7]　林日熠　房　璋　程锡琮　何其忠　赵　瑛　方增文　张忠震

吴开业　赵　晃　刘成德　周大律　李士杰　汪　埙　廖必琦　章　台　邓世杰　刘振斯　色　诚　刘　干

张　素　黎　桢　张士琏　谢锺龄　叶洁齐　程光钜　陶士倧　阎廷佶　阮维诚　王祚昌　觉罗禄保

蔺　墧　冯鸿模　何宗韩　江允溥　沈维崧　吴澄清　任之彦　王鸿荐　杨永昇　蔡　澍　长　庚　鹿谦吉

光成采　张天保　胡　星　徐汝升　罗　经　刘元晖　何世华　蛮　子　陈　沆　夏封泰　刘重选　余士依

伍　环　苏作睿　艾　芳　冷时松　袁学谟　叶　梲　武联馨　姚梦鲤　章国录　蓝正春　李子吟　文　昭

舒兆夔　骆梦观　罗廷猷　刘世熹　赵麟趾　李翔鳞　萧启栋　李玉璋　郑　重　于凝祺　马光学　谢　宝

郑登瀛　夏之瑚　陈　凤　田种玉　栾　瑜　李大章　杨文桂　李廷宋　王　灏　董廷光　郝　霔　杨如松

吴希陵　张　复　赵　仕　刘德成　杨四奇　张炳题　梁汉鼎　宋　暲　文　保　林从光　赵耀甲　邓　钰

佘圣言[8]　王　棫　谷　旦　高厚望　周　相　黎东昂　徐济言　李成龙　李　时　杨　佺　邱　韵　陈献可

周传昌　李甲第　赵锡孝　郑　宜　孔传堂　单　谓　王　辙　邹玉章　傅　鼐　舒　明　谢志远　汪作楫

查克丹　黄光岳　安修德　郭如岐　彭心鉴　张孚至　燕文僎　傅百揆　牟曰笏　武联犟　祝万章　屈　模

袁志洁　张圣训　徐　琏　尹京卫　安　佑　岱　金　魏希范　吴天鋕　畅于熊　赵士麟　宋汝梅　王　溥

注：

①吴延熙，《明清进士题名碑录索引》作徐延熙。

②周吉士，《明清进士题名碑录索引》作吉士。

③范璨，《明清进士题名碑录索引》作姚璨。

④徐焕然，《明清进士题名碑录索引》作羊焕然。

⑤杨允服，《明清进士题名碑录索引》作饶允服。

⑥阮汝暻，《明清进士题名碑录索引》作阮汝璟。

⑦李崡，《明清进士题名碑录索引》作李涵。

⑧佘圣言，《明清进士题名碑录索引》作余圣言。

雍正五年(1727年)
丁未科

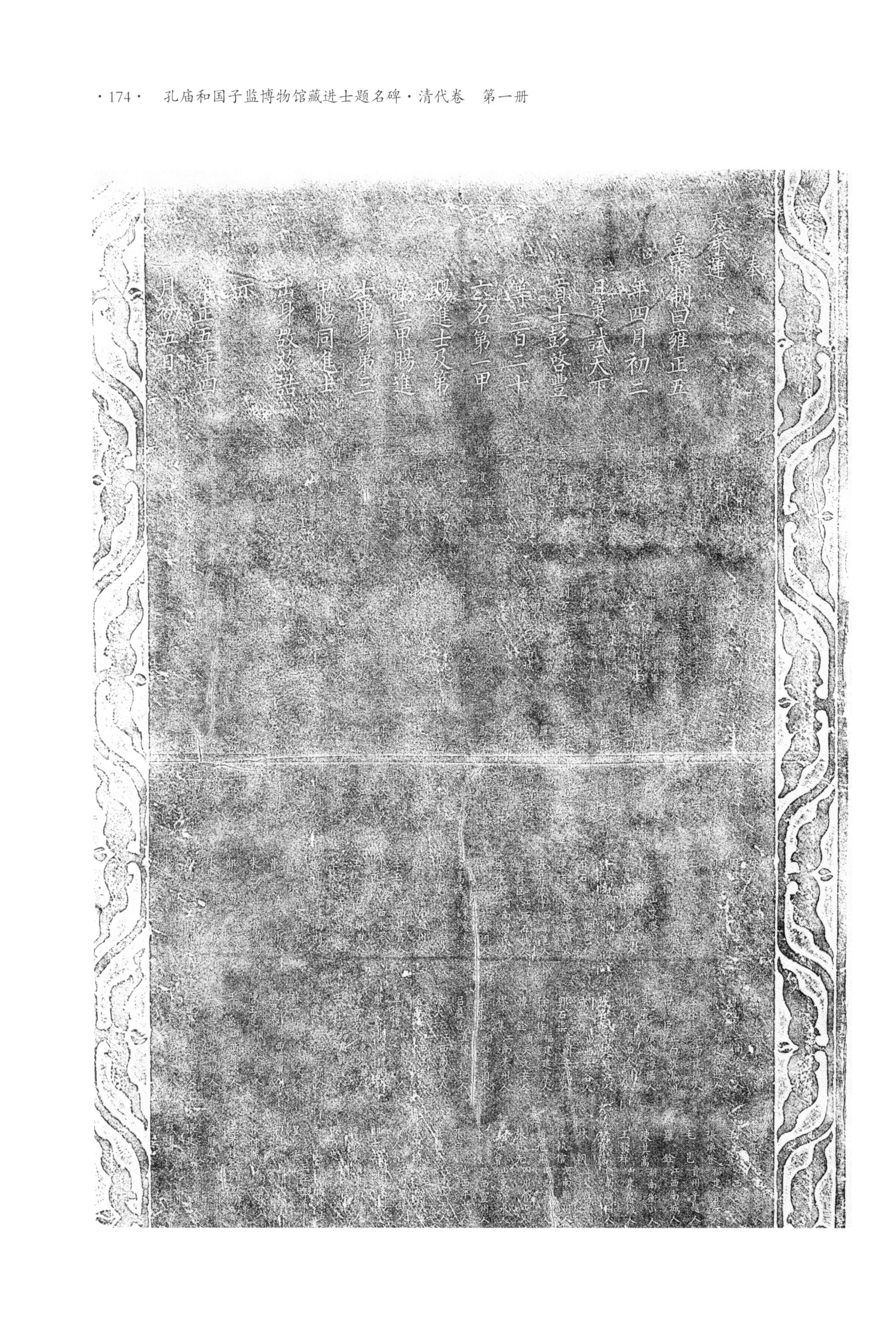

奉
天承運
皇帝制曰雍正五
年四月初二
日策試天下
貢士彭啓豐
等二百二十
六名第一甲
賜進士及第
第二甲賜進
士出身第三
甲賜同進士
出身故茲誥
示
雍正五年四
月初五日

雍正五年（1727年）丁未科

第一甲 赐进士及第共 3 名

彭启丰 邓启元 马宏琦

第二甲 赐进士出身共 50 名

邹一桂 庄 柱 于 辰 叶 承 金 相 原衷戴 郝诚炳 王丕烈 刘 复 叶 滋[1] 严宗喆 王祖庚
余 栋 莫 陶 王廷鸿 刘世衢 杨嗣璟 黄斐然 高其闳 王云铭 奚 源 何其惠 邹士随 钱本诚
李泰来 周人骥 孟启谟 王兴吾 江 皋 高显贵 陈汝亨 江 楫 陈舜裔 刘方蔼[2] 包祚永 潘安礼
许莲峰 单 钰 梁联德 黄 琰 林 璁 丁 斌 常 德 史 锵 张 钊 缪 灿 侯 棣 贺方泰
张 灏 员怀英

第三甲 赐同进士出身共 173 名

王 康 李抡元 李实蕡 王承尧 蒋之兰 缪 焕 李锺俾 裘树荣 孙于盭 张鹏翀 徐安民 王育樗
罗大本 杨锡绂 李学裕 高乃听 邹丽中 曹梦龙 张受长 章继绪 刘东宁 汪 波 伍泽荣 叶 铭
卢 铨 石袭曾 秦 甸 黄之玖 李 直 李匡然 夏 冕 朱续志 周祖荣 刘青芝 王寿长 张延福
宋云会 詹良弼 许 慎 苏石麟 陈师俭 上官有仪 黄轩臣 李维榛 许 岳 方嵩德 安克宽
赵 淳 李玉琅 刘元锡 汪执桓 李教文 赵桐友 许 琰 曹 銮 朱宏亮 郑 重 林其渊 瓦尔达
杨正传 富 魁 唐冠贤 郑 远 李干龄 世 臣 吴广誉 谢庭琪[3] 张名时 武一韩 郭石渠 徐时作
韩 铨 缪 集 李高松 吕益昌 汤大坊 金梦熊 单德谟 严 蔚 陈奇芳 王 材 杨遵时 苏一圻

姚思恭　陈王庭　王　系　王宇乐　李运昇　许　平　杨高翔　羊　鳌　张焕登　毛　邑　罗　铨　陈其嵩
王发祥　褚俟藻　林　朝　侯执信　赵旭昇　张乾元　高淑曾　李　愫　张宗载　吴锺粤　宋文锦　陈人龙
郑士玉　谭会海　张乃史　奈　曼　星　德　宋　鍋　张仲熊　王者栋　侯赐履　张廷简　段颖聪　郑　沄
周祚缙　于大鲲　杨方江　马士龙　李杰选　杜元麟　锺梦麟　隋人鹏　刘晋元　张尔德　周命育　张　坦
刘腾蛟　常保住　张娄度　邹克昌　罗弥高　陈先声　吴巴泰　薛　毅　宫伯元　赵　浚　杨　薰　毕曰湜
陈　瑞　刘　荩　蔡　珏　李　曙　陈蓉纕　吕　炽　贾　健　王　植　张　珂　赵升隽　马荣朝　班　联
邹采章　左继儒　屈　宽　合　揆　康五瓒　金作宾　赵纯仁　锺　畹　李作室　张　溁　李果成　祝元仁
邢　倬　张文龄　杨长松　雷鸣阳　边　榳　张　翮

注：

①叶滋，《清史稿》作王叶滋。

②刘方蔼，《明清进士题名碑录索引》作刘芳蔼。

③谢庭琪，《明清进士题名碑录索引》作谢廷琪。

雍正八年(1730 年)
庚戌科

奉
天承運
皇帝制曰雍正八
年四月初二
日策試天下
貢士沈昌宇
等三百九十
九名第一甲
賜進士及第
第二甲賜進
士出身第三
甲賜同進士
出身故茲誥
示
雍正八年四
月初五日

雍正八年（1730年）庚戌科

第一甲　赐进士及第共3名

周　霨　沈昌宇　梁诗正

第二甲　赐进士出身共100名

蒋　溥　吴华孙　锺　衡　倪国琏　孙人龙　周范莲　陶正靖　王　猷　王文璇　蒋　柟　顾成天　戴汝棻
徐起岩　沈慰祖　杨廷栋　浦起龙　戚振鹭　林蒲封　刘玮泽　林鹏飞　张之浚　鹿迈祖　毛之玉　商　盘
徐景曾　吴振蛟　裘肇煦　李治运　鄂　敏[1]　吴　璋　王秉运　许开基　曹绳柱　陈亮世　吴士珣　沈昌寅
章有大　李科捷　熊约祺　孙　灏　沈孟坚　段之缙　吴应造　王以昌　朱凤英　李安民　柏　谦　林　翼
黄兰谷　佟　保　言士绅　梁观我　唐效尧　胡宗绪　李　縠　杨中兴　徐以烜　任弘业　马纶华　高　峻
汪弘禧　王宗灿　刘弘绪　张　松　孙　芝　嵇　潢[2]　章秉铨　齐　达　陈其凝　林令旭　李敏第　刘元夑
金　嶒　井其洵　张若潍　汪振甲　侯嗣达　方暨谟　陈人集　周　道　严在昌　王应彩　吴云从　马　丙
曹一士　任应烈　戈　锦　刘宗贤　陈倜仪　陈兆仑　刘玮潭　陈九韶　胡彦昇　程盛修　张　钺　张　纶
谢　锽　吴履泰　冷　崇　沈夑文

第三甲　赐同进士出身共296名

钱志遥　王绳曾　陆邦玠　李时宪　刘瞻林　陈　中　刘育杰　李之兰　胡启淳　汪　衡　西　城[3]　陈象枢
付　德　吴秉和　严树基　沈元阳　张先跻　高　璇　富　敏　林琼蕤　陆　炘　袁儒忠　胡承泽　冯大山
戴章甫　李　廸　朱清忠　李　瑜　高允中　王邦光　傅　恩　董　行　周来馨　方邦基　张廷抡　王　铎

高第 王维壵 李从龙 傅咏 徐玑 薄岱 陈世贤 梁钦 熊学鹏 赵宪 杨又林 黄师范
魏枢 西泰 李作楫 高以永 徐琰 乔履信 戴梦奎 王师 许腾鹤 卢秉纯 金鸿 李清载
戚嵈言 傅齐贤 张能第 吴卓 郭孙俊 张重振 阚昌言 宋楠 李高 李钱度 王作宾 鲁淑
椿年 文魁 刘维焯 金溶 余景玠 罗克昌 阮学浩 齐锡智 李宜芳 李元皋 李凯 程璲
刘天宠 严暻 吴嗣爵 姜士仑 高弘缉 吴炜 薛伟器 韩彦曾 许希孔 朱敦棣 樊初荀 田实发
朱阔 薛韫 张志奇 卢伯蕃 张易源 陈德正 吴传政 赵暻[4] 陈霖 赵锡礼 程有成 杨秀
徐廷槐 王之麟 杜煜 姚德里 王祚显 高呾 姚恪 黄士鉴 何梦瑶 侯兹 陈玉友[5] 侯封
黄道坪 张淑载 梁旼 额尔登额 张埙 傅良臣 钱鏊 李鸾 应炜 张祚昌 崔琳
高扬 魏克让 杨璋森 梁卿云 张应钧 王有德 陈振桂 陈遂 李盛唐[6] 叶云拱 王政恒 谢国史
孙民则 朱语 苏大忠 慕泰生 伊福纳 曹守垣 廖贞 黄文修 畅翾 李其昌 徐梦凤 王尔鉴
何如荣 李运正 冯永振 李作梅 唐廷赓[7] 刘国泰 张鹏翼 段海生 龙光显[8] 王图 侯国正 张钧
朱佐汤 方浩 解韬 王之卫 韩文卿 马上襄 路觐 徐鸣逵 程煜 阳畹 李国柱 孙倪城
余懋柄 伍炜 常琬 蔡焞 杨烛 张绰 许殿辅 曹恒吉 赵毅 张南麟 陈梦熊 甄汝翼
顾尔棠 袁守定 陈嗣谌 陈统 景一元 吕赓雅 刘公渭 成德 孔传心 葛荃 唐濂 郝博文
明山 段开化 马长淑 李逊 孙龙竹 石麟 杨升元 李成蹊 牛天贵 伍焕 杨天德 张素志
王沄 卜松源 戴仁行 杨铎[9] 李贤经 姜毓 田成玉 郑铎 董良材 广明 张月甫 和深
方纯儒 车际亨 叶志宽 黄庆云 赵襄宣 刘瓒 冯淳 武巘 任元灏 简天章 张资淇 宋锋
侯如树 吴率祖 王之导 丁声蜚 徐开第 德光 张峤 黄炅 孙孝芬 谢升 陶思贤 纪晫
古沣 黄家甲 沈遇黄 田五桂 梁学新 丁廷植 裘思录 王佐登 戴连元 李翘 王昆 孙绪祖
刘文诰 陈学山 张玒 樊仲琇 刘宗向 色通额 尹祖伊 路于兖 姚日升[10] 傅学灏 苏暻 周朗
高善祥 李振羽 杨国瓒 曹裕嗣 董禧 黄烇 陈两仪 赵楷 王国祚 李珠煜 燕臣仁 缪汪筏
何树萼 高泽 袁安 饶士蔼 阮汝昭 张荃 刘璜 李学周 宋长城

注：

①鄂敏，《清史稿》作鄂乐舜。

②嵇潢，《明清进士题名碑录索引》《清史稿》作嵇璜。

③西城，《明清进士题名碑录索引》作西成。

④赵暻，《明清进士题名碑录索引》作赵璟。

⑤陈玉友，《清史稿》卷二百九十一列传七十八“陈仪”列传中有载。

⑥李盛唐，《清史稿》卷四百九十八列传二百八十五“李敬跻”列传中有载。

⑦唐廷赓，《明清进士题名碑录索引》作唐庭赓。

⑧龙光显，《明清进士题名碑录索引》作龙光㬎。

⑨杨铎，《明清进士题名碑录索引》作杨绎。

⑩姚日升，《明清进士题名碑录索引》作姚日昇。

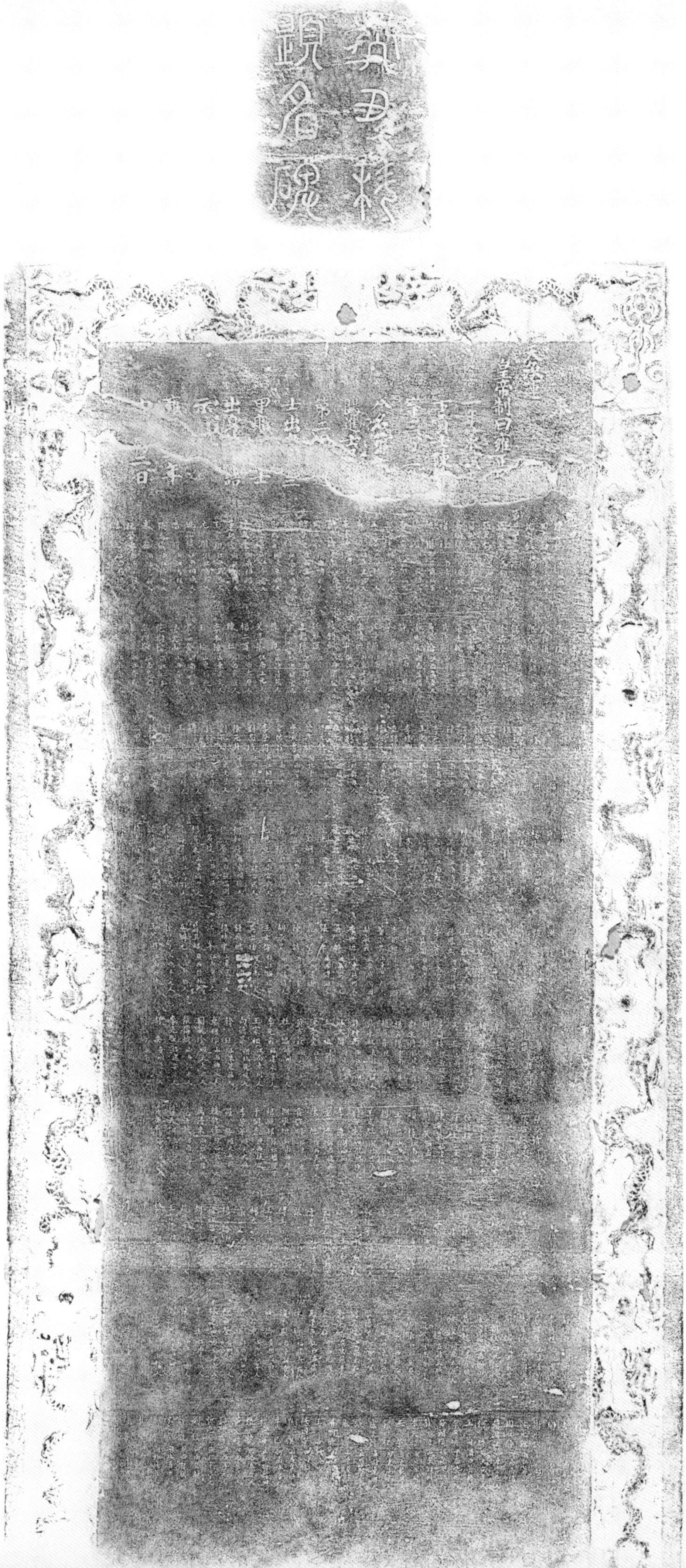

雍正十一年(1733 年
癸丑科

雍正十一年（1733年）癸丑科

第一甲 赐进士及第共3名

陈 倓 田志勤 沈文镐

第二甲 赐进士出身共92名

张若霭 张九钧 张映辰 吴祖修 褚 禄 赵 瓒 张 湄 鄂容安 雷 铉 王 洛 朱 桓 朱泮功
鄂 伦 周正峰 储晋观 储 燧 邵大业 陶愈隆 陈大受 董邦达 王云翔 沈 澜 姚孔鋠 潘 曙
张为仪 朱 发 阮学浚 潘中立 范从律 张 瑗 陆嘉颖 邵天球 汪师韩 徐梁栋 夏之蓉 夏廷芝
张廷槐 葛德润 吴学瀚 徐日毅 许 集 肇 敏 沈景澜 朱续晫 张映斗 时钧辙 任启运 王锡璋
曾 丰 薛 观 艾恩荫 杨二酉 陈 仁 李本樟 王 检 宋品金 梁文山 范树檀 焦以敬 诸徐孙
朱士钰[1] 沈 彬 程锺彦 双 庆 宫焕文 秦莘田 杨 煐 彭 韬 赖翰颙 罗源汉 陈 福 李元正
王文充 李修卿 查锡韩 杨如柏 黄孕昌 杨枝华 李光祚 冯元钦 曾兴柱 李天秀 章佑昌 李肇开[2]
刘高培 徐元升 刘孔昭 钱师夔 李云骕 王 沧 刘学祖 程仁秩

第三甲 赐同进士出身共233名

博通阿 方 科 蓝钦奎 黄天瑞 杨廷英 邱玖华 陈 钧 牟江历 谢 咸 陈莫纕 金洪铨 奚又灏
唐进贤 郑方城 于 暲 吴 濂 张宗说 严继陵 朱荣经 沈光渭 徐文炯 郑维嵩 介 福 毛旭旦
孟泽新 何如潍 佟 仑 王名捷 杨名采 沈齐礼 魏其琮 沈英世 钱志霖 朱兴燕 程 珏 章 楹
洪 琛 张南英 许汝盛 袁依仁 何辉宁 阎介年 王 鉴 孙凤立 李 蒉 童其澜 俞世治 李彤标

董淑昌 赫成峨 李世垣 吴超 张松年 袁宗圣 陈诗 胡承昊 王士倧 吴士功 锺飞鹏 杨时中

江峰 苏其照 桑调元 孙寯 王芥园 李元 彭肇洙 吴琮 梁景程 宋锦 陈易 张廷让

牛运震 朱红 郝诚烋 薛复亭 吴正 多尔枝[3] 周然 俞文漪 杨名扬 赵屏晋 张永淑 许时杰

汪大醇 王组 陈尧叟 黄百穀 杜谧 李光前 王家相 向德华 韩珏 秦锡琈 刘毓珍 张传焲

李光型 舒安 刘元炳 黄河昆 林有骐 胡定 曾粤龙 张兰清 张维城 林之正 魏文 梁达才

仲作楫 邱仰文 陈有策 周宣猷 项樟 王端 胡维炳 王式烈 刘灏先 李德 董宗德 陈旭

霍作明 邹承垣 杨殿邦 于开泰 李芳华 罗龄 赵敬修 厉清来 范汝轼 翟天翮 吴方平 贺祥珠

卢生莲 任大受 王秉鉴 黄显祖 魏焕章 诸葛永龄 张荣伦 张敕典 张光祺 柯可栋 鲁游

李华松 黄沄 王硕人 谭译 徐淳 郭怀芳 杨琨 白子男 宋楚望 韦基烈 张绣 傅为伫

王益孚 杨大鸿 苏文 杨钧 徐祖昌 胡懋勋 赵履亨 王肯穀 李梦雷 周文焯 饶鸣镐 李植惠

彭端淑 李应魁 寻绍舜 扶道弘 周儒 阎朝柱 康曾诏 葛俊起 张曾 刘标 江澂岷 叶荣贤

叶荪 刘昌五 欧阳瑾 刘文焕 金茂和 余应祥 马建奇 陈琦 谭肇基 徐伦 聂位中 熊淇

陈中荣 林连茹 王笙 张慎言 冯朝纲 瞿信昭 郑时庆 段珍玉 时余 金士仁 关霖 谢彤诏

沈元铉 周遐龄 萧麟趾 何琇 王瀚 李庚映 黄辅极 苏灏 李天植 巫荣 郭曰槐 卢秉懿

张文璁 朱蔼 梁明德 王浩 任国宁 崔淇 牛巳 福海 张冲 黄文昭 孙硕肤 黄光宪

刘甡 薛澂 陈之琯 杨禹傅[4] 谢杰 韩海

注：

①朱士钰，《明清进士题名碑录索引》作朱士鉦。

②李肇开，《明清进士题名碑录索引》作朱肇开。

③多尔枝，《明清进士题名碑录索引》作多尔技。

④杨禹傅，《明清进士题名碑录索引》作杨禹传。

下编　进士题名碑人物列传

顺治三年（1646年）丙戌科

第一甲

1. 傅以渐

卷二百三十八 列传二十五

傅以渐，字于磐，山东聊城人。顺治三年一甲一名进士，授弘文院修撰。八年，迁国史院侍讲。九年，迁左庶子。十年，历秘书院侍讲学士、少詹事，擢国史院学士。十一年，授秘书院大学士。十二年，诏陈时务，条上安民三事。加太子太保，改国史院大学士。先后充明史、太宗实录纂修，太祖、太宗圣训并通鉴总裁。又命作资政要览后序，撰内则衍义，复核赋役全书。十四年，命以渐及庶子曹本荣修易经通注。十五年，偕学士李霨主会试。考官入闱，例得携书籍，言官请申禁，以渐请仍如旧例，许之。入闱病咯血，请另简，命力疾料理。寻加少保，改武英殿大学士，兼兵部尚书。旋乞假还里，累疏乞休。十八年，解任。康熙四年，卒。

第二甲

1. 朱之锡

卷二百七十九 列传六十六

朱之锡，字孟九，浙江义乌人。顺治三年进士，改庶吉士，授编修。十一年七月，擢弘文院侍读学士，四迁至吏部侍郎。十四年，杨方兴乞休，上特擢之锡，以兵部尚书衔，总督河道，驻济宁。十五年十月，河决山阳柴沟，建义、马逻诸堤并溢。之锡驰赴清江浦筑戗堤，塞决口。宿迁董家口为沙所淤，就旧渠迤东别开河四百丈通运道。十六年，条上治河诸事，言："河南岁修夫役，近屡经奏减，宜存旧额。明制，淮工兼用民修，宜复旧例。扬属运道与高、宝诸湖相通，淮属运道为黄、淮交会，旧有各堤闸，宜择要修葺。应用柳料，宜令濒河州县预为筹备。奸豪包占夫役，卖富佥贫，工需各物，私弊百出，宜责司、道、府、厅查报，徇隐者以溺职论。额设水夫，阴雨不赴工，所扣工食，谓之旷尽，宜令管河厅道严核。河员升调降用，宜令候代始行离任。河员有专责，不宜别有差委。岁终察核举劾，并宜复旧例。"皆下部议行。之锡丁母忧，命在任守制，疏请归葬，优诏给假治丧。

十七年，还任。以捐金赈淮、扬、徐三府灾，加太子少保。

康熙元年，河决原武、祥符、兰阳县境，东溢曹县，复决石香炉村。之锡檄济宁道方兆及董曹县役，而赴河南督塞西阎寨、单家寨、时利驿、蔡家楼、策家寨诸决口。四年二月，疏言："南旺为运河之脊，北至临清，南至台庄，四十余闸，全赖启闭得宜。濒河春常少雨，伏秋雨多，东省久旱，山泉小者多枯，大者已弱。若官船经闸，应闭者强之使开，泄水下注，则重运之在上者阻；应开者强之使闭，留水待船，则重运之在下者又阻。乞饬各遵例禁。"得旨，非奉极要差遣，擅行启闭者，准参奏。八月，疏言："部议停差北河、中河、南河、南旺、夏镇、通惠诸分司，归并地方官。臣维河势变幻，工料纷繁，天时不齐，非水则旱，或绸缪几先，或补葺事后，或张皇于风雨仓遽之际，或调剂于左右方圆之间。北河所辖三千余里，其间三十余闸；中河所辖黄、运两河，董口尤运道咽喉，清黄交接，浊流易灌；南河所辖在淮、黄、江、湖之间，相距窎远；南旺、泉源三百余处，近者或出道隅，远者偏藏僻壤；夏镇地属两省，凿石通漕，形势陡绝，节宣闸座，尤费经营；通惠浮沙易浅，峻水易冲，塞决之役，岁岁有之。若云归并府佐，则职微权轻，上下掣肘。至于地方监司，责以终年累月奔驰驻守，揆之事势，万万不能。分司与各道界壤迥不相同，应合而分：一闸座也，上流以为应闭，下流以为应开；一额夫也，在此则欲求多，在彼又复患少。不但纷竞日多，必致牵制误事。应请仍循旧制。"得旨允行。五年二月，卒。

直隶山东河南总督朱昌祚疏言："之锡治河十载，绸缪旱溢，则尽瘁昕宵；疏浚堤渠，则驰驱南北。受事之初，河库贮银十余万；频年撙节，现今贮库四十六万有奇。核其官守，可谓公忠。及至积劳撄疾，以河事孔亟，不敢请告。北往临清，南至邳、宿，夙病日增，遂以不起。年止四十有四，未有子嗣。吁请恩恤，赐祭葬。"徐、兖、淮、扬间颂之锡惠政，相传死为河神。十二年，河道总督王光裕请锡封号，部议不行。乾隆四十五年，高宗南巡视河工，始允大学士阿桂等请，封助顺永宁侯，春秋祠祭。嗣加号曰"佑安"，民称之曰朱大王。

2. 朱之弼

卷二百六十三 列传五十

朱之弼，字右君，顺天大兴人。顺治三年进士，授礼科给事中，转工科都给事中。八年，疏言："国家宜重名器。旧制，胥吏供役年久无过，予以议叙，选用佐贰。今户、兵等部书役别系职衔，非官非吏，有玷班行。此曹起自贫乏，不数年家资巨万，衣食奢侈。非舞文作奸，何以致此？户、兵堂司官岁有迁转，此曹历年久不去，官为客，吏为主，流弊何穷。请严察褫夺。"下部议行。九年，以父丧去。十一年，起补户科都给事中。

十二年，疏言："小民纳粮一也，而其目有四：曰漕粮、白粮、军粮、恤孤粮。军粮、恤孤粮程限迟缓，无增耗之费，有力之家，往往营求拨兑；单弱之户，派纳漕、白，苦乐不均。军粮行折色，军得银则妄费，生挂欠之弊。恤孤粮半饱豪强，鳏寡孤独无由控诉。请饬漕臣下各省粮道，亲督州县画一编征，尽数输纳，敢有拨兑者治罪。"又言："钱粮侵欠，兵食不充，为上所廑念。侵欠之大者，曰漕欠、粮欠。漕欠责漕督亲督粮道，粮欠责督抚亲督布政使，令本年附征。某年欠项逾限不完，以溺职论，有司侵亏怠缓，纠劾不贷。如此，则年销年欠，宿逋可清。"上韪其言，并严饬行。又疏言："国家章制大备，部臣实心任事，利自知举，弊自知革。今乃尽若事外，遇事至，才者不肯决，无才者不能决，稍重大即请会议。不然，行外察报，迁延岁月而已；不然，听督抚参奏，科道指纠而已；不然，苟且塞责，无容再议而已：上下相诿，彼此相安。国家事安得不废，百姓安得不困？欲致太平，必无之事也。臣愚谓今日求治，首在择人。上面召诸大臣亲试才品，因能授任；复考其历事后兴利几何，除弊几何，定功罪，信赏罚，则法行而事举矣。”上纳之弼言，谕六部去怠忽旧习。一岁中四迁，授户部侍郎。十三年，河西务钞关员外郎朱世德征税不如额，户部援赦请免议，上切责谴部臣，之弼降三级。

十五年，授光禄寺少卿，再迁左副都御史。疏言：“巡按未得其人，当责都察院考核，巡按之贤不肖，即都察院堂上官贤不肖。臣与诸巡按约，操守当洁清，举劾当得宜，抚按当互纠。臣等定差不公，考核不当，巡按贤者不荐，不肖者不纠，诸御史亦得论劾。至巡方应行诸事，当令掌河南道会诸御史各抒见闻，奏请明定画一。”从之。

世祖恶贪吏，命官得赃十两、役得赃一两，皆流徙。令既行，之弼疏论其不便，略谓：“自上谕宣传后，抚按所纠，必无以大贪入告者。何则？一经提问，有司无不图保身命，虽盈千累百，而及其结谳，期不满十两而止。是未纠以前，徒层累而输于大吏。被纠之后，又层累而输于问官。尺籍所科，百不一二。盖虽起龚、黄为今之有司，未有不犯十两之令者。而今普天之下，皆不取十两之有司，岂真出古循吏上哉？良以令严则思遁，徒有名而无其实也。上但择抚按一大贪者惩之，一大廉者奖之，则众贪惧、众廉奋矣。”

会岁旱求言，之弼疏言：“山东巡抚耿焞、河南巡抚贾汉复以垦荒蒙赏，两省百姓即以赔熟受困，岁增数十万赋税，多得之于鞭笞敲剥、呼天抢地之孑遗。怨苦之气，积为沴厉。”又疏劾户部赈济需迟，救荒无术。京师既得雨，河南报彰德、卫辉以旱成灾，户部奏：“上步祷天坛，时雨方降。彰德、卫辉地接畿南，何独请蠲恤？请覆勘。”之弼疏争，略谓：“百里不同风，千里不同雨，安得以辇下例率土？且以抚臣疏报为不可信，而又倚以覆勘，使抚臣告灾如前，部臣信之不可，不信必易人而勘，徒使地方增烦扰耳。自夏徂冬，被灾州县未尽停征，待勘明已至来春，虽蠲免，徒饱吏橐，饥民转为沟中瘠久矣。”与尚书王弘祚廷辨，卒从之弼议。十八年，复授户部侍郎。

康熙四年，调吏部。五年，迁左都御史，擢工部尚书。六年，疏言：“福建官兵月米五十余万石，岁征十万余石，余皆籴诸市，石值银二两四钱。朝廷买米养兵，绝不抑值以累民。臣闻延、建、汀、邵诸府民以买米摊赔为累，有愿缴田入官者。漳、泉之间，按地派米，石必加六斗，又迫令折价三四两不等，数倍于正供，民不胜其朘削。”上特谕督抚严察。

七年，调刑部。八年，疏言：“省存留钱粮，顺治间军需正迫，有裁减之令。昨年部臣又请酌减。存留各款，原为留备地方公用，事不容已，费无所出，势不得不派之民间，不肖有司因以为利。宜复康熙七年以前存留旧例。”又疏言：“八旗家丁，每岁以自尽报部者不下二千人。人虽有贵贱，均属赤子。请敕谕八旗，凡蓄仆婢，当时其教诲，足其衣食，恤其劳苦，减其鞭笞，使各得其所。岁终刑部列岁中自尽人数，系某旗某家，具册呈览，俾人知儆惕。”又言：“世祖严治贪官蠹役，特立严法，如非官役，不用此例。今不论有禄无禄，通用重典。贪蠹事发，被证畏同罪，刑讯不承，使大贪漏网。请嗣后因事纳贿，仍拟同罪。如逼抑出钱，倘非官役，许用旧律。”诏并如所请。九年，调兵部。十四年，以母丧去官。十七年，起授工部尚书。二十二年，会推湖北按察使，之弼举道员王垓，不当上意，以所举非材，吏部议降三级调用。寻卒。

之弼内行修笃，事亲孝，与其弟之佐相友爱。

3. 刘楗

卷二百六十四　列传五十一

刘楗，字玉罍，直隶大城人。顺治二年进士（编者按：见于顺治三年丙戌科进士题名碑）。是岁选新进士十人授给事中，楗除户科。疏论山东巡抚杨声远劾青州道韩昭宣受贿释叛贼十四人，仅令住俸剿贼，罚不蔽辜，昭宣坐夺官。四年，转兵科右给事中。疏论江南巡按宋调元荐举泰州游击潘延吉，寇至弃城走，调元滥举失当，亦坐夺官。是岁大计，楗用拾遗例，揭山东聊城知县张守廉赃款，下所司勘议，守廉以失察吏役得赃，罚俸；楗诬纠，坐夺官。十年，吏科都给事中魏象枢请行大计拾遗，因论楗枉，得旨，吏役诈赃，知县仅罚俸，言官反坐夺官，明有冤抑，令吏部察奏，命以原官起用。授兵科左给事中。

十一年，疏言："近畿被水地，水落地可耕。方春农事急，请敕巡抚檄州县发存留银，借灾民籽种，俟秋成责偿。仍饬巡行乡村勘核，不使吏胥得缘以为利。"

十二年，疏言："郑成功蹂躏漳、泉，窥伺省会。臣昔充福建考官，询悉地势。福清镇东卫，明时驻兵防倭。倘复旧制，可以保障长乐，藩卫会城。宋、元设州海坛，明以倭患弃之。若设将镇守，可与镇东互为犄角。仙霞岭为入福建门户，与江西、浙江接壤，宜设官控制，招民以实其地，俾无隙可乘。成功数犯京口，泊舟平洋沙为巢穴。宜乘其未至，移兵驻镇，使退无可据，必不敢深入内地。"疏入，敕镇海将军石廷柱等分别驻守。

十三年，授山西河东道副使。十五年，转河南盐驿道参议。十六年，授湖广按察使，就迁右布政。十八年，总督张长庚、巡抚杨茂勋疏荐楗廉干，协济滇、黔兵饷至八百余万，清逋赋垦地，除鼓铸积弊。楗以母忧归。康熙二年，起江西布政使。

吴三桂乱作，措饷供兵，事办而民不扰。十四年，授太常寺卿。十六年，迁大理寺卿。十七年，擢副都御史，疏言："自吴三桂为乱，军需旁午，大计暂停。今师所至，渐次荡平。伏思兵后残坏已极，正赖贤有司招徕安辑。若使不肖用事，何以澄吏治、奠民生、息盗贼？请令督抚速行举劾，凡经荐举者，改行易操，一体严察，不得偏徇。"下部如所请行。又疏言："江西当乱后，民逃田墟，钱粮缺额不急予蠲免，逃者不归，归者复逃；荒者未垦，垦者仍荒。"上为特旨悉行蠲免。

旋以病乞休，谕慰留，遣太医视疾。擢吏部侍郎。未几，复擢刑部尚书。十八年，病剧，始得请还里。至家，卒，赐祭葬，谥端敏。

4. 袁懋功

卷二百七十三　列传六十

袁懋功，字九叙，顺天香河人。顺治二年进士（编者按：见于顺治三年丙戌科进士题名碑），授礼科给事中。疏请慎简学官，磨勘文体，厘定礼制。又以前明废官援恩诏踵至，请敕吏部会都察院严核才品。累擢户部侍郎。十七年，世祖谕懋功才品敏练，授云南巡抚。时云南初定，懋功令降卒入籍归农，垦无主之田。编保甲，以时稽察。奏减屯田粮额，请停派部员履勘田亩。抚云南九载，政绩大著。以父忧去。服除，起山东巡抚。康熙十年，济南五十六州县卫新垦地被淹，懋功疏请展限一年起科，部格不行，上特允之。调浙江，未行，卒，谥清献。

5. 刘鸿儒

卷二百六十四　列传五十一

刘鸿儒，字鲁一，直隶迁安人。顺治三年进士，授兵科给事中。疏言："开国之始，首重安民，宜轻赋徭，革积弊。伏读恩诏，赋制悉依万历初年，及观顺治二年征数，并不减少，且复增重，请敕有司核实。州县六房书吏，初房各二人，今则增至七、八十人，并请敕有司核简。"上命指实，鸿儒复言："臣籍迁安，明季丁银，下下二钱，下中四钱，上地一亩七分有奇。民苦输将，犹多逋赋。今蒙恩诏蠲免，而二年征数，二钱者增至三钱六分，四钱者增至七钱二分，上地每亩增至八分有奇。一邑如此，他邑可知。乞敕清查蠲免。"下部确察。四年，调户部。五年，坐纠钜鹿知县劳有学失实，左迁上林苑蕃育署署丞。十年，命复故官。十三年，补兵科，疏言："畿辅近地，劫掠时闻。请严责成，谨防捕。"下部如所请。

转户科，十五年，疏言："开国以来，度支屡见不敷。汰冗员，增榷务，广输纳，督积逋，讲求开节，已无不尽。今南服削平，万方底定，宜总计财赋之数，准其出入，定为经久不易之规。请通计一岁内亩赋、丁徭、盐征、津税，各省轻赍、重运及赎锾事例等项，汰其猥琐无艺者，所存金粟若干数；然后计一岁内上方供应、官吏俸禄、兵马粮料、朝祭礼仪、修筑工役，以至师生廪饩、胥役代食，罢其不经无益者，所需金粟若干数：务使出入相合，定为会计之准。用财大端惟兵，生财本计惟土。欲纾国计，莫善于屯田，朝廷下民屯之令。设官置役，多糜廪禄，得不偿失，不旋踵而请罢。稽古屯制，不在民而在兵，请敕各省驻兵处所，无论边腹地方，察有荒土，令兵充种。正疆界，信赏罚，则趋事自力；丰种具，宽程效，则收获自充。此唐初府兵之制也。自顷四川、贵州已入版图，所得之地，必需驻守；若令处处兴屯，则根本自固，战守咸资。此又赵充国之于先零，杜预之于宛、叶，确然可循之遗策也。顺天左右郡县，拱翊王畿，根本要地，自令旧人圈住，深得居重驭轻之意。但畿辅之民，多失恒业，拨补他地，皆有系属，岂能据为己有？今喜峰、冷口诸关外，大宁以南，弥望千里，咸称膏壤，请令民愿出关开垦者，许承为己业。沃土新辟，获利必饶，先事有获，趋者自众。数年以后，渐次起科，成聚成邑，堪资保障。二者皆军国大计，若设诚致行，久之兵食充足，国基赖以不拔矣。"下部议，以滇、黔未靖，兵饷无数，难以预定会计；设置兵屯，及畿辅民出边垦种，敕所司详勘。

十七年，迁顺天府府丞，再迁左通政。十八年，迁太常寺卿。康熙三年，迁通政使。六年，擢兵部侍郎。十年，调户部。十二年，迁左都御史。

官户部时，甘肃巡抚华善因擅发仓粟赈灾，户部循例题参，并议罚偿，鸿儒无异议；及官都御史，又疏论华善不应参处，嗣后封疆大臣有利民之政，不宜拘以文法。给事成性疏劾，下部议，坐鸿儒先未异议，后又指摘沽名，降二级调用。寻卒于家。

6. 王紫绶

卷二百八十五　列传七十二

王紫绶，字金章，河南祥符人。顺治三年进士，选庶吉士。散馆，授编修。乞养归，侨寓苏门山中，从孙奇逢讲学。居十有七年，母殁，服阕，康熙十二年，授江西赣南道副使。

吴三桂反，赣南总兵刘进宝有谋略，紫绶推诚结纳，预筹防御。既而江西降众屯垦者相继叛，惟赣南尚未动。紫绶与进宝谋："闽、粤反已见端，赣南扼其间，应援前朝故事，设巡抚以资镇摄。"申疆吏上请，允之。十四年，贼势益炽，山寇蜂起，镇兵疲于奔命，乃练乡勇以辅之，屡杀贼有功。十五年，巡抚白色纯及进宝先后卒官，参将周球领镇兵。三桂将高得捷、韩大任据吉安，饷道绝，属县相继陷。大任屡致书劝降，送伪署巡抚札，紫绶斩其使。球以乏饷为难，紫绶集士商劝输间架税，得白金四万畀球，饷以无缺。镇南将军觉罗舒恕率禁旅下广东，为尚之信将严自明所败，兵退，距赣州三十里。自明约得捷由吉安会师夹击。紫绶荐降将许盛率所部漳州水兵五百人益师，夜泅江斫贼营，禁旅继之，击败自明。得捷等势孤，不敢复窥赣。镇兵出剿土寇，掠村民，紫绶曰："乡民胁从，若并以贼论，赣南二府十六县将无孑遗。"戒镇将毋妄发兵，饬有司招抚，分别留遣，赈济难民，境内稍安。乃规复万安、泰和两县。自螺山间道达墨潭，可登舟，于是南昌道始通，运饷银十万至。又发附近仓谷赡军，人心大定。巡抚佟国祯亦自间道至，始知紫绶已擢浙江督粮道参政。赣南久不通驿报，大学士李霨言于朝曰："紫绶死守危疆，三年于兹。为国惜才，援而出之，犹可大用。"故有是擢。紫绶闻命泣下。

十六年，上官，察积弊，叹曰："粮官不可为也！漕截减而军困，白折浮而民困，吾安忍竭东南之泽而渔之？"一月即引疾去。迨开博学鸿词科，魏象枢以紫绶与汤斌同荐入试。放还。卒。

7. 林起龙

卷二百四十四　列传三十一

林起龙，顺天大兴人。顺治三年进士，授吏科给事中。疏请严禁白莲、大成、混元、无为等邪教。又疏请重守令，课以十五事，曰：招流亡，垦荒莱，巡阡陌，劝树艺，稽户口，均赋税，轻徭役，除盗贼，抑豪强，惩衙蠹，赈灾患，济孤寡，浚沟池，治桥梁，兴学校。考其殿最，而大吏以时访察。俱如所奏行。四年，劾山东巡抚丁文盛不能弭盗，并荐大理寺卿王永吉可代，部议以起龙有私，降二级外用。又坐劾登州道杨云鹤婪赃不实，夺官。

世祖亲政，召来京。十年，复原官。时军旅未靖，急转饷，不遑言积贮，起龙请敕计臣筹画，先实京仓，次及近辅各直省，务使仓有储谷，备水旱，应调发。又言："满洲兵昔在盛京，无饷而富；今在京师，有饷而贫。时地既迥异，法制宜更定。凡驻守征行，所需马匹、草束、军装、戎器，悉动官帑筹备，毋使拮据。"疏入，谕曰："满洲兵建功最多，资生无策，十年来未有言及此者。起龙实心为国，忠诚可嘉！"下部议，以五品京堂用，起龙疏辞。

十一年，转刑科，加大理寺寺丞衔。疏言："州县吏媚事上官，耗费不赀，请禁革；并请遣廉能大臣巡行各直省，体察利弊。"既，疏劾总河杨方兴及工部尚书刘昌，召方兴、昌相质，所劾皆不实，部议当杖流，上特宥之，左授光禄寺署正。十二年，迁大理寺寺丞。十三年，一岁中三迁，擢工部侍郎。十五年，改户部侍郎，总督仓场。

十六年，加太子少保。疏请更定绿旗兵制，略言："有制之师，兵虽少，一以当十，饷愈省、兵愈强而国富；无制之师，兵虽多，万不敌千，饷愈费、兵愈弱而国贫。今绿营兵几六十万，而地方有事，即请满洲大兵，虽多仍不足用。推原其故，总缘将官赴任，召募家丁，随营开粮，军牢、伴当、吹手、轿夫，皆充兵数。甚有地方铺户子侄，充兵免徭。其月饷则归之本管，马兵克扣草料，驿递缺马，亦供营兵应付。是以马皆骨立，鞭策不前。

又如弓箭、刀枪、盔甲、火器，俱钝弊朽坏，帐房、窝铺、雨衣、弓箭罩，则竟阙不具。春秋两操，不复举行。将不知分合奇正之势，兵不知坐作进退之法。徒空国帑，竭民膏，虽众何益？推其病有二：一则营兵原以戡乱，今乃责之捕盗；一则出饷养兵，原以备战守之用，今则加以克扣。兵丁所得，仅能存活，又不按月支发，贫乏何以自支？今诚抽练绿旗精兵二十万，养以四十万之饷，饷厚兵精，地方有警，战守有人。不过十年，可使库藏充溢。”下所司议行。十七年，加太子太保、兵部尚书，巡抚凤阳。时议惩官吏犯赃，视轻重科罪，不许纳赎，起龙疏请如旧例收赎充饷，下廷议，请从之。上曰：“立法止贪，今因济饷而贷法，如民生何？”绌起龙议不行。

圣祖即位，授起龙漕运总督，迭疏请免滨海移民田地赋额，浚淮城迤南运河，直达射阳湖，修筑济宁、临清诸处堤闸，并请禁运丁毋病民，运弁毋病丁，条议以上，皆从其请。又疏请禁运丁多携货物，稽滞漕运，定分地稽察例。康熙六年，粮艘至济宁，运丁有多携货物者。事觉，总河卢崇峻疏陈起龙言江南漕储道既裁，总漕不任稽察，御史张志尹纠起龙不引罪。上以诘起龙，起龙谢失职，镌三级休致。卒。

嘉庆四年，仁宗亲政，阅世祖实录，得起龙更定绿营兵制疏，谕诸行省督抚整饬营伍，并以所言抽练精兵，是否可仿行，饬妥议具奏。诸行省督抚惮改作，议格不行。

第三甲

1. 朱裴

卷二百六十四　列传五十一

朱裴，字小晋，山西闻喜人。亦顺治三年进士。知直隶易州，移河南禹州。裴治尚严，到官即捕杀盗渠。县有诸生聘妇为盗掠，既复自归。盗以夺妇讼生，妇以生贫且别娶，反为盗证。前政论生死，裴廉得实，为榜杀妇而出生于狱。擢刑部员外郎，迁广东道御史，再迁礼科给事中。满洲俗尚殉葬，裴疏请申禁，略言：“泥信幽明，未有如此之甚者。夫以主命责问奴仆，或畏威而不敢不从，或怀德而不忍不从，二者俱不可为训。好生恶死，人之常情。捐躯轻生，非盛世所宜有。”疏入，报可。累迁工部侍郎。以疾乞休，归。地震，伤于足，卧家九年，卒。

2. 张国宪

卷二百四十四　列传三十一

国宪，顺天宛平人。顺治三年进士，除吏科给事中。

3. 李霨

卷二百五十　列传三十七

李霨，字坦园，直隶高阳人，明大学士国缙子。少孤，劬学自厉。顺治三年，成进士，选庶吉士，授检讨，进编修。十年，世祖亲试习国书翰林，霨列上等，擢中允。累迁秘书院学士。时初设日讲官，霨与学士麻勒吉、胡兆龙，侍读学士折库纳，洗马王熙，中允方悬成、曹本荣等并入直。寻充经筵讲官。十五年，拜秘书院大学士。

内三院改内阁，以霨为东阁大学士，兼工部尚书，加太子太保。以票拟疏误，镌四秩。未几，复官，任事如故。偕大学士巴哈纳等校定律例。

十八年，圣祖即位，复内三院，以霨为弘文院大学士。时四大臣辅政，决机务，或议事龃龉，霨辄默然，既乃出片言定是非，票拟或未当，不轻论执。每于谈笑间婉言曲喻，徐使更正。其间调和匡救，保护善类，霨有力焉。

康熙八年夏，旱，奉诏清刑狱，释系囚，多所平反。明年，复内阁，霨以保和殿大学士兼户部尚书。与修世祖实录，充总裁官。十一年，书成，赐银币、鞍马，晋太子太傅。未几，三藩叛，继以察哈尔部作乱。上命将出征，凡机密诏旨，每口授霨起草，退直尝至夜分，或留宿阁中。所治职务，出未尝告人，忠谨慎密，始终匪懈。二十一年，重修太宗实录成，进太子太师。

台湾初定，提督施琅请设官镇守，廷议未决。有谓宜迁其人、弃其地者，上问阁臣，霨言："台湾孤悬海外，屏蔽闽疆。弃其地，恐为外国所据；迁其人，虑有奸宄生事。应如琅议。"上韪之。二十三年，卒，谥文勤。

霨弱冠登第，大拜时年裁三十有四，风度端重，内介外和。久居相位，尤娴掌故，眷遇甚厚。四十九年，上追念前劳，超擢其孙工部主事敏启为太常寺少卿。

4. 魏裔介

卷二百六十二　列传四十九

魏裔介，字石生，直隶柏乡人。顺治三年进士，选庶吉士。四年，授工科给事中。五年，疏请举经筵及时讲学，以隆治本。又言："燕、赵之民，椎牛裹粮，首先归命。此汉高之关中，光武之河内也。今天下初定，屡奉诏蠲赋，而畿辅未沾实惠，宜切责奉行之吏，彰信于民。"俱报闻。

转吏科，以母忧归。服阕，九年，起故官。应诏疏言："上下之情未通，满、汉之气中阂。大臣阘茸以保富贵，小臣钳结以习功名。纪纲日弛，法度日坏。请时御正殿，召对群臣，虚心咨访。令部院科道等官面奏政事，仍令史官记注，以求救时之实。"时世祖亲政，裔介疏言："督抚重臣宜慎选择，不宜专用辽左旧人。"又言："摄政王时，隐匿逃人，立法太严，天下嚣然，丧其乐生之心。后以言官陈说，始宽其禁，责成州县，法至善也。若舍此之外别有峻法，窃恐下拂人心，上干天和，非寻常政治小小得失而已。"上韪之。

河南巡抚吴景道援恩诏荐举明兵部尚书张缙彦。裔介疏言："缙彦仕明，身任中枢，养寇误国，有卢杞、贾似道之奸，而庸劣过之。宜予摈弃，以协公论。"疏下部议，以事在赦前，予外用。又疏言："州县遇灾荒，既经报部，其例得蠲缓钱粮，即予停征，以杜吏胥欺隐。并就州县积谷及存贮库银，先行赈贷。"下所司议行。时直隶、河南、山东诸省灾，别疏请赈。上命发帑金二十四万，分遣大臣赈之，全活甚众。

十一年，迁兵科都给事中。东南兵事未定，疏言："今日刘文秀复起于川南，孙可望窃据于贵筑，李定国伺隙于西粤，张名振流氛于海岛，连年征讨，尚稽天诛。为目前进取计，蜀为滇、黔门户，蜀既守而滇、黔之势蹙，故蜀不可不先取。此西南之情形也。粤西稍弱，昨岁桂林之役未大创，必图再犯，以牵制我湖南之师。宜令藩镇更番迭出，相机战守。此三方者，攻瑕宜先粤西。粤西溃则可望胆落，滇、黔亦当瓦解。"又疏劾湖南将军续顺公沈永忠拥兵观望，致总兵官徐勇、辰常道刘昇祚力竭战死。永忠坐罢任夺爵。复劾福建提督杨名高玩寇，致漳州郡县为郑成功沦陷，名高坐罢任。

寻迁太常寺少卿，擢左副都御史。十三年，疏劾大学士陈之遴营私植党，之遴坐解官，发辽阳闲住。十四年，迁左都御史，上谕之曰："朕擢用汝，非由人荐达。"裔介益感奋，尽所欲言。四月，因钦天监推算次月日月交食，疏请广言路，缓工作，宽州县考成，速颁恩赦，释滞狱，酌复五品以下官俸，减征调之兵，节供应之费。上嘉之，下部详议以行。尝侍经筵，讲汉文帝春和之诏，因举仁政所宜先者数事。正阳门外菜园为前朝嘉蔬圃地，久为民居，部议入官。裔介过其地，民走诉，即入告，仍以予民。十六年，加太子太保。十七年，京察自陈。以御史巡方屡坐贪败，责裔介未纠劾，削太子太保，供职如故。

时可望犹据贵州，郑成功乱未已。裔介疏言："可望恃岗蛮为助，宜命在事诸臣加意招徕，予以新敕印，旧者毋即收缴，则归我者必多。成功作乱海上，我水师无多，惟于沿海要地增兵筑堡，使不得泊岸劫掠，然后招其携贰，散其党与，海患可以渐平。"下部议行。未几，疏劾大学士刘正宗、成克巩欺罔附和诸罪，命正宗、克巩回奏，未得实，下法司勘讯，并解裔介官与质。谳定，正宗获罪籍没，克巩夺职视事，复裔介官。时以云南、福建用兵，加派钱粮。裔介疏请敕户部综计军需足用即停止，上命未派者并停止。康熙元年，云南既定，疏言："云南既有吴三桂藩兵数万，及督提两标兵，则满洲兵可撤。但滇、黔、川、楚边方辽远，不以满洲兵镇守要地，倘戎寇生心，恐鞭长莫及。荆、襄乃天下腹心，宜择大将领满兵数千驻防，无事则控制形势，可以销奸宄之萌；有事则提兵应援，可以据水陆之胜。"疏下部，格不行。复请以湖广总督移驻荆州，从之。

进吏部尚书。三年，拜保和殿大学士。时辅臣柄政，论事辄争执，裔介调和异同，时有所匡正。预修世祖实录，充总裁官。九年，典会试。是年内院承旨会吏、礼二部选新进士六十人，试以文字，拟上中下三等入奏，上亲定二十七人为庶吉士。御史李之芳劾裔介所拟上卷二十四人，先使人通信，招权纳贿；并谓与班布尔善相比，引用私人。班布尔善官大学士，党鳌拜，伏法。上命裔介复奏，裔介疏辨，并言："臣与班布尔善同官，论事辄龃龉。以鳌拜之执焰，足迹不至其门，岂肯附班布尔善？臣服官以来，弹劾无所避忌。前劾刘正宗，其党切齿于臣者十年于兹。之芳，正宗同乡，今为报复。"因自请罢斥，疏下吏部会质。之芳力争，裔介自引咎。部议以之芳劾奏有因，裔介应削秩罚俸，上宽之，命供职如故。

十年，以老病乞休，诏许解官回籍。世祖实录成，进太子太傅。二十五年，卒，赐祭葬如制。

裔介居言路最久，疏至百余上，敷陈剀切，多见施行。生平笃诚，信程、朱之学，以见知闻知述圣学之统。著述凡百余卷，大指原本儒先，并及经世之学。家居十六年，躬课稼穑，循行阡陌，人不知其为故相也。雍正间，祀贤良祠。乾隆元年，追谥文毅。

5. 杨三知

卷四百八十八　列传二百七十五

杨三知，字知斯，直隶良乡人。顺治三年进士，授山西榆次县知县。榆次经流贼残破后，井里萧条，三知以恩义安辑，户口日增。康熙五年，大同镇总兵姜瓖叛，连陷州县，攻榆次。三知励吏民，募乡勇守城。夜遣人斫贼营，间有斩获，贼不退。三知令偃旗鼓，示弱。贼径薄城，攀堞欲登，三知急起，麾众发矢石，毙甚众。贼愤，益兵围之。相持逾六月，敬谨亲王尼堪分兵来援，贼始败走。三知设保甲、练屯聚，复捐俸、立社学，置膳田以资膏火，士民感之。擢兵部主事，累迁郎中，外擢四川松龙道、上东道。上东道属经张献忠惨戮，存者在绝峒密箐中，招徕千数百家，筑堡渝东，民名之曰杨公堡。

十一年，补陕西神木道。十三年，入觐，还至保德，闻提督王辅臣叛附吴三桂，从者劝迟行，勿渡河，不听，疾驰还署，图城守。曩三桂剿闯贼残孽，过神木，市恩，民谬德之，立生祠，三知即毁之。察知县孙世誉忠实可倚，时辅臣播伪札，将弁多为所诱，分据城堡，惟韩城知县翟世琪与神木通声援。

6. 毕振姬

卷二百四十七 列传三十四

毕振姬，字亮四，山西高平人。顺治三年进士，授平阳教授。入为国子监助教，累迁刑部员外郎。曹事暇，独坐陋室，布被瓦盆，读书不稍倦。

十年，出为山东济南道参议。岁旱，流民踞山谷为盗，振姬昼夜驰三百里往谕之，悉就抚，全活者七千余人。泰山香税，岁羡余七千金，例充公使钱，振姬悉以佐饷。调广东驿传道佥事。时三藩使命往来络绎，胥吏乘以私派折价，民苦之，振姬一绳以法，阅数月，减船数百，减费七万有奇。调浙江金衢严道参政，擢广西按察使。所至以廉能闻。迁湖广布政使，乞病归。

康熙中，诏举博学鸿儒，左都御史魏裔介、副都御史刘楗疏荐之。十八年，命廷臣举清廉吏，裔介复疏言：“振姬清操绝世，才略过人。请告十余年，躬耕百亩，读书不辍。”楗亦言：“振姬居官不染一尘。归日一仆一马，了无长物，真学行兼优之人。”下部议，以振姬老，置勿用。寻卒。

7. 魏象枢

卷二百六十三 列传五十

魏象枢，字环极，山西蔚州人。顺治三年进士，选庶吉士。四年，授刑科给事中。疏言：“明季大弊未禁革者，督、抚、按听用官舍太杂，道、府、州、县胥隶太滥，请严予清厘。”报可。五年，劾安徽巡抚王懩受赇庇贪吏，懩坐罢。转工科右给事中。时以满、汉杂处不便，令商民徙居南城。象枢疏言：“南城地狭，商民赁买无房，折盖无地。请下部察官地官房，俾民输银承业。”复疏请更定会典。并下部议行。七年，转刑科左给事中。

八年，世祖亲政，有司有以私征侵帑坐罪者，象枢疏陈其弊，请饬州县依易知单造格眼册，注明人户姓名、粮银、款目及蠲赈清数，上大吏核验，印发开征；又请定布政使会计之法，以杜欺隐，立内外各官治事之限，以清稽滞：皆见施行。复疏言：“圣政方新，机务孔多，中外相望治平，非同昔日。上近巡京畿，辅臣当陪侍法从，尽启沃之忠。倘远有临幸，亦宜谏止銮舆，副保傅之责。”又因灾变上言，谓天地之变，乃人事反常所致。语侵权贵尤急。九年，转吏科都给事中。十年，大计，疏请复纠拾旧制，言官纠拾未得当，不宜反坐，下所司，著为令。因复疏言顺治四年吏科左给事中刘楗以纠拾被谴，宜予昭雪，上为复楗官。

总兵任珍失职怨望，并擅杀其家人，下九卿科道议罪，大学士陈名夏等二十八人，别为一议，象枢与焉。上责其徇党负恩，下部议，罪应流，宽之，命留任。十一年，大学士宁完我劾名夏，辞连象枢，谓象枢与名夏姻家牛射斗有连，象枢纠劾有误，吏部议降级，名夏改票罚俸，命逮问。象枢自陈素不识射斗，得免议。寻以名夏父子济恶，言官不先事论劾，各科都给事中皆镌秩，象枢降补詹事府主簿，稍迁光禄寺丞。十六年，以母老乞终养。

康熙十一年，母丧终，用大学士冯溥荐，授贵州道御史。入对，退而喜曰："圣主在上，太平之业方始。不当以姑且补苴之言进。"乃分疏，言："王道首教化，满、汉臣僚宜敦家教。""督抚任最重，有不容不尽之职分、不容不去之因循，宜责成互纠。""制禄所以养廉，今罚俸例太严密，宜以记过示罚，增秩示恩。""治河方亟，宜蓄人才备任使。""戒淫侈宜正人心，励风俗宜修礼制。"圣祖多予褒纳。复疏纠湖南布政使刘显贵侵公帑不当内升，给事中余司仁欺罔不法，皆坐黜。十二年，以岁满加四品卿衔，寻擢左佥都御史。

十三年，岁三迁，至户部侍郎。会西南用兵，措兵食，察帑藏，多所规画。疏论筹饷，请确估价直，严核关税，慎用各直省布政使。十七年，授左都御史。疏言："国家根本在百姓，百姓安危在督抚。愿诸臣为百姓留膏血，为国家培元气。臣不敢不为朝廷正纪纲，为臣子励名节。"因上申明宪纲十事，上嘉其切中时弊。各直省举劾属吏多失当，江苏嘉定知县陆陇其有清名而被劾罢，象枢疏荐之。镇江知府刘鼎溺职，题升粮道；山西绛州知州曹廷俞劣迹显著，纠察不及：象枢疏劾之。磨勘顺天乡试卷，因陈科场诸弊，请设内帘监试御史；考核各直省学道，举劳之辨、邵嘉，劾卢元培、程汝璞，上如其议以为黜陟。

十八年，迁刑部尚书。象枢疏言："臣忝司风纪，职多未尽，敢援汉臣汲黯自请为郎故事，留御史台，为朝廷整肃纲纪。"上可其奏，以刑部尚书留左都御史任。分疏劾山西巡抚王克善、榷税芜湖主事刘源诸不法状，皆坐黜。七月，地震，象枢与副都御史施维翰疏言："地道，臣也。臣失职，地为之不宁，请罪臣以回天变。"上召象枢入对，语移时，至泣下。明日，上集廷臣于左翼门，诏极言大臣受赇徇私，会推不问操守；将帅克敌，焚庐舍，俘子女，攘财物；外吏不言民生疾苦；狱讼不以时结正；诸王、贝勒、大臣家人罔市利，预词讼：上干天和，严饬修省。是时索额图预政贪侈，诏多为索额图发，论者谓象枢实启之。

寻命举廉吏，象枢举原任侍郎雷虎、班迪、达哈塔、高珩，大理寺卿瑚密色，郎中宋文运，侍讲萧维豫，布政使毕振姬，知县陆陇其、张沐凡十人。上谕曰："雷虎朕亦闻其清，以其怠惰罢黜，既经象枢特荐，授内阁学士。班迪清慎，因使往江西按事，未能明晰，问以民间苦乐，又谢不知，以是镌秩。余令吏部议奏录用。"十九年，仍授刑部尚书。寻命与侍郎科尔坤巡察畿辅，按治豪猾，还奏称旨。

象枢有疾，上赐以人参及参膏，命内侍问饮食如何。二十三年，奏事乾清门，蹶焉，即日疏乞休，再奏，乃许之，命之入对，赐御书寒松堂额，令驰驿归。二十五年，卒，年七十一，赐祭葬，谥敏果。

象枢以冯溥荐再起。象枢见溥，问何以见知？溥曰："昔余为祭酒，故事，丁祭不得陪祀者，当于前一日瞻拜。君每期必至，敬慎成礼。一岁直大雨，君仍至，肃然瞻拜而去，此外无一人至者。余以是知君笃诚。"

8. 王天鉴

卷二百四十七　列传三十四

王天鉴，字近微，直隶万全人。顺治三年进士，授山东恩县知县。县接直隶界，自明季为盗薮，尝一岁七被寇。天鉴上官，谕父老曰："往岁寇至，县辄不守，由人无固志。自今勿复逃，视知县所向。"俄而寇大至，天鉴坐城上，从容指挥，寇疑有伏，逡巡去。于是葺楼橹，治城隍，严候望，时巡徼，守具大备。按行乡鄙，举团练，立寨十有九，枹鼓相闻，久之得步卒万八千、骑士三百。巡按御史疏闻，令天鉴自治兵。廉得境内贼渠数辈，夜突至其乡呼之出，贼错愕不能遁，皆诛之。寇据曹县，巡抚檄天鉴与诸道兵会剿，率所部为前锋，冒矢石深入，诸军踵之，复其城。尝以轻骑逐贼，日暮被围，短兵相接，手格杀数贼，溃围出，不失一骑。在恩四年，屡与寇战，俘馘无算，降者安抚之。寇远遁，招徕屯种，流亡复归，垦荒千八百顷。建书院，弦诵不辍。政声为山东最，上考，内迁礼部主事。十一年，始行耤田亲耕礼，天鉴参酌古今，悉合礼宜。累迁郎中。主山东乡试。十二年，出为陕西河西道参议。与属吏约，毋猎民枉法。

天鉴固长治兵，按籍讨军实，诫将弁毋以军糈肥私橐。性刚介负气，数忤上官。岁余，谢病归。绝迹公府，门下士或有馈遗，不受，曰："饬簠簋，惜名节，足以报举主矣！"康熙初，大臣荐，不出。寻卒。

9. 卫绍芳

卷二百七十六 列传六十三

绍芳，字犹箴，顺治三年进士，授河南尉氏知县。兵后修复城郭、学校，勤劝课，广积储，禁暴戢奸，尉氏民颂焉。行取兵部主事，累迁贵州提学道佥事、浙江巡海道副使。

10. 田六善

卷二百六十八 列传五十五

田六善，字兼山，山西阳城人。顺治三年进士，授河南太康知县，时当兵后，劳来安集。九年，巡抚吴景道疏荐才守兼优，迁户部主事，监临清关，复监凤阳仓兼临淮关。罢滥征，革奇羡，商民称便。累迁郎中。十五年，授江南道御史。兵部议禁民乘马，六善疏言其不便，下廷臣集议，弛禁。十六年，疏言："欲安民在劝清吏，乞敕各督抚实行荐举，吏部于各督抚莅任一二年后，列奏荐举何人，能否察吏安民，即可以是鉴别。议者或谓举荐清吏，无以处乎不在清吏之列者，一难也；恐督抚依旧受贿徇私，二难也；征粮缉逃处分罣碍，三难也。然臣谓清吏果得荐举，则为清吏者见公道尚存，益坚其持守，一便也；群吏以不著清名为愧，力自濯磨，二便也；某省有清吏几人，以验政治修废，三便也；天下晓然知有能必先有守，风俗丕变，四便也；向日督抚厌憎清吏无益于己，今必且卵翼而亲爱之，五便也。不惑于三难，力致其五便，将循良兴起，不让前古矣。"下部议行。寻命巡视长芦盐政。十七年，还掌江南道事。

康熙元年，乞假归。三年，补贵州道御史。四年，疏言："兵部议裁山西、陕西、河南等处兵额，三营裁一营。遇裁之兵，挟久练之技，处坐困之时，穷无所归，遂为贼盗。请谕总督、提督诸臣，察已裁之兵，如弓马娴熟、膂力精强，仍收入伍。自后老弱必斥，逃亡不补。所渐去者疲卒，不虑其为非；所招回者劲兵，可资其实用。"下部议，令各营汰去老弱，其年力精壮者仍留充伍。又疏言："吏部于往日曾行之事，率皆援以为例，惟意所彼此，莫穷其弊。请敕部以上所裁定及有旨著为例者，汇为一册，敬谨遵守，余仍循旧章。"得旨，如所请。七年，命巡视京、通仓，还掌山东道事，得旨内升，回籍待缺。

十一年，授刑科给事中，秩视正四品。疏言："臣里居读上谕，以苏克萨哈为鳌拜仇陷，杀其子孙，连坐族人白尔赫图，恩予昭雪。臣思法律为天下共者也，以满洲劳苦功高之人，因与执政诸臣意见相左，辄牵连兴大狱，恐尤而效之，报复相寻，借端推刃。周礼有八议，罪大可减，罪小可赦。请特制昭示，满洲犯罪非反叛有实迹者，一准于律，勿妄议株连。储人才，固国本，于是乎在。"上韪其言，下王大臣议，从之。又疏言："圣学宜先读史。史者，古帝王得失之林也。其君宽仁明断，崇俭纳谏，则其民必安，其事必治，其世必兴必平。若夫苛察因循，恶闻过，乐逞欲，其民必不安，其事必不治，其世必衰必乱。乞谕日讲诸臣，以通鉴与经史并进。"得旨俞允。寻转户科掌印给事中。三迁至右佥都御史。

十三年，疏言："吴三桂负恩叛逆，处必灭之势。绿旗月饷，步兵一两有奇，马兵二两有奇，甲胄不必坚强，弓刀不必精利，登山涉水，资以先驱。臣谓绿旗力虽弱，善用之则强；心虽涣，善收之则聚。供给宜足，劳逸宜均。至先登破阵，无分满、汉，赏赉公平。斯忠勇自奋，克佐劲旅以奏肤功，今日所宜急计者也。"下部议鼓励绿旗官兵叙给爵赏例。迁顺天府尹。未几，复迁左副都御史。十四年，疏言："臣昔为河南知县时，孙可望、李定国尚据云、贵、四川，其势不减于吴三桂。金声桓叛江西，姜瓖叛大同，亦不异耿精忠、王辅臣。而当日民心未若今之惊惶疑惧者，由其时督抚有孟乔芳、张存仁、吴景道诸臣，敦行俭朴，慎守廉隅，吏治肃清，民生乐遂也。宜特颁严谕，令各督抚禁杂派，核军实。有司或剥民败检，立行纠劾，以省民力、安众心。师行所至，更宜审酌剿御。近见江西、浙江报捷诸疏，屡言杀贼累万。然必待杀尽而后入闻，恐愚顽之民无尽，草窃之贼亦无尽。臣谓先取精忠，则群贼自息。昔姜瓖乍叛，土寇群起，瓖灭，土寇亦尽，其明验也。至三桂狡谋，觊以一隅之地困天下全力，我即以天下全力困此一隅。三桂授首，则四川、广西不烦兵而自定。"又疏言："臣籍山西，与陕西接壤。黄河自边外折入内地，至蒲州一千余里。蒲州上至禹门，为平阳府属，河西为西安，有提督、总兵重兵驻守。自此以北，永宁州、临县为汾州府属，渡口有孟门镇、高家塔诸处；更北保德州为太原府属，渡口有黑田沟、穷狼窝诸处。河西为延安，素称荒野，河东为交城，路险山深，草窃潜匿。请敕巡抚、提督分兵驻防。"又疏言："师已抵平凉，辅臣迫于必死，困兽犹斗，杀贼百不偿失兵一。宜驻军城下，以逸待劳，急攻固原，绝其粮道。平凉地瘠，非比湖南地广米多，可以持久。粮道不通，人心自散，必有斩辅臣献军门者。若贼东出则东应，贼西出则西应，疲我师徒，分我威力，固原围解，贼气贯通，此断断不可者也。"诸疏并下王大臣议行。

十六年，擢工部侍郎。十七年，以夏旱求言，疏言："今日官至督抚，居莫敢谁何之势，自非大贤，鲜不纵恣。道府岁纳规礼，加之以搜括，则道府所辖官民，不啻鬻之道府矣。州县岁纳规礼，重之以勒索，则州县所属士民，不啻鬻之州县矣。世祖朝，山东巡按程衡劾巡抚耿焞，江南巡按秦世祯劾土国宝，皆置重典，天下肃然。今巡按久停，虽欲议复，恐一时难得多人。惟有出自上意，欲清一省，则选一人遣往，不必一时俱发。出其不意，示以不测，使天下奸恶吏不敢恃督抚而肆志，即有不肖之督抚，亦莫敢庇贪而害民。"疏入，报闻。

调户部。十八年，疏言："国家有钱法以通有无、利民用，自秦、汉及唐、宋，公私皆悉用钱；至金、元，以银与钱钞并行；至明中叶，乃专赍于银。闯逆之乱，或沉江河，或埋山谷，又以贪吏厚藏，银益少，民益困。今欲救天下之穷，惟有多铸钱。铸钱所资，铜六铅四，而可采之山，所司每深讳之，盖恐时有时无，贻累偿税。

且上官闻其地开采，此挟彼制，诛求甚多也。臣谓宜令天下产铜铅之地，任民采取，有则以十分二输税于官，无则听之州县自行稽察，毋使多官旁挠。报采多者予议叙，则官与民皆乐为，资以鼓铸，钱不可胜用矣。”下九卿详议，拟例以上，得旨：“采铜关系国计，其令各督抚率属殚力奉行。”

六善以老病乞罢，上不许。二十年，命致仕。三十年，卒于家，年七十一。

顺治四年（1647年）丁亥科

第一甲

1. 吕宫

卷二百三十八 列传二十五

吕宫，字长音，江南武进人。顺治四年一甲一名进士，授秘书院修撰。九年，加右中允。十年二月，上幸内院，召宫与侍讲法若真，编修程芳朝、黄机，命撰柳下惠不以三公易其介论。宫论有曰：“伊、周、卫、霍，争介不介。”上喜曰：“此三公语。”列第一。寻谕吏部：“翰林升转，旧例论资俸，亦论才品。吕宫文章简明，气度闲雅。遇学士员缺，即行推补。”寻授秘书院学士。闰六月，迁吏部侍郎。十二月，超授弘文院大学士。言官请禁江、浙签富户运白粮并织造报充机户，部议已有例禁，宫复请严饬督抚察究。

大学士陈名夏得罪，十一年，给事中王士祯、御史王秉乾劾宫为名夏党，宫引罪乞罢，上命省改。初，平西王吴三桂专镇，渐跋扈。宫与名夏及大学士冯铨、成克巩荐御史郝浴，命巡按四川。至是，浴露章劾三桂，三桂疏辨，上为罢浴，宫与铨、克巩皆坐误举，镌二级留任。

宫以病乞假，上遣医疗治，问病状。疏言：“乞假已三月，禀体怯弱，人道俱绝，仅能僵卧兀坐。乞宽期调治。”御史姜图南劾疏语亵嫚，杨义复劾其旷职，宫亦累疏乞罢。十二年，以修资政要览书成，加太子太保。宫复疏申请，赐貂裘、蟒缎、鞍马，命驰驿回籍，俟病痊召用。十三年，敕存问，赐羊酒。十七年，诏大学士、尚书自陈，宫不具疏，左都御史魏裔介劾宫“一病六年，闻问杳然，忘君负恩”。上以宫请告无自陈例，谕毋苛求。十八年，世祖崩，宫赴都哭临，病益殆，还里。康熙三年，卒。

第二甲

1. 郝惟讷

卷二百六十四 列传五十一

郝维讷，字敏公，直隶霸州人。父杰，明崇祯进士。顺治初，授行人，迁户部给事中。迭疏请开经筵，祀阙里，废斥诸臣才堪录用者量予自新，朝贺大典内监不得入班行礼，俱下部议行。累迁户部侍郎。卒。

维讷，顺治四年进士，授刑部主事，再迁郎中。七年，出为福建督粮道佥事。师下漳南，粮运多阻，维讷督米二万石浮海达泉州以济军。巨盗张自盛犯延、邵，徙维讷权延建邵道，设方略，用间散其党，自盛就擒。寻署按察使，谢苞苴，绝羡耗。举卓异，复用孙承泽、成克巩荐，十一年，召授通政司右参议。累迁大理寺卿。十三年，擢户部侍郎，调吏部。十六年，丁父忧。服阕，起户部侍郎，复调吏部。

康熙三年，典会试，寻擢左都御史。维讷以开国二十余年，南徼初定，民困未苏，疏言："天下大弊在民穷财尽，连年川、湖、闽、广、云、贵无不增兵增饷，本省不支，他省协济。臣观川、湖等省尚多旷土，若选绿旗及降兵精锐者隶之营伍，给以牛种，所在屯田，则供应减而协济可以永除，闾里无追呼之困。"又疏言："巡按既裁，地方巡视责归督抚。督抚任重事繁，出巡动逾旬月，恐误公务，况驺从众多，经过滋扰。至属官贪廉，闾阎疾苦，咨访耳目，仍寄司道。请嗣后事关重大者，仍亲身巡察，余概停止。"又疏言："山西、山东等省偏旱，发帑赈济，圣恩至为优渥，特穷乡僻壤恐难遍及，惟蠲免钱粮，率土均沾实惠。但田有田赋，丁有丁差，前者被灾地方，例多免粮不免丁；其有丁无田者，反不得与有田之户同沾恩泽。请丁银均如田粮分数蠲免。"又疏言："贪吏罪至死者，遇赦免死，并免交吏部议处。此曹饕餮狼藉，未可令其复玷名器，贻害地方。虽新例赴部另补，贪残所至，播虐惟均。请敕部定议，凡赃款审实者，遇赦免罪，仍当夺官。庶官箴可肃，民害可除。"皆下部议行。

五年，迁工部尚书，调刑、礼二部。八年，调户部。疏请停督抚勘灾，申禁圈取民地，并得旨允行。十一年，调吏部。时兵兴开捐纳，正途日壅，维讷为斟酌资格，按缺分选，铨法称平。十八年，给事中姚缔虞请宽免科道风闻言事之禁，下廷臣议，维讷谓："言官奏事，原不禁其风闻。但风闻奏参审问全虚者，例有处分，否则虑有借风闻挟私报怨者，请仍照定例行。"从之。

维讷领吏、户二部最久，法制多经裁定。凡事持大体，遇会议、会推、朝审，委曲斟酌，期于至当。敷奏条畅，所见与众偶有同异，开陈端绪，不留隐情，上深重之，往往从其言。十九年，遭母忧。服阕，诣京师，未补官，卒，谥恭定。

2. 冯溥

卷二百五十　列传三十七

冯溥，字孔博，山东益都人。顺治三年进士（编者按：见于顺治四年丁亥科进士题名碑），选庶吉士，授编修。累迁秘书院侍读学士，直讲经筵。世祖幸内院，顾大学士曰："朕视冯溥乃真翰林也！"十六年，擢吏部侍郎。会各省学道缺，部郎不足，以知府补之。已，会礼部议奏，时尚书孙廷铨、侍郎石申并乞假；给事中张维赤因劾溥徇私，溥疏辨。上曰："朕知溥不为也！"置勿问。明年，京官三品以上自陈，忽严旨黜满尚书科尔坤及两侍郎，独留汉官在部。溥与廷铨疏言："部事满、汉同治，今满臣得罪，汉臣安得免，乞并黜。"诏供职如故。

康熙初，停各省巡按，议每省遣大臣二人廉察督抚。吏部尚书阿思哈、侍郎泰必图议设公廨，颁册印。溥谓："国家设督抚，皆重臣。今谓不可信，复遣两大臣监之。权既太重，势复相轧，保无属吏仰承左右启隙端？"泰必图性暴伉，闻溥言，恚，瞋目攘臂起。溥徐曰："会议也，独不容吾两议耶？且可否自有上裁，岂敢专主？"疏入，上然溥言，事遂寝。御史李秀以考绩黜，后夤缘得复官，劾溥为故相刘正宗党，主铨时违例徇私，溥疏辨，严旨责秀诬讦。六年，迁左都御史。内阁有红本，已发科钞，辅臣鳌拜取回改批。溥抗言："本章既批发，不便更改。"鳌拜欲罪之，上直溥，戒辅臣详慎。盛京工部侍郎缺，已会推，奉旨以规避者多，不旬日三易其人。溥疏言："王言不宜反汗，当慎重于未有旨之先，不当更移于已奉旨之后。"首辅班布尔善寝其奏，上闻，取溥疏览之，称善，饬部施行。

八年夏，旱，应诏陈言，请省刑薄税。略谓："古者罪人不孥，今一事牵连佐证，或数人，或数十人。往往本犯尚未审明，而被累致死者已多。且或迟至七八年尚未结案，遂致力穑供税之人，抛家失业。请敕部严禁。百姓之财，不过取之田亩。今正月已开征，旧税之逋甫偿，新岁之田未种，钱粮从何办纳？请敕部酌议。自后征赋，缓待夏秋。"下户、刑二部议。刑部议，承审强盗、人命重案，限一年速结，不得牵累无辜，督抚及承审官隐漏迟延皆有罚。户部议，春季兵饷不能待至夏秋，仍旧例便。得旨，俟国用充足，户部奏请更定。户部吏陈一魁冒领清苑等县钱粮事发，溥言："钱粮者百姓之脂膏也，其已输在官，则朝廷之帑藏也。若任胥吏侵盗，职掌谓何？请严定所司处分，惩前毖后。"擢刑部尚书。十年，拜文华殿大学士。疏言："直隶、山东、河南、山西、陕西米麦丰收，谷价每斗值银三四分。当此丰稔之时，宜广积贮，以备凶年。"

先是，溥以衰病累疏乞休，上曰："卿六十四岁，未衰也，俟七十乃休耳。"自吴三桂反，军事旁午，乃不敢复言。十四年，建储礼成，内阁议恩赦，满大臣以八旗逃人应不赦，溥不可，遂两议以进。诏下阁臣画一奏闻，有谓当从满大臣议者，溥持之力，仍以两议进，上卒从之。十七年，福建平，溥以年届七十，复申前请，上仍慰留。二十一年秋，诏许致仕，遣官护行驰驿如故事。比将归，诣阙谢，赐游西苑，内侍携酒果，所至坐饮三爵。临发，疏请清心省事，与民休息，言甚切，温旨报闻。赐御制诗及"适志东山"篆章，命讲官牛钮、陈廷敬传谕曰："朕闻山东仕于朝者，彼此援引，造为议论，务有济于私，又居乡多扰害地方，朕审知其弊。冯溥久居禁密，可教训子孙，务为安静。"太宗实录成，加太子太傅。三十年，卒，年八十三，谥文毅。

溥居京师，辟万柳堂，与诸名士觞咏其中。性爱才，闻贤能，辄大书姓名于座隅，备荐擢。一时士论归之。

3. 黄机

卷二百五十　列传三十七

黄机，字次辰，浙江钱塘人。顺治四年进士，选庶吉士，授弘文院编修。世祖幸内院，询机里籍官职，命与侍讲法若真、修撰吕宫、编修程芳朝撰柳下惠不以三公易其介论，上览毕，赐茶。授左中允，寻迁弘文院侍读。

十二年，机疏言："自古仁圣之君，必祖述前谟，以昭一代文明之治。今纂修太祖、太宗实录告成，乞敕诸臣校定所载嘉言嘉行，仿贞观政要、洪武宝训诸书，辑成治典，颁行天下。尤愿万几之暇，朝夕省览。法开创之维艰，知守成之不易，何以用人而收群策之效？何以纳谏而宏虚受之风？何以理财而裕酌盈剂虚之方？何以详刑而无失出失入之患？力行身体，则动有成模，绍美无极。"上俞之，诏辑太祖、太宗圣训，以机充纂修官。累迁国史院侍读学士，擢礼部侍郎。

康熙六年，进尚书。疏言："民穷之由有四：杂捐私派，棍徒吓诈，官贪而兵横。请严察督抚，举劾当否，以息贪风、苏民命。各省藩王、将军、提、镇有不法害民之事，许督抚纠劾。请饬破除情私，毋更因循，贻误地方。”七年，调户部，再调吏部。机以疏通铨法、议降补官对品除用，为御史季振宜所劾。既而给事中王曰温劾故庶吉士王彦即机子黄彦博，欺妄，应罢黜。机以彦与彦博姓名不同，且彦博死已久，疏辨，得免议。寻以迁葬乞假归，而论者犹不已。

十八年，特召还朝，以吏部尚书衔管刑部事。御史张志栋言机老成忠厚，然衰迈，恐误部事，应令罢归。上以志栋言过当，命机供职如故。明年，授吏部尚书。以年老请告，诏慰留。二十一年，拜文华殿大学士，兼吏部。逾年，复乞休，许以原官致仕，遣官护行驰驿如故事。二十五年，卒，谥文僖。

4. 宋琬

卷四百八十四 列传二百七十一

宋琬，字玉叔，莱阳人。父应亨，明天启中进士。令清丰，有惠政，民为立祠。崇祯末殉节，赠太仆寺卿。

琬少能诗，有才名。顺治四年进士，授户部主事，累迁吏部郎中。出为陇西道，过清丰，民遮至应亨祠，款留竟日，述往事至泣下。琬益自刻厉，期不坠先绪。调永平道，又调宁绍台道，皆有绩。十八年，擢按察使。时登州于七为乱。琬同族子怀宿憾，因告变，诬琬与于七通，立逮下狱，并系妻子。逾三载，下督抚外讯。巡抚蒋国柱白其诬，康熙三年放归。十一年，有诏起用，授四川按察使。明年，入觐，家属留官所。值吴三桂叛，成都陷，闻变惊悸卒。

始琬官京师，与严沆、施闰章、丁澎辈酬倡，有“燕台七子”之目。其诗格合声谐，明靓温润。既构难，时作凄清激宕之调，而亦不戾于和。王士禛点定其集为三十卷。尝举闰章相况，目为“南施北宋”。殁后诗散佚，族孙邦宪缀辑之为六卷。

第三甲

1. 张九徵

卷二百六十七 列传五十四

九徵，字湘晓。顺治二年，举乡试第一。九年，成进士（编者按：见于顺治四年丁亥科进士题名碑）。博学砺行，精春秋三传，尤邃于史。历吏部文选郎中。出为河南提学佥事，考绩最，当超擢，遽引疾归。

2. 朱克简

卷二百四十四 列传三十一

朱克简，字敬可，江南宝应人。顺治四年进士，授内阁中书。五年，考授御史。八年，典广东乡试。十二年，巡按福建。福建八府一州，其五滨海。郑成功时入寇，民苦焚掠。克简至，申明军政，绸缪防御，请增兵防仙霞关。时兵部尚书王永吉疏请减兵额，汰营兵老弱，下诸行省。克简疏言：“福建内防山贼，外御海寇，省兵三万四千，不可复减。”上如其议。又疏论防海，略言：“用水师不难得其力，难得其心。漳泉为郑成功故土，沿海多戚属，宜以连保法察其踪迹，考其身家，不使入伍；降者令归耕，或移置他军，使离旧巢，乃坚归志。水师战海中，破浪擒贼，当受上赏，宜著为令。水师用在舟，木、竹、钉铁、油、麻、棕叶，皆海之所无，一物不具，不可以为舟。宜设专官讥察，毋以资敌。”“宁化、崇安滨海要地，今俱为贼踞，当按形势增兵固守。”又立六规二十四约，与提督马成功、总兵王之纲等深相结纳，诸将咸奉令。

巡汀州，闻成功兵攻福州，即率汀州镇兵还援。成功兵引退，克简入城，曰：“寇知我援寡，且复来。”令完城垣、简卒伍为备。数日，成功兵复至。初，官军得成功兵辄诛之，克简令发不过五寸者贷死，编为民，得万余人，皆恩克简，至是助守城，发炮击寇，寇溃，遂出战，解围去。至漳州，布政使详请征逋赋，克简力阻之，疏请蠲征，上从之。至福清，以闽安地当冲，设兵守之，连江、罗源、福清、长乐诸县要隘皆置汛。至兴化，见道有流民，与知府张彦珩议赈，活者万数千人。至泉州，令崇武、獭户、大盈诸隘皆置汛。至延平，知其地舟人多通寇，令循江诸州县设“循环簿”讥察。汀州、延平、建安三郡多伏戎，克简遣兵破其巢穴，离其党羽，次第皆就抚。迭疏请汰冗员，蠲盐课，恤驿困，皆报可。秩满，乞归。康熙三十二年，卒。

3. 常若柱

卷二百四十四　列传三十一

若柱，陕西蒲城人。顺治四年进士，自庶吉士改户科给事中。

4. 李之芳

卷二百五十一　列传三十八

李之芳，字邺园，山东武定人。顺治四年进士，授金华府推官。卓异，擢刑部主事。累迁郎中，授广西道御史。疏请革钱粮陋规，禁州县官迎送。十七年，巡按山西。圣祖即位，裁巡按，召回。康熙元年，乞假归。二年，复授湖广道御史。五年，巡视浙江盐政。入掌河南道事。

大学士班布尔善坐鳌拜党诛，之芳疏言：“昔大学士俱内直，诸司章奏，即日票拟。自鳌拜辅政，大学士皆不入直，疏奏俱至次日看详。请复旧制，杜任意更改之弊。”又疏言：“世祖时赏罚出至公，督抚不敢恣睢无忌。十八年以后，督抚率多夤缘而得，有恃无恐。勒索属员，扰害百姓。夫直省亿万之众，皆世祖留遗之群黎，我皇上爱养之赤子，何堪此辈朘削？自与受同罪之法严，与者不承，则言者即涉虚，非特不敢纠督抚，且不敢纠司道守令。有贪之利，无贪之害，又何惮而不怙恶自恣？今皇上亲政，乞亲裁，罢黜溺职督抚，以肃吏治。”疏下部，寻甄别各省督抚，黜其尤者数人。进秩视四品，擢左副都御史。之芳数上封事，请严巡盐考绩，慎外官罚俸，皆关治体。迁吏部侍郎。

十二年，以兵部侍郎总督浙江军务。会吴三桂反，十三年，奏请复标兵原额，督习枪炮。疏甫上，耿精忠亦叛，遣其将曾养性、白显忠、马九玉数道窥浙，浙大震。之芳檄诸将扼仙霞关，调总兵李荣率副将王廷梅、牟大寅、陈世凯、鲍虎等分道御寇。时上命都统赖塔率师入浙，五月，偕赖塔率满洲兵千、绿旗兵二千、乡勇五百，进驻衢州。众皆谓会城重地，不宜轻委。之芳曰：“不然。衢踞上游，无衢，是无浙也。今日之事，义无反顾。”

显忠自常山陷开化、寿昌、淳安，养性自处州犯义乌、浦江、东阳、汤溪，沿河阻饷道。温州镇总兵祖弘勋叛，召寇陷平阳，再进陷黄岩，集悍卒数万窥衢州。

七月，之芳与赖塔阅兵水亭门，率总兵官李荣、副都统瑚图等薄贼垒，军坑西。之芳手执刀督阵，或请少避，之芳曰："三军司命在吾，退即为贼乘。今日胜败，即吾死生矣！"守备程龙怯战，斩以徇。麾众越壕拔栅，败之。遣陈世凯乘胜复义乌、汤溪，鲍虎复寿昌、淳安，牟大寅破常山，王廷梅败贼于金华石梁、大沟源，李荣亦复东阳，复败贼于金华寿溪，馘贼将，毁寨十八。参将洪起元复嵊县。诏嘉之芳调度有方。

十月，贼将桑明等五万众由常山逼衢州西沟溪，倚山为营，觊联南路贼巢。之芳与赖塔议，出不意，遣廷梅与参领禅布夜趋沟溪，分队进攻，又大破之，贼弃营遁。

十四年，康亲王杰书破曾养性金华，复处州；贝子傅拉塔亦复黄岩，进围温州。惟九玉踞江山、常山、开化，连寨数十，与之芳相持。五月，乘大雨河溢，由南塘捣贼前岭，阵斩七百余级。十五年，遣将自遂安连破贼寨，遂复开化。

会郑锦入漳、泉，耿继祚方攻建昌溃营遁。上知闽中有变，命王撤温州之围取福建，之芳乃建议直捣仙霞关，曰："进取之路，不在温、处而在衢。虽九玉死守河西难猝破，然其南江山，西则常山，皆间道可袭。我兵一进，使彼首尾受敌，即河西之垒不能独完。"王至衢州，从之芳议。遂进兵大溪滩，复江山，九玉走，欲别取道夺仙霞。诸将受之芳密檄，急据关夹击，其将金应虎等穷蹙降。

王师下福建，临行，之芳启曰："王但饬诸军勿虏掠，即长驱入，兵可不血刃也。"未几精忠降，温、处贼皆溃散。精忠所署置总兵马鹏、汪文生、陈山，将军程凤等犹踞玉山、铅山、弋阳、德兴，之芳请会剿。时吴三桂兵寇吉安、袁州，江西兵不能东，乃独遣兵复玉山，文生遁；自白沙关趋德兴，擒鹏；遣游击郭守金等复铅山、兴安、弋阳、贵溪诸县。上嘉之芳剿贼邻省有功，加兵部尚书衔。

十六年，遣参将蒋懋勋等败贼玉山椒岩，山降。先是文生、凤皆乞降，而凤病死，其妻王玉贞籍所属六万八千余人就抚，而精忠将林尔瞻犹拥众石垄。之芳令懋勋等扼要隘，自以数十骑入寨，往抚慰之，尔瞻乃降。十七年，击贼子午口，克八仙、老鼠诸洞，贼寨悉平。郑锦寇濒海，遣将严守御，败之于庙岭湖，又败之于温州。锦将詹天枢诣世凯降。十八年，檄定海总兵牟大寅斩锦将童耀等孝顺洋，夺获船只、器械以还。

之芳练世故，沉几善谋。康亲王师将行，问之芳："所策固万全乎？"之芳曰："军已发，犹豫则士气沮。"乃诣王曰："虏在吾目中久，明日捷书至矣！"前军捷书果至，杰书大喜，以为神。在杭州，与将军图喇约为兄弟。精忠既叛，语图喇勿纵兵暴民。有满兵犯法，之芳缚诣图喇，以军法治之，一军肃然。浙乱平，疏请蠲被兵州县额赋，安辑流亡，甚有威惠。所拔偏裨，皆累功至方镇，而之芳以督臣不叙。久之，追论大溪滩破贼功，授拖沙喇哈番，准袭一次。

入为兵部尚书，调吏部。二十六年，授文华殿大学士。二十七年，御史郭琇疏劾大学士明珠，谓内阁票拟，皆听明珠指挥，上既罢明珠，并命之芳休致。三十三年，卒于家，谥文襄。

之芳既卒，圣祖思其功，尝谕群臣曰："人能效命，即为勇士。耿精忠叛，时之芳为总督，虽不谙骑射，执刀立船首，率众突前破敌。彼时同出征者，还京皆称其勇。今承平久，善射，能约束士卒，尚不乏人。若屡经战阵者，甚难得也！”世宗命立贤良祠，谕曰：“德若汤斌、功若之芳者，祀之。”乾隆间，录勋臣后，命予恩骑尉，世袭。

5. 王熙

卷二百五十　列传三十七

王熙，字子雍，顺天宛平人。父崇简，明崇祯十六年进士。顺治三年，以顺天学政曹溶荐，补选庶吉士，授检讨。累迁礼部尚书，加太子少保。尝疏请赐恤明季殉难范景文、蔡懋德等二十八人，又议帝王庙罢宋臣潘美、张浚从祀，北岳移祀浑源，皆用其议。十八年，引疾解职。康熙十七年，卒，谥文贞。

熙，顺治四年进士，选庶吉士，授检讨。累迁右春坊谕德。召直南苑。译大学衍义，充日讲官，进讲称旨。累擢弘文院学士。时崇简方任国史院学士，上曰：“父子同官，古今所罕。以尔诚恪，特加此恩。”十五年，擢礼部侍郎，兼翰林院掌院学士。考满，加尚书衔。时崇简为尚书，父子复同官。十八年正月，上大渐，召熙至养心殿撰遗诏，熙伏地饮泣，笔不能下，上谕勉抑哀痛，即御榻前先草第一条以进。寻奏移乾清门撰拟，进呈者三，皆报可。是夕上崩，圣祖嗣位，熙改兼弘文院学士。

康熙五年，迁左都御史。时三藩拥兵逾制，吴三桂尤崛强，擅署官吏，寖骄蹇，萌异志。子应熊，以尚主居京师，多聚奸人，散金钱，交通四方。熙首疏请裁兵减饷，略言：“直省钱粮，半为云、贵、湖广兵饷所耗。就云、贵言，藩下官兵岁需俸饷三百余万，本省赋税不足供十一，势难经久。臣以为滇、黔已平，绿旗额兵亟宜汰减，即藩下余丁，亦宜散遣屯种，则势分而饷亦裕。”复疏言：“闽、广、江西、湖广等省官吏，挟资贸易，与民争利。或指称藩下，依势横行。宜饬严禁。”又言：“近例招民百家送至盛京，得授知县。不肖奸人，借资为市，贻害地方，宜改给散秩。现任官吏捐输银米，博取议叙，名出私橐，实取诸民，宜一切报罢。”上俱从之。

七年夏，旱，金星昼见，诏求直言。熙疏言：“世祖章皇帝精勤图治，诸曹政务，皆经详定。数年来有因言官条奏改易者，有因各部院题请更张者，有会议兴革者，则例繁多，官吏奉行，任意轻重。请敕部院诸司详察现行事例，有因变法而滋弊者，悉遵旧制更正。其有从新例便者，亦条晰不得不然之故，裁定画一。”上命各部院条议，遵旧制，删繁例，凡数十事。迁工部尚书。

十二年，调兵部。是年冬，三桂反，京师闻变，都城内外一夕火四起，皆应熊党为之也。明年三月，用熙言诛应熊。寻命熙专管密本。汉臣与闻军机自熙始。十七年，以父忧去。二十一年，即家拜保和殿大学士，兼礼部尚书。时三藩既平，熙以和平宽大，宣上德意，与民休息。造次奏对，直陈无隐，上每倾听。太祖实录成，加太子太傅。三十一年，以疾累疏乞休，温旨慰留。四十年，诏许致仕，晋少傅。明年上元节，赐宴其家，遣官赍手敕存问。四十二年，卒，上命皇长子直郡王允禔、大学士马齐临丧，行拜奠礼，举哀酹酒，恩礼有加，谥文靖。

熙持大体，有远虑。平定三藩后，开方略馆。一日，上谕阁臣：“当三桂反时，汉官有言不必发兵，七旬有苗格者。”又其时汉官多移妻子回家，顾学士韩菼曰：“汝为朕载之！”菼退而皇恐。熙乃昌言阁中曰：“‘有苗格’乃会议时魏象枢语。告者截去首尾，遂失其本意。然如其言，岂非误国？移家偶然耳，日久何从分别，其移者岂非背主？汉官负此两大罪，何颜立朝？”翌日入见，执奏如阁中语，上许之。

6. 季振宜

卷二百四十四 列传三十一

振宜，字诜兮。顺治四年进士，授浙江兰溪知县。行取刑部主事，迁户部员外郎、郎中。十五年，考选浙江道御史。及上以旱下诏罪己，言十二、十三年间，时有过举。振宜疏言："伏读上谕，兴革责之部院，条奏责之科道，而内阁诸臣阙焉未及。夫用人行政，其将用未用、将行未行之际，毫厘千里，间不容发。天颜咫尺，呼吸可通者，惟内阁诸臣。皇上亲政以来，忧勤惕厉，原未见有过举。皇上以为有过举矣，试问其时有言及者乎？则宰相之不言亦可见矣。皇上以心膂股肱寄之内阁诸臣，徒以票拟四五字了宰相事业，皇上纵不谴责，清夜扪心，恐有难以自慰者。"得旨："阁臣不能尽言，初非其罪。前谕十二、十三年间过举，皆已行之事。朕心过失，即今岂能尽无，阁臣何由得知？部覆章奏，照拟票发，皆朕亲裁，亦非阁臣之咎。朕恒虑此心稍懈，诸臣其各加内省！"

左都御史魏裔介疏劾大学士刘正宗蠹国乱政，振宜亦疏举正宗树党纳贿诸罪状，正宗以是得罪。互见正宗传。振宜又疏言："府库已竭，兵革方兴。云南守御，专任平西王，满兵抽十之四五驻湖南。郑成功为闽、浙、江南三省之患，当择地驻兵，绝其登陆。闽抚徐永桢、浙督赵国祚、浙抚史记功，军旅皆不娴习，宜简贤员以代其任。山东、河南辅翼京师，连年水旱，盗贼实繁。北直八府，白昼公行劫掠。明末流寇，殷鉴不远。蒙古阑入陕西洮、岷一带耕种，西宁抵宣、大，长城颓塌，防卫空虚。国家中外一统，疆界原宜分明，何可听其出入不加讥察？"又请复六科封驳旧制，复以扬、徐近河诸县加派河夫为民间重累，疏请申禁，下部议行。寻命巡视河东盐政。乞归，卒。

顺治六年（1649年）己丑科

第二甲

1. 施闰章

卷四百八十四　列传二百七十一

施闰章，字尚白，号愚山，宣城人。祖鸿猷，以儒学著。子姓传业江南，言家法者推施氏。

闰章少孤，事叔父如父。从沈寿民游，博综群籍，善诗古文辞。顺治六年进士，授刑部主事，以员外郎试高等。擢山东学政，崇雅黜浮，有冰鉴之誉。秩满，迁江西参议，分守湖西道。属郡残破多盗，遍历山谷抚循之，人呼为施佛子。尝作弹子岭、大坑叹等篇告长吏，读者皆曰："今之元道州也。"尤崇奖风教，所至辄葺书院，会讲常数百人。新淦民兄弟忿戾不睦，一日闻讲礼让孝弟之言，遂相持哭，诣阶下服罪。峡江患虎，制文祝之，俄有虎堕深堑，患遂绝。岁旱，祷雨辄应。康熙初，裁缺归。民留之不，得，乃醵金创龙冈书院祀之。初，闰章驻临江，有清江环城下，民过者咸曰："是江似使君。"因改名使君江。及是倾城送江上，又送至湖。以官舫轻，民争买石膏载之，乃得渡。十八年，召试鸿博，授翰林院侍讲，纂修明史，典试河南。二十二年，转侍读，寻病卒。

闰章之学，以体仁为本。置义田，赡族好，扶掖后进。为文意朴而气静，诗与宋琬齐名。王士祯爱其五言诗，为作摘句图。士祯门人问诗法于闰章，闰章曰："阮亭如华严楼阁，弹指即见。予则不然，如作室者，瓴甓木石，一一就平地筑起。"论者皆谓其允。著有学余堂集、矩斋杂记、蠖斋诗话，都八十余卷。

闰章与同邑高咏友善，皆工诗，主东南坛坫数十年，时号"宣城体"。

2. 吴正治

卷二百五十　列传三十七

吴正治，字当世，湖北江夏人。顺治六年进士，选庶吉士，授国史院编修。丁母忧，服阕，起故官。迁右庶子。十五年，特简翰林官十五人外用，正治与焉，得江西南昌道。迁陕西按察使。所至以清廉执法著称。十七年，内擢工部侍郎，调刑部。平亭疑狱，释江南逋赋无辜诸生二百余人。疏论奉行赦款宜速，丈量田地宜停，禁状外指扳，严妇女私嫁，皆著为令。

康熙八年，以父忧去。起兵部督捕侍郎，充经筵讲官。十二年，迁左都御史。疏言："缉逃事例，首严窝隐。一有容留，虽亲如父子，即坐以罪，使小民父子视若仇雠。伏读律有亲属容隐之条，惟叛逆者不用此律。逃人乃旗下家人之事，与叛逆轻重相悬。请自今有父子窝逃，被人举发者，逃犯治罪，免坐窝隐。若容留逾旬，父子首报者，逃犯依自首例减罪。则首报者多，逃人易获。朝廷之法与天性之恩，两不相悖矣。”又言：“今岁雨泽愆期，方事祈祷。近因直隶多盗，廷议于玉田、滦州、霸州、雄县增设驻防旗兵，构建营房，劳民动众，应暂停止。俟农隙时酌行。”疏入，下部议，俱如所请。先是睿亲王多尔衮当国，严旗下逃人之禁，鳌拜继之，禁益严。株连穷治，天下嚣然，而圈地建营房，凡涉旗务，汉大臣莫敢置喙。自正治疏出，逃人禁稍宽，营房亦罢建，世多以是称之。

寻迁工部尚书，调礼部。十八年，自陈乞休，诏嘉其端勤诚慎，慰留之。二十年，拜武英殿大学士。时修太祖实录、圣训、会典、方略、一统志，俱充总裁官，加太子太傅。

正治守成法，识大体。一日，圣祖阅朝审册，有以刃刺人股致死而抵法者，上曰：“刺股伤非致命，此可宽也。”正治对曰：“当念死者之无辜。”他日，又阅册，有囚当死，上问此囚尚可活否，众皆以情实对。正治曰：“皇上好生之德，臣等敢不奉行。”退而细勘，得可矜状，遂从末减。二十六年，复疏乞休，诏许原官致仕。三十年，卒，谥文僖。

3. 郝浴

卷二百七十　列传五十七

郝浴，字雪海，直隶定州人。少有志操，负气节。顺治六年进士，授刑部主事。八年，改湖广道御史，巡按四川。时张献忠将孙可望、李定国等降明，为桂王将，据川南为寇，师讨之，郡县吏率军前除授，恣为贪虐。浴至，严约束，廉民间疾苦，将吏始敛迹。九年，平西王吴三桂与固山额真李国翰分兵复成都、嘉定、叙州、重庆。已而两路兵俱败，三桂退驻绵州。浴在保宁监临乡试，可望将数万人薄城，浴飞檄邀三桂，激以大义，谓“不死于贼，必死于法”。逾月，三桂乃赴援，可望等引去。

浴在围城中，上诏询收川方略，疏言：“秦兵苦转饷，川兵苦待哺，故必秦不助川而后秦可保；川不冀秦助而后川可图。成都地大且要，灌口一水，襟带三十州县。若移兵成都，照籍屯田，开耕一年，可当秦运三年。所难者牛种，倘令土司出牛，抚臣与立券，丰年还其值，当无不听命。嘉定据上游，饶茶、盐，令暂易谷种，则牛、种俱不难办也。臣故谓开屯便。川所患者滇寇也，滇寇所恃，不过皮兜、布铠、鸟铳、刷刀，善于腾山逾岭。蜀中土官土兵，其技尤娴于此。若拔其精锐为前茅，以满洲骁骑为后劲，疾雷迅霆，贼必鸟兽散。臣故谓用土兵便。”上以其言可采，下部议。部议谓战守事当听三桂主之，遂报寝。浴又言：“土贼投诚，给札授官，恣行劫掠为民害。请嗣后愿归伍者归伍，愿为民者，令有司造册编丁，免牛租，除杂派，就熟地开征，俾有定额。”疏议行。

三桂入四川，浸骄横，部下多不法，惮浴严正，辄禁止沿路塘报。浴上言：“臣忝司朝廷耳目，而壅阏若此，安用臣为？”及保宁围解，颁赏将士，三桂以冠服与浴，浴不受。疏言：“平贼乃平西王责。臣司风宪，不预军事，而以臣预赏，非党臣则忌臣也。”因陈三桂拥兵观望状，三桂深衔之。浴劾永宁总兵柏永馥临阵退缩，广元副将胡一鹏骄悍不法，并命夺官逮治。降将董显忠等以副将衔题授司道，恣睢虐民，浴复疏劾，改原职。三桂嗾显忠等入京陈辨，浴坐镌秩去。

十一年，大学士冯铨、成克巩、吕宫等交章荐浴，三桂乃摭浴保宁奏捷疏有“亲冒矢石”语，指为冒功，论劾，部议当坐死，上命宽之，流徙奉天。大学士冯铨、成克巩、吕宫皆以荐浴挂吏议。浴至戍所，益潜心义理之学，嗜孟子及二程遗书，以“致知格物”颜其庐，刻苦厉志。康熙十年，圣祖幸奉天，浴迎谒道左，具陈始末，上为动容，慰劳良久。

十二年，三桂反，尚书王熙、给事中刘沛先荐浴，为部议所格。十四年，侍郎魏象枢复疏言：“浴血性过人，才守学识，臣皆愧不及。使在西蜀操尺寸之权，岂肯如罗森辈俯首从逆？臣子立朝，各有本末。当日参浴者三桂也，使三桂始终恭顺，方且任以腹心。浴一书生耳，即老死徙所，谁复问之？今三桂叛矣，天下无不恨三桂，即无不怜浴。浴当三桂身居王爵，手握兵柄，不畏威，不附势，致为所仇。三桂之所仇，正国家之所取，何忍弃之？”上乃召浴还，复授湖广道御史。

时陕西提督王辅臣叛应三桂，浴疏言：“大兵进剿平凉，宜于西安、潼关用重兵屯驻，以待策应。用郧阳之兵攻兴安，调河南之兵入武关，直取汉中，逆贼计日可擒。”上然之，下其疏诸帅。复请禁苛征，恤民困，止督、抚、提、镇坐名题补之例。章十数上，皆中时弊。十六年，命巡视两淮盐政，严剔宿蠹，增课六十余万。淮、扬大饥，发仓米赈救，全活甚众。十七年，擢左佥都御史，迁左副都御史。

十九年，授广西巡抚。广西新经丧乱，民生凋瘵，浴专意抚绥，疏陈调剂四策，请裁兵、汰马、防要害、简精锐；复请停鼓铸，改米征银，复南宁、太平、思恩诸府县行盐旧制：上辄报可。时南疆底定，满洲兵撤还京师。浴疏言抚标兵不宜裁减，下部议，留其半。又请为死事巡抚马雄镇、傅弘烈建祠桂林，知府刘浩、知县周岱生为孙延龄所戕，疏请予恤。二十二年，卒官。丧归，士民泣送者数千里不绝。

初，傅弘烈以军事急，移库金七万有奇、米七千余石供饷，浴请以库项扣抵。及卒，布政使崔维雅署巡抚，劾浴侵欺，命郎中苏赫、陈光祖往按，如维雅言。部议夺官追偿。上知浴廉，谕所动钱粮非入己，从宽免追。二十五年，子林讼父冤，复原官，赐祭葬。

4. 郁之章

卷四百九十八　列传二百八十五

之章，顺治六年进士，以大理寺丞坐罪徙尚阳堡。京师修治官廨，许罪人出家财佐工赎罪，褒请任刑部官廨，之章得赎还。工未如程，例当复徙，褒叩阍，请弃官代行。褒弟诸生广，叩阍，言身当代父徙，留褒侍父疾。部议子代父徙非旧例，仍用冲突仪仗例治罪。圣祖愍其孝友，并宥之。之章还乡里，褒以贡生授江西永丰知县。

5. 曹本荣

卷四百八十　列传二百六十七

曹本荣，字欣木，黄冈人。顺治六年进士，改翰林院庶吉士。布袍蔬食，以清节自励。八年，授秘书院编修。应诏，上圣学疏千言，其略云：“皇上得二帝三王之统，则当以二帝三王之学为学。诚宜开张圣听，修德勤学，举四书、五经及通鉴中有裨身心要务治平大道者，内则深宫燕闲，朝夕讨论，外则经筵进讲，敷对周详。君德既修，祈天永命，必基于此。”有诏嘉纳。十年，擢右春坊右赞善兼国子监司业，刊白鹿洞学规以教士。十一年，转中允。十二年，世祖甄拔词臣品端学裕者充日讲官，本荣与焉。十三年，升秘书院侍讲、左春坊左庶子兼侍读，日侍讲幄，辨论经义。敕本荣同傅以渐撰易经通注九卷，镕铸众说，词理简明，为说经之圭臬。本荣又著五大儒语、周张精义、王罗择编诸书。十四年八月，充顺天乡试正考官，九月，充经筵讲官，十一月，以失察同考官作弊，部议革职，上以其侍从讲幄日久，宥之。十八年，迁翰林院侍读学士，改国史院侍读学士。康熙四年，以病请回籍，卒于扬州。

本荣之学，从阳明致知之说，故论次五大儒，以程、朱、薛与陆、王并行。既告归，宦橐萧然，晏如也。疾革，门生计东在侧，犹教以穷理尽性之学。卒之日，容城孙奇逢痛惜之。

6. 戴玑

卷四百八十八 列传二百七十五

戴玑，字利衡，福建长泰人。顺治六年进士，授主事，例转湖广按察司佥事。时滇、黔未入版图，上江防道尤要。玑遍履所部，自岳州至嘉鱼，立七汛，造哨船巡逻，萑苻无警。又于洞庭湖接立三汛，行者尤便之。洪承畴正经略五省，以“韩、范俦”称之。寻迁陕西西宁道，未行，丁父艰。服除，补广西右江道，驻柳州。东阑土酋构祸日久，玑以恩意调解之。大酋黄应元煽乱，则斩渠魁以徇。诸蛮用是怀德畏威，顽梗尽化。柳堡屯田，寄佃于民，既输军租，复应民役，为申请督抚，具奏获免。复修葺文庙及罗池司户二贤祠。会朝命裁人并监司，解任归里，督课诸子，教以忠孝大义。

耿精忠乱作，台湾贼围漳州，时玑次子鏻为海澄公将，守东门。贼劫至城下，使招鏻降。玑大声呼鏻坚守，勿以老人为念。贼怒，牵去。城破，鏻巷战死，阖门为俘。大兵复漳州，贼遁，玑与子锎等乘间入山，而妻叶并诸幼子为贼执赴台湾，玑置不为意。贼复犯海澄及长泰，玑再被执，胁之降，不从。幽之密室，历年余，终不为屈，朝夕诵文信公正气歌以自壮。一日，顾谓子铣曰：“吾久辱，不死何为？”遂绝粒。数日，病甚，衣冠，命铣扶掖北向再拜，曰：“臣死，命也，当为厉鬼杀贼！”索纸笔，大书“惟忠惟孝，可以服人”数字，呕血数升死，年七十有四。

7. 王广心

卷二百六十七 列传五十四

广心，字农山。有文名。顺治六年进士，官御史，巡视京、通二仓，厘剔漕弊，奸猾屏迹。

8. 祝昌

卷四百八十八 列传二百七十五

祝昌，河南固始人。顺治六年进士，由中书累擢至辰沅道。三桂叛闻，即流涕谕众大义，皆感泣。贼大至，城溃，北面再拜自缢死。

第三甲

1. 季开生

卷二百四十四　列传三十一

季开生，字天中，江南泰兴人。顺治六年进士，改庶吉士。累迁礼科给事中。明将张名振犯上海，开生疏言防御海寇，宜远侦探，扼要害，备器械，严海禁，杜接济，密讥察。十一年，因地震，疏言："地道不静，民不安也。民之不安，官失职也。官之失职，约有十端：一曰格诏旨，二曰轻民命，三曰纵属官，四曰庇胥吏，五曰重耗克，六曰纳馈遗，七曰广株连，八曰阁词讼，九曰失弹压，十曰玩纠劾。"分疏其目以上，章下所司。调兵科右给事中。

十二年秋，乾清宫成，发帑遣内监往江南采购陈设器皿，民间讹言往扬州买女子，开生上疏极谏。得旨："太祖、太宗制度，宫中从无汉女。朕奉皇太后慈训，岂敢妄行，即太平后尚且不为，何况今日？朕虽不德，每思效法贤圣主，朝夕焦劳。若买女子入宫，成何如主耶？"因责开生肆诬沽直，下刑部杖赎，流尚阳堡，寻卒戍所。十七年，旱，下诏罪己，命吏部察谪降言官，谕曰："季开生建言，原从朕躬起见，准复官归葬，荫一子入监读书。"

2. 陆振芬

卷二百四十七　列传三十四

陆振芬，字令远，江南华亭人。顺治六年进士。时两粤未平，廷议破格用人，即新进士中遴才除道府。振芬授广东惠潮道副使，从师南征。是冬，克南雄。七年春，度大庾岭，次韶州。韶州以南望风降，进规会城，既下，振芬与总兵郭虎率师赴惠州，剿抚归善、海丰诸寨。将至，诸寨窥兵寡，出拒。振芬选精锐数百人绕出其旁击之，获一队，诸寨皆惧。于是谕以祸福，降者踵至。至海丰，守者抗不下。振芬与虎驻五坡驿，他将自羊蹄岭会师合攻之，遂克其城。碣石卫亦降。

八年，抵潮州，上官，联结诸镇，检制土官，招集流亡，简省徭役，民始有更生之乐。乱甫定，用法严，郡县辄滥禁无辜。振芬与属吏约，期五十日清庶狱，囹圄为空。九年，会师复平远，总兵郝尚久故降将，阴持两端，闻将改授水师副总兵，结山海诸寇僭立帅府。振芬牒大吏策弭变，不应。十年春，尚久自署新泰侯，举兵围道署。振芬谕以大义，不从，使告变。秋，固山兵至，振芬约为内应，引外兵入，诛尚久。事平，引疾归里。家居四十年乃卒。

3. 任克溥

卷二百六十四　列传五十一

任克溥，字海眉，山东聊城人。顺治四年进士（编者按：见于顺治六年己丑科进士题名碑），授南阳府推官。卓异行取，十三年，授吏科给事中。疏言："上励精图治，知亲民之官莫过守令，特择各府繁剧难治者，许三品以上各举一人，破格任用。使保举得当，一人贤则一郡安，人人贤则各省安，太平何难立致。乃为时未久，以贪庸劾罢者已有数人，前此保举不能秉公慎选可知。乞敕部察处。”

十四年，转刑科，疏言：“抗粮弊有三：官户、儒户、衙蠹。宜分三项，各另造册，申报总督、巡抚、巡按，宦欠者题参，衿欠者褫革，役欠者逮治。”复疏论顺天乡试给事中陆贻吉与同考官李振邺、张我朴交通行贿鬻举人，下吏部、都察院严鞫，贻吉、振邺、我朴与居间博士蔡元禧，进士项绍芳，行贿举人田耜、邬作霖皆坐斩。命礼部覆试不及程者，褫夺流徙又二十五人，考官庶子曹本荣、中允宋之绳并坐降调。

十五年，充会试同考官，出闱，疏言：“伏读上谕，令各衙门条奏兴利除弊。时近两月，仅见宗人府一疏，各衙门迟疑观望。窃谓其病有二：一则因循既久，发论方新，恐无以赎往日旷官之咎；一则瞻望多端，指陈无隐，恐无以留后来迁就之门。臣子报国，止有朴忠，遇事直陈；稍一转念，便持两端，势必摭拾琐屑，剿说雷同，不能慷慨论列，又安望设诚致行？乞严饬不得浮泛塞责，并鉴别当否，示以劝惩。”又疏言：“近以各衙门胥役作奸犯科，诏令诸臣计议指摘。臣以为惩于弊后，不若杜于弊先，如吏部文选司推升原有定序，应先悬榜部门，序列姓名、资俸、荐纪、参罚，使共见共闻；考功司议处条例，亦画一颁发，使不得轻重增减。至各官开缺，以科钞为凭，向以发钞后先转移舞弊。如当逮问，先下刑部，与事止夺官、径下吏部者迟速有异。应令即日钞发，使不容操纵。”上以所奏切中时弊，下部详议行。

转礼科都给事中，疏言：“士为四民首，宜端习尚。请敕学臣，凡有请托私书，许揭送部科，差满定为上考。并令举优当访学行著闻之士，惩劣则以抗粮为最重。”又疏言：“钱粮逋欠，非尽在民。臣前奏三款，部议分册申报，得旨允行；而造册奏报者，惟山西一省耳。诸省玩泄从事，不肯实心清理，徒以开荒增课，一时博优叙之荣，仍听其逋欠而不之问，请饬部察核；又绅衿抗粮，定有新条，蠹役尤应加严，并请敕部定例行。”十七年，迁太常寺少卿。十八年，遭父丧。

康熙三年，起补原官。六年，疏言：“朝廷欲薄赋，有司反加赋；朝廷欲省刑，有司反滥刑：皆由督抚不得其人。今方有诏令部院纠察，部院肯纠极贪大恶之督抚一人，天下为督抚者警；督抚肯纠极贪大恶之司道一人，天下为司道者警。督抚、司道廉洁，则有司不苦诛求，轻徭薄赋，政简刑清，自宽然有余地矣。”八年，应诏陈民生疾苦，言：“小民莫疾于加派，莫苦于火耗，已敕严禁矣。此外疾苦尚有数端：有司派殷户催粮，粮单中多列逃亡绝户，无可征粮；且有粮册无名，按时追比，致倾家以偿者。邮传供应，原有钱粮，或侵入私囊，佥民养马应夫或充里长。使客往来，舟车饮食，责令设备。河漕附近，籍民应役，衣敝履决，力尽筋疲，而工食或至中饱。浅夫闸夫，卖富差贫，一名更至数十名，衙役捕系恫吓，民被累无穷。请敕督抚清厘惩禁。”上纳其言，并特谕河工毋得累民。

寻迁右、左通政。十一年，疏言：“嘉鱼知县李世锡告湖广巡抚林天擎索贿，以此知馈遗不绝，苞苴尚行，较世祖朝有司不敢馈遗督抚、不敢轻至省会风气迥殊。督抚初受命，群馈裘马、弓矢，而为督抚者亦饰观瞻、趋奢侈，一时费累万。上官后，为酬报取偿地，遂苛索属吏，贻累于民。请敕督抚赴官之先，屏绝馈送，勿铺张行色，以俭养廉。督抚参罚科条甚密，部院亦当知督抚艰难繁重，依例处分，毋过为吹索，俾得专心吏治民生，无旁顾之忧。”先后诸疏并下部议行。

十二年，擢刑部侍郎。十八年，京察，以才力不及拟降调，命再议，改注不谨，遂夺官。三十八年，迎跸临清，复原衔。四十二年，南巡还跸东昌，幸其所居园，赐松桂堂榜。以克溥年将九十，赐刑部尚书衔。是岁卒，赐祭葬。乾隆四十七年，高宗览克溥条奏诸疏，善之，谕：“克溥逮事两朝，抒诚建白，无愧直言謇谔之臣。”并命录诸疏宣示。

4. 陈上年

卷四百八十八　列传二百七十五

陈上年，直隶清苑人。顺治六年进士。时官分巡右江参议道，三桂既执巡抚傅弘烈，乃胁上年降，幽禁死。

5. 姚延著

卷二百四十七　列传三十四

姚延著，字象悬，浙江乌程人。顺治六年进士，除广西庆远知府。从师南征，调柳州，有守御功，又调平乐。迁广东岭南道副使，抚僮寨，擢江南按察使。

十六年，郑成功内犯，陷镇江，入攻江宁。延著佐总督郎廷佐缮守备，安辑危城，闾阎不扰。民间时有羊尾党，事发，株连数百人。延著谓廷佐曰：“寇在门，不可兴大狱、摇人心。”狱乃解。当事急，人多疑贰，民间有宿怨，辄诬以通敌。延著严治反坐，多所全活。城民有升高而望者，逻者执之，总管喀喀木以为敌谍，延著力争，得不死。喀喀木部兵扰城市，延著捕得械毙之。吏卒私掠被难妇女，延著亲驻江干，召其家，遣还者一千七百人，以此忤喀喀木。事定叙功，擢河南左布政使。旋以忧归，而金坛狱起。

镇江之陷也，属县戒严。金坛知县任体坤集县中士大夫王重、袁大受等谋遣诸生十辈诣镇江乞缓兵。丹徒乱民王再兴兵起，复令书吏、耆民数十人送款，尽窃库帑以遁。喀喀木等击败成功，体坤乃复至县，赂重、大受谒大吏，谓士民送款，冀掩弃城罪。重、大受居乡多不法，为诸生所挠。至是欲以叛坐诸生，泄私怨，列姓名以上。巡按马胜声疏闻，下廷佐令延著鞫其狱。延著絷县吏李锺秀，讯得实，欲但坐体坤，余皆减罪。大受腾书京师为蜚语，欲并陷延著，御史冯班发其状。时侍郎尼满奉诏勘提督马逢知狱，命即讯，乃坐重、大受及诸士大夫集议者。诸生及书吏、耆民送款者皆斩，体坤以被逼迫减为绞。巡按何可化又疏劾延著谳从叛罪人史记青、管得胜傅轻比，又有王天福、韩王锡并纵不拟罪，与金坛狱并论，亦坐绞。时喀喀木主军事，新破敌，尤威重，素不慊于延著。民间谓延著之死，喀喀木实主之。就刑日，江宁为罢市，士民哭踊。丧归，数百里祭奠不绝，建祠鸡鸣山下私祀焉。

6. 宋文运

卷二百七十九　列传六十六

宋文运，字开之，直隶南宫人。顺治六年进士，授山东滋阳知县，行取刑部主事。再迁吏部郎中，掌选政，清直守正。以魏象枢荐，擢鸿胪寺少卿，累擢刑部侍郎。命佐伊桑阿行河，上特谕之曰：“尔有所见，当坚持详议，毋以伊桑阿为尚书而阿其意也。”以病乞休，加太子少保，致仕。卒，谥端悫。久之，上犹谓文选司事要，文运操守声名，无能及之者。

7. 于朋举

卷二百四十七　列传三十四

于朋举，字襄子，江南金坛人。顺治六年进士，改庶吉士，散馆授检讨。十二年，出为河南睢陈道副使，政不扰民。郾城盗杀县官而逸，士民汹汹，谓城将受屠。朋举驰至，抚谕毋恐。营将以兵至，拒不使入城。大吏召朋举诘责，对曰："郾城令，朋举妇翁也。岂不欲甘心是盗？独奈何苦良民！"大吏悟，止兵，亦得盗正其罪。

迁福建福宁道参政。兴化濒海，镇将所部皆群盗受抚者。有材官辱张氏仆，张氏以告。镇将挞材官，部卒大哗，毁张氏之室，欲劫镇将为乱。镇将避去，则缢被挞者置张氏，谓其仆杀之。朋举甫到官，廉得首恶，猝缚至，集文武吏会鞫，健儿带刀环立瞋视。朋举从容曰："若曹干军法，罪重。念若曹约束无素，但用杀人律，罪有专属。"众乃泥首，言杀人者为张氏仆。朋举曰："若曹气焰何等，彼能于千百健儿中夺一人缢之耶？"召讯证者，俱吐实，诛三人而事定。泉州提督剿海盗，盗逸入兴化界，镇将获数百人。朋举视其尝剃发者，曰："此良民被陷，当宥。"有年少者，曰："童稚何知，又当宥。"全活甚众。

郑成功屯厦门，与漳州隔海相望。固山额真驻会城，遣兵戍漳州，番代岁四易，民苦供役。朋举请驻防无屡更，不许；固请展其期，岁再易，民稍苏息。擢四川按察使、山东右布政使。父忧归。

起授湖南布政使。上官，见胥吏至数百，曰："兵初罢，民方重困。此曹鲜衣美食，纵横市井间，何所取诸？"汰其十九，择谨愿者，取足供文书而已。数为大吏言地方利病，有司贤不肖积与之忤，被劾镌级，未行，而大吏以贪败。士民惜之。寻卒。

8. 成性

卷二百四十四　列传三十一

成性，字我存，江南和州人。顺治六年进士，授中书科中书。十四年，考授御史，巡按福建。疏言："福建山海征剿，师旅繁兴，民穷地荒。条上四策：一曰严汛守。滨海地寥廓，不能遍防。臣愚以为宜设水师，求熟练舟楫、谙识水性之将吏，广选舵工水手，缭碇招斗，惟其能者，廪饷不为常格。以舟为家，铳械用其长技，操演习熟，庶几水师可成。泉州近贼巢，水师宜移石湖。崇武、石芝驻陆军为声援。惠安北有峰尾司，宜驻兵，为惠州藩篱。同安邻厦门，当于高浦设屯，刘五店置警炮，时出游骑巡视要隘。此又惠州之唇齿也。一曰分界址。有司禁遏接济，商阻物贵，民生穷蹙。臣愚以为先定禁例，若竹木、镔铁、硝磺、油、麻，毋许通贸。小民日用所需，宜听转运。惟滨海大道或捷径可通者，严立疆界。更定勾稽文法，以时比验。自泉州西出延平上游，去海甚远，百货交易，宜听民便。一曰辑降众。山海啸聚之徒，渐次来降。入伍者多，归耕者少。间有悍气未驯，凌轹乡里。居民亦负气不相下，讦讼不受理，则自相格斗。臣愚以为宜令解散宿怨，禁止罗织。新附之众，合者渐分，聚者渐散，近者渐远，庶可消弭反侧。一曰清营伍。府县编氓，既有保甲，诸营什伍，犹未整齐。臣愚以为当责成兵吏，自为版籍。略仿保甲之制，同居连坐。则军伍肃、盗源遏矣。"事下兵部议行。

既，又上疏言："下游四府滨海，海徼无险阻可守，且又兵力所不及。宜令居民筑土堡，多备长枪乌铳，习为团练。贼至，人自为守，家自为战，驰报附近将领，以兵赴援。久之使贼粮绝势穷，未有不瓦解者也。"又疏论盐场利弊，请裁上里、海口、牛田诸场，以福清知县领其事。十六年，报绩，授兵部主事。移疾归。

康熙七年，始出就官。十一年，授工科给事中。时议招募游民，开垦荒田。性疏言："民贫不能耕，乃有荒田。游民既失业，安能开垦？请敕督抚令县官劝民开垦，无力者上布政司给牛种资钱。以本县之民，垦本县之田，官既易于稽察，朝廷本资亦易于征收。"又迭疏请奖进廉吏，为国家培元气，密谕推举督学，以重人才根本之地。又疏陈民生十害，谓："州县胥役挟持长吏，为衙蠹之害；官吏私交旧识，关说曲直，为抽丰之害；乡民钱粮讼狱，必投在城所主之户，听其侵蚀唆使，为歇家之害；大奸巨猾武断乡曲，为奸豪之害；督抚及司道胥吏干托有司，为上官胥吏之害；丞簿佐贰滥受讼牒，为佐贰之害；奸民诪张上控，株连蔓衍，为越诉之害；颜料本色，缘时价低昂，不载由单，任意苛敛，为杂派之害；百姓十室九空，无藉乘急取利，逐月合券，俗谓'印子钱'，利至十之七八，折没妻孥，为放债之害；邮传往来，强捉人夫，挽舟负舆，为纤夫之害。请下所在有司，每季书状，不蹈十害，申大吏按验。"又请饬督抚严饬所司，复社学，讲乡约，举节孝，立义冢，不力行者，不得与卓异。旋擢掌科。十五年，以疾乞归，家居三年，卒。

9.汤家相

卷四百七十六　列传二百六十三

家相，字泰瞻，山西赵城人。顺治六年进士。八年，授常熟知县。洁己爱民，厘剔耗蠹，抚恤凋残，善政具举。前令被劾逮问，家相左右之，力白其诬，以是忤巡按御史。时江南逋赋数百万，严旨夺各官职，家相坐免。士民争先输纳，不逾宿而额足，且以治状诉大吏，请留，勿获。既而给事中周之桂疏上其事，十三年，起授湖北南漳县。县居万山中，寇盗窟穴，时出肆掠，戕官，人咸危之。家相下车，即令坚壁清野。寇大至，家相谓同城守备曰："寇众我寡，当效罗士信破卢明月法，可胜。"密授方略，寇果堕伏中，遂擒其魁党马成、孙信辈，斩首数百级。寇大创，远遁。于是招流亡，修学校，教养兼施，垦田六百余顷。筑永泉、八观诸堰，民赖其力，邑以大治。疆吏交章荐之，以病乞归。

顺治九年（1652年）壬辰科

第一甲

1. 邹忠倚

卷三百五　列传九十二

忠倚，顺治九年一甲一名进士，官修撰。

2. 沈荃

卷二百六十六　列传五十三

沈荃，字贞蕤，江南华亭人。顺治九年一甲三名进士，授编修。世祖择翰林官外转，荃出为大梁道副使。剧盗董天禄、牛光天剽掠许、颍间，荃督兵捕治，歼其渠，群盗皆散去。禹州盗倚竹园为巢，杀人越货，荃遣吏卒收捕，发土得尸十余，悉按诛之。寻署按察使，疏言："师方南征，必经南阳、汝宁诸府，供应疲苦，亢村、郭店诸驿，官死夫逃，请敕均拨驿站银两。师既入楚，留马彰德，役民饲秣，请敕以怀庆、卫辉、广平、顺德、大名诸府更番分驻。各县常平仓蓄谷太寡，请敕定额：大县五六百石，小县三四百石。开封自河决后，城垣淤圮，官吏分驻各邑，乡闱暂移辉县。近奉旨修复汴城，请敕筹拨钱粮，督倡兴工。河南土地，原有上中下等则，向因疆井混淆，一例派粮。今查勘渐定，请敕视万历年间则例，照地派粮。河南兵额一万二千，奉旨缺额免补，有汰无增，驻防分汛，每苦不足，请敕仍许募补足额。"俱下部议行。

康熙元年，以忧归。六年，授直隶通蓟道，坐事左迁。九年，授浙江宁波同知。未上官，特旨召对，命作各体书，称旨，诏以原品内用。十年，授侍讲，直南书房。十一年，转侍读。十二年，充日讲起居注官。十三年，擢国子监祭酒。十五年，迁少詹事。十六年，擢詹事。

十八年，旱，求直言。时更定新例，罪人当流者徙乌喇，下廷臣议。荃谓："乌喇去蒙古三四千里，地极寒，人畜多冻死。今罪不至死者，乃遣流，而更驱之死地，宜如旧例便。"疏上，有旨令画一，荃持前议益坚，且曰："此议行，三日不雨者，甘服欺罔罪。"上改容纳之。越二日，天竟雨，例得罢。十九年，上以讲幄劳，加荃礼部侍郎衔。二十一年正月，乾清宫宴廷臣，赋柏梁体诗，荃与焉。二十三年，卒。上以荃贫，赐白金五百。

第二甲

1. 李来泰

卷四百八十四 列传二百七十一

李泰来，字石台，临川人。顺治九年进士。尝督江南学政，除苏松常道，以疾归。试词科，授侍讲。古文博奥，诗以和雅称。有石台集。

2. 笪重光

卷二百八十二 列传六十九

笪重光，字在辛，江南句容人。顺治九年进士。自刑部郎中考选御史。巡按江西，与明珠忤，罢归。初，郑成功犯镇江，重光缒城乞援。事平，赐御书榜。卒，祀乡贤。

3. 范承谟

卷二百五十二 列传三十九

范承谟，字觐公，汉军镶黄旗人，文程次子。顺治九年进士，选庶吉士，授弘文院编修。累迁秘书院学士。康熙七年，授浙江巡抚。时去开国未久，民流亡未复业，浙东宁波、金华等六府荒田尤多。总督赵廷臣请除赋额，上命承谟履勘。承谟遍历诸府，请免荒田及水冲田地赋凡三十一万五千五百余亩。杭州、嘉兴、湖州、绍兴四府被水，民饥，承谟出布政使库银八万，籴米湖广平粜，最贫者得附老弱例，肩盐给朝夕，全活甚众。并疏请“漕米改折，石银一两。明年麦熟，补征白粮，以三年带征。灾重者如例蠲免”。得旨允行。十年，以疾请解职，召还。总督刘兆麒、提督塞白理疏言浙民请留承谟一百五十余牒，给事中姜希辙、柯耸，御史何元英等亦言：“承谟受事三载，爱民如子，不通请谒馈遗。劾罢贪墨，廉治巨猾，剔除加耗、陋规、私派诸弊。浙民爱戴，深于饥渴。”上命承谟留任。十一年，承谟复疏言湖、嘉两府白粮加耗，多寡不一，请每石加四斗五升为限；又奏蠲温、台二卫康熙九年以前逋赋及石门、平阳未完轻赍月粮：皆下户部议行。

十月，擢福建总督，疏辞未允，请入觐。十二年七月，至京师，入对。承谟疾未愈，命御医诊视，赐药饵。疾稍差，趣赴官，赐冠服、鞍马。福建总督初驻漳州，至是以将撤藩，命移驻福州。吴三桂反，承谟察精忠有异志，时方议裁兵，承谟疏请缓行。又报巡历边海，欲置身外郡，便征调防御。事未行而精忠叛，阳言海寇至，约承谟计事。巡抚刘秉政附精忠，趣同行。承谟知有变，左右请擐甲从，承谟曰：“众寡不敌，备无益也。”遂往。精忠之徒露刃相胁，承谟挺身前，骂不绝口。精忠拘之土室，加以桎梏，绝粒十日，不得死。精忠遣秉政说降，承谟奋足蹴之仆，叱左右掖之出，曰：“贼就戮当不远，我先褫其魄！”为贼困逾二年，日冠赐冠，衣辞母时衣，遇朔望，奉时宪书一帙悬之，北向再拜。所居室迫隘，号曰蒙谷。为诗文，以桴炭画壁上。

时有部曲张福建者，手刃夺门入，连斩数贼，力竭死。蒙古人嘛尼为伪散骑郎，精忠遣守承谟，感承谟忠义，谋令出走。事泄，精忠将磔之，大言曰：“吾宁与忠臣同死，不愿与逆贼同生！”

十五年，师克仙霞关，精忠将降，冀饰词免死，惧承谟暴其罪。九月己酉朔，甲子夜半，精忠遣党逼承谟就缢。幕客嵇永仁、王龙光、沈天成，从弟承谱，下至隶卒，同死者五十三人。语互详忠义传。旧役王道隆奉遣他出，还至延平，闻变，自刎死。贼焚承谟尸，弃之野，泰宁骑兵许鼎夜负遗骸藏之。十六年，丧还京师。上遣内大臣侍卫迎奠，赠兵部尚书、太子少保，谥忠贞，御书碑文赐其家。十九年，精忠伏诛。赴市曹日，承谟子时崇脔其肉祭墓。福建民请建祠祀之，御书"忠贞炳日"扁于楣。承谟所为画壁集，上亲制序。

4. 陈彩

卷二百六十六　列传五十三

彩字美公，广东顺德人。顺治九年进士，自编修出为江南常镇道。康熙初，江南有大狱，诸生连染被逮，彩以轻刑全活之甚众。

第三甲

1. 施维翰

卷二百七十三　列传六十

施维翰，字及甫，江南华亭人。顺治九年进士，授江西临江推官，清漕弊，善折狱，奸顽敛迹。巡抚郎廷佐奏其治行，举卓异，内擢兵部主事。改山东道御史，疏言："察吏首重惩贪，尤宜先严大吏。各督抚按露章弹劾，宜及监司，勿仅以州县塞责。"又言："纠举之法，密于文，疏于武。镇帅拥重兵，有庸碌衰惫、缓急难恃者，有纵恣婪赃、肆虐军民者，督抚按徇隐弗纠，事发同罪。"诏并议行。十七年，出按陕西。圣祖即位，裁巡按，维翰乞假归。

康熙三年，复授江南道御史，疏言："直省钱粮，每委府佐协征，所至铺设供给，不免扰民。甚或纵容胥役，横肆诛求。请概行禁止，以专责成、杜扰害。"下部饬禁。巡盐河东，征课如额。八年，疏劾偏沅巡抚周召南徇庇贪吏。十一年，疏劾福建总督刘斗徇情题建故靖南王耿继茂祠。召南、斗并坐谴。十二年，内升，以四品服俸仍留御史任。疏言："设登闻鼓，原以伸士民冤抑，故使科道共与其事。然每收诉状，必待科道六十余员集议，辄致稽延。请用满、汉科道各一员司之，半年更易。"从之。

迁鸿胪寺少卿，累迁左副都御史。浙江巡抚陈秉直荐举学道陈汝璞，为左都御史魏象枢所劾，秉直应降调，以加级抵销。维翰言："秉直与汝璞见闻最近，乃徇情妄举，非寻常诖误可比。请敕部定议，凡保举非人坐降调者，不许抵销。"上然之，因著为例。给事中李宗孔继劾秉直，坐左迁。

十八年，授山东巡抚。会岁祲，民多流亡，维翰疏请赈恤，并截留漕米五万石发济南仓存贮，散给饥民。又疏言："青、莱等府距临清仓远，办解甚艰。请永行改折，以息转输。"民大悦服。二十一年，代李之芳为浙江总督。之芳按治军士鼓噪，系累二百余人。维翰至，即日定谳，多平反。二十二年冬，调福建，未上官，二十三年春，卒，谥清惠。

2. 萧震

卷四百八十八　列传二百七十五

萧震，侯官人。顺治九年进士，任山西道监察御史，丁父艰，回籍。精忠叛，谋讨之，事泄，遇害。

3. 余国柱

卷二百六十九　列传五十六

余国柱，字两石，湖广大冶人。顺治九年进士，授兖州推官。迁行人司行人，转户部主事。康熙十五年，考授户科给事中。时方用兵，国柱屡疏言筹饷事，语多精核。二十年，擢左副都御史。旋授江宁巡抚，请设机制宽大缎匹。得旨："非常用之物，何为劳费？"当明珠用事，国柱务罔利以迎合之，及内转左都御史，迁户部尚书，汤斌继国柱抚江苏；国柱索斌献明珠金，斌不能应，由是倾之。二十六年，授武英殿大学士，益与明珠结，一时称为"余秦桧"。会上谒陵，中途召于成龙入对，成龙尽发明珠、国柱等贪私。上归询高士奇，士奇亦以状闻。及郭琇疏论劾，言者蜂起，国柱门人陈世安亦具疏纠之，颇中要害，国柱遂夺官。既出都，于江宁治第宅，营生计，复为给事中何金兰所劾，命逐之回籍。卒于家。

4. 耿介

卷四百八十　列传二百六十七

介，字介石，登封人。顺治九年进士，翰林院检讨。出为福建巡海道，筑石城以防盗。康熙元年，转江西湖东道，因改官制，除直隶大名道。丁母忧，服除不出。笃志躬行，兴复嵩阳书院。二十五年，尚书汤斌疏荐介践履笃实，冰蘖自矢，召为少詹事。会斌被劾，介引疾乞休。詹事尹泰等劾介诈疾，并劾斌不当荐介。寻予假归，卒。所著有中州道学编、性学要旨、孝经易知、理学正宗，大旨以朱子为宗。

5. 余缙

卷二百八十二　列传六十九

余缙，字仲绅，浙江诸暨人。顺治九年进士，授河南封丘知县。兵后流亡未复，弃地弥望，朝议兴屯，设道、厅董之。民田征赋，屯田征租，租视赋为重，民弃屯不耕。府县吏急考成，以屯租散入田赋，民失业。总督李荫祖行部至县，缙导观民间困苦状，荫祖疏闻，兴屯道、厅悉罢。十七年，行取授山西道御史，乞养归。起河南道御史。

康熙初，郑成功已死，其子锦屯厦门。有议弃舟山者，缙上疏争之，略谓："浙江三面环海，宁波尤孤悬海隅，以舟山为外藩。不知行间诸臣何所见而倡捐弃之议？江海门户，敛手委之逆竖。夫闽海祇一厦门，数万之众，环而攻之，穷年不能下。奈何以已克之舟山增其巢穴？"福建总督李率泰议迁海滨居民，缙复疏争之。略谓："海滨之民，与贼狎处。一二冥顽贪狡，嗜厚利，通消息，以相接济者，固未必无之。但据所称排头、方田诸处，民或盗牧马，或缚穷民潜送厦门。当此两军相望，巡徼严密，虽有奸宄，安能飞渡？是其号令不肃，已可概见。"

又云："派拨舵工、水手，公然不应。海上舵工名曰'老大'，其人必少长海舟内，外洋岛屿径路，靡不熟历，而后驾风使舵，操纵自如。奈何责之素不练习之民，视同里役，横加佥派？彼即勉强应役，技既不精，心复叵测。万一变从中起，将置数十万奋戈持满之士于何地？"两疏语皆切至。

圣祖亲政，顺治间建言诸臣坐迁谪者，次第赦还，惟议及逃人不在赦例。居数年，诏宽逃人禁。缙疏请敕部察当日建言被谪诸臣，存者召还录用，殁者归葬赠恤。寻命巡视长芦盐政。以改葬乞归。二十八年，卒于家。

缙廉而能，治事尤持正。妖人朱方旦言祸福，朝士多信之。缙曰："此妄男子耳，于法当诛。"方旦卒坐死。

6. 汤斌

卷二百六十五 列传五十二

汤斌，字孔伯，河南睢州人。明末流贼陷睢州，母赵殉节死，事具明史列女传。父契祖，挈斌避兵浙江衢州。顺治二年，奉父还里。九年，成进士，选庶吉士，授国史院检讨。

方议修明史，斌应诏言："宋史修于元至正，而不讳文天祥、谢枋得之忠；元史修于明洪武，而亦著丁好礼、巴颜布哈之义。顺治元、二年间，前明诸臣有抗节不屈、临危致命者，不可概以叛书。宜命纂修诸臣勿事瞻顾。"下所司。大学士冯铨、金之俊谓斌奖逆，拟旨严饬，世祖特召至南苑慰谕之。时府、道多缺员，上以用人方亟，当得文行兼优者，以学问为经济，选翰林官，得陈爌、黄志遴、王无咎、杨思圣、蓝润、王舜年、范周、马烨曾、沈荃及斌凡十人。

斌出为潼关道副使。时方用兵关中，征发四至。总兵陈德调湖南，将二万人至关欲留，斌以计出之，至洛阳哗溃。十六年，调江西岭北道。明将李玉廷率所部万人据雩都山寨，约降，未及期，而郑成功犯江宁。斌策玉廷必变计，夜驰至南安设守。玉廷以兵至，见有备，却走；遣将追击，获玉廷。

斌念父老，以病乞休，丁父忧。服阕，闻容城孙奇逢讲学夏峰，负笈往从。康熙十七年，诏举博学鸿儒，尚书魏象枢、副都御史金铉以斌荐，试一等，授翰林院侍讲，与修明史。二十年，充日讲起居注官、浙江乡试正考官，转侍读。二十一年，命为明史总裁官，迁左庶子。二十三年，擢内阁学士。江宁巡抚缺，方廷推，上曰："今以道学名者，言行或相悖。朕闻汤斌从孙奇逢学，有操守，可补江宁巡抚。"濒行，谕曰："居官以正风俗为先。江苏习尚华侈，其加意化导，非旦夕事，必从容渐摩，使之改心易虑。"赐鞍马一、表里十、银五百。复赐御书三轴，曰："今当远离，展此如对朕也！"十月，上南巡，至苏州，谕斌曰："向闻吴阊繁盛，今观其风土，尚虚华，安佚乐，逐末者多，力田者寡。尔当使之去奢返朴，事事务本，庶几可挽颓风。"上还跸，斌从至江宁，命还苏州，赐御书及狐腋蟒服。

初，余国柱为江宁巡抚，淮、扬二府被水，国柱疏言："水退，田可耕，明年当征赋。"斌遣覆勘，水未退即田，出水处犹未可耕，奏寝前议。二十四年，疏言："江苏赋税甲天下，每岁本折五六百万。上命分年带征漕欠，而地丁钱粮，自康熙十八年至二十二年，五年并征。州县比较，十日一限。使每日轮比，则十日中三日空闲，七日赴比。民知剜补无术，拌皮骨以捱征比；官知催科计穷，拌降革以图卸担。恳将民欠地丁钱粮照漕项一例，于康熙二十四年起，分年带征。"又疏言："苏、松土隘人稠，而条银漕白正耗以及白粮经费漕剩五米十银，杂项差徭，不可胜计。区区两府，田不加广，而当大省百余州县之赋，民力日绌。顺治初，钱粮起存相半，考成之例尚宽。后因兵饷急迫，起解数多，又定十分考成之例。一分不完，难逭部议。官吏顾惜功名，必多苟且。参罚期迫，则以欠作完；赔补维艰，又以完为欠。百姓脂膏已竭，有司智勇俱困。积欠年久，惟恃恩蠲。然与其赦免于追呼既穷之后，何若酌减于征比未加之先。恳将苏、松钱粮各照科则量减一二成，定适中可完之实数，再将科则稍加归并，使简易明白，便于稽核。”又请蠲苏、松等七府州十三年至十七年未完银米，淮、扬二府十八九两年灾欠，及邳州版荒、宿迁九厘地亩款项，并失额丁粮，皆下部议行。九厘地亩款项，即明万历后暂加三饷，宿迁派银四千三百有奇，至是始得蠲免。

淮、扬、徐三府复水，斌条列蠲赈事宜，请发帑五万，籴米湖广，下侯诏下，即行咨请漕运总督徐旭龄、河道总督靳辅分赈淮安。斌赴清河、桃源、宿迁、邳、丰诸州县察赈，疏闻，上命侍郎素赫助之。先后奏劾知府赵禄星、张万寿，知县陈协浚、蔡司沾、卢綖、葛之英、刘涛、刘茂位等。常州知府祖进朝以失察属吏降调，斌察其廉，奏留之。又疏荐吴县知县刘滋、吴江知县郭琇廉能最著，而征收钱粮，未能十分全完，请予行取。下部皆议驳，特旨允行。

斌令诸州县立社学，讲孝经、小学，修泰伯祠及宋范仲淹、明周顺昌祠，禁妇女游观，胥吏、倡优毋得衣裘帛，毁淫词小说，革火葬。苏州城西上方山有五通神祠，几数百年，远近奔走如骛。谚谓其山曰“肉山”，其下石湖曰“酒海”。少妇病，巫辄言五通将娶为妇，往往瘵死。斌收其偶像，木者焚之，土者沉之，并饬诸州县有类此者悉毁之，撤其材修学宫。教化大行，民皆悦服。

方明珠用事，国柱附之。布政使龚其旋坐贪，为御史陆陇其所劾，因国柱赂明珠得缓；国柱更欲为斌言，以斌严正，不得发。及蠲江南赋，国柱使人语斌，谓皆明珠力，江南人宜有以报之，索赇，斌不应。比大计，外吏辇金于明珠门者不绝，而斌属吏独无。

二十五年，上为太子择辅导臣，廷臣有举斌者。诏曰：“自古帝王谕教太子，必简和平谨恪之臣，统率宫僚，专资辅翼。汤斌在讲筵时，素行谨慎，朕所稔知。及简任巡抚，洁己率属，实心任事。允宜拔擢，以风有位。”授礼部尚书，管詹事府事。将行，吴民泣留不得，罢市三日，遮道焚香送之。初，靳辅与按察使于成龙争论下河事，久未决。廷臣阿明珠意，多右辅。命尚书萨穆哈、穆成额会斌勘议，斌主浚下河如成龙言。萨穆哈等还京师，不以斌语闻。斌至，上问斌，斌以实对。萨穆哈等坐罢去。

二十六年五月，不雨，灵台郎董汉臣上书指斥时事，语侵执政，下廷议，明珠惶惧，将引罪。大学士王熙独曰：“市儿妄语，立斩之，事毕矣。”斌后至，国柱以告。斌曰：“汉臣应诏言事无死法。大臣不言而小臣言之，吾辈当自省。”上卒免汉臣罪。明珠、国柱愈恚，摘其语上闻，并摭斌在苏时文告语，曰“爱民有心，救民无术”，以为谤讪，传旨诘问。斌惟自陈资性愚昧，愆过丛集，乞赐严加处分。左都御史璙丹、王鸿绪等又连疏劾斌。会斌先荐候补道耿介为少詹事，同辅太子，介以老疾乞休。詹事尹泰等劾介侥幸求去，且及斌妄荐，议夺斌官，上独留斌任。国柱宣言上将隶斌旗籍，斌适扶病入朝，道路相传，闻者皆泣下。江南人客都下者，将击登闻鼓讼冤，继知无其事，乃散。

九月，改工部尚书。未几，疾作，遣太医诊视。十月，自通州勘贡木归，一夕卒，年六十一。斌既卒，上尝语廷臣曰："朕遇汤斌不薄，而怨讪不休，何也？"明珠、国柱辈嫉斌甚，微上厚斌，斌祸且不测。

斌既师奇逢，习宋诸儒书。尝言："滞事物以穷理，沉溺迹象，既支离而无本；离事物而致知，隳聪黜明，亦虚空而鲜实。"其教人，以为必先明义利之界，谨诚伪之关，为真经学、真道学；否则讲论、践履析为二事，世道何赖。斌笃守程、朱，亦不薄王守仁。身体力行，不尚讲论，所诣深粹。著有洛学编、潜庵语录。雍正中，入贤良祠。乾隆元年，谥文正。道光三年，从祀孔子庙。

7. 丁思孔

卷二百三十九 列传二十六

思孔，字景行。顺治九年进士，选庶吉士。四迁，授陕西汉羌道副使。康熙二年，巡抚贾汉复劾思孔追胥役蚀粮草逾限，左迁河南开封府同知。思孔诣通政使自列胥役蚀粮草，狱瘐家罄。事上巡抚，巡抚久乃入告未尝逾限，下总督白如梅勘实。复授直隶通蓟道。直隶未设布政、按察两司，八年，巡抚金世德请增置保定守道领钱谷，以授思孔。再迁江南布政使。时吴三桂乱方定，师行江西、湖广，思孔主馈运，应期不愆。禁旅还自福建，庀役具舟，料量悉当。修苏州府学，置育婴堂、养济院，诸政皆举。二十一年，遇大计，总督于成龙以思孔督赋未中程，不得举卓异，特疏荐廉能，上命准卓异。二十二年，擢偏沅巡抚。偏沅所领七郡，溪山环互，民、傜杂处，反侧初定，余孽每煽乱，思孔抚其渠，群盗渐散。复岳麓书院，御书旌楣。

二十七年，移抚河南，方上，而有夏逢龙之乱，复移抚湖北。逢龙私自署置千总胡耀乾，参将李廷秀，马兵周凯、万金镒皆号总兵，守备林德号副将。上命振武将军瓦岱帅师讨之，趣思孔诣荆州主饷。思孔以武昌仓库皆陷贼，诸军饷乏，乃发河南库帑，护诣襄阳，诸军资以济，疏报称旨。七月，瓦岱师至，蹙贼黄州，诛逢龙，而耀乾等尚据武昌拒命。思孔至汉口，具舟渡江，单骑叩汉阳门，呼耀乾出见，耀乾等遂降。思孔入武昌，数耀乾等罪而诛之，并戮所置巡抚傅尔学、布政娄方顺、驿道金奇功，凡八人，武昌遂定。九月，复设湖广总督，以命思孔。陈龙越八者，逢龙之徒也，二十八年五月，谋为变，期夜半。思孔晡始闻，执陈龙越八戮于市，他悉不问。设水师，分戍武昌、荆州、岳州、常德。尝岁饥，便宜发帑市米江西，平值以粜。

三十三年四月，移督云、贵。八月，卒。

8. 杨素蕴

卷二百七十 列传五十七

杨素蕴，字筠湄，陕西宜君人。顺治九年进士，授直隶东明知县。东明当河决后，官舍城垣悉败，民居殆尽，遗民依丘阜，仅数十家。素蕴至，为缮城郭，招集流亡，三年户增至万余。山东群盗任凤亭等剽掠旁郡，扰及畿南。素蕴设计降其渠，散其胁从。十七年，举卓异，行取，授四川道御史。疏言："臣言官也，宜以言为事。然今天下所患，正在议论多而成功少。国家建官分职，各有所事。诚使司举劾，筹财用，任封疆，理刑狱，各举其职，则平天下无余事。更愿皇上推诚御物，肃大闲，宽小眚，俾人人得展其才，尤端本澄源之要也。"

时吴三桂镇云南，郡县吏得自辟署，谓之"西选"。渐乃题用朝臣，无复顾忌。素蕴疏言："三桂以上湖南道胡允等十员题补云南各道，并有奉差部员在内，深足骇异。爵禄者人主之大柄，纲纪者朝廷之大防，柄不可移，防不可溃。前此经略用人，特命二部不得掣肘，亦惟以军前效用及所辖五省各官酌量题请，从未闻敢以他行省及现任京官坐缺定衔者也。且疏称求于滇省既苦索骏无从，求于远方又恐叱驭不速，则湖南、四川距云南犹近，若京师、山东、江南相去万里，不知其所谓远者更在何方？皇上特假便宜，不过许其就近调补。若尽天下之官，不分内外，不论远近，皆可择而取之，何如归吏部铨授，尤为名正言顺。纵或云、贵新经开辟，料理乏人，诸臣才品为藩臣所素知，亦宜请旨令吏部签补；乃径行拟用，不亦轻名器而亵国体乎？人臣忠邪之分，起于一念之敬肆。藩臣扬历有年，应知大体。此举为封疆计，未必别有深心，然防微杜渐，当慎于几先。祈申饬藩臣，嗣后惟力图进取，加意抚绥，一切威福大权，俱宜禀自朝廷，则君恩臣谊两尽其善。”疏下部。

十八年，圣祖即位，辅臣柄政，出素蕴为川北道。三桂见素蕴前奏，恶之，具疏辨，并摘“防微杜渐”语，谓意含隐射，语伏危机。诏责素蕴回奏，素蕴言：“防微杜渐，古今通义。臣但期藩臣每事尽善，为圣世纯臣，非有他也。”下部议，坐素蕴巧饰，当降调，罢归。

居十年，三桂反。尚书郝惟讷、冀如锡，侍郎杨永宁交章请起用，惟讷词尤切，略言：“素蕴首劾三桂，云当防微杜渐。在当日反状未形，似属杞忧。由今观之，则素蕴先见甚明，且为国直陈，奋不自顾，其刚肠正气，实有大过人者！亟宜优录。”乃命发湖广军前，以原品用。会丁父忧，服阕，乃赴军前。总督蔡毓荣题补湖广提学道，部议当以现办军务参议道题补。康熙十七年，题补下荆南道。时襄阳总兵杨来嘉、副将洪福等叛应三桂。大军运饷，自襄至房、保路险狭，舟车不通，岁调襄阳、安陆、德安三郡丁夫担负，饷苦不继。素蕴访知谷城有小溪可通舟，乃按行山谷开饷道，由是水运通利，省丁夫什九，军乃无乏。迁山西提学道。二十四年，任满，荐举擢通政司参议，累迁顺天府尹。二十六年，授安徽巡抚。会岁饥，上疏请赈。甫拜疏，即檄州县开仓赈给，全活甚众。

寻调湖广巡抚。夏逢龙乱初定，胁从尚众，人情恇扰，一夕数惊。素蕴首严告讦之禁，反侧以安。二十八年，大旱，疏请蠲免武昌等属三十二州县钱粮，上遣户部郎中舒淑等会督抚勘灾。舒淑至武昌，素蕴适患暑疾，令布政使于养志从总督丁思孔往勘。寻称病乞休，上疑其托疾，夺官。命甫下而素蕴已卒。

先是，湖北郡县疾苦最甚者，如沔阳、江陵、汉阳、嘉鱼滨江地陷未蠲赋额，咸宁、黄陂、景陵谷折，江夏、崇阳、武昌、通城、汉阳、汉川、云梦、孝感、应城谷田科重，监利一年两赋，为民害数十年。素蕴得其实，条为两疏。未及上而病革，口授入遗疏，曰：“此疏行，吾目瞑矣！”

9. 田绪宗

卷五百八　列传二百九十五

绪宗，顺治九年进士，官浙江丽水知县，有声。卒官。

顺治九年（1652年）策试满洲进士壬辰科

第一甲

1. 麻勒吉

卷二百七十三　列传六十

麻勒吉，瓜尔佳氏，满洲正黄旗人。先世居苏完，有达邦阿者，当太祖时来归，麻勒吉其曾孙也。顺治九年，满、汉分榜，麻勒吉以翻译举人举会试第一，殿试一甲第一，授修撰，世祖器之。十年，谕麻勒吉兼通满、汉文，气度老成，擢弘文院侍讲学士。十一年，擢学士，充日讲官，教习庶吉士，编纂太祖、太宗圣训副总裁，经筵讲官。

明将孙可望诣经略洪承畴军降，封义王，命麻勒吉为使，学士胡兆龙、奇彻伯副之，赍敕印授之，即偕诣京师。麻勒吉初与直隶总督张玄锡同官学士，使还，玄锡迎于顺德，麻勒吉诃辱之，玄锡愤，自刭不殊。巡抚董天机以玄锡手书遗疏上闻，上遣学士折库纳、侍郎霍达往按。玄锡复疏言："麻勒吉于迎候时面斥失仪，又责以前此南行不出迎，且云：'在南方洪经略日有馈遗，何等尽礼！'奇彻伯又索臣骡驼。臣因贿赂干禁，不与。"上责麻勒吉等逼迫大臣，任意妄行，下九卿会勘。玄锡，直隶清苑人，明庶吉士。顺治初授原官，自检讨累迁至学士。上称其勤敏，擢宣大总督，移督直隶、河南、山东。至是，以听勘诣京师，居僧寺，自缢。九卿议麻勒吉等当夺官籍没，上宽之，削加级、夺诰敕而已。

十六年，以云南初定，发帑金三十万，命麻勒吉偕尚书伊图、左都御史能图往赈，并按大将军贝勒尚善纵兵扰民状，麻勒吉为奏辨。寻安亲王岳乐覆勘，尚善兵入永昌掠民妇事实，麻勒吉坐徇庇，夺官。十八年，命以原衔入直。上大渐，召麻勒吉与学士王熙撰拟遗诏，付内廷侍卫贾卜嘉进奏。上命麻勒吉怀诏草，俟上更衣毕，与贾卜嘉奏知皇太后，宣示诸王贝勒。是夕上崩，麻勒吉遵旨将事。旋授秘书院学士。

康熙五年，擢刑部侍郎。七年，授江南江西总督。时苏州、松江频遭水患，布政使慕天颜议浚吴淞江、刘河口，麻勒吉因与巡抚玛祜疏请以各府漕折银十四万充工费。淮、扬被水坍没田地，请永免岁赋。诏并允行。镇江驻防兵讦将军李显贵、知府刘元辅侵冒钱粮，遣学士折尔肯等往按得实，麻勒吉坐不先举发，并械系至京听勘。给事中姚文然疏言麻勒吉罪状未定，宜宽锁系，上然之。寻命复任。十二年，大计，左迁兵部督捕理事官。

吴三桂反，定南王孔有德婿孙延龄及提督马雄以广西叛应之。十六年，命赴简亲王喇布军，招抚延龄。比至桂林，延龄已为三桂所杀，其部将刘彦明等率众降。十八年，诏麻勒吉赴广西护诸军，时雄已死，其子承荫降，授招义将军，封伯爵。已，部兵以饷匮哗，麻勒吉上言："承荫与黄明、叶秉忠皆贼帅归诚，今承荫授高爵，而明、秉忠未授官，故阴嗾兵士为变。秉忠年老无异志，惟明强悍，为柳州官兵所慑服，若不调用他所，终恐为害。”乃授明总兵官。明复叛，诏麻勒吉与偏沅巡抚韩世琦会剿，寻报为苗人所杀。十九年，巡抚傅弘烈剿贼至柳州，承荫复叛，弘烈遇害，命麻勒吉兼摄巡抚事。时柳州再变，民多逃窜，田荒赋浦，麻勒吉招抚流亡，令归故业，葺学宫，振兴文教，颇著治绩。二十一年，撤故定南王所部，分隶八旗汉军，麻勒吉率以还京。

二十三年，授步军统领。二十八年，卒。三十七年，兵部奏黄明为贵州参将上官斌等所擒，麻勒吉追坐妄报，夺官。江南民为麻勒吉立碑雨花台纪绩，祀名宦。

2. 巴海

卷二百四十三 列传三十

巴海初以牛录额真事世祖，累迁秘书院侍读学士。既袭世职，上谕吏部曰：“宁古塔边地，沙尔虎达驻防久，得人心。巴海勤慎，堪代其父。授宁古塔总管。”十七年，俄罗斯复寇边，巴海与梅勒章京尼哈里等帅师至黑龙江、松花江交汇处，诇敌在飞牙喀西境，即疾趋使犬部界，分部舟师，潜伏江隈。俄罗斯人以舟至，伏起合击，我师有五舟战不利。既，俄罗斯人败，弃舟走，巴海逐战，斩六十余级。俄罗斯人入水死者甚众，得其舟枪炮若他械，因降飞牙喀百二十余户。叙功，加拖沙喇哈番。明年，以巴海奏捷讳未言有五舟战不利，尽削原袭及功加世职。

康熙元年，改设黑龙江将军，仍以命巴海。十年，上东巡，诣盛京，巴海朝行在。上问宁古塔及瓦尔喀、虎尔哈诸部风俗，巴海具以对。谕曰：“朕初闻尔能，今侍左右，益知尔矣。飞牙喀、赫哲虽服我，然其性暴戾，当迪以教化。俄罗斯尤当慎防。训练士马，整备器械，毋堕其狡谋。尔膺边方重任，当黾勉报知遇！”

边外有墨尔哲之族，累世输贡，巴海招之降。其长扎努喀布克托等请内徙，巴海请徙置宁古塔近地，置佐领四十，以授扎努喀布克托及其族属，分领其众，号为新满洲。十三年冬，巴海率诸佐领入觐，上锡予有差，赐巴海黑狐裘、貂朝衣各一袭。十七年，敕奖巴海及副都统安珠瑚抚辑新满洲有劳，予世职一等阿达哈哈番兼拖沙喇哈番。

二十一年，巴海疏言官兵捕采参者，当视所得多寡行赏。上为下部议，并诫非采参者毋妄捕。是岁，上复东巡，诣盛京，幸吉林，察官兵劳苦。既还京师，谕巴海罢采鹰、捕鲟鳇诸役。二十二年，以报田禾歉收不实，部议夺官，削世职，上犹念巴海抚辑新满洲有劳，命罢将军，降三等阿达哈哈番。二十三年，授镶蓝旗蒙古都统，列议政大臣。三十五年，卒。

第二甲

1. 马祐

卷二百七十三 列传六十

玛祜，哲柏氏，满洲镶红旗人。顺治九年翻译进士。授佐领，兼刑部员外郎。迁钦天监监正。康熙八年，江宁巡抚缺，命议政大臣等会推满洲郎中以上、学士以下通汉文有才能者备擢用，举奏皆不当上意，特以命玛祜。九年夏，淮安、扬州二府久雨，田庐多淹，诏发帑赈济。玛祜疏请蠲免桃源等县积欠赋银，及六、七两年未完漕米，部议漕米无蠲免例，上特允其请，并蠲减苏、松、常三府被灾岁赋。

十年，疏言："苏、松二府额赋最重，由明洪武初以张士诚窃据其地，迁怒于民，取豪户收租籍，付有司定赋额，较宋多七倍、元多三倍，是以民力困竭，积逋遂多。自康熙元年至八年，民欠二百余万，催征稍急，逃亡接踵，旧欠仍悬，新逋复积。请敕部核减二府浮粮，以期岁赋清完。"疏下部议，以科则久定，报寝。时布政使慕天颜请浚吴淞江、刘河，玛祜与总督麻勒吉请以漕折十四万充费。给事中柯耸疏言，东南水利宜乘此兴工，尽疏各支河。下玛祜覆勘。玛祜言各州县支河皆已疏通，吴江县长桥乃太湖泄水要道，应令开浚。未几，以京口将军李显贵等侵饷事觉，坐不先举发，挂吏议，当左迁，命留任。十二年，黄、淮水涨，清水潭石堤决，高邮等十八州县卫所被灾，玛祜奏请发帑赈济。十五年，霪雨久不霁，以忧卒。遗疏极陈水灾民困，无一语及私。诏褒惜，谥清恪。

2. 何锡谈

卷四百八十四　列传二百七十一

阿什坦，字金龙，完颜氏，满洲正白旗人。顺治九年进士，授刑科给事中。初翻译大学、中庸、孝经诸书，诏刊行。阿什坦上言；"学者宜以圣贤为期，经史为导，此外无益杂书当屏绝。"又请严旗人男女之别，定部院九品之制，俱报可。康熙初，罢职家居。鳌拜专政，欲令一见终不往。嗣以荐起，圣祖召问节用爱人，对曰："节用莫要于寡欲，爱人莫先于用贤。"圣祖顾左右曰："此我朝大儒也！"著有大学中庸讲义及奏稿。

顺治十二年（1655年）乙未科

第二甲

1. 王命岳

卷二百四十四 列传三十一

王命岳，字伯咨，福建晋江人。顺治十二年进士，改庶吉士。时云南、贵州未定，策问及之。命岳言："李定国贰于孙可望，当缓定国，行间使与可望相疑忌。我兵以守为战，以屯为守，视隙而动。"上异之，擢工科给事中。上经国远图疏，略言："今国家所最急者，财也。岁入千八百一十四万有奇，岁出二千二百六十一万有奇。出浮于入者四百四十七万。国用所以不足，皆由养兵。各省镇满、汉官兵俸米、草豆，都计千八百三十八万有奇，师行刍秣又百四十万，其在京王公百官俸薪、披甲俸饷不过二百万。是则岁费二千二百万，十分在养兵，一分在杂用也。臣愚以为今日不宜再议剥削以给兵饷，而当议就兵生饷之道。河南、山东、湖广、陕西、江南北、浙东西、江西、闽、广诸行省，迭经兵火水旱，田多荒废。宜令各省驻防官兵分地耕种，稍仿明洪武中屯田之法，初年有司给与牛种、耕具、饩粮，自次年后，兵皆自食其力，便可不费朝廷金钱，此其为利甚溥。古者郡县之兵，什伍相配，千百成旅，将帅因而辖之。乃者将帅多以仆从、厨役、优伶为兵，其实能操戈杀贼者十不得二三。故食粮有兵，充伍无兵。官去兵随，难议屯种。今当先定兵额，官有升降，兵无去来。平定各省及去贼二三百里外者，皆给地课耕。因人之力与地之宜，一岁便可生财至千余万。群情不为深虑，不过议节省某项、清察某项。譬如盘水，何益旱田？臣见今日因贼而设兵，因兵而措饷，因饷而病民。民复为贼，展转相因，深可隐忧。要在力破因循，断无不可核之兵，断无不可耕之田，断无不可生之财。"疏下各直省督抚，议格不行。

世祖恶贪吏，令犯赃十两以上籍没。命岳疏言："立法愈严，而纠贪不止，病在举劾不当。请敕吏部，督抚按举劾疏至，当参酌公论，果有贤者见毁，不肖者蒙誉，据实覆驳。如部臣耳目有限，科道臣皆得执奏。又按臣原有都察院考核甄别，督抚本重臣，言官恐外转为属吏，参劾绝少。请特敕责成，简别精实。每岁终仍命吏部、都察院考核督抚举劾当否，详具以闻。庶激励大法以倡率小廉。"转户科。再上疏论漕弊，大要谓："百姓为运官所苦，运官又自有其苦，不得不苦百姓。请革通仓需索，禁旗丁混抢，仓场督臣亲监河兑。"福建方用兵，时又苦旱，命岳疏陈五事，曰：缓征买，粜劝赈，督催协饷，严治奸盗，安置投诚。

十五年，调兵科。师下湖广，命岳复申屯田之议，请复明军卫屯田之制，设指挥、千百户等官，以劳久功多之臣膺其任，子孙世及。无漕之地，专固封疆；有漕之地，即使领运。新附之将，有功亦得拜官。量易其地，勿在本省。寻疏言："各省除荒之数，岁缩银五百五十万有奇。荒地以河南、山东为最多。请选清正御史，督察二省田地，率诸州县清丈，编造鱼鳞图册。他省除荒多者，如例均丈。"得旨举行。命岳又上清丈事宜十余条。

明桂王既出边，云南犹未平。命岳疏言："云南岁饷九百万，而一省正杂赋税都计十六万有奇，是以九百万营十六万之地也。云南原有旧屯万一千一百七十一顷有奇，科粮三十八万九千九百九十二石有奇。请敕巡抚袁懋功责成原军，换帖领种。暂发二十万金，买牛办种，借给军民。经年销算，必无亏损，又可收复科粮旧额。且官收额内，军余额外，每粟一石，价可三金，视今年每石十二金，已省饷费四分之三。庶几兵食兼足，不至竭天下之物力以奉一隅。"上可其奏，命发十万金买牛办种，修复旧屯。

命岳乞假归葬，还朝，疏言："贼习于海战，我师皆北人，不谙水性。惟有堵截隘港，禁绝接济，严号令，轻徭赋，与民休息，使民不为贼，贼不得资。久之必有系丑献阙下者。"吏部以浙江右布政员尽忠迁广东左布政，命已下，命岳劾其贪秽，尽忠坐罢。康熙初，使广东还，迁刑科都给事中。时陈豹据南澳，尚为明守，命岳疏请招豹收南澳。寻以议狱未当，夺官。六年，畿辅旱，诏求直言。命岳家居，以天子方冲龄，宜览古今，广法戒，撰千秋宝鉴，书垂成，未进，卒。

2. 宋德宜

卷二百五十 列传三十七

宋德宜，字右之，江南长洲人。父学朱，明御史，巡按山东，死于难。德宜年十七，伏阙请恤，与兄德宸、弟德宏并著文誉。顺治十二年，成进士，庶吉士，授编修。累迁国子监祭酒，严立条教，六馆师生咸敬惮之。圣祖亲政，释奠太学，御彝伦堂，命德宜东乡坐，讲周易乾卦辞，称旨。迁翰林院侍读学士，擢内阁学士。

德宜风度端重，每奏事，辄当上意。康熙十一年，扈跸塞外，上从容询及江南逋赋之由，德宜极言苏、松赋役独重，民力凋敝，上为动容。诏明年蠲苏、松四府钱粮之半。迁户部侍郎，发龙江关大使李九官馈遗，上嘉其不私，褫九官职。寻调吏部。

十五年，擢左都御史。时陕、甘、闽、粤渐已底定，惟吴三桂未平。德宜疏言："三桂所恃，不过枪炮，枪炮专藉硝黄。硝黄产自河南、山西，必奸民图利私贩，请饬严禁。"上以督、抚、提、镇稽察不严，下兵、刑二部严定处分。德宜又疏言："频年发帑行师，度支不继。皇上允廷臣之请，开例捐输。三年所入，二百万有余。捐纳最多者，莫如知县，至五百余人。始因缺多易得，踊跃争趋。今见非数年不得选授，徘徊观望。请敕部限期停止，慎重名器。"又疏言："沿海居民，以渔为生。佐赋税，备灾荒，而利用通商，又立市舶之制。本朝以海氛未靖，立禁甚严。近者日就荡平，宜及此时招携抚恤。沿海居民，以捕鱼为业。商人通贩海岛，皆许其造船出海，官给印票，仿旧例输税。人口商货，往来出入，咸稽核之。"事并下所司议行。

十七年，疏言："自三桂煽乱，各路统兵大将军以下，亦有玩寇殃民，营私自便。或越省购买妇女，甚者掠夺民间财物，稍不如意，即指为叛逆。今当克期灭贼，尤恐借端需索。请严饬。"上下王大臣申禁。山东提督柯永蓁纵兵鼓噪，德宜劾奏，上命逮治。

孝昭皇后崩，德宜上疏请秉礼节哀，并言："宵旰忧勤，天颜清减。昔唐太宗锐意勤学，刘洎谏以多记损心。

宋儒程颐亦曰：‘帝王之学，与儒生不同。’伏愿紬绎篇章，略方名象数之繁，择其有关政治、裨益身心者而讨论之。稍节耳目之劳，用葆中和之德。”上嘉纳焉。迁刑部尚书，调兵部。

四川初定，大军糗粮皆运自陕西，出栈道，颠踣相望，陕西民大困。工部侍郎赵璟、金鼐疏上陈，德宜因言：“大军下云、贵，需饷孔亟。秦、蜀互相推诿，皆由总督分设。川、陕设一总督，则痛痒相关，随地调发，可以酌剂均平。”诏如议行。靖逆将军张勇以甘肃防边事重，请缓裁前此添设官兵，部臣议如所请，德宜独谓：“当日河东有兵事，添设官兵，事平应即裁汰。将军标下前以步兵二千名改为马兵，今宜复原，定经制马六步四。惟以防边添设之兵，无可议裁。”上遣尚书折尔肯往会勇等阅核，留河州、宁夏添设兵，余仍复原定经制，如德宜议。迨三藩平，军中俘获妇女，并籍旗下。德宜言宜听收赎，所释甚众。

调吏部。左都御史魏象枢、副都御史科尔昆等劾德宜会推江西按察使事失当，德宜疏辨，部议降五级。上以会推原令各出所见，免德宜处分。二十三年，拜文华殿大学士。重修太宗实录成，加太子太傅。

德宜严毅木讷，然议国家大事，侃侃独摅所见。居官廉谨，未仕时有宅一区，薄田数顷；既贵，无所增益，门巷萧然。二十六年，卒，谥文恪。

3. 严沆

卷四百八十四　列传二百七十一

沆，字子餐，余杭人。顺治十二年进士，官至户部侍郎。性退让，或讥弹其诗，辄应时改定。有皋园集。

4. 徐元珙

卷二百六十六　列传五十三

徐元珙，字辑五，江南武进人。顺治十二年进士，授刑部主事，迁员外郎。典广西试，迁郎中。出为福建建宁道佥事，善治盗。移山西冀宁南道参议，遭母忧去。康熙十二年，起直隶口北道参议。时宣镇未设府县，但置同知分防。元珙和调将士，严斥堠，增亭障，葺城郭，修学舍，边境晏然。入为光禄寺少卿，历太仆寺卿、通政使。

二十四年，授太常寺卿。疏请厘正北郊配飨位次，略言：“本朝分祭南北郊。圜丘南向，三圣并配，甚巨典也。独方泽配位，臣不能无议。昭穆之位，分左右不分东西。圜丘南向，则东为左为昭，西为右为穆；地祇既北向，则西为左为昭，东为右为穆。盖东西有定方，而左右无定位，从正位所向而殊。汉、唐地祇皆南向，至宋政和四年，引北牖答阴之义，始改北向，配位亦改焉。明嘉靖九年，建方泽坛，因宋制，地祇北向，而配位仍设于东，不应古礼。盖其时礼官误执以东为左，因循至今。然明配位止一太祖，或左或右，尚无越次之嫌。今三圣并配，左右易位，因之昭穆失序；况配位误则从坛皆误，即陵山从祀岳镇者亦误。揆诸典礼，实有未安，有待厘正。”疏入，下廷臣集议，学士徐乾学、韩菼皆韪元珙议，独许三礼驳之，遂不行。语见三礼传。

二十五年，迁左副都御史。疏请正北海祀典，略言：“唐望祭洛州，即今河南府。宋望祭孟州，即今怀庆府。明依宋制。说者谓怀庆属济源，潜通北海，故于此望祭焉。本朝定制，东海祀莱州，南海祀广州，西海祀蒲州，皆为允当。独北海仍祀怀庆，窃以岳镇方位，当准皇都。往南祭北，于义未惬。谨按北镇医巫闾山在今奉天府境，山既为北镇，川即可为北海，矧长白山水、黑龙、鸭绿诸江，悉朝宗于海。请更定北海之祭，就北镇医巫闾为便。或疑历时已久，不可辄更。臣按北岳祀恒山曲阳，积二千余年，用科臣言改祀浑源州。岳祭可更，何疑海祭？”疏入，议行。

二十六年，疏乞归养。至家，父已前卒。二十七年，孝庄文皇后崩，赴阙哭临。疾作，卒于京师，上闻而悯之，丧归，许驰驿，恤如礼。

元珙尚风义，座主陈彩没，妻妾继逝，抚其一岁孤并其女，为营婚嫁，与己子无异。时论推其笃厚。

5. 丁澎

卷四百八十四　列传二百七十一

丁澎，字飞涛，仁和人。有隽才。嗜饮，一石不乱，弟景鸿、溁并能文，时有“三丁”之目。澎，顺治十二年进士，官礼部郎中。尝典河南乡试，得一卷奇之。同考请置之乙，澎曰：“此名士也！”榜发，乃庐阳李天馥，出语人曰：“吾以世目衡文，几失此士。”坐事谪居塞上五载，躬自饭牛，吟啸自若。所作诗多忠爱，无怨诽之思。有扶荔堂集。

6. 徐旭龄

卷二百七十三　列传六十

徐旭龄，字元文，浙江钱塘人。顺治十二年进士，除刑部主事，再迁礼部郎中。康熙六年，授云南道御史。裁缺，改湖广道。迭疏请汰额外衙役，核州县赎锾，降调官百姓保留敕督抚核实，皆下部议行。命偕御史席特纳巡视两淮盐政，疏陈积弊，请严禁斤重不得逾额，部议如所请勒石。又疏请停止豫征盐课，部议不允。迁太常寺少卿，累擢左佥都御史，请裁军兴以后增设道员。二十二年，授山东巡抚。二十三年，迁工部侍郎。复出为漕运总督，疏请厘三害，筹三便，革随漕增、裁运耗二项，及民间帮贴盘费脚价，各省给军款项，改由州县径发运丁，行月粮改入现运项下拨给，并合并漕船帮次，皆下九卿议行。二十六年，卒，亦谥清献。

7. 洪士铭

卷二百三十七　列传二十四

士钦，顺治十二年进士，官至太常寺少卿。

8. 刘体仁

卷四百八十四　列传二百七十一

刘体仁，字公㦷，颍州人。顺治中进士（编者按：见于顺治十二年乙未科进士题名碑）。有家难，弃官从孙奇逢讲学。后官考功郎中。体仁喜作画，鉴识甚精，又工鼓琴。与汪琬、王士祯友善，著七颂堂集。士祯称其诗似孟东野；又言今日善学才调集者无如元鼎，学西昆体者无如吴殳。

9. 王琬

卷四百八十四 列传二百七十一

汪琬，字苕文，长洲人。少孤，自奋于学，锐意为古文辞。于易、诗、书、春秋、三礼、丧服咸有发明。性狷介。深叹古今文家好名寡实，鲜自重特立，故务为经世有用之学。其于当世人物，褒讥不少宽假。顺治十二年进士，授主事，再迁刑部郎中。坐累降兵马司指挥，能举其职，不以秩卑自沮。任满，稍迁户部主事，民送之溢衢巷。榷江宁西新关，以疾假归。结庐尧峰山，闭户撰述，不交世事，学者称尧峰先生。以宋德宜、陈廷敬荐博学鸿儒科，试列一等。授编修，纂修明史，棘棘争议不阿。在馆六十日，再乞病归。归十年而卒，年六十七。

初，圣祖尝问廷敬今世谁能为古文者，廷敬举琬以对。及琬病归，圣祖南巡驻无锡，谕巡抚汤斌曰："汪琬久在翰林，有文誉。今闻其居乡甚清正，特赐御书一轴。"当时荣之。琬为文原本六经，疏畅类南宋诸家，叙事有法。公卿志状，皆争得琬文为重。尝自辑诗文为类稿、续稿各数十卷，又简其尤精者，嘱门人林佶缮刻之。

10. 王骘

卷二百七十四 列传六十一

王骘，字辰岳，山东福山人。顺治十二年进士，授户部主事。康熙五年，典试广东。历刑部郎中。十九年，出为四川松威道。时征云南，骘督运军粮，覆舟坠马，屡经险阻，师赖以济。二十四年，垒溪大定堡山后生番出掠，巡抚韩世琦檄兵追剿，令骘驻茂州，与总兵高鼎议剿抚。骘赴堡开谕，番族据巴猪寨，阳就抚，负嵎如故。骘招抚附近诸寨，遣兵自庙山进，围寨，斩获无算。追至黑水江，贼渠挖子被焚死，山后番众悉降。调直隶口北道，未行。

时以太和殿工，命采蜀中楠木。骘入觐，疏言："四川大半环山巉岩，惟成都稍平衍。巨材所生，必于深林穷壑，人迹罕到，斧斤难施，所以久存。民夫入山采木，足胝履穿，攀藤侧立，施工既难；而运路自山抵江，或百余里，或七八十里，深涧急滩，溪流纡折，经时历月，始至其地。木在溪间，必待暴水而出，故陆运必于春冬，水运必于夏秋，非可一径而行，计日而至，其艰如此。且四川祸变相踵，荒烟百里。臣当年运粮行间，满目疮痍。自荡平以后，休养生息。然计通省户口，仍不过一万八千余丁，不及他省一县之众。就中抽拨五千入山采木，衣粮器具，盈千累百，遣发民夫，远至千里，近亦数百里，耕作全废，国赋何征？请敕下抚臣，亲诣采楠处察勘，量材取用，其必不能采运者，奏请上裁。"疏入，上谕曰："四川屡经兵火，困苦已极，采木累民。塞外松木，取充殿材，足支数百年，何必楠木？令免采运。"未几，吏部循例疏请司道内擢京堂，骘未与，特命内升。寻授光禄寺少卿，累迁太常寺卿。

二十六年，授江西巡抚。陛辞，上谕曰："大吏以操守为要，大法则小廉，百姓蒙福。"骘对曰："臣向在四川，不取民间粒米束草，日费取给于家。"上曰："身为大臣，日费必取给于家，势有所不能。但操守廉洁，念念爱民，便为良吏，且亦须安静。贪污属吏，先当训诫；不悛，则纠劾。"濒行，赐帑金千。二十七年，擢闽浙总督。疏言："江西自荡平后，积年蠲免银米二百万有奇，民生渐裕。然征收之弊，尚为民累，钱粮明加火耗，暗加重戥，部院司道府皆有解费。臣入境之初，火耗已减，解费尚存，即揭示剔除积弊，尽革官役上下大小杂费。

南昌、新建二县漕粮尚仍民兑，俱行革除，漕运积年陋规，搜剔无遗。但在民则省费，在官则失利。恐臣去后，空言无用，乞天语严禁，不致前弊复生。”下所司知之。

时湖广叛卒夏逢龙据武昌，陷黄州。鹭次邵武，闻警，恐蔓及江西，奏拨福建兵协剿。自海禁既弛，奸民杂入商贩，出洋劫掠。鹭既上官，即檄温州总兵蒋懋勋、黄岩总兵林本植、定海总兵董大本以舟师出洋搜捕。懋勋、本植得贼舟七、大本于白沙湾获巨舰一，斩盗渠杨仕玉等十六辈，释被掳难民百十一人。二十八年，上幸浙江，赐鹭御用冠服。谕曰：“尔任总督，实心任事，浙、闽黎庶称尔清廉，故特加优赉。”未几，召拜户部尚书，以老病累疏乞休，诏辄慰留。

三十三年，召大学士、九卿及河督于成龙入对，上责成龙排陷靳辅，并及鹭与左都御史董讷、内阁学士李应荐附和成龙，鹭等具疏引罪，讷、应荐并夺官，鹭原品休致。三十四年，卒于家，赐祭葬。

第三甲

1. 张松龄

卷四百八十八　列传二百七十五

张松龄，莆田人。顺治十二年进士，由庶吉士屡迁四川参议。时川省雕敝，松龄加意抚绥，流亡渐复。裁缺归里，耿逆迫以伪职，羁数月，终不屈死。

2 . 袁州佐

卷二百八十五　列传七十二

袁州佐，字左之，山东济宁人。顺治十二年进士，授陕西乾州知州。入为工部员外郎，迁郎中。有清直声，胥吏不敢牟利。时山陵工巨，经费浩穰，州佐曰：“民困极矣，寸缣尺缕，皆闾阎膏血！”力清干没，司癸帛，省金钱巨万。出为陕西甘山道佥事。青海蒙古诸部觊得大草滩为牧地。康熙九年，偕提督张勇度地画界，坚拒，寝其议。自后青海蒙古诸部人不敢复窥边。岁协西宁馈运，负载千里，甘州民苦之，州佐力请得罢。甘州驻兵数千，待饷急，力为筹备，军得宿饱。十年，迁直隶口北道参议。地确民贫，逋课积累，仓储历岁侵渔，耗蚀无算。州佐请按籍核实，清宿蠹。大吏惧以失察得罪，阳韪而阴沮之。州佐擘画盘错，致疾乞休，未去官，卒。

州佐在甘州久，言边境要害战守状，原委校然。谓边地民稀，宜用开中法，分河东盐引三之一输粟河西资军食；又宜简练乡勇，拔置卒伍，不待召募，可坐收精锐。时诏简监司具才望者入为卿贰，州佐在选，会卒，未及用。

3. 王揆

卷四百八十四　列传二百七十一

揆，顺治中进士（编者按：见于顺治十二年乙未科进士题名碑），所著曰芝廛集。

4. 杨雍建

卷二百七十四 列传六十一

杨雍建，字自西，浙江海宁人。顺治十二年进士，授广东高要知县。时方用兵，总督驻高要。师行征民夫，吏虑其逃，絷之官廨。当除夕，雍建命徙廊庑，撤肴馔畀之。师中索榕树枝制绳以燃炮，军吏檄征，语不逊，雍建笞之。总督王国光以是称雍建方刚，特疏荐。莅官甫一年，擢兵科给事中。

十六年春，世祖幸南苑，雍建疏言："昨因圣体违和，传谕孟春飨太庙，遣官致祭。至期皇躬康豫，仍亲庙祀，此敬修祀典之盛心也。乃回宫未几，复幸南苑，寒威未释，陟历郊原，恐不足以慎起居。且古者搜苗狝狩，各有其时。设使兽起于前，马逸于后，惊属车之清尘，岂能无万一之虑？"疏入，上甚怒，宣雍建入，谕以阅兵习武之意。雍建奏对不失常度，上意亦解。

时平南王尚可喜、靖南王耿继茂并镇广东，雍建疏陈广东害民之政八：委吏太滥，杂派太繁，里役无定例，用夫无定制，盐埠日横，私税日盈，伐薪采木，大肆流毒，均宜亟为革除。且两藩并建，供亿维繁。今川、贵底定，请移一藩镇抚其地，俾粤民苏息。上寻命继茂移镇福建，雍建发之也。十七年，疏言："朋党之患，酿于草野。欲塞其源，宜严禁盟社，请饬学臣查禁。"从之。转吏科给事中。圣祖即位，辅臣秉政，奏事者入见，皆长跪，雍建独立语。比退，辅臣目之曰："此南苑上书谏猎者也。"自是奏事者见辅臣皆不跪。

康熙三年，彗星见。雍建奏言："天心仁爱，垂象示警。乞斋心修省，广求直言，详询利病，并饬内外臣工，涤虑洗心，共修职业。"上优旨褒答。四年，疏言："治化未醇，由于臣职未尽。比者部臣以推诿为卸责，明为本部应议之事，或请咨别部，或请饬督抚，致一案之处分，因一人之口供未到而更待另议；一事之行止，因一时文卷小误而重俟行查；至地方利弊所关，惮于厘正，辄云已经题定，无庸再议。如此，则一二胥吏执定例以驳之足矣，不知满、汉堂司各官所司为何事也。督抚以蒙蔽为苟安，民苦于差徭，而额外之私征，未闻建长策以除积困；吏横于贪暴，而有司之掊克，不过摘薄罪以引轻条。向日行考满之法，则题报者皆称职，曾无三等以下之劣员；平时上弹劾之章，则特纠者仅末僚，不及道府以上之大吏。凡此推诿蒙蔽之习，请严饬内外臣工各图报称，傥仍蹈故辙，立予罢斥，以儆官常。"疏入，报闻。寻自刑科都给事中累擢左副都御史。

十八年，典会试，授贵州巡抚。疏请立营制，减徭役，招集流亡，禁革私派。土司谒巡抚，故事，必鸣鼓角，交戟于门，俾拜其下。雍建悉屏去，引至座前问疾苦，予以酒食，土司咸输服。始，贵阳斗米值钱五千，雍建请转饷以给。既，令民翦荒茅，教以耕种。比二年，稻田日辟，民食以裕。二十三年，召授兵部侍郎。寻以亲老乞终养，许之。四十三年，卒，赐祭葬。

5. 秦松龄

卷四百八十四 列传二百七十一

秦松龄，字留仙，无锡人。顺治十二年进士，官检讨，罢归。后举鸿博，复授检讨。典江西乡试，历左赞善，以谕德终。松龄为庶常，召试咏鹤诗，有句云："高鸣常向月，善舞不迎人。"世祖拔置第一，示阁臣曰："是人必有品！"及告归，里居二十余年，专治毛诗。仿黄氏日钞之例，著毛诗日笺六卷。自为诗文曰苍岘山人集。

6. 伊辟

卷二百五十六 列传四十三

伊辟，字卢源，山东新城人。顺治五年，举乡试第一。十二年，成进士，改庶吉士。十三年，授御史。十四年，巡按山西，捕长治乱民勒化龙，穷治其党与。十六年，还，掌京畿道，擢通政司参议。累迁大理寺卿。

康熙十九年，授云南巡抚。时吴世璠未平，师自广西、贵州、四川分道入，辟督饷。围会城未下，同知刘昆不屈于三桂，为所絷，至是始脱出。辟从谘策，昆曰："公用人宽，降人予原职。今安宁、晋宁、昆阳、呈贡诸县令悉降人，昆池舟楫往来无禁。岂有父兄被围而子弟不为转输者？"辟为罢诸降人，寇饷渐断。师久次，虑饷不继。辟疏请贵州、广西二路协济银米，上以二路道险山多，转运不便，遣户部郎中明额礼、萨木哈诣军酌议采买。军中或议取食民间，布政使王继文持不可，曰："现粮支三日，昆阳、宜良寇遗粮，方具资庀役运诣军前。两广随军饷银十万在曲靖，当请于总督金光祖，乞相假。过三日饷不继，请正继文军法。"辟言于大将军贝子彰泰，用其议。不三日，银粟皆至，民以得安，饷亦无阙。辟疏言："云南地处天末，当得重臣弹压。元镇以亲王，明则黔国公任留守。王师计日荡平，臣自镇远至云南，途次闻士民语，佥谓大将军贝子彰泰、内大臣额驸华善所过不扰，请特简一人镇守。"章下所司。辟旋病作，遗疏荐继文自代。卒，赐祭葬。

7. 慕天颜

卷二百七十八 列传六十五

慕天颜，字拱极，甘肃静宁人。顺治十二年进士，授浙江钱塘知县。迁广西南宁同知，再迁福建兴化知府。康熙九年，擢湖广上荆南道。总督刘兆麒疏言天颜习边海诸事，请调福建兴泉道。寻擢江苏布政使。十二年，丧母。总督麻勒吉、巡抚玛祜疏言："天颜廉明勤敏，清积年逋赋，厘剔挪移，事未竟，请令在官守制。"十三年，入觐，疏言："江南田地钱粮有隐占、诡寄诸弊，臣饬州县通计田额，均分里甲；又因科则不等，立征收截票之法，每户实征钱粮分十限，于开征日给限票，依限完纳截票。逾限未截，按数追比，吏不能欺民。"下部，著为令。

十五年，擢江宁巡抚。疏进钱粮交代册，上嘉其清晰，命布政使交代当以此为式。寻以节减驿站钱粮，加兵部侍郎。师征吴三桂，大将军贝勒尚善请造船济师，下天颜督造送岳州。叙劳，加太子少保、兵部尚书，仍兼右副都御史。时诸道兵应征发，舳舻蔽江，夫役牵挽，动以千万计。天颜疏言："纤夫募诸民间，夫给银一钱。民争逃匿，计里均派，先期拘集，饥寒踣顿。及兵既到，计船给夫，兵与船户横索财物，鞭挞死伤。臣拟军赴前敌，仍给纤夫；其凯旋还京，并各省调遣归标官兵，每船应夫若干，以其直给船户，令雇水手。"上从之，命下直省，著为令。

江南水道交错，天颜为布政使时，请于巡抚玛祜，浚吴淞江、刘河淤道。十九年，江南困霪雨，疏言："附近吴淞江、刘河诸州县水道通畅，旋溢旋消。宜兴、常熟、武进、江阴、金坛诸县水无出路，或要口湮塞，致积雨成壑。常熟白茆港为长洲、昆山、无锡诸水出海要道，武进孟渎河为丹阳、宜兴、金坛诸水归江要道，请动帑疏浚。"上从之。于是浚白茆港四十三里达海，浚孟渎河四十八里达江，皆建闸以时启闭，费帑九万有奇。又尝疏请减浮粮，除版荒、坍没公占田地，部议坍没许豁除，版荒令覆勘。二十年，疏请募民垦版荒，六年后起科。

扬州知府高德贵亏帑数万，既劾罢，旋卒；天颜疏销草豆价，户部核减七千有奇，天颜檄追德贵家属。京口防御高腾龙，德贵族也，与参领马崇骏以天颜奏销浮冒讦于将军杨凤翔，凤翔格不行。总督阿席熙劾崇骏、腾龙婪取，上遣郎中图尔宸、锺有德会天颜勘治。崇骏、腾龙叩阍讼天颜奏销浮冒，恶其讦告构罪状，唆总督劾奏。上命图尔宸、锺有德具狱，崇骏、腾龙婪取罪至死，天颜以草豆价户部核减诿罪德贵，当左迁。得旨，如议。

天颜将去官，疏列成劳，且言："夙夜冰兢精白，不意遭诬讦，蒙鉴宥不加严谴。"上以天颜未闻有廉名，乃自言"冰兢精白"，非是，命严饬。二十三年，起湖北巡抚，复谕之曰："尔前为巡抚，未能洁己率属。今宜痛改前非，廉谨自持，以副任使。"旋移贵州。

二十六年，授漕运总督，疏言："京口至瓜洲，漕船往来，风涛最险。请仿民间渡生船，官设十船，导引护防。"部议非例，不允。上曰："朕南巡见京口、瓜洲往来人众，备船过渡，有益于民。其如所请行。"天颜疏陈江南、江西累年未完漕项银米请恩贯，上命尽免康熙十七年以前积逋。江南扬州、淮安所属运河东濒海诸州县地卑下，谓之下河，频岁被水。上先用汤斌议，遣侍郎孙在丰疏浚下河。河道总督靳辅议起翟家坝迄高家堰筑重堤，束堤堰溢出之水北出清口，谓疏浚无益。天颜仍主疏浚，并修筑高家堰，与不协。上遣尚书佛伦、熊一潇，给事中达奇纳、赵吉士会勘，佛伦等主用辅议，天颜、在丰议与辅异。天颜密疏力争，辅疏劾天颜与在丰有连，欲在丰建功，故坚阻上游筑堤。下部议，夺天颜职，而辅亦为御史郭琇、陆祖修，给事中刘楷交章劾罢。初，辅请于仲家庄建闸，引骆马湖水，别凿中河，俾漕船避黄河之险，天颜亦议为无益。上命学士开音布、侍卫马武往视，还奏天颜令漕船毋入中河，上以责天颜，逮下狱。天颜反复申辨，副都御史噶尔图举天颜诉辞先后互异，坐奏事上书不以实论罪，上追录天颜造舟济师，特宽之。三十五年，卒。

天颜历官有惠绩，尝疏请有司亏帑虽逾限，于发遣前清偿，仍贳其罪。狱囚因逸犯株连，待质已三年者，于秋审时开释；狱囚无亲属馈食，月给米三斗：皆恤下之政。在江南，兴水利，蠲积逋，而请免纤夫，苏一时之困，江南民尤颂之。独劾嘉定知县陆陇其不协于舆论，左都御史魏象枢疏言："天颜劾陇其，称其操守绝一尘，德有余而才不足。今之有司，惟操守为难；既知之矣，何不留以长养百姓？请严饬诸督抚大破积习，勿使廉吏灰心，贪风日长。"会诏举清廉，象枢遂以陇其应，语具陇其传。

8. 王士禄

卷四百八十四　列传二百七十一

王士禄，字子底，济南新城人。少工文章，清介有守。弟士祜、士祯从之学诗。士祯遂为诗家大宗，官尚书，自有传。士禄，顺治九年进士（编者按：见于顺治十二年乙未科进士题名碑）。投牒改官，选莱州府教授，迁国子监助教，擢吏部主事。康熙二年，以员外郎典试河南，磨勘挂吏议下狱。久之得雪，免归。居数年，起原官。学士张贞生、御史李棠先后建言获咎，力直之，人以为难。寻又免归。母丧，以毁卒，年四十有八。其文去雕饰，诗尤闲澹幽肆。有西樵、十笏山房诸集。

顺治十二年（1655年）策试满洲进士乙未科

第三甲

1. 伊桑阿

卷二百五十 列传三十七

伊桑阿，伊尔根觉罗氏，满洲正黄旗人。顺治九年进士（编者按：见于顺治十二年策试满州进士乙未科进士题名碑），授礼部主事。累擢内阁学士。康熙十四年，迁礼部侍郎，擢工部尚书，调户部。时吴三桂踞湖南，廷议创舟师，自岳州入洞庭，断贼饷道，命伊桑阿赴江南督治战舰。明年，复命偕刑部侍郎禅塔海诣茶陵督治战舰。

二十一年，黄河决，命往江南勘视河工，以布政使崔维雅随往，维雅条上治河法，与靳辅议不合。伊桑阿因请召辅面询，上以维雅所奏无可行，寝之。寻疏陈黄河两岸堤工修筑不如式，夺辅职，戴罪督修。复命筹海运，疏言："黄河运道，非独输挽天庾，即商贾百货，赖以通行，国家在所必治。若海运，先需造船，所费不赀；且胶、莱诸河久淤，开浚匪易。"上是之。是年冬，俄罗斯犯边，命往宁古塔造船备征调。再调吏部。

二十三年夏，旱，偕王熙等清刑狱。其秋，扈跸南巡，命阅视海口。疏言车路、串场诸河及白驹、草堰、丁溪诸口，宜饬河臣疏浚，引流入海。历兵、礼二部尚书。二十七年，拜文华殿大学士，兼吏部，充三朝国史总裁。三十六年，上亲征噶尔丹，命往宁夏安设驿站，事平，与大学士阿兰泰充平定朔漠方略总裁官。

居政府十五年，尤留意刑狱，每侍直勾本，上有所问，辄能举其词，同列服其精详。上尝御批本房，伊桑阿与大学士王熙、吴琠及学士韩菼等以折本请旨，上曰："人命至重，今当勾决，尤宜详慎。尔等苟有所见，当尽言。"伊桑阿乃举可矜疑者十余人，皆得缓死，上徐曰："此等所犯皆当死，犹曲求其可生之路，不忍轻毙一人。因念淮、扬百姓频被水害，死者不知凡几。河患不除，朕不能暂释于怀也！"伊桑阿陈灾民困苦状，上曰："百姓既被水害，必至流离转徙。田多不耕，赋安从出？今当预免明年田赋，俾灾黎于水退时思归故乡，粗安生业。"伊桑阿等皆顿首，遂下诏免淮、扬明年田赋。

三十七年，以年老乞休。上谕阿兰泰曰："伊桑阿厚重老成，宣力年久。尔二人自任阁事，推诚布公，不惟朕知之，天下无不知者。伊桑阿虽年老求罢，朕不忍令去也。"四十一年，复以病告，诏许原官致仕。逾年卒，谥文端。乾隆中，入祀贤良祠。

2. 萨木哈

卷二百六十八　列传五十五

萨穆哈，吴雅氏，满洲正黄旗人。顺治十二年进士，授户部主事，迁员外郎。

康熙十二年，圣祖允吴三桂疏请撤藩，遣萨穆哈偕郎中党务礼、席兰泰，主事辛珠，笔帖式萨尔图如贵州，具舟及刍粟，谕以毋骚扰，毋迟误。既至，三桂谋反，提督李本深与谋，书招贵州巡抚曹申吉，总督甘文焜得之，告萨穆哈等，趣诣京师告变，并请兵赴援。萨穆哈与党务礼、席兰泰行至镇远，三桂已举兵，镇远将吏得三桂檄，不给驿马。萨穆哈、党务礼得马二，驰至沅州。乃乘驿，十一昼夜至京师，诣兵部，下马喘急，抱柱不能言，久之始苏，上三桂反状。席兰泰自镇远乘小舟至常德，乃乘驿，后七日至。辛珠、萨尔图不及行，死之。十三年，擢萨穆哈刑部郎中。十四年，叙告变功，萨穆哈、党务礼、席兰泰并应升光禄、太仆诸卿。

十五年，授太仆寺卿。十六年，再迁户部侍郎。命监赈山东。十七年，还京师。疏言："臣屡奉使命，所过州县，间有藉差科派民财，深滋扰累。请嗣后有大事，特遣部院官，余并责督抚料理。"上为下廷臣会议，定州县科敛俱视贪吏治罪。调吏部。二十年，再迁工部尚书。二十一年，命察视石景山至卢沟桥石堤，疏言："堤内本官地，康熙初招民垦荒，致侵损堤根。请敕部免其赋，罢勿复耕。"从之。二十二年，命察视山西地震，疏请被灾最重州县发帑治赈。

二十四年，河道总督靳辅请于高邮、宝应诸州县筑堤，束黄河注海，按察使于成龙主浚海口，下廷臣议，用辅策。上询日讲官籍江南者，侍读乔莱力请用成龙策。上曰："乡官议如此，未知民意如何？"令萨穆哈与学士穆成额，会漕运总督徐旭龄、巡抚汤斌，详察民间利害。萨穆哈等行历海口诸州县，诸州县民陈状参差不一；檄诸州县，令各择通达事体者十人询利害，皆言浚海口不便。二十五年，萨穆哈还奏，谓详问居民，从成龙议；积水不能施工，从辅议；水中亦不能取土，请两罢之。是时成龙召诣京师，上命廷臣及萨穆哈、成龙再议。成龙言浚海口当兼治串场河，费至百余万。廷臣以为费巨，疏请停。未几，斌入为尚书，奏言："海口不急浚，再遇水，下游诸州县悉付巨浸。"上召问萨穆哈，萨穆哈不坚执前奏。复下廷臣议，始定用成龙策。上责萨穆哈前覆奏不实，夺官。寻授步军翼尉。

三十二年，仍授工部尚书。三十九年，上察知工部积弊，河工糜帑，受请托，发银多侵蚀，诘责萨穆哈等。萨穆哈寻以老疾乞罢，上斥其伪诈，命夺官，仍留任，察工部积弊，一一自列。四十三年，以疏浚京师内外河道侵蚀帑银，萨穆哈得赇，逮治拟绞。卒于狱。

顺治十五年（1658年）戊戌科

第二甲

1. 黄贞麟

卷四百七十六　列传二百六十三

黄贞麟，字振侯，山东即墨人。顺治十二年进士（编者按：见于顺治十五年戊戌科进士题名碑）。十八年，授安徽凤阳推官，严惩讼师，合郡懔然。大旱，祷雨未应，贞麟曰："得无有沉冤未雪，上干天和乎？"于祷雨坛下，立判诸大狱，三日果雨。江南逋赋案兴，蒙城、怀远、天长、盱眙各逮绅民百余人系狱候勘。狱不能容，人皆立，贞麟曰："彼逋赋皆未验实，忍令僵死于狱乎？"悉还其家。及讯，则或舞文吏妄为注名，或误报，或续完，悉原而释之，保全者五百家。

河南优人朱虎山，游食太和，发长数寸，土猾范之谏与昝姓有隙，诬以藏匿故明宗室谋不轨。事发，江宁推官不敢问，以委贞麟，贞麟力白其诬。逮至京师复勘，刑鞫无异，乃释昝姓而治之谏罪。颍州民吴月以邪教惑众，株连千余人，贞麟勘多愚民无知，止坐月及为首者。捕人索财于水姓，不得，指为月党，追至新蔡杀之。乡人来救，并诬为月党。抚镇发兵围之，系其众至凤阳。贞麟廉得实，惩捕而尽释新蔡乡人。其理枉活人类如此。旋以他事解官，得白。

康熙九年，改授直隶盐山知县，地瘠而多盗，立法牌甲互相救护。有警，一村中半守半援，盗日以息。清里役，逃亡者悉与豁除，不期年，流民复业数百家。十二年，旱，谓父老曰："大吏使勘灾者至，供给惟官是责，不费民一钱。"及秋征，吏仍以旧额进。贞麟曰："下输上易，上反下难。待准蠲而还之，反覆间民必受损。"立令除之。又永革杂派陋例，民皆感惠。内擢户部山西司主事，山西闻喜丁徭重，力请减之。监督京左、右翼仓，因失察侵盗罢职，卒于家。

2. 林云铭

卷五百八　列传二百九十五

林云铭妻蔡，云铭，闽人；蔡名捷，字步仙，侯官人。云铭，顺治十五年进士，授江南徽州推官。郑成功兵入江，徽州兵叛，蔡矢死不去。官省，还居建宁。耿精忠反，下云铭狱，蔡忧之，呕血殷紫，女瑛佩刲臂肉入药，旋苏。师至，云铭乃出狱。

3. 王士禛

卷二百六十六 列传五十三

王士祯，字贻上，山东新城人。幼慧，即能诗，举于乡，年十八。顺治十二年，成进士（编者按：见于顺治十五年戊戌科进士题名碑）。授江南扬州推官。侍郎叶成格被命驻江宁，按治通海寇狱，株连众，士祯严反坐，宽无辜，所全活甚多。扬州鹾贾逋课数万，逮系久不能偿，士祯募款代输之，事乃解。康熙三年，总督郎廷佐、巡抚张尚贤、河督朱之锡交章论荐，内擢礼部主事，累迁户部郎中。十一年，典四川试，母忧归，服阕，起故官。

上留意文学，尝从容问大学士李霨："今世博学善诗文者孰最？"霨以士祯对。复问冯溥、陈廷敬、张英，皆如霨言。召士祯入对懋勤殿，赋诗称旨。改翰林院侍讲，迁侍读，入直南书房。汉臣自部曹改词臣，自士祯始。上征其诗，录上三百篇，曰御览集。

寻迁国子监祭酒，整条教，屏馈遗，奖拔皆知名士。与司业刘芳喆疏言："汉、唐以来，以太牢祀孔子，加王号，尊以八佾、十二笾豆。至明嘉靖间，用张璁议，改为中祀，失尊崇之意。礼：祭从生者。天子祀其师，当用天子之礼乐。"又疏言："自明去十哲封爵，称冉子者凡三，未有辨别。宋周敦颐等六子改称先贤，位汉、唐诸儒之上，世次殊有未安，宜予厘定。"又疏言："田何受易商瞿，有功圣学，宜增祀。郑康成注经百余万言，史称纯儒，宜复祀。"又疏言："明儒曹端、章懋、蔡清、吕柟、罗洪先，并宜从祀。绛州贡生辛全，生际明末，以正学为己任，著述甚富，乞敕进遗书。"又请修监藏经史旧版。疏并下部议，以笾豆、乐舞、名号、位次，俟会典颁发遵循；增祀明儒及征进遗书，俟明史告成核定；修补南北监经史版，如所请行。

二十三年，迁少詹事。命祭告南海，父忧归。二十九年，起原官，再迁兵部督捕侍郎。三十一年，调户部。命祭告西岳西镇江渎。三十七年，迁左都御史。会廷议省御史员额，士祯曰："国初设御史六十，后减为四十，又减为二十四。天子耳目官，可增不可减。"卒从士祯议。

迁刑部尚书。故事，断狱下九卿平议。士祯官副都御史，争杨成狱得减等。官户部侍郎，争太平王训、聊城于相元、齐河房得亮狱皆得减等，而衡阳左道萧儒英，则又争而置之法。徐起龙为曹氏所诬，则释起龙而罪曹，案其所与私者，皆服罪。及长刑部，河南阎焕山、山西郭振羽、广西窦子章皆以救父杀人论重辟，士祯曰："此当论其救父与否，不当以梃刃定轻重。"改缓决，入奏，报可。

士祯以诗受知圣祖，被眷遇甚隆。四十年，乞假迁墓，上命予假五月，事毕还朝。四十三年，坐王五、吴谦狱罢。王五故工部匠役，捐纳通判；谦太医院官，坐索债殴毙负债者。下刑部，拟王五流徙，谦免议，士祯谓轻重悬殊，改王五但夺官。复下三法司严鞫，王五及谦并论死，又发谦嘱托刑部主事马世泰状，士祯以瞻徇夺官。四十九年，上眷念诸旧臣，诏复职。五十年，卒。

明季文敝，诸言诗者，习袁宗道兄弟，则失之俚俗；宗钟惺、谭友夏，则失之纤仄；斅陈子龙、李雯，轨辙正矣，则又失之肤廓。士祯姿禀既高，学问极博，与兄士禄、士祜并致力于诗，独以神韵为宗。取司空图所谓"味在酸咸外"、严羽所谓"羚羊挂角，无迹可寻"，标示指趣，自号渔洋山人。主持风雅数十年。同时赵执信始与立异，言诗中当有人在。既没，或诋其才弱，然终不失为正宗也。

士祯初名士禛，卒后，以避世宗讳，追改士正。乾隆三十年，高宗与沈德潜论诗，及士正，谕曰："士正绩学工诗，在本朝诸家中，流派较正，宜示褒，为稽古者劝。”因追谥文简。三十九年，复谕曰：“士正名以避庙讳致改，字与原名不相近，流传日久，后世几不复知为何人。今改为士祯，庶与弟兄行派不致淆乱。各馆书籍记载，一体照改。”

4. 李念慈

卷四百八十四 列传二百七十一

李念慈，字屺瞻，泾阳人。顺治十五年进士，以河间府推官改知新城县。坐逋赋罢。会有荆襄之役，叙运饷劳，再起，补天门。与枝蔚同举鸿博，试不中选。喜游，好吟咏。有谷口山房集。施闰章称其雄爽之气勃勃眉宇，盖秦风而兼吴、楚者。

5. 张贞生

卷四百八十 列传二百六十七

张贞生，字篑山，庐陵人。顺治十五年进士，官翰林院侍讲学士。时议遣大臣巡察，贞生上书谏。召对，所言又过戆。下考功议，革职为民，蒙恩镌二级去官。初阐阳明良知之说，其后乃一宗考亭。居京师，寓吉安馆中，蓬蒿满径，突无炊烟。濒行不能具装，故人馈赆，一无所受，其狷介如此。寻奉特旨起补原官。至京，卒。著庸书二十卷，玉山遗响集。

6. 徐臻

卷二百六十八 列传五十五

杜臻，字肇余，浙江秀水人。顺治十五年进士，改庶吉士，散馆，授编修。累迁内阁学士，擢吏部侍郎。

国初以海上多事，下令迁东南各省沿海居民于内地，画界而设之禁。界外皆弃地，流民无所归，去为盗。及师定金门、厦门，总督姚启圣请以界外地按籍还民，弛海禁，收鱼盐之利给军食，廷臣持不可。康熙二十二年，台湾平，上命以界外地还民。会给事中傅感丁请以江、浙、闽、粤滨海界外地招徕开垦，乃命臻及内阁学士席柱赴福建、广东察视展界，进臻工部尚书。臻与席柱如广东，自钦州防城始，遵海以东而北，历府七、州三、县二十九、卫六、所十七、巡检司十六、台城堡寨二十一，还民地二万八千一百九十二顷，复业丁口三万一千三百。复如福建，自福宁州西分水关始，遵海以北，历府四、州一、县二十四、卫四、所五、巡检司三、关城镇寨五十五，还民地二万一千一十八顷，复业丁口四万八百。于是两省滨海居民咸得复业。别遣使察视江南、浙江展界复业，同时毕事。臻以母丧还里，席柱复命，奏陈滨海居民还乡安业。上曰：“民乐处海滨，以可出海经商捕鱼，尔等知其故，前此何以不准议行？边疆大臣当以国计民生为念，曩禁令虽严，私出海贸易初未尝断绝。凡议出海贸易不可行者，皆总督、巡抚自图射利故也。”

臻丧终，起刑部尚书。旧制，方冬狱囚月给煤，狱吏率干没，囚多以寒疾死，臻力禁之。调兵部。时议裁各省驻防及督、抚、提、镇标兵，臻谓：“兵冗可裁而不宜骤行，请自今老弱、物故、额缺概不补，数岁额自减。”

从之。再调礼部。以疾告归，寻卒于家。上南巡，书“眷怀旧德”额追赐之。

臻少贫力学，事祖母及父母孝，宏奖人才，诗文剀切中条理。

第三甲

1. 张沐

卷四百七十六　列传二百六十三

张沐，字仲诚，河南上蔡人。顺治十五年进士。康熙元年，授直隶内黄知县。县苦赋役不均，沐令田主自首，不丈而清。严行十家牌法，奸宄敛迹。大旱，自八月不雨至明年九月，民饥甚。沐力筹赈，捐资为倡，劝富民贷粟，官为书其数，俟秋获取偿，人争应之，民免转徙。沐为政务德化，令民各书“为善最乐”四字于门以自警。著六谕敷言，俾人各诵习，反复譬喻，虽妇孺闻之，莫不欣欣向善。五年，坐事免。十八年，以左都御史魏象枢荐，起授四川资阳县，途出内黄，民遮道慰问，日行仅数里。既抵任，值吴三桂据泸州，相去数百里，羽檄如织。城中人户不满二百，沐入山招抚，量为调发，供夫驿不缺。滇事平，以老乞休。

沐自幼励志为圣贤，初官内黄，讲学明伦堂，请业恒数百人。汤斌过境，与语大悦，遗书孙奇逢，称其任道甚勇，求道甚切。沐因以礼币迎奇逢至内黄讲学，俾多士有所宗仰。及在资阳，供亿军兴之暇，犹进诸生诲导不倦。退休后，主讲汴中，两河之士翕然归之，多所成就。年八十三，卒。沐之自内黄罢归也，值登封令张埙兴书院，偕耿介同讲学，为文纪其事，一时称盛。

2. 李天馥

卷二百六十七　列传五十四

李天馥，字湘北，河南永城人。先世在明初以军功得世袭庐州卫指挥佥事，家合肥。有族子占永城卫籍，天馥以其籍举乡试。顺治十五年，成进士，选庶吉士，授检讨。博闻约取，究心经世之学，名籍甚。累擢内阁学士，充经筵讲官。每侍直，有所见，悉陈无隐，圣祖器之。康熙十九年夏，旱，命偕大学士明珠会三法司虑囚，有矜疑者，悉从末减。寻擢户部侍郎，调吏部。杜绝苞苴，严峻一无所私，铨政称平。二十七年，迁工部尚书。河道总督靳辅议筑高家堰重堤，束水出清口，停浚海口；于成龙主疏浚下河。上召二人诣京师入对，仍各持一说，下廷臣详议，天馥谓下河海口当浚，高家堰重堤宜停筑，上然之。历刑、兵、吏诸部。

三十一年，拜武英殿大学士。上曰：“机务重任，不可用喜事人。天馥老成清慎，学行俱优，朕知其必不生事。”三十二年，以母忧回籍，上赐“贞松”榜御书，勉以儒者之学；复谓：“天馥侍朕三十余年，未尝有失。三年易过，命悬缺以待。”三十四年，服将阕，起故官，入阁视事。上亲征厄鲁特，平定朔漠，兵革甫息，天馥务以清静和平，与民休息。尝谓：“变法不如守法。奉行成宪，不失尺寸，乃所以报也。”三十八年，卒，谥文定。

天馥在位，留意人才，尝应诏举彭鹏、陆陇其、邵嗣尧，卒为名臣。为学士时，冬月虑囚，有知县李方广坐当死，天馥言其有才，得缓决，寻以赦免。刑部囚多瘐毙，为庀屋材，多为之所，别罪之轻重以居，活者尤众。

事亲孝，居丧庐墓，有双白燕飞至，不去，人名其居为白燕庐。子孚青，进士，官编修。父丧归，不复出。

3. 熊赐履

卷二百六十二　列传四十九

熊赐履，字敬修，湖北孝感人。顺治十五年进士，选庶吉士，授检讨。典顺天乡试，迁国子监司业，进弘文院侍读。

康熙六年，圣祖诏求直言。时辅臣鳌拜专政，赐履上疏几万言，略谓："民生困苦孔亟，私派倍于官征，杂项浮于正额。一旦水旱频仍，蠲豁则吏收其实而民受其名，赈济则官增其肥而民重其瘠。然非独守令之过也，上之有监司，又上之有督抚。朝廷方责守令以廉，而上官实纵之以贪；方授守令以养民之职，而上官实课以厉民之行。故督抚廉则监司廉，守令亦不得不廉；督抚贪则监司贪，守令亦不得不贪。此又理势之必然者也。伏乞甄别督抚，以民生苦乐为守令之贤否，以守令贪廉为督抚之优劣。督抚得人，守令亦得人矣。虽然，内臣者外臣之表也，本原之地则在朝廷。其大者尤在立纲陈纪、用人行政之间。今朝廷之可议者不止一端，择其重且大者言之：一曰，政事极其纷更，而国体因之日伤也。国家章程法度，不闻略加整顿，而急功喜事之人又从而意为更变，但知趋目前尺寸之利以便其私，而不知无穷之患已潜滋暗伏于其中。乞敕议政王等详议制度，参酌古今，勒为会典，则上有道揆、下有法守矣。一曰，职业极其隳窳，而士气因之日靡也。部院臣工大率缄默瞻顾，外托老成慎重之名，内怀持禄养身之念。忧愤者谓之疏狂，任事者目为躁竞，廉静者斥为矫激，端方者诋为迂腐。间有读书穷理之士，则群指为道学，诽笑诋排，欲禁锢其终身而后已。乞申饬满、汉诸臣，虚衷酌理，实心任事，化情面为肝胆，转推诿为担当。汉官勿阿附满官，堂官勿偏任司员。宰执尽心献纳，勿以唯诺为休容，台谏极力纠绳，勿以钳结为将顺，则职业修举，官箴日肃而士气日奋矣。一曰，学校极其废弛，而文教因之日衰也。今庠序之教缺焉不讲，师道不立，经训不明。士子惟揣摩举业，为弋科名掇富贵之具，不知读书讲学、求圣贤理道之归。高明者或泛滥于百家，沉沦于二氏，斯道沦晦，未有甚于此时者也。乞责成学院、学道，统率士子，讲明正学，特简儒臣使司成均，则道术以明，教化大行，人才日出矣。一曰，风俗极其僭滥，而礼制因之日坏也。今一裘而费中人之产，一宴而糜终岁之粮，舆隶被贵介之服，倡优拟命妇之饰，习为固然。夫风俗奢、礼制坏，为饥寒之本原，盗贼、讼狱、凶荒所由起也。乞明诏内外臣民，一以俭约为尚，自王公以及士庶，凡宫室、车马、衣服，规定经制，不许逾越，则贪风自息、民俗渐醇矣。虽然，犹非本计也。根本切要，端在皇上。皇上生长深宫，春秋方富，正宜慎选左右，辅导圣躬，熏陶德性，优以保衡之任，隆以师傅之礼；又妙选天下英俊，使之陪侍法从，朝夕献纳。毋徒事讲幄之虚文，毋徒应经筵之故事，毋以寒暑有辍，毋以晨夕有间。于是考诸六经之文，监于历代之迹，实体诸身心，以为敷政出治之本。若夫左右近习，必端其选，缀衣虎贲，亦择其人。佞幸不置于前，声色不御于侧。非圣之书不读，无益之事不为。内而深宫燕闲之间，外而大廷广众之地，微而起居言动之恒，凡所以维持此身者无不备，防闲此心者无不周，主德清明，君身强固。由是直接二帝三王之心法，自足措斯世于唐、虞、三代之盛，又何吏治之不清，民生之不遂哉？"疏入，鳌拜恶之，请治以妄言罪，上勿许。

七年，迁秘书院侍读学士。疏言："朝政积习未除，国计隐忧可虑。年来灾异频仍，饥荒叠见，正宵旰忧勤、彻悬减膳之日，讲学勤政，在今日最为切要。乞时御便殿，接见群臣，讲求政治，行之以诚，持之以敬，庶几转咎征为休征。”疏入，鳌拜传旨诘问积习、隐忧实事，以所陈无据，妄奏沽名，下吏议，镌二秩，上原之。八年，鳌拜败，命康亲王杰书等鞫治，以鳌拜衔赐履，意图倾害，为罪状之一。方鳌拜辅政擅威福，大臣稍与异同，立加诛戮。赐履以词臣论事侃侃无所避，用是著直声。上即位后，未举经筵，赐履特具疏请之，并请设起居注官。上欲幸塞外，以赐履疏谏，乃寝，且嘉其直。

九年，擢国史院学士。未几，复内阁，设翰林院，更以为掌院学士。举经筵，以赐履为讲官，日进讲弘德殿。赐履上陈道德，下达民隐，上每虚己以听。十四年，谕奖其才能清慎，迁内阁学士，寻超授武英殿大学士，兼刑部尚书。十五年，陕西总督哈占疏报获盗，开复疏防官，下内阁，赐履误票三法司核拟。既，检举，得旨免究。赐履改草签，欲诿咎同官杜立德，又取原草签嚼而毁之，立德以语索额图。事上闻，吏部议赐履票拟错误，欲诿咎同官杜立德，改写草签，复私取嚼毁，失大臣体，坐夺官。归，侨居江宁。

二十三年，上南巡，赐履迎谒，召入对，御书经义斋榜以赐。二十七年，起礼部尚书。未几，以母忧去。二十八年，上复南巡，赏赉有加。二十九年，起故官，仍直经筵。命往江南谳狱，调吏部。会河督靳辅请豁近河所占民田额赋，命赐履会勘。奏免高邮、山阳等州县额赋三千七百二十八顷有奇。三十四年，弟编修赐瓒以奏对欺饰下狱，御史龚翔麟遂劾吏部铨除州县以意高下，赐履伪学欺罔，乞严谴。下都察院议，赐履与尚书库勒纳，侍郎赵士麟、彭孙遹当降官，上不问，赐瓒亦获赦。

三十八年，授东阁大学士兼吏部尚书，预修圣训、实录、方略、明史，并充总裁官。典会试者五。以年老累疏乞休。四十二年，温旨许解机务，仍食俸，留京备顾问。四十五年，乞归江宁。比行，召入讲论累日。赐履因奏巡幸所至，官民供张烦费，惟上留意，上颔之，给传遣官护归。四十六年，上阅河，幸江宁，召见慰问，赐御用冠服。四十八年，卒，年七十五，命礼部遣官视丧，赐赙金千两，赠太子太保，谥文端。五十一年，上追念赐履，知其贫，迭命江宁织造周恤其家，谕吏部召其二子志契、志夔诣京师，皆尚幼，复谕赐履僚属门生醵金佽之。

赐履论学，以默识笃行为旨，其言曰：“圣贤之道，不外乎庸，庸乃所以为神也。”著闲道录，尝进上，命备省览。雍正间，祀贤良祠。

4. 陈廷敬

卷二百六十七　列传五十四

陈廷敬，初名敬，字子端，山西泽州人。顺治十五年进士，选庶吉士。是科馆选，又有顺天通州陈敬，上为加“廷”字以别之。十八年，充会试同考官，寻授秘书院检讨。康熙元年，假归，四年，补原官。累迁翰林院侍讲学士，充日讲起居注官。十四年，擢内阁学士，兼礼部侍郎，充经筵讲官，改翰林院掌院学士，教习庶吉士。与学士张英日直弘德殿，圣祖器之，与英及掌院学士喇沙里同赐貂皮五十、表里缎各二。十七年，命直南书房。丁母忧，遣官慰问，赐茶酒。服除，起故官。二十一年，典会试。滇南平，更定朝会燕飨乐章，命廷敬撰拟，下所司肄习。迁礼部侍郎。

二十三年，调吏部，兼管户部钱法。疏言：“自古铸钱时轻时重，未有数十年而不改者。向日银一两易钱千，今仅得九百，其故在毁钱鬻铜。顺治十年因钱贱壅滞，改旧重一钱者为一钱二分五厘，十七年又增为一钱四分，所以杜私铸也。今私铸自如，应改重为轻，则毁钱不禁自绝。产铜之地，宜停收税，听民开采，则铜日多，钱价益平。”疏下部议行。

擢左都御史。疏言："古者衣冠、舆马、服饰、器用，贱不得逾贵，小不得加大。今等威未辨，奢侈未除，机丝所织，花草虫鱼，时新时异，转相慕效。由是富者黩货无已，贫者耻其不如，冒利触禁，其始由于不俭，其继至于不廉。请敕廷臣严申定制，以挽颓风。”又言："方今要务，首在督抚得人。为督抚者，不以利欲动其心，然后能正身以董吏。吏不以曲事上官为心，然后能加意于民；民可徐得其养，养立而后教行。宜饬督抚凡保荐州县吏，必具列无加派火耗、无黩货词讼、无朘削富民。每月吉集众讲解圣谕，使知功令之重在此。而皇上考察督抚，则以洁己教吏，吏得一心养民教民为称职，庶几大法而小廉。”又言："水旱凶荒，尧、汤之世所不能尽无，惟备及于豫而赒当其急，故民恃以无恐。山东去年题报水灾，户部初议行令履勘，继又行令分晰地亩高下，今年四月始行覆准蠲免。如此其迟回者，所行之例则然耳。臣愚以为被灾分数既有册结可据，即宜具覆豁免，上宣圣主勤民之意，下慰小民望泽之心，中不使吏胥缘为弊窦。”疏并议行。

二十五年，迁工部尚书。与学士徐乾学奏进鉴古辑览，上嘉其有裨治化，命留览。时修辑三朝圣训、政治典训、方略、一统志、明史，廷敬并充总裁官。累调户、吏二部。二十七年，法司逮问湖广巡抚张汧，汧曾赍银赴京行贿。狱急，语涉廷敬及尚书徐乾学、詹事高士奇，上置勿问。廷敬乃以父老，疏乞归养，诏许解任，仍管修书事。

二十九年，起左都御史，迁工部尚书，调刑部。丁父忧，服阕，授户部尚书，调吏部。四十二年，拜文渊阁大学士，兼吏部，仍直经筵。四十四年，扈从南巡，召试士子，命阅卷。四十九年，以疾乞休，允之。会大学士张玉书卒，李光地病在告，召廷敬仍入阁视事。五十一年，卒，上深惜之，亲制挽诗一章，命皇三子允祉奠茶酒；又命部院大臣会其丧，赐白金千，谥文贞。

廷敬初以赐石榴子诗受知圣祖，后进所著诗集，上称其清雅醇厚，赐诗题卷端。尝召见问朝臣谁能诗者，以王士祯对，又举汪琬应博学鸿儒，并以文学有名于时。上御门召九卿举廉吏，诸臣各有所举，语未竟，上特问廷敬，廷敬奏："知县陆陇其、邵嗣尧皆清官，虽治状不同，其廉则一也。”乃皆擢御史。始廷敬尝亟称两人，或谓曰："两人廉而刚，刚易折，且多怨，恐及公。”廷敬曰："果贤欤，虽折且怨，庸何伤？”

5.黄熙

卷四百八十　列传六十七

熙，字维缉。顺治十五年进士。文涛长熙仅六岁，熙服弟子之事，常与及门之最幼者旅进退。朔望四拜，侍食起馈，唯诺步趋，进退维谨，不以为劳。彭士望比之朱子之事延平。母丧未葬，邻不戒于火，延燎将及。熙抚棺大恸，愿以身同烬。俄而风返，人以为纯孝所感。

顺治十六年（1659年）己亥科

第一甲

1. 徐元文

卷二百五十　列传三十七

徐元文，字公肃，江南昆山人。初冒姓陆，通籍后复姓。少沉潜好学，与兄乾学、弟秉义有声于时，称为“三徐”。

元文举顺治十六年进士第一，世祖召见乾清门，还启皇太后曰：“今岁得一佳状元。”赐冠带、蟒服，授翰林院修撰。从幸南苑，赐乘御马。尝奉命撰孚斋说，孚斋，世祖读书所也，上览之称善，命刊行。康熙初，江南逋赋狱起，元文名丽籍中，坐谪銮仪卫经历，事白，复原官。丁父忧，居丧行古礼。起补国史院修撰，累迁国子监祭酒，充经筵讲官。

元文闲雅方重，音吐宏畅，进讲辄称旨。元文疏请“敕直省学臣间岁一举优生，乡试仍复副榜额，俱送监肄业”。并着为令。复请永停纳粟，章下所司。居国学四年，端士习，正文体，条教大饬。其后上语阁臣：“徐元文为祭酒，规条严肃。满洲子弟不率教者，辄加挞责，咸敬惮之，后人不能及也。”十三年，迁内阁学士，改翰林院掌院学士，充日讲起居注官，教习庶吉士。

先是熊赐履在讲筵，累称说孔、孟、程、朱之道，上欲博览前代得失之由，命词臣以通鉴与四书参讲。元文因取朱子纲目，择其事之系主德、裨治道者，采取先儒之说，参以臆断，演绎发挥，按期进讲。寻以母忧归。十八年，特召监修明史，疏请征求遗书，荐李清、黄宗羲、曹溶、汪懋麟、黄虞稷、姜宸英、万言等，征入史馆，不至者，录所著书以上。寻补内阁学士。时有议遣大臣巡方者，元文言于阁中曰：“巡方向遣御史，以有台长约束，故偾事者鲜。若遣大臣，或妄作威福，谁能禁之？”因入告，事得寝。

明年，擢左都御史。会师下云南，吴三桂之徒多率众归附，耗饷不赀。元文疏言：“三桂遗孽，旦夕伏诛。凡胁从之众，恩许自新。若仍留本土，既非永久之规；移调他方，亦多迁徙之费。统以别将，则猜疑未化，终涉危嫌；摄之归旗，则放恣既久，猝难约束。请以武职及入伍者，与绿旗一体录用。余俱分遣为民，以裕饷需。至耿精忠、尚之信、孙延龄旧隶将弁，尤宜解散，勿仍藩旗名目。”又请：“革三藩虐政，在粤者五：曰盐埠，曰渡税，曰总店，曰市舶，曰鱼课；在闽者四：曰盐税，曰报船，曰冒扰驿夫，曰牙行渡税；在滇者四：曰勋庄，曰圈田，曰矿厂，曰冗兵。”疏入，俱下所司议行。

初，御史刘安国请察隐占田亩，州县利有升叙，多捏报累民。元文力言其弊，谓名为加税，实耗粮户。请饬督抚检举，复条列近时督抚四弊。时部例捐纳官到任三年后称职者，具题升转；不称职者，罢之。既，复令捐银者免其具题，又生员得捐纳岁贡。元文言捐纳事例，系一时权宜，请于收复滇南之日，降诏停止，言甚剀切。

云南平，告庙肆赦，廷臣多称颂功德。元文独言："圣人作易，于泰、丰、既济诸卦，垂戒尤切。景运方新，愿皇上倍切咨儆。兼谕大小臣工，洗心涤虑，毗赞大业。勿狃目前之浅图，务培国家之元气。振纪纲以崇大体，核名实以课吏材，崇清议以定国是，厉廉耻以正人心，端教化以图治本，抑营竞以儆官邪，敦节俭以厚风俗，正名分以绝奸萌，并当今急务。"上俞之。

时方严窝逃之禁，杭州将军马哈达以民间多匿逃人，请自句摄，勿移有司。元文曰："是重扰民也。无已，当令督抚会同将军行之。"京师奸人，多掠平民卖旗下，官吏豫印空契给之，屡发觉，元文疏请禁止。又八旗家人投水、自经，报部者岁及千人，疏请严定处分。上俱从之。京察计典罢官者，谋入资捐复，元文力持不可，遂罢议。先后疏劾福建总督姚启圣纵恣谲诈，杭州副都统高国相纵兵虐民，两淮巡盐御史堪泰徇庇贪官，御史萧鸣凤居丧蔑礼，俱谳鞫得实，惟启圣辨释。二十二年，以会推湖北按察使，坐所举不实，镌三秩调用。寻命专领史局。二十七年，复代其兄乾学为左都御史，迁刑部尚书，调户部。二十八年，拜文华殿大学士，兼掌翰林院事。

上南巡，幸苏州，以江南浮粮太重，有旨询户部。元文考宋、元以来旧额官田、民田始末及前明历代诏书以闻。元文在内阁，上复谕及之，元文顿首曰："圣明及此，三吴之福也。"因下九卿议，有力尼之者，事遂寝。

元文兄乾学，豪放，颇招权利，坐论罢；而元文谨礼法，门庭肃然。二十九年，两江总督傅拉塔劾乾学子侄交结巡抚洪之杰，招权竞利，词连元文，上置不问，予元文休致回籍。舟过临清，关吏大索，仅图书数千卷，光禄馔金三百而已。家居一年卒。乾学自有传。

弟秉义，字彦和，举康熙十二年进士第三，授编修，迁右中允。乞假归。乾学卒，召补原官。累迁吏部侍郎。命偕刑部侍郎绥色克如陕西，谳粮盐道黄明受贿，拟罪失当，左迁詹事。擢内阁学士，乞归。上南巡，赐御书"恭谨老成"榜额。五十年，卒。

2. 叶方蔼

卷二百六十六 列传五十三

叶方蔼，字子吉，江南昆山人。顺治十六年一甲三名进士，授编修。江南奏销案起，坐夺官。寻授上林苑蕃育署丞。事白，还故官。康熙十二年，充日讲起居注官。十四年，迁国子监司业，再迁侍讲。宴瀛台，群臣皆进诗赋，方蔼制八箴以献，上甚悦，命撰太极图论以进，赐貂裘、文绮。十五年，迁左庶子，再迁侍讲学士。十六年，命充孝经衍义总裁，进讲通鉴。上问："诸葛亮何如伊尹？"方蔼对曰："伊尹圣人，可比孔子；诸葛亮大贤，可比颜渊。"上首肯。讲中庸，上问："知行孰重？"对曰："宋臣朱熹之说，以次序言，则知先行后；以功夫言，则知轻行重。"上曰："毕竟行重，若不能行，知亦虚知耳。"转侍读学士。十七年，充鉴古辑览、皇舆表总裁，经筵讲官，直南书房。上勤于典学，故事，以大臣二人日直，上特以属方蔼，兼掌院学士，兼礼部侍郎。

十八年，召试博学宏词，命方蔼阅卷，总裁明史。十九年，尚书讲义成。上以讲幄劳，加方蔼尚书衔。上讲易噬嗑卦辞，方蔼与同官库勒纳进所撰乾坤二卦总论，上览竟，谕曰："卦爻义各有不同，即如噬嗑卦中四爻主用刑者言，初上二爻主受刑者言，必得总论发挥，庶全卦之义了然，诸卦可依此撰进。"二十年，授刑部侍郎。二十一年，卒，遣奠茶酒，赐白金二百。上以方蔼久侍讲幄，启沃勤劳，命优恤，赐谥文敏。

方蔼初释褐，以文章受知世祖。家居时，有密陈其居乡不法者，下其事江苏巡抚田雯核覆。雯以乡评入告，上曰："朕固知方蔼不如是也！"其后事圣祖，直内廷，眷遇优渥。方蔼故廉谨，其卒，以板扉为卧榻，支以四瓮，布帐多补缀，无以为敛，见者以为难能。

第二甲

1. 彭孙遹

卷四百八十四　列传二百七十一

彭孙遹，字骏孙，海盐人。父期生，明唐王时官太仆卿，死赣州。长子孙贻以毁卒，孙遹其少子也。顺治十六年进士，授中书。素工词章，与王士祯齐名，号曰"彭王"。康熙十八年，开博学鸿儒科，诏中外诸臣广搜幽隐，备礼敦劝，无论已仕未仕，征诣阙下，月饩太仓米。明年三月朔，召试太和殿。发赋、诗题各一，学士院给官纸，光禄布席，赐宴体仁阁下。于是天子亲擢孙遹一等一名，授编修。

自孙遹外，其籍隶浙江者，又有钱塘汪霦，秀水徐嘉炎、朱彝尊，平湖陆棻，海宁沈珩，仁和沈筠、吴任臣、邵远平，遂安方象瑛、毛升芳，萧山毛奇龄，鄞陈鸿绩，凡十三人。江苏二十三人，曰：上元倪灿，宝应乔莱，华亭王顼龄、吴元龙，无锡秦松龄、严绳孙，武进周清原，宜兴陈维崧，长洲冯勖、汪琬、尤侗、范必英，吴钱中谐，仪真汪楫，淮安邱象随，吴江潘耒、徐釚，太仓黄与坚，常熟周庆会，山阳李铠、张鸿烈，上海钱金甫，江阴曹禾。直隶五人，曰：大兴张烈，东明袁佑，宛平米汉雯，获鹿崔如岳，任丘庞垲。安徽三人，曰：宣城施闰章、高咏，望江龙燮。江西二人，曰：临川李来泰，清江黎骞。陕西一人，曰富平李因笃。河南一人，曰睢州汤斌。山东一人，曰诸城李澄中。湖北一人，曰黄冈曹宜圃。凡五十人，皆以翰林入史馆。其列二等者，亦多知名之士，称极盛焉。

孙遹历官吏部侍郎，充经筵讲官。明史久未成，特命为总裁，赐专敕，异数也。年七十，致仕归，御书"松桂堂"额赐之，遂以名其集。

2. 翟世琪

卷四百八十八　列传二百七十五

世琪，山东益都人，顺治十六年进士：关中并称贤令者也。叛党朱龙犯神木，民恟惧。三知适受檄赴京师代贺，有讽可携眷行者，谢之。赴阙事竣，抵署三日，延安、吴堡相继陷。贼至，乘城死守，亲挽强弩，发无不中。柳沟营游击李师膺受伪札，鼓众噪饷，世琪出谕贼，先被戕，及其二子。

3. 姚缔虞

卷二百七十四 列传六十一

姚缔虞，字历升，湖广黄陂人。顺治十五年进士（编者按：见于顺治十六年己亥科进士题名碑），授四川成都府推官。四川残民多聚为盗，互告讦，酿大狱。缔虞平恕谳鞫，辄得其情，审释叛案株连狱囚十七人。总督苗澄、巡抚张德地荐廉能，举卓异，会裁缺，改陕西安化知县。行取，康熙十五年，授礼科给事中。疏请严选庶吉士，考核翰林，报闻。十七年，典试江西，还，奏："江西被贼残破州县在丁缺田荒案内者，请敕督抚酌量轻重，限三年或五年劝垦，以渐升科。全省逋赋二百二十万，历年追比，仅报完三万。此二百十余万，虽敲骨吸髓，势必不能复完。请早予蠲免，俾小民得免死亡。"

十八年，地震，求言。缔虞上疏曰："科道乃朝廷耳目之官，原期知无不言，有闻则告。自故宪臣艾元征请禁风闻条奏，自此言路气靡，中外多所顾忌。臣请皇上省览世祖朝诸臣奏议，如何謇谔；今者相率以条陈为事，软熟成风。盖平时无以作其敢言之气，一旦欲其慷慨直陈，难矣。乞敕廷臣会议，嗣后有矢志忠诚、指斥奸佞者，即少差谬，亦赐矜全。如或快意恩仇，受人指使，章奏钞传，众目难掩，纵令弹劾得实，亦难免于徇私之罪。如此，则言官有所顾忌，不敢妄言；中外诸臣有所顾忌，不敢妄为。"疏下九卿科道会议。越日，召廷臣等集中左门，上问："缔虞疏如何定议？"吏部尚书郝惟讷等暨给事中李宗孔等俱言风闻之例，不宜复开。上问："缔虞，尔意如何？"缔虞对曰："皇上明圣，从未谴罪言官。但有处分条例在，言官皆生畏惧。"上曰："如汝言，条例便当废耶？"缔虞对曰："科条虽设，当辨公私诚伪。"上意稍解。谕言："官宜敷陈国家大事，如有大奸大贪，纠劾得实，法在必行，决不姑贷。且魏象枢弹奏程汝璞，亦是风闻，已鞫问得实，原未尝有风闻之禁也。"上宣缔虞前，指内阁所呈世祖时章奏示之曰："汝以朕为未阅此乎？"缔虞对曰："惟久经圣览，臣故不惮尽言。"上命以所言宣付史馆。次日，复命缔虞入起居注，授笔札记之。寻转工科掌印给事中。上考察科道，黜孙绪极、傅廷俊、和盐鼎三人，而嘉缔虞与王曰温、李迥称职。二十一年，疏论外吏积习，视事偷惰，公务沉阁，文移迟缓；僚属宴会，游客酬酢，废时糜费。请敕部禁饬。累擢左佥都御史。

二十四年，授四川巡抚。缔虞先为推官有声，百姓喜其来。缔虞至，榜上谕于厅事，严约束，禁私征杂派，杜绝馈遗，属吏惮之。疏言："四川迭经兵火，荒残已极。官户乡绅，多流寓外省，虽令子弟复业，迨入学乡举登仕版后，仍弃本籍他往。百姓见其如此，亦裹足不归。若招回乡宦一家，可抵百姓数户。绅宦既归，百姓亦不招而自至。今察明各属流寓外省绅衿，请敕部移行，饬令复业。"从之。蜀人困于采木，缔虞陛辞，首陈其害。会松威道王骘入觐，亦举是以奏，诏特免之。复请免运白蜡，停解铁税，皆获施行。二十七年，卒官，赐祭葬。

4. 姚文燮

卷四百七十六 列传二百六十三

姚文燮，字经三，安徽桐城人。顺治十六年进士，授福建建宁府推官。建宁俗号犷悍，以睚眦仇杀者案山积，文燮片言立剖，未数月囹圄为空。有方秘者，杀方飞熊，前令已谳定大辟。文燮鞫得飞熊初为盗，尝杀秘一家，既就抚，秘乃乘间复仇，不可与杀平人等，秘得活。大吏谓文燮明允，凡疑狱辄委决之。有武弁被杀，株连众，文燮仅坐数人罪。大吏骇曰："此叛案，何遽轻率？"文燮曰："某所据初报文及盗供也。"盖乡民逐盗，弁适遇之，从骑未至，为盗所杀而盗逸，营中执为民叛杀弁。文燮检得初报文，而盗亦获，自供杀弁，故得其情。

时耿氏建藩，其下多怙势虐民，贷民钱而夺其妻女。文燮悉使讦发，为捐募代偿，赎归百数。奉檄主丈田事，建宁环郡皆山，民依山凿田，每陡峻不能施弓绳，文燮授吏勾股法，计田广狭，增减为亩，区画悉当。值边海修战船，或拟按户口出钱，文燮上陈疾苦，筹款以代，民乃安。秩满，报最。康熙六年，诏裁各府推官，去职。

八年，改直隶雄县知县。浑河泛溢，浸城，文燮修城筑堤，造桥利涉者。邑贡狐皮为民累，条上其弊，获免。地近京畿，膏腴多圈占为旗产，文燮为民争之。旗人请于户部，遣司官至，牵绳量地，绳所及，民不得有。文燮拔刀断绳，司官见其刚直，词稍逊。未几，有旨退地还民。团练屯丁，以资守望，盗贼屏迹。报垦地，蠲耗羡，减盐引，恤驿政，拊循疮痏，民庆更生。

擢云南开化府同知，摄曲靖府阿迷州事。吴三桂叛，文燮陷贼中。密与建义将军林兴珠有约，为贼所觉，被系，乘隙遁，谒安亲王岳乐军中。王以闻，召至京，赐对，询军事甚悉。滇寇平，乃乞养归。

5. 黄与坚

卷四百八十四　列传二百七十一

黄与坚，字廷表，太仓人。幼有奇慧，八岁，酷好唐人诗，录小本，怀袖中讽诵之。已而究心经术，遍读周、秦古书。性落落，与人交有终始。顺治十六年进士，后举鸿博，授编修，迁赞善，分修明史及一统志。寓居委巷，寂寞著书，如穷愁专一之士。有忍庵集。

吴伟业选"娄东十子"诗，以与坚为冠。十子者，周肇、许旭、王撰、王摅、王昊、王揆、王忭、王曜升、顾湄也。肇诗曰东冈集，旭曰秋水集，撰曰三余集，摅曰芦中集。

6. 马骕

卷四百八十一　列传二百六十八

骕，字宛斯，邹平人。顺治十六年进士，除淮安府推官。寻推官议裁，补灵璧县知县。蠲荒除弊，流亡复业。康熙十二年，卒于官，年五十四。士民奉祀名宦祠。骕于左氏融会贯通，著左传事纬十二卷，附录八卷，所论有条理，图表亦考证精详。骕又撰绎史一百六十卷，纂录开辟至秦末之事，博引古籍。疏通辨证，非路史、皇王大纪所可及也。时人称为马三代。四十四年，圣祖命大学士张玉书物色骕所著书，令人至邹平购板入内府。

第三甲

1.朱之佐

卷二百六十三　列传五十

之佐，顺治十四年进士（编者按：见于顺治十六年己亥科进士题名碑），选庶吉士，历官侍读学士。严事之粥，虽白首，执子弟礼甚谨。

2. 吴琠

卷二百六十七　列传五十四

吴琠，字伯美，山西沁州人。顺治十六年进士，授河南确山知县。县遭明季流寇残破，琠拊流亡，辟芜废，垦田岁增，捕获盗魁诛之。师下云南，县当孔道，舆马粮饷，先事筹办而民不扰。康熙十三年，以卓异入为吏部主事，历郎中。累迁通政司右参议。刑部尚书魏象枢亟称其贤。二十年，特擢右通政，累迁左副都御史。疏请复督抚巡方，略言："令甲，督抚于命下之日，即杜门屏客；莅任，守令不得参谒。凡有举劾，惟据道府揭报，爱憎毁誉，真伪相乱，督抚无由知。革火耗而火耗愈甚，禁私派而私派愈增。请敕督抚亲历各属，以知守令贤否。或谓巡方恐劳扰百姓，夫督抚贤，则必能禁迎送、却供应；如其不肖，虽端坐会城，而暮夜之馈踵至，岂独巡方足以劳民哉？"又言："巡抚及巡守道无一旅之卫，而提镇各建高牙。前抚臣如马雄镇，道臣如陈启泰，怀忠秉义，向使各有兵马，奚至束手？宜及此时复旧制，使巡抚、巡守道仍各管兵马。减提督，增总兵，以一镇之兵酌分数镇，听督抚节制。"

二十八年，迁兵部侍郎，寻授湖广巡抚。湖北自裁兵乱后，奸猾率指仇人为乱党，株连不已，琠悉置不问，而惩其妄讦者，人心大定。陕西饥，流民入湖广就食，令有司分赈，全活甚众。三十一年，诏以荆州兵船运漕米十万石至襄阳备赈，琠议："兵船泊大江下至汉口受米，复西上抵襄阳，计程二千余里。令原运漕船若乘夏水顺道赴襄阳，仅七百余里，即以便宜行事。"疏入，上嘉之。未几，丁母忧，服未阕，即授湖广总督，仍听终制乃赴任。故事，土司见州县吏不敢抗礼，其后大吏稍稍假借之。琠至，绝馈遗，饬谒见长吏悉循旧制，或犯约束，檄谕之，无敢肆者。

三十五年，召为左都御史。三十六年，典会试。上北征回銮，顾迎驾诸臣，褒琠及河道总督张鹏翮居官之廉，即擢琠为刑部尚书，而以鹏翮为左都御史。三十七年，拜保和殿大学士，兼刑部。琠熟谙旧章，参决庶务，靡不允当。奏对皆竭忱悃，上每称善。所荐引多贤能吏。

三十九年，复典会试，上手书"风度端凝"榜赐之。寻具疏乞休，不允。上尝临米芾书以赐琠，书其后曰："吴琠宽厚和平，持己清廉。先任封疆，军民受其实惠。朝中之事，面折廷诤，能得其正。朕甚重其能得大臣之体。"四十四年，卒，谥文端。翰林院撰祭文，上以为未能尽琠，敕改撰。吏部奏大学士缺员，上以琠丧未归，悬缺未即别除，曰："朕心不忍也。"

琠所至多惠政，两湖及确山皆祠祀。初，沁州荐饥，琠籴米赈之，全活无算。有司议增沁粮一千三百石，琠力争乃已。乡人德之，立祠以祀。雍正中，祀贤良祠。

顺治十八年（1661年）辛丑科

第二甲

1. 张玉书

卷二百六十七　列传五十四

张玉书，字素存，江南丹徒人。父九徵，字湘晓。顺治二年，举乡试第一。九年，成进士（编者按：见于顺治四年丁亥科进士题名碑）。博学砺行，精春秋三传，尤邃于史。历吏部文选郎中。出为河南提学佥事，考绩最，当超擢，遽引疾归。

玉书，顺治十八年进士，选庶吉士，授编修。累迁左庶子，充日讲起居注官。康熙十九年，以进讲称旨，加詹事衔。二十年，擢内阁学士，充经筵讲官。寻迁礼部侍郎，兼翰林院掌院学士。三藩平，有请行封禅者，玉书建议驳之，事遂寝。二十三年，丁父忧，上遣内阁学士王鸿绪至邸赐奠。服阕，即家起刑部尚书，调兵部。

二十七年，河道总督靳辅奏中河工成。时学士开音布往勘称善，监高邮石工，疏请闭塞支河口为中河蓄水。上以于成龙尝奏辅开中河无益累民，今中河工成，乃命玉书偕尚书图纳等往勘，并遍察毛城铺、高家堰及海口状。濒行，上谓玉书曰："此行当秉公陈奏，毋效熊一潇托故推诿为也。"玉书等还奏："勘阅河形，黄河西岸出水高。年来水大，未溢出岸上，知河身并未淤塞。海口岸宽二三里，河流入海无所阻。中河工成，舟楫往来，免涉黄河一百八十里之险。但与黄河逼，河宽固不可，狭又不能容运河及骆马湖之水。拟请于萧家渡、杨家庄增建减水坝，相时宣泄。闭塞支河口，应如开音布议。"上悉从之。

浙江巡抚金鋐以民杜光遇陈诉驻防满洲兵扰民，下布政使李之粹察讯。之粹咨杭州将军郭丕请申禁，郭丕以闻。上遣尚书熊赐履往按，赐履丁忧去，改命玉书。寻调礼部。二十八年，上南巡，驻跸苏州，玉书还奏杜光遇无其人，所陈诉皆虚妄。金鋐、李之粹皆坐夺官，流徙。二十九年，拜文华殿大学士，兼户部尚书。

三十一年，靳辅奏高家堰加筑小堤，复命玉书偕图纳往勘。还言："曩者黄涨，淮流被逼，故洪泽湖水视昔为高。今拟筑堤，距高家堰甚近；若水涨，则高家堰大堤且不保，筑小堤何益？因条列高家堰河工，自史家刮至周桥一万四百余丈，宜筑堤三官庙。诸口宜改石工。今拟筑小堤处，宜令河臣每岁亲勘。"上深然之。

三十五年，上亲征噶尔丹，玉书扈行，预参帷幄。师次克鲁伦河，噶尔丹北窜，大将军费扬古截击，斩杀几尽，噶尔丹仅以身免。玉书率百官上贺。三十六年，充平定朔漠方略总裁官。丁母忧，遣官赐祭，并赐御书松荫堂榜。三十八年，上南巡，玉书迎谒，赐赉有加。三十九年，服未阕，召至京，入阁视事。四十年，扈驾南巡，驻跸江宁，召试士子，命为阅卷官。御舟次高资港，玉书奏言前去镇江不远，请幸江天寺，留驻数日，上为留一日。

四十六年，河道总督张鹏翮请开溜淮套河，上南巡，次清口勘视，见所树标竿多在民冢，召鹏翮极斥其非。玉书奏曰："向者老人白英议引汶水南北分流，不若别作坝引汶水通漕，其下流专以淮水敌黄。黄水趋海，此万世利也。"上善其言，遂谕鹏翮罢开溜淮套，事具鹏翮传。

四十九年，以疾乞休，温旨慰留。五十年，从幸热河，甫至疾作，遂卒，年七十，上深惜之，亲制挽诗，赐白金千。命内务府监制棺椁衾绞，驿送其丧还京师，加赠太子太保，谥文贞。五十二年，上追念旧劳，擢其子编修逸少为侍读学士。

玉书谨慎廉洁，居政地二十年，远避权势，门无杂宾，从容密勿，为圣祖所亲任。自奉俭约，饮食服御，略如寒素。雍正中，入祀贤良祠。

2. 刘钦邻

卷四百八十八　列传二百七十五

刘钦邻，江南仪征人。顺治十八年进士。康熙八年，授广西富川县知县。十三年，广西将军孙延龄叛应吴三桂，遣伪将陷平乐府，旋围富川。钦邻募乡勇城守，与贼相拒五十余日。同城把总杨虎受延龄伪札，勾土贼千余助攻，虎夜引贼入，钦邻率家丁力战，杀贼三十余，家丁死者七，钦邻被执。贼加以毒刑，缚送桂林。延龄诱降，不屈，羁之。钦邻赋绝命词死，追谥忠节。

3. 江皋

卷四百七十六　列传二百六十三

江皋，字在湄，安徽桐城人。顺治十八年进士，观政刑部。父病，乞养归。丧除，授江西瑞昌知县。故事，岁一巡乡堡、校户籍，敛舆马费，皋罢之。县城近河，堧岸善崩，屡决改道，环城无隍，民病汲。皋出俸金，率先众力，筑坚堤，浚壅塞。水复其故，形势益壮，民居遂蕃。三藩叛，县界连湖南，土寇乘间起。皋曰："吾民缘饥寒出此，迫之则走藉寇"。饬乡、保长开谕抚安，而密督丁壮巡查，屡擒其魁，盗遂息。居七岁，考最，迁九江府同知，寻擢甘肃巩昌知府。大军入蜀，治办军需。值岁除，檄征骡马千匹，芟刍器具，取具仓猝。皋策画便宜，供应无缺。士卒骄悍，所过渔夺百姓，皋遇，辄缚送军主，斩以徇，繇是肃然。

越四岁，调广西柳州。时新收岭西，兵犹留镇。军中多掠妇女，皋白大吏，檄营帅，籍所掠送郡资遣，凡数百人。军饷不继，士哗噪将变，皋驰谕缓期，趣台司发饷，应期至，军乃戢。郡民王缵绪，故官家子，经乱，产为四奴所据，只身寄食僧舍。皋诘得之，悉逮捕诸奴。奴惧，纳二千金乞免，佯受之。讯伏罪，乃出金授缵绪，命奴从归，尽还其产，柳人歌诵之。太和殿大工兴，使者采木，民大恐。长老言故明采木于此，僵仆溪谷，横藉不可数。皋曰："上命也，何敢匿讳！"使者至，令民前导，自控骑偕使者往视。巨木森挺绝巘，下临深谷。下骑，掖使者攀援以登，崖益峻，无侧足所。使者咋舌曰："是不可取。"还奏免役。民欢呼，戴上恩德。

寻被荐提学四川，以母丧解官。服阕，补陕西平庆道副使，迁福建兴泉道参政。以事左迁，旋以恩复职，卒于家。皋于广西声绩最著。其后称张克嶷、贯朴。

第三甲

1. 叶映榴

卷二百五十三　列传四十

叶映榴，字炳霞，江南上海人。顺治十八年进士，选庶吉士。时方严治江南逋赋士绅，映榴在籍中，降国子监博士。累迁礼部郎中。出榷赣关，会吴三桂叛，赣南北路绝。映榴与同官守险要，抚流民，境获宁。提学陕西巡抚鄂恺荐其才，康熙二十四年，授湖广粮储道。清积逋，减耗羡，事有不便于民者，辄与大吏力争。

二十七年五月，廷议省湖广总督，并裁督标兵。楚兵素剽悍，有夏逢龙者，尤桀黠，能以小信义结其伍，隐附之。檄既下，裁兵汹汹亡所归。总督徐国相还朝已登舟，众围诉索饷，不得，遂大哗。时巡抚柯永昇初上官，映榴摄布政使才三日。事急，映榴白永昇，请予两月粮遣散，不许。众入巡抚署，露刃呼噪。映榴复白永昇，请好言慰遣之。永昇出，众语不逊，永昇曰："若辈欲反邪？"众曰："反也奈何？"刃伤永昇臂，夺其印，复刃伤足，仆，遂拥映榴至阅马场。永昇得间自经死。逢龙自号"总统兵马大元帅"，帜以白，迫布政使以下官受伪职，映榴绐以无杀掠，三日后徐议之。乃令其妻陈奉母吴自水沟出，解印付其仆，乃手具遗疏。是月丁酉，朝服升公座，骂贼，拔佩刀自刎死。

疏略曰："臣一介竖儒，叨沐皇上高厚深恩，历擢今职。尝以洁己奉公，自矢夙夜，但愧才具庸劣，未效寸长。兹值裁兵夏逢龙倡乱，劫夺抚臣敕印，分兵围臣衙门，露刃逼胁。臣幼读诗书，粗知节义，虽斧锧在前，岂肯丧耻偷生？臣母年七十有六，在臣任所；臣长子敷，远在原籍；其余二子尚未成童，茕茕孤嫠，死将安归？因遣妻女奉母潜逃。臣如微服匿影，或可幸免以图后效。伏念臣守土之官也，城存与存，城亡与亡，义所当然。今勉尽一死，以报国恩。所恨事起仓猝，既不能先事绸缪，默消反侧；复不能临期捍御，独守孤城。上辜三十载之皇恩，下弃七旬余之老母，君亲两负，死有余惭。"上览疏，深悯伤之，召廷臣展读，闻者皆感泣。下部议恤，部议援陈丹赤例，赠通政使，特旨赠工部侍郎。次年上南巡，敷迎谒，手书"忠节"二字赐之，遂以为谥。立祠武昌，书"丹心炳册"扁以赐。

雍正八年，录忠臣后，授其子敷凤阳知府；芳蔚州知州，寻改员外郎；孙凤毛内阁中书。与映榴同时死者，都司宣德仁，赠副将。

2. 薛佩玉

卷四百八十八　列传二百七十五

三桂既执巡抚傅弘烈，乃胁上年降，幽禁死。都匀县防兵谋应贼，哗噪焚掠，知县薛佩玉谕以顺逆，众不听，逼受伪职。佩玉北面再拜，自缢死。

3. 李铠

卷四百八十一　列传二百六十八

铠，字公凯。顺治十八年进士，补奉天盖平县知县。康熙十八年，荐应博学鸿儒科试，授翰林院编修，与修明史，洊官内阁学士。所著有读书杂述、史断，王士祯称为有本之学。

4. 许三礼

卷二百六十六　列传五十三

许三礼，字典三，河南安阳人。顺治十八年进士，授浙江海宁知县。海宁地濒海，多盗，三礼练乡勇，严保甲，擒盗首朱缵之等。益修城壕，筑土城尖山、凤凰山间，戍以土兵。筑塘浚河，救灾储粟，教民以务本。立书院，延黄宗羲主讲。在县八年，声誉甚美。

康熙八年，行取，授福建道御史。疏言："汉儒董仲舒表章六经，其言道之大原出于天，与禅宗异学专主明心者不同。故宋儒程颢有儒道本天、释教本心之辨。宜视宋时六大儒，从祀国学，进称先贤。"下廷臣议，不果行。时云、贵犹未定，三礼疏言荡平后，察大吏宜严，苏民困宜宽。

寻命巡视北城，太常寺卿徐元珙议北郊配位应改坐西向东，下廷臣集议，三礼曰："阳生于子，极于巳，故祀天在冬至，位南郊南向；阴生于午，极于亥，故祀地在夏至，位北郊北向。答阴答阳，义各有取。配位者主道也，义在近尊者为上。故配天尚左，配地尚右，并居东。改之非是。"从之。寻疏请定武臣守制例，下廷臣集议，有谓本朝无此例者。三礼曰："宋高宗绍兴七年，岳飞闻母讣，解兵柄徒步归庐山，庐墓三年。此往代守制例也。"遂定议武臣守制自此始。旋擢通政司右参议。二十七年，迁提督四译馆、太常寺少卿，再迁大理寺卿。

召对便殿，上曰："河图洛书，道治之原。一二三四五，六七八九十，忽金火易位何也？"对曰："此即一阴一阳之道也。天地大德曰生，故河图左旋，而相生为顺数；洛书右转，而相克为逆数。一顺一逆，位所由易也。"上曰："既顺何以逆？"对曰："孤阳不生，独阴不成。河图自北而东，顺以相生，木火土金水，就流行言；洛书自北而西，逆则相克，上下四方中，就对待言。既五数在中，纵横皆十五矣，惟克乃所以生也。阴阳交则生变，变则生生不易。"上又问曰："洪范九畴，皇建有极，谓人参三才，此说是乎？"对曰："自天地开辟以来，赖有圣人，愿治而不愿乱者，天地之心；有治而不能无乱者，天地之数。数至则生圣人，拨乱而返之治，裁成辅相，以左右民，则圣人建极会极归极之功也。圣人既能拨乱而返之治，始副天地长治之心，此人参三才之说，实理也，亦实事也。"上颇嘉美之。

迁顺天府府尹。二十八年，迁右副都御史。再迁兵部督捕侍郎，以病告归，未及行，卒。

三礼初师事孙奇逢，及在海宁，从黄宗羲游，官京师，有所疑，必贻书质宗羲。效宋赵抃故事，旦昼所为，夜焚香告天，家居及在海宁，皆建告天楼。圣祖重道学，尝以之称三礼云。

5. 宋必达

卷四百七十六　列传二百六十三

宋必达，字其在，湖北黄州人。顺治八年进士（编者按：见于顺治十八年辛丑科进士题名碑），授江西宁都知县。土瘠民贫，清泰、怀德二乡久罹寇，民多迁徙，地不治。请尽蠲逋赋以徕之，二岁田尽辟。县治濒河，夏雨暴涨，城且没。祷于神，水落，按故道疏治之，自是无水患。

康熙十三年，耿精忠叛，自福建出攻掠旁近地，江西大震，群贼响应。宁都故有南、北二城，南民北兵。必达曰："古有保甲、义勇、弓弩社，民皆可兵也。王守仁破宸濠尝用之矣。"如其法训练，得义勇二千。及贼前锋薄城下，营将邀必达议事，曰："众寡食乏，奈何？"必达曰："人臣之义，有死无二。贼本乌合，掩其始至，可一鼓破也。"营将遂率所部进，贼少却，必达以义勇横击之，贼奔。已而复率众来攻，巨炮隳雉堞，辄垒补其缺，随方备御益坚。会援至，贼解去。或言于巡抚，县堡寨多从贼，巡抚将发兵，必达刺血上书争之，乃止。官军有自汀州还者，妇女在军中悲号声相属，自倾橐计口赎之，询其姓氏里居，护之归。

县初食淮盐，自明王守仁治赣，改食粤盐，其后苦销引之累，必达请以粤额增淮额，商民皆便。卒以粤引不中额，被论罢职，宁都人哭而送之，饯贻皆不受，间道赴南昌，中途为贼所得，胁降不屈，系旬有七日。忽夜半有数十人持兵逾垣入，曰："宋爷安在？吾等皆宁都民。"拥而出，乃得脱。

既归里，江西总督董卫国移镇湖广，见之，叹曰："是死守孤城者耶？吾为若咨部还故职，且以军功叙。"必达逊谢之。既而语人曰："故吏如弃妇，忍自媒乎？"褐衣蔬食，老于田间，宁都人岁时祀之。越数年，滇寇韩大任由吉安窜入宁都境，后令万骤生踵必达乡勇之制御之，卒保其城云。

康熙三年（1664年）甲辰科

第二甲

1. 田雯

卷四百八十四 列传二百七十一

雯，字紫纶，号山姜，德州人。康熙三年进士，授中书。先是中书以资郎充，是年始改用进士，遂为例。累迁工部郎中。督江南学政，所取士多异才。每按试，从两骡，二仆随之，戒有司勿供张。授湖广督粮道，迁光禄寺卿，巡抚江宁，调贵州。时苗、仲猖獗，粤督议会剿，雯谓："制苗之法，犯则治之，否则防之而已，无庸动众劳民也。"议遂寝。丁忧，起补刑部侍郎，调户部，以疾归。康熙中，士祯负海内重名，其论诗主风调。雯负其纵横排奡之气，欲以奇丽抗之。有古欢堂集。

2. 方殿元

卷四百八十四 列传二百七十一

殿元，字蒙章。康熙三年进士。历知剡城、江宁等县。置祭田以赡兄弟，而自携长子还、次子朝侨寓苏州。父子皆有诗名。所称"岭南七子"，并其二子数之也。殿元著九谷集；还，灵州集；朝，勺园集。

第三甲

1. 熊一潇

卷二百七十九 列传六十六

熊一潇，字蔚怀，江西南昌人。康熙三年进士，改庶吉士，授浙江道监察御史。请罢投诚武官改授文官例，并议裁并各关，皆下部议行。累官工部尚书，坐夺官。以靳辅遗疏荐，起太常寺卿，复至工部尚书。致仕，卒。孙学鹏，进士，官广东巡抚。

2. 吴远

卷四百八十四 列传二百七十一

邵远平，字戒三，仁和人。康熙三年进士，选庶吉士。历户部郎中，出为江西学政，擢光禄寺少卿。试鸿博，授侍读，至少詹事，致仕归。以书史自娱，于世务泊如也。圣祖南巡，赐御书“蓬观”额，因自号蓬观子。远平高祖经邦，明正德中进士，刑部员外郎。以建言获罪。著弘简录，起唐迄宋，附以辽、金，未遑及元也。远平循其例续之，刊除旧史复重不雅驯者，入制诰于帝纪，采著作于儒林，而文苑分经学、文学、艺学三科，十三志则分载于纪传，名曰元史类编。朱彝尊称其书非官局所能逮也。别著史学辨误，京邸、粤行等集。

3. 劳之辨

卷二百八十六　列传七十三

劳之辨，字书升，浙江石门人。康熙三年进士，选庶吉士，授户部主事，迁礼部郎中。出为山东提学道佥事，报满，左都御史魏象枢特疏荐之，迁贵州粮驿道参议。师方下云南，羽书旁午，之辨安设驿马以利塘报；复以军米运自湖南，苦累夫役，白大府停运，就地采购，供亿无匮。二十四年，擢通政使参议，迁兵部督捕理事官。连遭亲丧。服阕，起故官。洊擢左副都御史，数有建白。

四十七年，皇太子允礽既废，上日夕忧懑。既，有复储意，王大臣合疏保奏，命留中。旋谕廷臣：“俟废太子疾瘳，教养有成，朕自有旨，诸王大臣不得多渎。”十二月，之辨密奏曰：“皇上之于皇太子，分则君臣，亲则父子。皇太子初以疾获戾，今疾已平复。孝友之本怀，固由至性；肃雍之仪表，久系群心。乞速涣新纶，收回成诏，敕部择吉早正东宫，布告中外，俾天下晓然知圣人举动，仁至义尽，大公无私。事莫有重于此者。今八荒清晏，一统车书，值星纪初周，光华复旦，七庙将行大祫，万国于以朝正。皇上以孝慈治天下，方且称寿母万年之觞，集麟趾繁昌之庆；而顾使前星虚位，震子未宁，圣心得无有遗憾乎？臣年已七十，报主之日无多，知无不言，统望乾断速行。自此以往，皇上待皇太子与诸皇子，尤愿均之以恩，范之以礼，则宜君宜王之美，不难上媲成周，远超百代。至万不得已而裁之以法，则非臣之所敢言也。”疏入，上不怿，斥为奸诡，命夺官，逮赴刑部笞四十，逐回原籍。

五十二年，赴京祝万寿，复原秩。逾年，卒于家。

4. 曹贞吉

卷四百八十四　列传二百七十一

贞吉，字升六，安丘人。与雯同年进士，礼部郎中。诗格遒练，有实庵诗略。兼工倚声，吴绮选名家词，推为压卷。

5. 曹禾

卷四百八十四　列传二百七十一

曹禾，字颂嘉，江阴人。康熙三年进士。选鸿博，授检讨，官至祭酒。与田雯、宋荦、汪懋麟、颜光敏、王又旦、谢重辉、曹贞吉、丁澎、叶封齐名，称诗中十子。

6. 卫既齐

卷二百七十六　列传六十三

卫既齐，字伯严，山西猗氏人。父绍芳，字犹箴，顺治三年进士，授河南尉氏知县。兵后修复城郭、学校，勤劝课，广积储，禁暴戢奸，尉氏民颂焉。行取兵部主事，累迁贵州提学道佥事、浙江巡海道副使。

既齐，康熙三年进士，改庶吉士，散馆授检讨。讲学志当世之务，上疏言时事，语戆直。会遭祖母丧，假归。居久之，诣京师补官。上命以对品调外，授直隶霸州州判。既齐召民之秀良者曹试而教诲之，俾各有所成就。民贷于旗丁，子钱过倍，横索无已。既齐力禁戢之，无敢逞。迭署固安、永清、平谷知县，所至辄有惠政。巡抚于成龙疏荐。会既齐以母忧去，继复遭父丧。一日，上御门，举既齐咨于九卿，佥曰贤，命复授检讨。二十七年，服阕，诣京师补官。上知既齐讲学负清望，超擢山东布政使。既齐感激，益自奋勉为清廉，令府县输款封还平余。门悬钲，吏民白事得自通。建历山书院，仿经义、治事之例，设奎、壁二斋课士。护巡抚印者再。清庶狱，结八十余案，株累数百人尽释去。在官三年，有声绩。三十年，授顺天府尹，疏请按行所部，黜陟属吏贤不肖。上以为无益，不许。寻擢副都御史，闻山、陕蝗见，平阳以南尤甚，疏请赈恤，上责其悬揣。

旋授贵州巡抚。绍芳为提学，士民祠焉。既齐至贵州，谒父祠受事。黎平知府张瀓、副将侯奇嵩报古州高洞苗金涛匿罪人杀吏，请发兵进剿，既齐疏闻，即遣兵捕治；瀓、奇嵩复报兵至斩苗一千一百一十八人，既齐复以闻。旋察知瀓、奇嵩妄报，疏实陈，请夺瀓、奇嵩官勘治。上责既齐轻率虚妄，遣尚书库勒纳、内阁学士温保往按。旋命逮既齐至京师，上令九卿诘责。既齐引罪请死，九卿议当斩，上命贷之，遣戍黑龙江。明年，赦还。家居，立社课士，斥家资供膏火。三十八年，上命承修永定河工。三十九年，又命督培高家堰，卒工次。

7. 赵士麟

卷二百七十五　列传六十二

赵士麟，字麟伯，云南河阳人。康熙三年进士，授贵州平远推官。改直隶容城知县，缉盗卫民，创正学书院，与诸生讲学。行取，授吏部主事。历郎中，擢光禄寺少卿，三迁至左副都御史。疏请台湾改郡县比内地，设总兵镇守，省沿海之戍卒，诏报可。

二十三年，授浙江巡抚。杭州民贷于驻防旗兵，名为“印子钱”，取息重，至鬻妻孥卖田舍；不偿，则哄于官。营兵马化龙殴官，成大狱。士麟移会将军掣缴券约，捐资代偿。将军令减子归母，母复减十之六。事遂解，民大称颂。诏裁浙江总督，总督驻衢州，督标兵三千被汰，乏食哗掠，民罢市。士麟仍济以饷，因奏设副将一，定额兵八百余，留拨各营缺额。众乃定。浙中豪右衙蠹，骄悍不法，为民害。士麟廉得其状，悉置之法，强暴敛迹。省城河道久淤，督役疏浚，半载讫工，民以为便。复缮城隍，修学校，亲莅书院，与诸生讲论经史及濂、洛、关、闽之学，士风大振。禁革规费，积弊一清。二十五年，移抚江苏。浙人怀之，绘图以志去思，并于西湖敬一书院肖像祀之。寻召为兵部督捕侍郎，调吏部，皆能举其职。三十七年，卒。祀浙江名宦。

士麟潜心正学，以朱子为归。躬行实践，施于政事，士悫民恬，所至皆有声绩。

康熙六年（1667年）丁未科

第一甲

1. 董讷

卷二百七十九 列传六十六

董讷，字兹重，山东平原人。康熙六年一甲三名进士，授编修。累擢至江南总督。为政持大体，有惠于民。左迁去，江南民为立生祠。二十八年，上南巡，民执香跪讷生祠前，求复官讷江南。上还跸，笑谓讷曰："汝官江南惠及民，民为汝建小庙。"旋以侍读学士复出为漕运总督。卒。

第二甲

1. 张英

卷二百六十七 列传五十四

张英，字敦复，江南桐城人。康熙六年进士，选庶吉士。父忧归，服阕，授编修，充日讲起居注官。累迁侍读学士。十六年，圣祖命择词臣谆谨有学者日侍左右，设南书房。命英入直，赐第西安门内。词臣赐居禁城自此始。时方讨三藩，军书旁午，上日御乾清门听政后，即幸懋勤殿，与儒臣讲论经义。英率辰入暮出，退或复宣召，辍食趋宫门，慎密恪勤，上益器之。幸南苑及巡行四方，必以英从。一时制诰，多出其手。

迁翰林院学士，兼礼部侍郎。二十年，以葬父乞假，优诏允之，赐白金五百、表里缎二十，予其父秉彝恤典视英官。英归，筑室龙眠山中，居四年，起故官。迁兵部侍郎，调礼部，兼管詹事府。充经筵讲官，奏进孝经衍义，命刊布。二十八年，擢工部尚书，兼翰林院掌院学士，仍管詹事府。调礼部，兼官如故。编修杨瑄撰都统、一等公佟国纲祭文失辞，坐夺官流徙；斥英不详审，罢尚书，仍管翰林院、詹事府，教习庶吉士。寻复官，充国史、一统志、渊鉴类函、政治典训、平定朔漠方略总裁官。三十六年，典会试。寻以疾乞休，不允。三十八年，拜文华殿大学士，兼礼部。

英性和易，不务表襮，有所荐举，终不使其人知。所居无赫赫名。在讲筵，民生利病，四方水旱，知无不言。圣祖尝语执政："张英始终敬慎，有古大臣风。"四十年，以衰病求罢，诏许致仕。濒行，赐宴畅春园，敕部驰驿如制。四十四年，上南巡，英迎驾淮安，赐御书榜额、白金千。随至江宁，上将旋跸，以英恳奏，允留一日。

时总督阿山欲加钱粮耗银供南巡费，江宁知府陈鹏年持不可，阿山怒鹏年，欲因是罪之，供张故不办；左右又中以蜚语，祸将不测。及英入见，上问江南廉吏，首举鹏年，阿山意为沮，鹏年以是受知于上为名臣。四十六年，上复南巡，英迎驾清江浦，仍随至江宁，赐赉有加。

英自壮岁即有田园之思，致政后，优游林下者七年。为聪训斋语、恒产琐言，以务本力田、随分知足诰诫子弟。四十七年，卒，谥文端。世宗读书乾清宫，英尝侍讲经书，及即位，追念旧学，赠太子太傅，赐御书榜额揭诸祠宇。雍正八年，入祀贤良祠。高宗立，加赠太傅。

2. 汪懋麟

卷四百八十四 列传二百七十一

同里汪懋麟，字季甪，并有诗名，时称“二汪”。康熙六年进士，授内阁中书。举鸿博，持服不与试。服阕，复用徐乾学荐，以刑部主事入史馆为纂修官。懋麟绩学有干才。为中书时，楚人朱方旦挟邪说动公卿，懋麟作辨道论诋之。熊赐履见其文，与定交。及居刑曹，勤于职事。有武某乘车宿董之贵家，之贵利其资，杀之。车载而弃于道，鞭马使驰。武父得车马刘氏之门，讼刘杀其子。懋麟曰：“杀人而置其车马于门，非理也。”乃微行，纵其马，马至之贵门，骇跃悲鸣。因收之贵，一讯得实，置于法。其发奸摘伏多类此。懋麟从王士禛学诗，而才气横逸，视士禛为别格。有百尺梧桐阁集。

3. 颜光敏

卷四百八十四 列传二百七十一

光敏，字逊甫，曲阜人，颜子六十七世孙也。康熙六年进士，除国史院中书舍人。帝幸太学，加恩四氏子孙，授礼部主事，历吏部郎中。其为诗秀逸深厚，出入钱、刘。吴江计东谓足以鼓吹休明。雅善鼓琴，精骑射蹋鞠。尝西登太华，循伊阙，南浮江、淮，观涛钱塘，溯三衢。所至辄命工为图，得金石文恒悬之屋壁。有乐圃集、旧雨堂集。

4. 陆棻

卷四百八十四 列传二百七十一

陆棻，字次友，平湖人。幼时值大军收平湖，父被执，棻诣军前乞代父。军将手诗箑示之曰：“儿能读是耶？吾赦汝父。”棻朗诵“收兵四解降王缚，教子三升上将台”，曰：“此宋人赠曹武惠王诗也。将军不嗜杀，即今之武惠王矣！”将军喜，挟与北行，善育之，为议婚。以先问名于杨，辞归。补诸生，入国学，试授中书。康熙六年进士，管内秘书院典籍。再试鸿博，授编修，分纂明史，命直南书房。三十三年，召试翰詹诸臣丰泽园，圣祖亲置第一，谓曰：“连试诗文。无出汝右者。”一岁七迁，至内阁学士。长至，奏句决本，请出矜疑二十余人。后一年告归。棻性孝友，兄南雄知府世楷前卒，棻教养遗孤，俾成立，有名于时。年七十，卒。著雅坪诗文稿。

5. 乔莱

卷四百八十四　列传二百七十一

乔莱，字石林，宝应人。父可聘，明末为御史，有声。莱，康熙六年进士，授内阁中书，乞养归。十八年，试鸿博，授编修，与修明史。典广西乡试，充实录馆纂修官，迁侍读。时御史奏浚海口，泻积水，而河道总督靳辅言其不便，请于邵伯、高邮间置闸泄水，复筑长堤抵海口束之，使水势高则趋海易，廷议多主河臣言。适莱入直，诏问莱，疏陈四不可行，略谓："开河筑堤，势必坏陇亩，毁村落，不可行一。淮、扬地卑，多积潦，今取湿土投深渊，工安得成？不可行二。筑丈六之堤，束水高一丈，秋雨骤至，势必溃；即当未溃，潴水屋庐之上，岂能安枕？不可行三。至于七州县之田，向没于水，今更束河使高，则田水岂复能涸？不可行四。"帝是之，议乃寝。二十六年，罢归。久之，召来京。旋卒。

莱著易俟，杂采宋、元诸家易说，推求人事，参以古今治乱得失，盖诚斋易传之支流。诗文有应制、直庐、使粤、归田诸集。孙亿，亦工诗。

6. 姚淳焘

卷二百四十七　列传三十四

淳焘，康熙六年进士，授内阁中书舍人。伏阙上书为延著讼冤。累擢湖广提学道佥事，坐事罢，未行，值叛卒夏逢龙之乱，誓死不为屈。事闻，复官，授岳常澧道副使。卒。

7. 方象瑛

卷四百八十四　列传二百七十一

方象瑛，字渭仁，遂安人。康熙六年进士。试鸿博，授编修，典试蜀中。寻告归。象瑛性简静，早慧，十岁作远山净赋，惊其长老。致仕家居，望益重。邑有大利弊，则岳岳争言，岁省脂膏万计，邑人建思贤祠祀之。著健松斋集、封长白山记、松窗笔乘。

第三甲

1. 张顾行

卷二百六十四　列传五十一

顾行，康熙六年进士，官江安督粮道。

康熙九年（1670年）庚戌科

第一甲

1. 孙在丰

卷二百七十九 列传六十六

孙在丰，字屺瞻，浙江德清人。康熙九年一甲二名进士，授编修。直起居注，充日讲官，进讲屡称旨。累迁工部侍郎，仍兼翰林院学士。二十六年，命率郎中鄂素等赴淮、扬浚海口，铸监修下河工部印授之。在丰疏言开新不如循旧，筑高不如就低，迤远不如取近。施工以冈门镇为最先，次白驹场，次丁溪场，次草堰。上悉从之，并以在丰请，令辅闭高家堰及高邮诸减水坝。辅仍主筑堤束水。上令辅会总督董讷、总漕慕天颜及在丰集议，遂会疏用辅议。在丰监修海口冈门镇、白驹工已毕，丁溪、草堰工俱停。上以咨成龙，成龙言："上遣在丰监修下河，万民欢颂。今冈门、白驹诸工将竣，而辅又以为无益，欲于高家堰等处筑堤。在丰先经履勘，始行兴工；若果无益，何待开浚年余又会议请停？此实臣所不能解也。"二十七年，在丰疏劾辅阻挠下河，辅亦劾在丰与天颜结婚姻，附和成龙。下廷臣议，辅罢，成龙坐镌秩，责在丰前后言不雠，降调。上命仍以翰林官用，俄授侍读学士。二十八年，迁内阁学士。卒。

2. 徐乾学

卷二百七十一 列传五十八

徐乾学，字原一，江南昆山人。幼慧，八岁能文。康熙九年，一甲三名进士，授编修。十一年，副蔡启僔主顺天乡试，拔韩菼于遗卷中，明年魁天下，文体一变。坐副榜未取汉军卷，与启僔并镌秩调用。寻复故官，迁左赞善，充日讲起居注官。丁母忧归，乾学父先卒，哀毁三年，丧葬一以礼；及母卒，如之。为读礼通考百二十卷，博采众说，剖析其义。服阕，起故官。充明史总裁官，累迁侍讲学士。

二十三年，乾学弟元文以左都御史降调，其子树声与乾学子树屏并举顺天乡试。上以是科取中南皿卷皆江、浙人，而湖广、江西、福建无一与者，下九卿科道磨勘。树屏等坐斥举人。是年冬，乾学进詹事。二十四年，召试翰詹诸臣，擢乾学第一，与侍读韩菼、编修孙岳颁、侍讲归允肃、编修乔莱等四人并降敕褒奖赏赉。寻直南书房，擢内阁学士，充大清会典、一统志副总裁，教习庶吉士。时户部郎中色楞额往福建稽察鼓铸，请禁用明代旧钱，尚书科尔坤、余国柱等议如所请。乾学言："自古皆新旧兼行，以从民便。若设厉禁，恐滋纷扰。"因考自汉至明故事，为议以献。上然之，事遂寝。

诏采购遗书，乾学以宋、元经解、李焘续通鉴长编及唐开元礼，或缮写，或仍古本，综其体要，条列奏进，上称善。时乾学与学士张英日侍左右，凡著作之任，皆以属之。学士例推巡抚，上以二人学问淹通，宜侍从，特谕吏部，遇巡抚缺勿预推。未几，迁礼部侍郎，直讲经筵。朝鲜使臣郑载嵩诉其国王受枉，语悖妄。乾学谓恐长外藩跋扈，劾其使臣失辞不敬，宜责以大义。上见疏，奖，谓有关国体。已而王上疏谢罪。二十六年，迁左都御史，擢刑部尚书。二十七年，典会试。

初，明珠当国，势张甚，其党布中外，乾学不能立异同。至是，明珠渐失帝眷，而乾学骤拜左都御史，即劾罢江西巡抚安世鼎，讽诸御史风闻言事，台谏多所弹劾，不避权贵。明珠竟罢相，众皆谓乾学主之。时有南、北党之目，互相抨击。尚书科尔坤、佛伦，明珠党也，乾学遇会议会推，辄与龃龉。总河靳辅奏下河屯田，下九卿会议，乾学偕尚书张玉书言屯田所占民地应归旧业，科尔坤、佛伦勿从。御史陆祖修因劾科尔坤等偏袒河臣，不顾公议，御史郭琇亦劾辅兴屯累民，诏罢辅任。湖广巡抚张汧亦明珠私人，先是命色楞额往谳上荆南道祖泽深婪赃各款，并察汧有无秽迹，色楞额悉为庇隐。御史陈紫芝劾汧贪黩，命副都御史开音布会巡抚于成龙、马齐覆讯，汧、泽深事俱实，复得泽深交结大学士余国柱为嘱色楞额徇庇及汧遣人赴京行贿状，下法司严议。时国柱已为琇劾罢，法司请檄追质讯，并诘汧行贿何人，汧指乾学。上闻，命免国柱质讯，戒勿株连。于是但论汧、泽深、色楞额如律，事遂寝。乾学寻乞罢，疏言："臣蒙特达之知，感激矢报，苞苴馈遗，一切禁绝。前任湖北巡抚张汧横肆污蔑，缘臣为宪长，拒其币问，是以衔憾诬攀。非圣明在上，是非几至混淆。臣备位卿僚，乃为贪吏诬构，皇上覆载之仁，不加谴责，臣复何颜出入禁廷，有玷清班？伏冀圣慈放归田里。"诏许以原官解任，仍领修书总裁事。

二十八年，元文拜大学士，乾学子树穀考选御史。副都御史许三礼劾乾学："律身不严，为张汧所引。皇上宽仁，不加谴责，即宜引咎自退，乞命归里。又复优柔系恋，潜住长安。乘修史为名，出入禁廷，与高士奇相为表里。物议沸腾，招摇纳贿。其子树穀不遵成例，朦胧考选御史，明有所恃。独其弟秉义文行兼优，原任礼部尚书熊赐履理学醇儒，乞立即召用，以佐盛治。乾学当逐出史馆，树穀应调部属，以遵成例。"诏乾学复奏，乾学疏辨，乞罢斥归田，并免树穀职。疏皆下部议，坐三礼所劾无实，应镌秩调用。三礼益恚，复列款讦乾学赃罪，帝严斥之，免降调，仍留任。

是年冬，乾学复上疏言："臣年六十，精神衰耗，祇以受恩深重，依恋徘徊。三礼私怨逞忿，幸圣主洞烛幽隐。臣方寸靡宁，不能复事铅椠。且恐因循居此，更有无端弹射。乞恩终始矜全，俾得保其衰病之身，归省先茔丘陇，庶身心闲暇。愿比古人书局自随之义，屏迹编摩，少报万一。"乃许给假回籍，降旨褒嘉，命携书籍即家编辑。二十九年春，陛辞，赐御书"光焰万丈"榜额。未几，两江总督傅腊塔疏劾乾学嘱托苏州府贡监等请建生祠，复纵其子侄交结巡抚洪之杰，倚势竞利，请敕部严议。语具元文传。上置弗问，而予元文休致。

三十年，山东巡抚佛伦劾潍县知县朱敦厚加收火耗论死，并及乾学尝致书前任巡抚钱珏庇敦厚。乾学与珏俱坐是夺职。自是龋龁者不已。嘉定知县闻在上为县民讦告私派，逮狱，阅二年未定谳。按察使高承爵穷诘，在上自承尝馈乾学子树敏金，至事发后追还，因坐树敏罪论绞。会诏戒内外各官私怨报复，树敏得赎罪。三十三年，谕大学士举长于文章学问超卓者，王熙、张玉书等荐乾学与王鸿绪、高士奇，命来京修书。乾学已前卒，遗疏以所纂一统志进，诏下所司，复故官。

第二甲

1. 李光地

卷二百六十二 列传四十九

李光地，字晋卿，福建安溪人。幼颖异。年十三，举家陷山贼中，得脱归。力学慕古。康熙九年成进士，选庶吉士，授编修。十二年，乞省亲归。

十三年，耿精忠反，郑锦据泉州，光地奉亲匿山谷间，锦与精忠并遣人招之，力拒。十四年，密疏言："闽疆褊小，自二贼割据，诛求敲扑，民力已尽，贼势亦穷。南来大兵宜急攻，不可假以岁月，恐生他变。方今精忠悉力于仙霞、杉关，郑锦并命于漳、潮之界，惟汀州小路与赣州接壤，贼所置守御不过千百疲卒。窃闻大兵南来，皆于贼兵多处鏖战，而不知出奇以捣其虚，此计之失也。宜因贼防之疏，选精兵万人或五六千人，诈为入广，由赣达汀，为程七八日耳。二贼闻急趋救，非月余不至，则我军入闽久矣。贼方悉兵外拒，内地空虚，大军果从汀州小路横贯其腹，则三路之贼不战自溃。伏乞密敕领兵官侦谍虚实，随机进取。仍恐小路崎岖，须使乡兵在大军之前，步兵又在马兵之前，庶几万全，可以必胜。"置疏蜡丸中，遣使间道赴京师，因内阁学士富鸿基上之。上得疏动容，嘉其忠，下兵部录付领兵大臣。时尚之信亦叛，师次赣州、南安，未能入福建。康亲王杰书自衢州克仙霞关，复建宁、延平，精忠请降。师进驻福州，令都统拉哈达、赉塔等讨郑锦，并求光地所在。十六年，复泉州，光地谒拉哈达于漳州。拉哈达白王，疏称"光地矢志为国，颠沛不渝，宜予褒扬"，命优叙，擢侍读学士。行至福州，以父丧归。

十七年，同安贼蔡寅结众万余，以白巾为号，掠安溪。光地募乡勇百余人扼守，绝其粮道，贼解去。未几，锦遣其将刘国轩陷海澄、漳平、同安、惠安诸县，进逼泉州，断万安、江东二桥，南北援绝。光地遣使赴拉哈达军告急，值江水涨，道阻，乃导军自漳平、安溪小道入。光地从父日煌率乡勇度石珠岭，芟荆棘，架浮桥以济。光地出迎，具牛酒犒军。又使弟光垤、光垠以乡兵千度白鸽岭，迎巡抚吴兴祚军于永春。师次泉州，击破国轩，窜入海。拉哈达上其功，再予优叙，迁翰林学士。光地上疏推功将帅，辞新命，不允；并官日煌，后积功官至永州总兵。

十九年，光地至京师，授内阁学士。入对，言："郑锦已死，子克塽幼弱，部下争权，宜急取之。"且举内大臣施琅习海上形势，知兵，可重任，上用其言，卒平台湾。

陈梦雷者，侯官人。与光地同岁举进士，同官编修。方家居，精忠乱作，光地使日煌潜诣梦雷探消息，得虚实，约并具疏密陈破贼状，光地独上之，由是大受宠眷。及精忠败，梦雷以附逆逮京师，下狱论斩。光地乃疏陈两次密约状，梦雷得减死戍奉天。

二十一年，乞假奉母归。二十五年，还京，授翰林院掌院学士，直经筵，兼充日讲起居注官，教习庶吉士。逾年，以母病乞归省。二十七年，至京。初，光地与侍读学士德格勒善，于上前互相称引。上召德格勒与诸词臣试乾清宫，以文字劣，镌秩。旋掌院库勒讷劾其私抹起居注事，下狱论罪。诏责光地，光地引罪，乞严谴，上原之。寻擢兵部侍郎。三十年，典会试。偕侍郎博霁、徐廷玺，原任河督靳辅勘视河工。三十三年，督顺天学政。闻母丧，命在任守制。光地乞假九月回里治丧。御史沈恺曾、杨敬儒交章论劾，上令遵初命。给事中彭鹏复疏论光地十不可留，目为贪位忘亲，排诋尤力。乃下九卿议，命光地解任，在京守制。三十五年，服阕，仍督顺天学政。三十六年，授工部侍郎。

三十七年，出为直隶巡抚。初，畿辅屡遭水患，上以漳河与滹沱合流易泛滥，命光地导漳自故道引入运河，杀滹沱之势。光地疏言："漳河现分为三：一自广平经魏、元城，至山东馆陶入卫水归运；一为老漳河，自山东丘县经南宫诸县，与完固口合流，至鲍家嘴归运；一为小漳河，自丘县经广宗、钜鹿合于滏，又经束鹿、冀州合于滹沱。由衡水出献县完固口复分为两支：小支与老漳河合流而归运，大支经河间、大城、静海入子牙河而归淀。今入卫之河与老漳河流浅而弱，宜疏浚；其完固口小支应筑坝逼水入河，更于静海阎、留二庄挑土筑堤，束水归淀，俾无泛滥。"诏报可。寻奏霸州、永清、宛平、良乡、固安、高阳、献县因浚新河，占民田一百三十九顷，请豁免赋额，从之。通州等六州县额设红剥船六百号，剥运南漕，每船给赡田，遇水旱例不蠲免，光地奏请援民田例概蠲免之。三十九年，上临视子牙河工，命光地于献县东西两岸筑长堤，西接大城，东接静海，亘二百余里；又于静海广福楼、焦家口开新河，引水入淀：由是下流益畅，无水患。四十二年，上褒其治绩，擢吏部尚书，仍管巡抚事。四十三年，给事中黄鼎楫、汤右曾、许志进、宋骏业、王原等合疏劾光地抚绥无状，致河间饥民流入京畿，并宁津县匿灾不报状。光地疏辨，引咎乞罢，诏原之。再疏辞尚书，不许。寻疏劾云南布政使张霖假称诏旨，贩鬻私盐，得银百六十余万，霖论斩，籍没。

四十四年，拜文渊阁大学士。时上潜心理学，旁阐六艺，御纂朱子全书及周易折中、性理精义诸书，皆命光地校理，日召入便殿揅求探讨。四十七年，皇太子允礽以疾废，命诸大臣保奏诸皇子孰可当储位者。尚书王鸿绪等举皇子允禩，上切责之。询光地何无一言，光地奏："前者皇上问臣以废太子病，臣奏言徐徐调治，天下之福，臣未尝告诸人也。"光地被上遇，同列多忌之者，凡所称荐，多见排挤，因以撼光地。抚直隶时，御史吕履恒劾光地于秋审事任意断决，上察其不实，还其奏。给事中王原劾文选郎中陈汝弼受赃，法司论绞，汝弼，光地所荐也。上察其供证非实，下廷臣确核，得逼供行贿状，汝弼免罪，承谳官降革有差，原夺官。

光地益敬慎，其有献纳，罕见于章奏。江宁知府陈鹏年忤总督阿山，坐事论重辟，光地言其诬，鹏年遂内召。两江总督噶礼与巡抚张伯行互讦，遣大臣往讯，久不决。嗣诏罢噶礼，复伯行官，光地实赞之。桐城贡士方苞坐戴名世狱论死，上偶言及侍郎汪霦卒后，谁能作古文者，光地曰："惟戴名世案内方苞能。"苞得释，召入南书房。其扶植善类如此。

五十二年，与千叟宴，赐赉有加。顷之，以病乞休，温旨慰留。越二年，复以为请，且言母丧未葬，许给假二年，赐诗宠行。五十六年，还朝，累疏乞罢，上以大学士王掞方在告，暂止之。五十七年，卒，年七十七，遣恒亲王允祺奠醊，赐金千两，谥文贞。使工部尚书徐元梦护其丧归，复谕阁臣："李光地谨慎清勤，始终一节，学问渊博。朕知之最真，知朕亦无过光地者！"雍正初，赠太子太傅，祀贤良祠。

弟光坡，性至孝，家居不仕，潜心经术。子钟伦，举人，治经史性理，旁及诸子百家，从其叔父光坡治三礼，于周官、礼记尤精，称其家学。从子天宠，进士，官编修，有志操，邃于经学，与弟钟侨、钟旺俱以穷经讲学为业。钟侨进士，官编修，督学江西，以实行课士，左迁国子监丞。钟旺，举人，授中书，充性理精义纂修官。

2. 赵申乔

卷二百六十三 列传五十

赵申乔，字慎旃，江南武进人。康熙九年进士。二十年，授河南商丘知县，有惠政。二十五年，以贤能行取，命以主事用。二十七年，授刑部主事。三十年，迁员外郎，以病乞归。四十年，以直隶巡抚李光地荐，召见，上察申乔敬慎，超擢浙江布政使。陛辞，上谕曰："浙江财赋地，自张鹏翮后，钱粮多蒙混，当秉公察核，不亏帑，不累民。布政使为一省表率，尔清廉，属吏自皆守法。"申乔顿首谢曰："臣蒙皇上特擢，不黾勉为好官，请置重典。"申乔上官，不挟幕客，治事皆躬亲，例得火耗，悉屏不取。四十一年，上谕奖申乔居官清，能践其言，就迁巡抚。布政使旧有贴解费，岁支不过十之五，申乔积二千余金，封识以授代者，曰："吾奏销不名一钱，后将难继，得此足办一岁事，毋以扰民也。"钱塘江潮啮塘，申乔令镕铁贯石，筑子塘为护。

湖南镇筸红苗杀掠为民害，民走京师叩阍陈状，给事中宋骏业因劾总督郭琇、巡抚金玺、提督林本植讳匿不为民去害，上命侍郎傅继祖、甘国枢及申乔往按，尽发红苗杀掠害民状，琇等皆坐罢。调申乔偏沅巡抚。四十二年，疏言与总督喻成龙檄衡永道张士可入苗洞宣抚，已听命者二十余寨，并与提督俞益谟发兵讨诸不率命者。上命尚书席尔达等率荆州驻防满洲兵，并檄广东、贵州、湖北三省提督，会成龙等进攻。自龙椒洞至于天星寨，分道搜剿，斩悍苗千余，三百余寨咸听命受约束，苗悉定。申乔疏上善后诸事，移辰沅道驻其地。上奖征苗诸将，贵州提督李芳述功最，并褒申乔强毅。

上南巡，申乔朝行在，上以湖南地偏远，官吏私征、加耗倍于他省，特诏申饬。申乔还，建上谕碑亭于通衢，示属吏，并疏劾巴陵知县李可昌等违例苛敛，夺官逮治。四十五年，申乔疏言："清浪、平溪二卫地处山僻，请改米征银，俾省运费。"四十六年，疏言："漕运旗丁旧有耗赠、行月银米，于起运前预发。给事中戴嵩条奏俟至通州补发，意在防其亏缺。湖南运道远于江、浙，例本无耗赠，惟恃行月银米为转运之资。今既扣存，穷丁不能涉远，必致误漕。请仍旧例预发。"上许之，着为令。

四十七年，命赴湖北按谳荆州同知王侃等侵蚀木税，疏请裁港口渡私税，荆州关税部差如故。申乔还，又请以靖州属鸬鹚关税并入辰州关。别疏言："营兵给饷，每于正月支领，时地丁尚未开征，挪移则累官，预征则累民，请以隔岁余存米石拨给兵饷。"并下部议行。内阁学士宋大业祭告南岳还京师，劾申乔轻亵御书，诏诘申乔。申乔疏辨，并言："大业初使湖南，馈金九千。此次再使湖南，馈金五百，意不慊，札布政使董昭祚，言南岳庙工余银毋报部。臣仍报部充饷，以是诬劾。"大业坐夺官，申乔镌五级留任。

四十八年，疏劾提督俞益谟取兵粮三十五石，诏诘益谟。益谟劾申乔苛刻，请并解官质讯。四十九年，上命尚书萧永藻往按，永藻察申乔疏实，上为罢益谟，而命申乔还职。寻擢左都御史，谕曰："申乔甚清廉，但有性气，人皆畏其直。朕察其无私，是以护惜之。"五十年，疏请刻颁部行则例。劾编修戴名世所著南山集、子遗录有大逆语，下刑部，鞫实坐斩。五十一年，疏请禁营兵冒名食粮；又言上普免各省地丁钱粮，惟潼关卫、大同府征本色，不在蠲例，请如奉天、台湾例，一体蠲免：并允所请。

又疏言每岁农忙，京师当遵例停讼。上谕曰："农忙停讼，听之似有理，实乃无益。民非独农也，商讼则废生理，工讼则废手艺。地方官不滥准词状，准则速结，讼亦少矣。若但四月至七月停讼，而平日滥准词状，又复何益？且此四月至七月间，或有奸民诈害良善，冤向谁诉？八月以后，正当收获，亦非闲时。福建、广东四季皆农时，岂终岁停讼乎？读书当明理，事有益于民，朕即允行，否则断乎不可也。"五十二年，广东饥，命往督平粜。寻授户部尚书。

五十三年，旗丁请指圈沧州民地，直隶巡抚赵弘燮议以旗退地另拨，部议不许。申乔言沧州民地有旨停圈，宜如弘燮议，上从之。时方铸大钱，商人请纳银领易小钱送宝源局改铸，命内务府会户部议。申乔言："收小钱，有司责也，商人图利，恐近藉端扰民，不可许。"而疏已上，议准申乔奏，请罢斥。上召问状，申乔言："司官但送侍郎画题，为所藐视，无颜复居职。"上曰："君子惩忿窒欲，此语宜详思。司官藐视，但当奏劾。尔性苛急，不能容人。天地之大德曰生，非但不杀而已。盖于万物皆养育而保全之。尔在官诚廉，然岂可恃廉而矫激乎？"命任事如故。卒用申乔议，罢商人纳银领钱。

申乔子凤诏，官太原知府。上幸龙泉关，凤诏入谒，上以申乔子优遇之。问巡抚噶礼贤否，凤诏言噶礼清廉第一，上为擢噶礼江南总督。及噶礼以贪败，上举凤诏问尚书张鹏翮，鹏翮言其贪。五十四年，山西巡抚苏克济劾凤诏受赇至三十余万，命夺官按治。申乔疏谢不能教子，请罢斥，上责其词意忿激，非大臣体，命任事如故。凤诏坐赃罪至死。

五十九年，以病乞休。上仍奖申乔清廉，令在官调治。凤诏赃未清，命免追，并谕大学士，谓"速传此旨，使其早知，庶服药可效也"。寻卒，年七十有七，赐祭葬，谥恭毅。雍正元年，加赠太子太保。六年，湖广总督迈柱疏劾属吏亏帑，有申乔在偏沅时事，例当分偿。世宗特命免之。

3. 陆龙其

卷二百六十五　列传五十二

陆陇其，初名龙其，字稼书，浙江平湖人。康熙九年进士。十四年，授江南嘉定知县。嘉定大县，赋多俗侈。陇其守约持俭，务以德化民。或父讼子，泣而谕之，子掖父归而善事焉；弟讼兄，察导讼者杖之，兄弟皆感悔。恶少以其徒为暴，校于衢，视其悔而释之。豪家仆夺负薪者妻，发吏捕治之，豪折节为善人。讼不以吏胥逮民，有宗族争者以族长，有乡里争者以里老；又或使两造相要俱至，谓之自追。征粮立挂比法，书其名以俟比，及数者自归；立甘限法，令以今限所不足倍输于后。

十五年，以军兴征饷。陇其下令，谓"不恋一官，顾无益于尔民，而有害于急公"。户予一名刺劝谕之，不匝月，输至十万。会行间架税，陇其谓当止于市肆，令毋及村舍。江宁巡抚慕天颜请行州县繁简更调法，因言嘉定政繁多逋赋，陇其操守称绝一尘，才干乃非肆应，宜调简县。疏下部议，坐才力不及降调。县民道为盗所杀而讼其雠，陇其获盗定谳。部议初报不言盗，坐讳盗夺官。十七年，举博学鸿儒，未及试，丁父忧归。十八年，左都御史魏象枢应诏举清廉官，疏荐陇其洁己爱民，去官日，惟图书数卷及其妻织机一具，民爱之比于父母，命服阕以知县用。

二十二年，授直隶灵寿知县。灵寿土瘠民贫，役繁而俗薄。陇其请于上官，与邻县更迭应役，俾得番代。行乡约，察保甲，多为文告，反复晓譬，务去斗很轻生之习。二十三年，直隶巡抚格尔古德以陇其与兖州知府张鹏翮同举清廉官。二十九年，诏九卿举学问优长、品行可用者，陇其复被荐，得旨行取。陇其在灵寿七年，去官日，民遮道号泣，如去嘉定时。授四川道监察御史。偏沅巡抚于养志有父丧，总督请在任守制。陇其言天下承平，湖广非用兵地，宜以孝教。养志解任。

三十年，师征噶尔丹，行捐纳事例。御史陈菁请罢捐免保举，而增捐应升先用，部议未行。陇其疏言："捐纳非上所欲行，若许捐免保举，则与正途无异，且是清廉可捐纳而得也；至捐纳先用，开奔竞之途：皆不可行。更请捐纳之员三年无保举，即予休致，以清仕途。"九卿议，谓若行休致，则求保者奔竞益甚。诏再与菁详议，陇其又言："捐纳贤愚错杂，惟恃保举以防其弊。若并此而可捐纳，此辈有不捐纳者乎？议者或谓三年无保举即令休致为太刻，此辈白丁得官，踞民上者三年，亦已甚矣；休致在家，俨然搢绅，为荣多矣。若云营求保举，督抚而贤，何由奔竞；即不贤，亦不能尽人而保举之也。"词益激切。菁与九卿复持异议。户部以捐生观望，迟误军需，请夺陇其官，发奉天安置。上曰："陇其居官未久，不察事情，诚宜处分，但言官可贷。"会顺天府尹卫既齐巡畿辅，还奏民心皇皇，恐陇其远谪，遂得免。

寻命巡视北城。试俸满，部议调外，因假归。三十一年，卒。三十三年，江南学政缺，上欲用陇其，侍臣奏陇其已卒，乃用邵嗣尧，嗣尧故与陇其同以清廉行取者也。雍正二年，世宗临雍，议增从祀诸儒，陇其与焉。乾隆元年，特谥清献，加赠内阁学士兼礼部侍郎。

著有困勉录、松阳讲义、三鱼堂文集。其为学专宗朱子，撰学术辨。大指谓王守仁以禅而托于儒，高攀龙、顾宪成知辟守仁，而以静坐为主，本原之地不出守仁范围，诋斥之甚力。为县崇实政，嘉定民颂陇其，迄清季未已。灵寿邻县阜平为置冢，民陆氏世守焉，自号陇其子孙。

4. 王士祜

卷四百八十四　列传二百七十一

士祜，字子测。十岁时，客或疑焦竑字弱侯何耶？坐客未对，即应声曰："此出考工记，'竑其幅广以为之弱'也。咸惊其夙慧。康熙初，第进士，未仕卒。士祯辑其诗为古钵山人遗集。

5. 王掞

卷二百八十六　列传七十三

王掞，字藻儒，江南太仓人，明大学士锡爵孙。康熙九年进士，选庶吉士，授编修，为掌院学士熊赐履所器。迁左赞善，充日讲起居注官。以病告八年，起右赞善。提督浙江学政，严剔积弊，所拔多宿学寒畯。龙泉知县茅国玺以印揭荐武童，掞疏劾，国玺坐谴，别疏陈剔除积弊，报闻。累迁侍读学士。三十年，超擢内阁学士。三十三年，迁户部侍郎，直经筵。三十八年，调吏部，禁革临选驳查、临掣买签诸弊，铨政以肃。偕尚书范承勋、王鸿绪督修高家堰河工。

四十三年，擢刑部尚书。刑部奏谳无汉字供状，掞言："本朝官制，兼设满、汉，欲其彼此参详。今狱词不录汉语，是非曲直，汉司官何由知之？若随声画诺，几成虚设。嗣后定谳，当满、汉稿并具。"诏报可，着为令。累历工、兵、礼诸部，务总纪纲，持大体。五十一年，授文渊阁大学士，兼礼部尚书，直经筵如故。五十二年，典会试。其冬，以疾疏辞阁务，温旨慰留。越年春，疾愈，仍入直。孝惠章皇后祔太庙，议者欲祔于孝康章皇后之次，掞曰："孝康章皇后虽母以子贵，然孝惠章皇后，章皇帝嫡配也，上圣孝格天。曩者太皇太后祔庙时，不以跻孝端文皇后之上，今肯以孝康章皇后跻孝惠章皇后上乎？"礼部不从，上果以为非，令改正。

时上春秋高，皇太子允礽既废，储位未定。掞年七十余，自念受恩深，又以其祖锡爵在明神宗朝，以建储事受恶名，欲干其蛊。五十六年，密奏请建储，疏入，留中。是年冬，御史陈嘉猷等八人复以为言，上不悦，遂并发掞疏，命内阁议处。忌掞者欲置重典，掞止宫门外不敢入。上顾左右，问："王掞何在？"李光地奏掞待罪宫门。上曰："王掞言甚是，但不宜令御史同奏，蹈明季恶习。汝等票拟处分太重，可速召其来。"掞闻命趋入，免冠谢。上招掞跪御榻前，语良久，秘，人不能知。

六十年春，群臣请贺万寿，上勿许。掞复疏前事，请释二阿哥，语加激切。既而御史陶彝等十二人连名入奏，上疑出掞意，大怒，召诸王大臣，降旨责掞植党希荣，且谓："锡爵在明神宗时，力奏建储，泰昌在位，未及数月，天启庸懦，天下大乱，至愍帝而不能守。明之亡，锡爵不能辞其罪。掞以朕为神宗乎？朕初无诛大臣之意，大臣自取其死，朕亦无如何。"令王大臣传旨诘掞，令回奏。时举朝失色，无敢与笔砚者。掞就宫门阶石上裂纸，以唾濡墨，奏言："臣伏见宋仁宗为一代贤君，而晚年立储犹豫，其时名臣如范镇、包拯等，皆交章切谏，须发为白。臣愚，信书太笃，妄思效法古人，实未尝妄嗾台臣共为此奏。"奏上，越五日，诏缓议罪，与诸御史俱赴西陲军前效力。因掞年老，责其子奕清代往，为父赎罪。先是，掞尝密奏请减苏、松浮粮，言至剀切，疏久留中。至是忤旨，乃与建储奏疏一并掷还。是年冬，上自热河还京师。掞迎驾石槽，上望见，遣内侍慰问。六十一年元旦，诸大臣表贺，未列掞名，上发表命列名以进。翌日，赐宴太和殿，再召见西暖阁，赐坐，慰谕有加。寻起原官，视事如故。

雍正元年，以老乞休，世宗降旨褒嘉，以原官致仕，仍留京师备顾问。三年，上谕阁臣云："王掞向人言，曾在圣祖前奏免苏、松浮粮，未蒙允行。朕查阅宫中并无此奏。"因责掞藉事沽名，并涉其子奕清、奕鸿谄附年羹尧，目为奸巧，乃遣奕鸿与奕清同在军前效力。六年，掞卒，年八十四。乾隆二年，奕清始请恤于朝，赐祭葬如制。

奕清，字幼芬。康熙三十年进士，选庶吉士。历官詹事。代父赴军，历驻忒斯、阿达拖罗海。奕清体羸善病，处之晏然。雍正四年，命赴阿尔泰坐台。又十年，乾隆元年，召还，仍以詹事管少詹事。乞假葬父，寻卒。

奕鸿，字树先。康熙四十八年进士，授户部主事。历湖南驿盐、粮储道。奕清赴军，奕鸿尽斥其产与俱。后命赴乌里雅苏台效力。居边十年，与奕清同释还，官四川川东道。引疾归，卒。

6. 叶燮

卷四百八十四　列传二百七十一

当是时，海内以诗名者推士祯，以文名者推汪琬。而嘉兴叶燮，字星期，其论文亦与琬不合，往复论难，互讥嘲焉。及琬殁，慨然曰："吾失一诤友矣！今谁复弹吾文者？"取向所短汪者悉焚之。燮父绍袁，明进士，官工部主事，国亡后为僧。燮生四岁，授以楚辞，即成诵。康熙九年进士，选授宝应令。值三藩乱，又岁饥，民不堪苦。累以伉直失上官意，坐累落职。时嘉定知县陆陇其亦被劾，燮以与陇其同罢为幸。性喜山水，纵游宇内名胜几遍。年七十六，犹以会稽、五泄近在数百里独未游为憾。复裹粮往，归遂疾。逾年卒。寓吴时，以吴中论诗多猎范、陆皮毛，而遗其实，著原诗内外篇，力破其非。吴士始而訾謷，久乃更从其说。著已畦诗文集。士祯谓其镕铸往昔，独立起衰。

7. 陈梦雷

卷二百六十二　列传四十九

陈梦雷者，侯官人。与光地同岁举进士，同官编修。方家居，精忠乱作，光地使日煌潜诣梦雷探消息，得虚实，约并具疏密陈破贼状，光地独上之，由是大受宠眷。及精忠败，梦雷以附逆逮京师，下狱论斩。光地乃疏陈两次密约状，梦雷得减死戍奉天。

第三甲

1. 邵嗣尧

卷四百七十六　列传二百六十三

邵嗣尧，字子昆，山西猗氏人。康熙九年进士，授山东临淄知县。有惠政，以忧去。十九年，服阕，补直隶柏乡。兴水利，减火耗，禁差扰，民安之。县人大学士魏裔介为嗣尧会试座主，家人犯法，严治之，不少贷。又有旗丁毒殴子钱家，入县庭，势汹汹。嗣尧不稍屈，系之狱，移文都统讯主者，主者不敢承，具论如法。值岁饥，或言勒积粟家出粟，嗣尧曰："人惟不积粟，故岁饥则束手，吾方靳令积粟家获厚利，何勒为？"已而蠲粟者众，岁不为灾。有言开滏阳河通舟楫者，巡抚于成龙使嗣尧往相度，嗣尧力持不可，谓："此河旱潦不常，未可通舟楫。即或能通，恐舟楫之利归商贾，挑浚之害归穷民矣。"事遂寝。

盗杀人于县界，立捕至，置之法。或毁于上官，以酷刑夺职。尚书魏象枢奉命巡视畿辅，民为申诉，事得白。于成龙复荐之，补清苑。嗣尧益感奋自励，屡断疑狱，人以包孝肃比之。二十九年，尚书王骘荐嗣尧清廉慈惠，行取，擢御史。三十年，出为直隶守道，持躬清介，苞苴杜绝。遇事霆发机激，势要惮之。所属州县，肃然奉法。

三十三年，江南学政缺，圣祖谕曰："学政关系人材，朕观陆陇其、邵嗣尧操守学问俱优，若以补授，必能秉公校士，革除积弊。"时陇其已卒，遂命嗣尧以参议督学江南。既莅事，虚衷衡校，论文宗尚简质，著四书讲义，传示学者。甫试三郡，以积劳遘疾卒。身无长物，同官敛资致赙乃得归葬。士民思之，为立祠肖像以祀焉。

圣祖澄清吏治，拔擢廉明，近畿尤多贤吏，如彭鹏、陆陇其及嗣尧，当时皆循名上达，闻于天下。鹏及陇其自有传。又有卫立鼎、高荫爵、靳让，治绩亦足媲美。

2. 张鹏翮

卷二百七十九 列传六十六

张鹏翮，字运青，四川遂宁人。康熙九年进士，选庶吉士。改刑部主事，累迁礼部郎中。十九年，授江南苏州知府，丁母忧。除山东兖州知府，举卓异，擢河东盐运使，内迁通政司参议，转兵部督捕副理事官。从内大臣索额图等勘定俄罗斯界，还擢大理寺少卿。二十八年，授浙江巡抚。疏言绅民愿亩捐谷四合，力不能者听。旋以杭州、嘉兴等府秋收歉薄，请暂免输谷。上曰："昨岁浙江被灾，循例蠲赋，并豁免钱粮，岂可强令捐输？鹏翮原题力不能者听，自相矛盾。"下部议，夺官，上宽之。寻授兵部侍郎，督江南学政。三十六年，迁左都御史。三十七年，迁刑部尚书，授江南江西总督。三十八年，上南巡，命鹏翮扈从入京，赐朝服、鞍马、弓矢。

初，陕西巡抚布喀劾四川陕西总督吴赫等侵蚀贫民籽粒银两，命鹏翮与傅腊塔往按。还奏未称旨，命鹏翮与傅腊塔复往陕西详审。三十九年春，还奏布喀、吴赫及知州蔺佳选、知县张鸣远等侵蚀挪用，各拟罪如律。上谕大学士曰："鹏翮往陕西，朕留心访察，一介不取，天下廉吏无出其右。"

寻授河道总督，入辞，上谕令毁拦黄坝通下流，浚芒稻河、人字河湖入江。鹏翮到官，请撤协理徐廷玺及河工随带人员，并乞敕工部毋以不应查驳之事阻挠，并从之。寻疏言："臣过云梯关，见拦黄坝巍然如山，下流不畅，无怪上流之溃决。应拆拦黄坝，挑浚河身，与上流一律宽深。"又言清口淤垫，应于张福口开引河，引清水入运敌黄，建闸以时启闭。又言人字河至芒稻山分二派，又名芒稻河，应浚使畅流；并浚凤凰桥引河及双桥、湾头二河，皆汇芒稻河入江。俱下部议行。寻以拦黄坝既撤，河身开浚深通，畅流入海，疏请赐名大通口。上嘉鹏翮章奏词简意明，治事精详，遣员外郎拖抗拖和、中书张古礼驰驿令鹏翮举所规画入奏。鹏翮疏陈开浚引河、运口，培修河岸堤坝诸事，并下部速议行。寻又疏陈河工诸弊，并请河员承挑引河，偶致淤垫，免其赔修；夫役劳苦，工成日请给印票免杂徭。上嘉其陈奏切要周备。寻又请于归仁堤五堡建砌心石闸，并于三义坝旧中河筑堤，改入新中河，合为一河，便粮艘通行。上谓所议甚当，并如所请。

上倚鹏翮治河，谓鹏翮得治河秘要，谕大学士曰："鹏翮自到河工，日乘马巡视堤岸，不惮劳苦。居官如鹏翮，更有何议？"鹏翮以修治事状遣郎中王进楫入奏，上谕进楫归语鹏翮，加意防守高家堰。鹏翮乃增筑月堤及旁近诸堤坝。洪泽湖溢，泗州、盱眙被灾，上询修治策，鹏翮言："泗州、盱眙屡被灾，即开六坝亦不能免。"上怒曰："塞六坝乃于成龙题请，不自鹏翮始。顷因泗州、盱眙灾，令与阿山议修治，非欲开六坝救泗州、盱眙而令淮、扬罹水患也。鹏翮何昏愦乃尔！"四十一年，鹏翮疏请加筑清河县黄河南北岸戗堤，天妃闸改筑运口，草坝建石坝，改卞家庄土堤为石堤，皆议行。又以桃源城西烟墩黄水大涨，请加筑卫城月堤，并于邵家庄、颜家庄开引河，上虑部议迟延，特允之。四十二年，上南巡视河，制河臣箴、淮黄告成诗以赐，并书榜赉鹏翮父烺。

山东泰安、沂州等州饥，上命截漕二万石交鹏翮往赈。鹏翮令河员动常平仓谷二十八万余石散赈，疏请以山东各官俸工补还。上责鹏翮河员发仓谷邀誉，乃令山东各官补还，鹏翮谢罪，仍以"殚心宣力、清洁自持"，加太子太保。

河决时家马头，数年未堵塞。鹏翮以淮安道王谦言劾山安同知佟世禄冒帑误工，夺官追偿。世禄再叩阍，上令尚书徐潮按治，鹏翮、谦坐诬劾当谴，上特宽鹏翮。工部侍郎赵世芳又劾鹏翮浮销十三万有奇，请逮治。上曰：

“河工钱粮原不限数，水大所需多，水小所需少。如谓鹏翮以十三万入己，必无之事。河工恃用人，鹏翮用人不胜事，故至此耳。”因还世芳疏。上南巡，阅清口，见黄水倒灌，诘鹏翮，鹏翮不能对。上曰：“汝为王谦辈所欺，流于刻薄。大儒持身如光风霁月，况大臣为国，若徒自表廉洁，于事何益？”上舟渡河阅九里冈，嘉鹏翮修治如法，御制诗书扇以赐。及秋，淮、黄并涨，古沟、清水沟、韩家庄并溢，廷臣议夺官，上命仍留任。寻督塞诸处漫口。

四十五年，疏请开鲍家营引河，寻用通判徐光启言，拟开引河出张福口，分洪泽湖异涨，即为高家堰保障，谓为溜淮套。鹏翮与总督阿山、总漕桑额合疏请上莅视。四十六年，上南巡，阅所拟引河道，谕曰：“朕自清口至曹家庙，见地势甚高，标竿错杂。依此开河，不惟坏田产，抑且毁冢墓。鹏翮读书人，乃为此残忍事，读书何为？”诘责鹏翮，鹏翮谢罪。上以议为河山所主，非鹏翮意，削太子太保，夺官，仍留任。四十七年，以黄、运、湖、河修防平稳，命复官，并免应追帑银。寻迁刑部尚书。四十八年，调户部。

五十一年，江南总督噶礼与巡抚张伯行互劾，命鹏翮与总漕赫寿往按。鹏翮等右噶礼，请罢伯行。五十二年，调吏部。伯行劾布政使牟钦元，赫寿时为总督，与异议。五十三年，命鹏翮与副都御史阿锡鼐往按，复请雪钦元，议伯行罪斩。事互详伯行传。寻丁父忧，以原官回籍守制，服阕还朝。

六十年，汶水旱涸阻运，命往勘。请疏浚坎河、鸡爪诸泉分注南旺，而于彭口筑堤，障沙水入微山湖。河决开州，横流至山东张秋，阻运，命往勘。请筑南旺、马场等湖堤，蓄水济运；并陈引沁入运利害，谓地势西北高于东南，若沁水从高直下，而河蹑其后，害且巨测。

六十一年，世宗即位，加太子太傅。雍正元年，授武英殿大学士。河决马营口，久未塞，命往勘。议并塞詹家店四口，浚治黄、沁合流处积沙，从之。三年，卒，加少保，命于定例外加祭，汉堂上官、科道皆会赐葬，谥文端。

3. 郭琇

卷二百七十　列传五十七

郭琇，字华野，山东即墨人。康熙九年进士。十八年，授江南吴江知县。材力强干，善断疑狱。征赋行版串法，胥吏不能为奸。居官七年，治行为江南最。二十五年，巡抚汤斌荐琇居心恬淡，莅事精锐，请迁擢。部议以琇征赋未如额，寝其奏，圣祖特许之，行取，授江南道御史。时河督靳辅请停浚下河，筑高家堰重堤，清丈堤外田亩以为屯田，谓可增岁收百余万。巡抚于成龙议不合，上令尚书佛伦往勘，主辅议。下九卿核奏，尚书张玉书、左都御史徐乾学力言屯田扰民。二十七年，琇疏劾辅治河无功，偏听幕客陈潢阻浚下河。上御乾清门，召诸大臣，下琇疏，令会同察议。寻辅入觐，复召诸大臣与议。琇申言屯田害民，辅坐罢，而擢琇佥都御史。

大学士明珠柄政，与余国柱比，颇营贿赂，权倾一时，久之为上所觉。琇疏劾明珠与国柱结党行私，详列诸罪状，并及佛伦、傅拉塔与辅等交通状，于是明珠等降黜有差。琇直声震天下。迁太常寺卿，再迁内阁学士。二十八年，复迁吏部侍郎，充经筵讲官，擢左都御史。疏劾少詹事高士奇与原任左都御史王鸿绪植党为奸，给事中何楷、修撰陈元龙、编修王顼龄依附坏法，士奇等并休致回籍。

未几，御史张星法劾山东巡抚钱珏贪黩，珏奏辨，因及琇尝致书嘱荐即墨知县高上达等，却之，遂挟嫌使星法诬劾，下法司讯。狱未具，琇疏言：“左都御史马齐于会讯时多方锻炼，必欲实以指使诬劾罪。”诏责琇疑揣。

寻法司奏琇请托事实，当夺官。上以琇平日鲠直敢言，改降五级调用。二十九年，吏部推琇通政司参议，上命改令予琇休致。江宁巡抚洪之杰以吴江县亏漕项，事涉琇，牒山东追琇赴质。时佛伦为山东巡抚，因劾琇违例逗留希进用，请夺官逮治；又劾琇世父郭尔印乃明季御史黄宗昌家奴，琇父郭景昌原名尔标，尝入贼党伏法，琇私改父名请诰封，应追夺。部议如所请，逮赴江宁勘治。坐侵收运船饭米二千三百余石，事发弥补，议遣戍，诏宽之。

三十八年，上南巡，琇迎驾德州。既还京师，谕大学士阿兰泰等曰："原任左都御史郭琇，前为吴江令，居官甚善，百姓感颂至今。其人有胆量，可授湖广总督，令驰驿赴任。"琇上官，疏言："黄州、武昌二府兵米二万七千有奇，运给荆州、郧阳汛地，悬隔千里，挽输费不赀，请改折色。江夏等十三州县有故明藩产，田瘠赋重，数倍民粮，请一律减征。江夏、嘉鱼、汉阳三县濒江地，水啮土陊，有赋无田者三百余顷，请豁免。"皆允行。

三十九年，入觐，因奏言："臣父景昌，即墨县诸生，有册可稽。邑匪郭尔标本无妻室，安得有子？不知佛伦何所据，诬臣并及臣父。"时佛伦为大学士，上诘之，以舛错对，命仍予诰轴。琇陛辞，奏请清丈地亩，并言湖南地广人稀，恐清丈后赋当差减。上问："当减几何？"琇言："当减十分之三。"上曰："果益民，虽倍于此，亦不惜也！"寻条陈三事：一，严定筑堤处分；一，停造无用粮船；一，通融调补苗疆官吏。又疏禁征赋诸弊政。上嘉其实心除弊，并允行。时红苗就抚，琇陈善后之策，请颁诏敕，令勒石永遵。

四十年，以病乞休，上曰："琇病甚，思一人代之不可得，能如琇者有几人耶？"给事中马士芳劾湖广布政使任风厚久病，巡抚年遐龄徇庇不以闻。遐龄奏风厚实无病。风厚入觐，上见其未衰，因曰："任风厚若不堪任使，郭琇岂肯徇庇耶？"未几，琇以病剧再疏求罢，仍慰留。黄梅知县李锦催科不力，琇委员摘印。锦得民心，民闭城拒之，乞留锦。御史左必蕃劾琇，部议当夺官，上以清丈未毕，缓之。

四十一年，镇筸诸生李定等叩阍奏红苗杀掠，总督、巡抚匿不以闻；而给事中宋骏业亦劾琇向骛虚声，近益衰废，持禄养痈。乃命侍郎傅继祖、甘国枢，浙江巡抚赵申乔往按。会琇报清丈毕，乞罢任。上责其清丈稽延，与前奏不合，行不顾言；并及匿报红苗杀掠与黄梅拒命事。琇自陈老病失察，请治罪。初红苗犯镇筸，游击沈长禄往剿，至大梅山，守备许邦垣、千总孙清俱陷贼，长禄私赎之归，讳不报；而副将朱绂报苗已就抚，琇据以入告。继祖等勘得状，琇与提督林本植并夺官。五十四年，卒。寻祀乡贤，并祀吴江名宦。

4. 德格勒

卷二百八十二　列传六十九

德格勒，满洲镶蓝旗人。康熙九年进士，选庶吉士，授编修。累擢侍读学士，充日讲起居注官、掌院学士。李光地亟称其贤。圣祖时，召见讲论经史，尝扈从巡行。大学士明珠柄政，务结纳士大夫，将馈金为治装。德格勒以装具，固辞不受。会久旱，上命德格勒筮，遇夬。问其占，曰："泽上于天，将降矣！而卦义五阳决一阴。小人居鼎铉，故天屯其膏。决去之，即雨。"上愕然，曰："安有是？"德格勒遂以明珠对。明珠闻，大恶之，时以蜚语上闻，谓德格勒与侍讲徐元梦互相标榜。徐元梦亦不附明珠者也，故并嫉之。二十六年，光地乞假归，入辞，面奏德格勒、徐元梦学博文优。逾月，上召尚书陈廷敬、汤斌等及德格勒、徐元梦试于乾清宫。阅卷毕，谕曰："朕政暇好读书，然不轻评论古人。评论古人犹易，评论时人更难。如德格勒每评论时人，朕心不谓然，故召尔等面试。妍媸优劣，今已判然。学问自有分量，毋徒肆议论为也。”二十七年，明珠罢。

未几，掌院学士库勒讷劾德格勒私抹起居注，并与徐元梦互相标榜，下刑部论罪。故事，起居注数易藁然后登籍，德格勒所删易者，实未定藁也。谳上论斩，命改监候秋后处决，徐元梦亦坐谴。语详徐元梦传。光地还京师，上命尚书张玉书等以德格勒试卷示九卿，并诘光地。于是玉书等奏称德格勒文实鄙陋，光地亦以妄奏引罪，命从宽免究。德格勒寻遇赦，释归本旗。卒。

5. 叶有挺

卷四百八十八　列传二百七十五

叶有挺，字贞夫，福建寿宁人。康熙九年进士，甫释褐，即徒步南归。耿精忠以闽叛，檄郡邑，凡在籍搢绅悉坐名，勒限起送，有挺耻之，潜入江西界，佯言已死。逾年，以念母潜返，伪县令侦知之，持檄促赴召。有挺告母曰：“儿得进士，思有以报君父。今以进士被伪檄，是得一进士反为从逆之资。儿死不赴，如母何？”母以大义勉之，乃抱母大号，遁匿山寺。僧知其为叶进士也，微拒之。有挺仰天叹曰：“有挺岂以儒者七尺躯苟延旦夕，为释氏恐怖？又岂以身死萧寺，贻主僧祸？”夜起，北向九叩，南望母再叩，出走山下，自经古木死。乱平，无以上闻者，故褒赠皆不及。

康熙十二年（1673年）癸丑科

第一甲

1. 韩菼

卷二百六十六　列传五十三

韩菼，字元少，江南长洲人。读书通五经，恬旷好山水。朋游饮酒，欢谐终日，而制行清严。特工制举文。应顺天乡试，尚书徐乾学拔之遗卷中。康熙十二年，会试、殿试皆第一，授修撰，充日讲起居注官。圣祖知其能文，命撰太极图说以进，复谕进所作制举文，召入弘德殿讲大学。初世祖命纂孝经衍义未成，至是以菼专任纂修。十四年，典顺天试。十五年，迁赞善。十六年，迁侍讲。十七年，复典顺天试。十八年，乞假归。二十三年，起故官，寻转侍读。二十四年，上亲试翰林，菼列第二，迁侍讲学士。寻擢内阁学士。

二十六年，再假归，筑室西山。点勘诸经注疏，旁逮诸史。居八年，三十四年，召至京，命以原官总裁一统志。迁礼部侍郎，兼掌院学士。祭酒阿理瑚请以故大学士达海从祀文庙，下部议，菼谓："从祀巨典，论定匪易。达海造国书，一艺耳。"持不可。永定河工开事例，户部请推广，得捐纳道府。菼谓道府不当捐纳，御史郑维孜疏言："国子监生多江、浙人，有冒籍赴试者。请尽发原籍肄业。"菼曰："京师首善地，远人向化，方且闻风慕义而来。若因一二不肖，辄更定制，悉为驱除，太学且空，非国体。维孜言非是。"事得寝。三十九年，充经筵讲官，授礼部尚书，教习庶吉士。四十一年，上疏乞解职，专意纂辑承修诸书，诏慰留之，并赐"笃志经学、润色鸿业"榜。四十二年，再称疾，上不悦，敕仍留原任。四十三年，再疏乞退，仍不允。是岁秋，卒，恤如礼。

菼负文章名，而立朝树风概，敢言，与人有始终。其再假归也，乾学方罢官家居，领书局洞庭山中。两江总督傅腊塔构乾学，将兴大狱，素交皆引去。菼旦暮造门，且就当事白其诬，乃已。其复起也，上遇之厚，尝曰："韩菼天下才，美风度，奏对诚实。"又曰："菼学问优长，文章大雅，前代所仅有。所撰拟能道朕意中事。"会江宁布政使张万禄蚀帑金三十余万金，总督阿山庇之，谓费由南巡。下廷臣议，有言阿山与有连，妄语罪当死。菼谓纵有连，情私而语公。忌者增益其语入告，上由是疏菼。及再谢病，诏责其教习庶吉士，每日率以饮酒多废学；九卿集议，不为国事直言，惟事瞻徇。菼意不自得，病甚，饮不辍，至卒。乾隆十七年，高宗谕奖"菼雅学绩文，湛深经术。所撰制义，清真雅正，开风气之先，为艺林楷则"。追谥文懿。

子孝嗣，举人；孝基，进士，官编修，菼卒，奉母不出十余年。雍正初，召修明史。书成，移疾归，年九十而终。

2. 王度心

卷二百七十一　列传五十八

王鸿绪，初名度心，字季友，江南娄县人。康熙十二年一甲二名进士，授编修。十四年，主顺天乡试。充日讲起居注官。累迁翰林院侍讲。十九年，圣祖谕奖讲官勤劳，加鸿绪侍读学士衔。时湖广有朱方旦者，自号二眉山人。造中说补，聚徒横议，常至数千人。自诩前知，与人决休咎。巡抚董国兴劾其左道惑众，逮至京，得旨宽释。及吴三桂反，顺承郡王勒尔锦驻师荆州，方旦以占验出入军营，巡抚张朝珍亦称为异人。上密戒勒尔锦勿为所惑。方旦乃避走江、浙，会鸿绪得其所刊中质秘书，遂以奏进，列其诬罔君上、悖逆圣道、摇惑人心三大罪。方旦坐诛。

二十一年，转侍读，充明史总裁。累擢内阁学士、户部侍郎。二十四年，典会试。二十五年，疏请回籍治本生母丧，遣官赐祭。二十六年，擢左都御史。疏劾广东巡抚李士桢贪劣，潮州知府林杭学尝从吴三桂反，乃举其清廉。士桢坐罢，杭学夺职。会灵台郎董汉臣疏陈时事，以谕教元良、慎简宰执为言。御史陶式玉劾汉臣摭拾浮言，欺世盗名，请逮治。鸿绪疏言："钦天监灵台郎、博士等官，不择流品，星卜屠沽之徒，粗识数字，便得滥竽。请敕下考试，分别去留。"下部议行。汉臣及博士贾文然等十五人并以词理舛误黜。初，以式玉疏下九卿集议，尚书汤斌谓大臣不言，惭对汉臣。汉臣既黜，鸿绪偕左都御史璙丹、副都御史徐元珙合疏劾斌务名鲜实，并追论江宁巡抚去任时，巧饰文告，以博虚誉。上素重斌清廉，置弗问。

鸿绪论各省驻防官兵累民，略言："驻防将领恃威放肆，或占夺民业，或重息放债，或强娶民妇。或谎诈逃人，株连良善；或收罗奸棍，巧生扎诈。种种为害，所在时有。如西安、荆州驻防官兵纪律太宽，牧放马匹，驱赴村庄，累民刍秣；百十成群，践食田禾，所至驿骚。其他苦累，又可类推。请严饬将军、副都统等力行约束。绿旗提、镇纵兵害民，以及虚冒兵粮者，不一而足，请饬督抚立行指参。"上命议行。

未几，以父忧归。二十八年，服阕，将赴补。左都御史郭琇劾鸿绪与高士奇招权纳贿，并及给事中何楷、编修陈元龙，皆予休致。语具士奇传。嘉定知县闻在上为县民讦告私派事，按察使高承爵按治。在上言尝以银馈举人徐树敏，至事发退还，因坐树敏罪。巡抚郑端覆讯，在上言尝以银五百馈鸿绪，亦事发退还。端乃劾乾学纵子行诈，鸿绪竟染赃银，有玷大臣名节，乞敕部严议。上特谕曰："朕崇尚德教，蠲涤烦苛。凡大小臣工，咸思恩礼下逮，曲全始终；即因事放归，仍令各安田里。近见诸臣彼此倾轧，伐异党同，私怨相寻，牵连报复；虽业已解职投闲，仍复吹求不已，株连逮于子弟，颠覆及于身家。朕总揽万机，已三十年，此等情态，知之甚悉。媢嫉倾轧之害，历代皆有，而明季为甚。公家之事，置若罔闻，而分树党援，飞诬排陷，迄无虚日。朕于此等背公误国之人，深切痛恨。自今以往，内外大小诸臣，宜各端心术，尽蠲私忿，共矢公忠。傥仍执迷不悟，复踵前非，朕将穷极根株，悉坐以朋党之罪。"时鸿绪方就质，诏至，得释。

三十三年，以荐召来京修书。寻授工部尚书，充经筵讲官。四十七年，调户部。其年冬，皇太子允礽既废，诏大臣保奏储贰，鸿绪与内大臣阿灵阿、侍郎揆叙等谋，举皇子允禩，诏切责，以原品休致。

五十三年，疏言："臣旧居馆职，奉命为明史总裁官，与汤斌、徐乾学、叶方霭互相参订，仅成数卷。及臣回籍多年，恩召重领史局，而前此纂辑诸臣，罕有存者。惟大学士张玉书为监修，尚书陈廷敬为总裁，各专一类：玉书任志，廷敬任本纪，臣任列传。因臣原衔食俸，比二臣得有余暇，删繁就简，正谬订讹。如是数年，汇分成帙，而大学士熊赐履续奉监修之命，檄取传稿以进，玉书、廷敬暨臣皆未参阅。臣恐传稿尚多舛误，自蒙恩归田，欲图报称，因重理旧编，搜残补阙，复经五载，成列传二百八卷。其间是非邪正，悉据公论，不敢稍逞私臆。但年代久远，传闻异辞，未敢自信为是。谨缮写全稿，赍呈御鉴，请宣付史馆，以备参考。”诏俞之。

五十四年，复召来京修书，充省方盛典总裁官。雍正元年，卒于京。乾隆四十三年，国史馆进鸿绪传，高宗命以郭琇劾疏载入，使后世知鸿绪辈罪状。

第三甲

1. 徐潮

卷二百七十六　列传六十三

徐潮，字青来，浙江钱塘人。康熙十二年进士，选庶吉士，授检讨，累擢少詹事。潮学问淹通，在翰林，应奉文字，多出其手。圣祖尝御门召讲易、论语，敷陈明晰，为之倾听。三迁至工部侍郎，督理钱局，清介不苟随俗。局官冒滥事发，潮独无所连染。三十三年，典会试。以母忧归，服阕，起刑部侍郎。

三十九年，授河南巡抚，上谕之曰：“河南火耗最重，州县多亏欠，尔当筹画禁止。”潮上官，令火耗无过一分，州县私派，悉皆禁革。南阳承解黑铅，卫辉办兑漕米，向皆假手胥吏，恣为侵渔。潮悉心区画，宿弊悉除。开封五府饥，疏请漕粮暂征改折，以平市直。归德属永城、虞城、夏邑三县被灾地亩至一万七千余顷，出粜常平、义、社仓谷，借给贫民牛种，全活甚众。四十一年，上巡幸畿甸，问巡抚李光地邻省督抚贤否，光地举潮对。上褒美，以潮与光地、张鹏翮、彭鹏、郭琇并称。四十二年，上南巡，潮迎驾泰安，赐冠服及御书榜额。其冬，西巡，复迎驾，赏赉有加。上念汾、渭皆入河，议于河南储谷，遇山、陕岁歉，自水道移粟，便于陆运。命潮会陕西、山西督抚勘议。潮与川陕总督博霁会勘三门砥柱。语见博霁传。又别疏言：“汴水通淮，一自中牟东经祥符至宿迁，湮塞已久；一自中牟东南经尉氏至太和，今名贾鲁河，尚可通流：请量加疏浚。郑州北别有支河，旧迹尚存，若于此建闸，使汴与洛通，尤为民便。”上从之。

四十三年，擢户部尚书，充经筵讲官，兼翰林院掌院学士，教习庶吉士。四十四年，扈从南巡，命赴河南按事。时上以高邮、宝应诸州县频年被水患，由洪泽湖无所宣泄，宜于高堰二坝筑堤束水入河，又于下河筑堤束水入海。会潮按事还，上询河堧形势，因指授方略，命往董其役。四十五年，监修高家堰滚水坝、高邮车逻中坝，并浚文华寺减河。四十六年，监修武家坝、天然坝、蒋家坝及诸堤闸，先后毕工。四十七年，调吏部。四十九年，以病乞休，许以原官致仕。五十四年，卒，赐祭葬。

潮居官平易，不事矫饰，所至民咸称颂。乾隆初，追谥文敬。子本，自有传。

2. 施大晁

卷四百八十八　列传二百七十五

施大晁，福清人。康熙十二年进士。闻变，匿金芝山，募壮士，助大兵进讨，贼执之，嚼舌骂贼，呕血数升死。

3. 徐元梦

卷二百八十九　列传七十六

徐元梦，字善长，舒穆禄氏，满洲正白旗人。康熙十二年进士，改庶吉士，散馆授户部主事。二十二年，迁中允，充日讲起居注官。寻复迁侍讲。徐元梦以讲学负声誉，大学士明珠欲罗致之，其迁词曹直讲筵，明珠尝荐于上。徐元梦以明珠方擅政，不一至其门，而掌院学士李光地亦好讲学，贤徐元梦及侍讲学士德格勒，亟称于上前，二人者每于上前相推奖；明珠党蜚语谓与光地为党。二十六年夏，上御乾清宫，召陈廷敬、汤斌、徐乾学、耿介、高士奇、孟亮揆、徐潮、徐嘉炎、熊赐瓒、励杜讷及二人入试，题为理学真伪论。方属草，有旨诘二人，德格勒于文后申辩，徐元梦卷未竟。上阅毕，于德格勒及赐瓒有所谯让，命同试者互校，斌仍称徐元梦文为是。

是时斌被命辅导皇太子，寻亦命徐元梦授诸皇子读。秋，上御瀛台，教诸皇子射，徐元梦不能挽强，上不怿，责徐元梦。徐元梦奏辩，上益怒，命扑之，创，遂籍其家，戍其父母。其夜，上意解，令医为治创。翌日，命授诸皇子读如故。徐元梦乞赦其父母，已就道，使追还。冬，掌院学士库勒纳奏劾德格勒私抹起居注，并言与徐元梦互相标榜，夺官逮下狱。二十七年春，狱上，当德格勒立斩，徐元梦绞。上命贷徐元梦死，荷校三月，鞭百，入辛者库。上徐察徐元梦忠诚，三十二年，命直上书房，仍授诸皇子读。寻授内务府会计司员外郎。四十一年，充顺天乡试考官。五十年，谕曰："徐元梦翻译，现今无能过之。"授额外内阁侍读学士。五十一年，充会试考官。五十二年，擢内阁学士，归原旗。

五十三年，授浙江巡抚，上谕之曰："浙江驻防满洲兵，尔当与将军协同训练。钱粮有亏空，尔宜清理，无累百姓。至于用人，当随材器使，不可求全。"赐御制诗文集及鞍马以行。五十四年，疏言："杭州、绍兴等七府旱潦成灾，已蒙蠲赈，并截漕平粜。未完额赋，尚有十三万余两，请秋成后征半，余俟来岁。"上允之。又疏陈修复万松岭书院，上赐"浙水敷文"榜，因请以敷文名书院。

五十六年，左都御史及翰林院掌院学士缺员，吏部以请。上曰："是当以不畏人兼学问优者任之。"以命徐元梦。上谕科场积习未除，命甄别任满学政及考官不称职者，皆劾罢之。五十七年，迁工部尚书，仍兼掌院学士。六十年，上赐以诗，谓："徐元梦乃同学旧翰林，康熙十六年以前进士只此一人。"

世宗即位，复命直上书房，授诸皇子读。雍正元年，命与大学士张鹏翮等甄别翰詹各官不称职者，勒令解退回籍。大学士富宁安出视师，命徐元梦署大学士。寻复命兼署左都御史，充明史总裁，调户部尚书。四年，以翻译本章错误夺官，命在内阁学士之列效力行走，仍司翻译。八年，复坐前在浙江失察吕留良逆书，命同翻译中书行走。十三年，充翻译乡试考官。

高宗即位，命直南书房，寻授内阁学士。擢刑部侍郎，以衰老不能理刑名，疏辞，调礼部。充世宗实录副总裁。诏辑八旗满洲氏族通谱，命与鄂尔泰、福敏董其事。复命直上书房，课皇子读。乾隆元年，乞休，命解侍郎任，加尚书衔食俸，仍在内廷行走，领诸馆事。二年，上临雍，疏请以有子升堂配享，改宰我、冉求两庑，而进南宫适、虙不齐升配。下大学士九卿议，以有子升祀位次子夏，余寝未行。复乞休，上曰："徐元梦年虽逾八十，未甚衰惫，可量力供职。"四年正月，召同诸大臣赋柏梁体诗。寻加太子少保。

六年秋，疾作，遣太医诊视，赐参药。冬十一月，疾剧，上谕曰："徐元梦践履笃实，言行相符。历事三朝，出入禁近，小心谨慎，数十年如一日。寿逾大耋，洵属完人。”命皇长子视疾。疾革，复遣使问所欲言。徐元梦伏枕流涕曰：“臣受恩重，心所欲言，口不能尽！”使出，呼曾孙取论语检视良久。翌日遂卒，年八十七。上复命和亲王及皇长子奠茶酒，发帑治丧。赠太傅，赐祭葬，谥文定。孙舒赫德，自有传。

康熙十五年（1676年）丙辰科

第一甲

1. 彭定求

卷四百八十 列传二百六十七

彭定求，字勤止，又字南畇，长洲人。父珑授以梁溪高氏之学，又尝师事汤斌。康熙二十五年一甲一名进士（编者按：见于康熙十五年丙辰科进士题名碑），授翰林院修撰。历官国子监司业、翰林院侍讲，充日讲起居注官。前后在翰林才四年，即归里不复出。作高望吟七章，以慕七贤。七贤者，白沙、阳明、东廓、念庵、梁溪、念台、漳浦也。又著阳明释毁录、儒门法语、南畇文集。尝与门人林云翥书云："有愿进于足下者有二：一曰无遽求高远而略庸近。子臣弟友，君子之道。至圣以有余不足为斤斤，孟子以尧、舜之道孝弟而已。然则舍伦常日用事亲从兄之事不为，而钩深索隐，以为圣人之道有出于人心同然之外者，必且流于异端坚僻之行矣。一曰无妄生门户异同之见，腾口说而遗践履。朱子之会于鹅湖也，倾倒于陆子义利之说，此阳明拔本塞源之论，致良知之指，一脉相承。其因时救弊，乃不得已之苦衷，非角人我之见。仆咏遗经，荡涤瑕滓，因有儒门法语。足下有志圣贤，当以念台刘子人谱、证人会二书入门，且无哓哓于紫阳、姚江之辨也。"定求卒年七十有八。其孙启丰官兵部尚书，自有传。

2. 翁叔元

卷二百七十一 列传五十八

翁叔元，字宝林，江南常熟人。康熙十五年，一甲三名进士，授编修，馆试第一。累迁国子监祭酒，洊擢吏部侍郎，迁工部尚书。部例，每有工作，先计其直上之，名曰"料估"。工完多冒破，所司不敢以闻，有十年不销算者，大工至四十三案。叔元莅部甫半载，积牍一清。调刑部，移疾归，卒。叔元爱才而褊隘，何焯在门下，初甚赏之；叔元疏劾汤斌，焯请削门生籍，叔元摈之，竟不得成名。以是为世所诮云。

第二甲

1. 成德

卷四百八十四　列传二百七十一

性德，纳喇氏，初名成德，以避皇太子允礽嫌名改，字容若，满洲正黄旗人，明珠子也。性德事亲孝，侍疾衣不解带，颜色黧黑，疾愈乃复。数岁即习骑射，稍长工文翰。康熙十四年成进士（编者按：见于康熙十五年丙辰科进士题名碑），年十六。圣祖以其世家子，授三等侍卫，再迁至一等。令赋乾清门应制诗，译御制松赋，皆称旨。俄疾作，上将出塞避暑，遣中官将御医视疾，命以疾增减告。遽卒，年止三十一。尝奉使塞外有所宣抚，卒后，受抚诸部款塞。上自行在遣中官祭告，其眷睐如是。

性德乡试出徐乾学门。与从孥讨学术，尝裒刻宋、元人说经诸书，书为之序，以自撰礼记陈氏集说补正附焉，合为通志堂经解。性德善诗，尤长倚声。遍涉南唐、北宋诸家，穷极要眇。所著饮水、侧帽二集、清新秀隽，自然超逸。尝读赵松雪自写照诗有感，即绘小像，仿其衣冠。坐客期许过当，弗应也。乾学谓之曰："尔何似王逸少！"则大喜。好宾礼士大夫，与严绳孙、顾贞观、陈维崧、姜宸英诸人游。贞观友吴江吴兆骞坐科场狱戍宁古塔，赋金缕曲二篇寄焉，性德读之叹曰："山阳思旧，都尉河梁，并此而三矣！"贞观因力请为兆骞谋，得释还，士尤称之。

2. 王顼龄

卷二百六十七　列传五十四

王顼龄，字颛士，江南华亭人。父广心，字农山。有文名。顺治六年进士，官御史，巡视京、通二仓，厘剔漕弊，奸猾屏迹。

顼龄，康熙十五年进士，授太常寺博士。十八年，举博学鸿儒，召试一等，授编修，纂修明史，充日讲起居注官。二十一年上元节，圣祖御乾清宫赐廷臣宴，仿柏梁体赋诗，顼龄与焉。迁侍讲，督四川学政。累迁侍讲学士。二十八年，左都御史郭琇疏劾少詹事高士奇与顼龄弟鸿绪植党营私，并诋顼龄与士奇结婚媾，交关为奸利。顼龄、士奇、鸿绪并休致，寻命顼龄留任如故。转侍读学士，以父忧归，服阕，起故官。累擢礼部侍郎。四十三年，上南巡，幸顼龄所居秀甲园，赐御书榜。四十六年，上南巡阅河，再幸其第。寻调吏部，充经筵讲官。擢工部尚书，典会试。五十五年，拜武英殿大学士。

雍正元年，诏开恩榜，顼龄重与鹿鸣宴，加太子太傅。以老，累疏乞休，上以顼龄先朝旧臣，勤劳岁久，谙习典章，辄与慰留。三年，疾作，命御医治疾，赐参饵。寻卒，年八十四，上为辍朝一日，令朝臣出其门下者素服持丧、各部院汉官会祭，赠太傅，谥文恭。

3. 任弘嘉

卷二百八十二　列传六十九

任弘嘉，字葵尊，江南宜兴人。初以举人官行人。康熙十五年，成进士。十八年，考选江南道御史。巡南城，疏言："各州县宜有讲堂书院，庶人知向学。"又言："学道不惟受制藩司，抑且受制知府。盖府道阶级不甚悬，无以资表率。部郎声望不甚重，又无由达封章。求其公明，实不可得，乞重其选。"改巡北城，疏陈五城应行事，谓："盗风未靖，由保甲不行。稽察未清，由旗、民杂处。司坊未洁，由劝惩不当。"又言："州县昏夜比较，乡民托宿无地，饥寒受杖，往往殒命。又或因分厘火耗之轻，受佥役横索之累。"又言："朝廷清丈，所以为民，而藩府驳册，上下动费累百。津梁有关，所以御暴，今小港皆设巡拦，旱路亦行堵截，检索至负担，税课遍鸡豚。"所言皆痛切。弘嘉一日巡城，有锦衣骏马突其前，诃叱之。隶卒白曰："此王府优也。"弘嘉趋王府，索优出，杖之四十。上闻，直弘嘉。由是贵戚敛迹，毋敢玩法。

寻掌山东道，兼江南道如故。上十渐疏："一曰，朋党交结之渐。始因交际为馈遗，渐以爱憎成水火。二曰，奢侈僭逾之渐。物力既殚，等威亦紊。三曰，文武讦讪之渐。督、抚、提、镇挟私互讦，小吏效尤，何以使民无讼？四曰，绅士吹求之渐。有司视如仇雠，奸民以为鱼肉。五曰，上下奉违之渐。国家良法美意，奉行者徒有虚文，过当者反成弊政。六曰，名器混淆之渐。为生养万民计，守令宜用正途。七曰，常平侵渔之渐。贮谷久易浥损，又难盘察，不若听民输钱，数易稽而无朽蠹。八曰，河工兴建之渐。从古无不徙之河，治河惟去其太甚，不必议开议塞，借一劳永逸之辞，为逐利幸功之术。九曰，情罪过当之渐。如逃人止于鞭刺，过宿反至窜流，轻重不平，枉诬尤甚。十曰，积习胶固之渐。升迁则赶缺压缺，处分则忽重忽轻，视为故常，营竞特甚。"复疏论铨政不平，并下部议行。三十三年，迁奉天府府丞，兼学政。转通政司参议，署通政使。丁母忧归。服阕，病目，卒于家。

弘嘉素慎，疏上言过直，辄战栗。或曰："子葸若此，何如不言？"曰："弘嘉之战栗，气不足也。然知其当言，不敢欺吾心，尤不敢负吾君耳。"

4. 高层云

卷二百八十二 列传六十九

高层云，字二鲍，江南华亭人。康熙十五年进士。授大理寺评事。二十五年，授吏科给事中。二十六年，太皇太后崩，诏王大臣集永康左门外议丧礼。大学士王熙等向诸王白所议，跪移时，李之芳年老，起而踣。层云曰："是非国体也。"即日疏言谓："天潢贵胄，大臣礼当致敬。独集议国政，无弗列坐，所以重君命、尊朝廷也。况永康左门乃禁门重地，太皇太后在殡，至尊居庐，天威咫尺，非大臣致敬诸王之地。大学士为辅弼大臣，固当自重，诸王亦宜加以礼节，不可骄恣倨慢，坐受其跪，失藩臣体。"疏入，上曰："朕召大臣议事，如时久，每赐垫坐语。今大臣为诸王跪，于礼不合。"下宗人府，吏、礼二部议，嗣后大臣与诸王会议，不得引身长跪，著为令。

二十八年，京师旱，诏求言。层云疏论江、淮间行屯田扰民，请急停苏民困，上嘉纳之。迁通政司参议。二十九年，迁太常寺少卿，卒官。

第三甲

1. 高遐昌

卷二百八十二 列传六十九

高遐昌，字振声，河南淇县人。康熙十五年进士，授湖南龙阳知县。以屯赋重，请减与民田同额。父忧去。

服阕，补广东东莞知县，历茂名、信宜，护高州知府，皆有声。行取，擢刑部主事，累迁户部郎中。

四十六年，授户科给事中。时提督九门步军统领托合齐恃权不法，给事中王懿德列款疏劾。上方幸热河，遐昌诣行在继劾之。略言："托合齐欺罔不法，经懿德纠参，臣又何敢置喙？伏念其所以横恣，皆缘握权太过。自督捕裁，而所辖三营改归提督，悍将骄兵，毫无忌惮。请仍归兵部择司官督率，考勤惰、禁勒索，营务防汛，昼夜巡逻，即有奸匪，不得妄牵无辜，私刑酷讯。提督干预词讼，奸民构弁兵，择人而噬，民不聊生。请仍归大、宛二县，五城司坊、巡城御史以及府尹、治中。逃盗命案，归于刑部，一秉国法。提督管理街道，纵其兵丁肆为贪噬，势压官民。请五城分治，仍归司坊。每年工部保题司官督理，庶法官守制，无复轶越。此皆本朝旧例，当归所司，防微杜渐，不致成积重之势。"疏上，上以巡捕三营并步军统领，非自托合齐始。司坊管街道，畏惧显要，止知勒索铺户，故亦归并步军统领。今既累商民，即以遐昌兼管，期一年责以肃清。遐昌既任事，革除陋规，街道沟渠次第平治，兵民以安。两届报满，仍命接管。

托合齐阴图报复，欲伺隙中伤。五十年，上自畅春园还，见内城街道被侵占甚窄，召托合齐诘责之。托合齐奏外城尤窄。命尚书赫硕色等察勘，托合齐故引视僻巷，民居占官街得三百余间，谓皆遐昌任内所造，逮下刑部狱。尚书齐世武，托合齐党也，将刑讯，主事蒋晟持不可。乃议遐昌以官街邀民誉，应发奉天安置。托合齐党复哗，言遐昌受赂。严讯家属，定爰书，谓据供虽未受赂，但风闻街道旧规，铺户修房，每间与胥役钱二三百，以此例之，房三百余间，计钱七百五十千，当枉法赃律处绞。朝审，具冤状。尚书王掞、李天馥谓遐昌廉能为上知，宜从宽典，富宁安赞之，狱乃缓。会托合齐以病乞假，隆科多摄其职，因言托合齐罔上行私，横恣贪婪，及诬陷遐昌状。上命释遐昌，都人争赴狱舁之出，拥赴阙谢。及出都，送者填溢，醵金完悬赃。遐昌归，未几卒。

康熙十八年（1679年）己未科

第二甲

1. 张廷瓒

卷二百六十七 列传五十四

廷瓒，字卣臣。康熙十八年进士。自编修累官少詹事。先英卒。

2. 赵执信

卷四百八十四 列传二百七十一

赵执信，字仲符，益都人。从祖进美，官福建按察使，诗名甚著。执信承其家学，自少即工吟咏。年十九，登康熙十八年进士，授编修。时方开鸿博科，四方雄文绩学者皆集辇下，执信过从谈讌，一座尽倾。朱彝尊、陈维崧、毛奇龄尤相引重，订为忘年交。出典山西乡试，迁右赞善。二十八年，坐国恤中讌饮观剧，为言者所劾，削籍归。卒，年八十余。

执信为人峭峻褊衷，独服膺常熟冯班，自称私淑弟子。娶王士祯甥女，初颇相引重。后求士祯序其诗，士祯不时作，遂相诟厉。尝问诗声调于士祯，士祯靳之，乃归取唐人集排比钩稽，竟得其法，为声调谱一卷。又以士祯论诗，比之神龙不见首尾，云中所露一鳞一爪而已，遂著谈龙录，云："诗以言志，诗之中须有人在，诗之外尚有事在。"意盖诋士祯也。说者谓士祯诗尚神韵，其弊也肤；执信以思路劖刻为主，其失也纤。两家才性不同，实足相资济云。执信所著诗文曰饴山堂集。

当是时，海内以诗名者推士祯，以文名者推汪琬。而嘉兴叶燮，字星期，其论文亦与琬不合，往复论难，互讥嘲焉。及琬殁，慨然曰："吾失一诤友矣！今谁复弹吾文者？"取向所短汪者悉焚之。燮父绍袁，明进士，官工部主事，国亡后为僧。燮生四岁，授以楚辞，即成诵。康熙九年进士，选授宝应令。值三藩乱，又岁饥，民不堪苦。累以伉直失上官意，坐累落职。时嘉定知县陆陇其亦被劾，燮以与陇其同罢为幸。性喜山水，纵游宇内名胜几遍。年七十六，犹以会稽、五泄近在数百里独未游为憾。复裹粮往，归遂疾。逾年卒。寓吴时，以吴中论诗多猎范、陆皮毛，而遗其实，著原诗内外篇，力破其非。吴士始而訾謷，久乃更从其说。著已畦诗文集。士祯谓其镕铸往昔，独立起衰。

3. 靳让

卷四百七十六　列传二百六十三

让，字益庵，河南尉氏人。康熙十八年进士，授浙江宣平知县。旱灾，请蠲甚力，巡抚张鹏翮以为贤。父忧去，服阕，授山西汾西。会亲征漠北，供张杜绝扰累，民力不足，请以正赋办治。行取，擢御史，数上疏言察吏安民，实行教养。圣祖谕曰："朕御极四十年，惟冀天下黎庶尽获安全，边疆无事。如靳让所言，必令家给人足，无一人冻馁，此非朕所可必者，恐其不过徒为大言。曩者钱珏、卫既齐亦曾为此言，及后用为大吏，皆不能自践其语。靳让曾为县令，其所为能如是乎？通州驿马事繁，着调为通州知州，果能如所言，朕即超用。"上意欲试之也，许其便宜启奏。让布衣羸马之官，皇庄、旗庄恣肆病民，绳以法，不少贷。私钱、私铸悉禁止。时禁河捕鱼，诬累平民，让分别治之。奸商藉权贵势，谋专卖麦豆及设姜肆牟利，并拒绝。上闻，皆韪之。会学政更替，命九卿举所知。上曰："朕亦举一人。"命以佥事督学广西。逾年，调浙江，除弊务尽，教士先德行而后文艺。值南巡，召对，褒奖曰："汝不负朕举，朕将用汝为巡抚。"让以母老乞终养，赐御书"天庥堂"额以荣其母。寻母丧，以毁卒。

第三甲

1. 陈紫芝

卷二百八十二　列传六十九

陈紫芝，字非园，浙江鄞县人。康熙十八年进士，选庶吉士。改陕西道御史，力持风纪，绝外僚馈遗。巡视南城，捕大猾邓二置诸法。疏言："朝章国典宜画一，民间冠昏丧祭未有定制，请编纂礼书，颁行天下。"又请裁屯卫："以屯务属州县，则田赋可核，逃盗可清。"诏并允行。

时督、抚、监司皆由廷臣保举。湖广巡抚张汧，大学士明珠所私也，恃势贪暴，言路莫敢摘发。二十六年，紫芝上疏劾之，言："汧莅任未久，黩货多端，凡地方盐引、钱局、船埠，靡不搜括，甚至汉口市肆招牌，亦按数派钱。当日保举之人，必有贿嘱情弊，请一并敕部论罪。"上命夺汧官，遣直隶巡抚于成龙、山西巡抚马齐、副都御史开音布往按治。复谕廷臣，谓汧贪婪无人敢言，紫芝独能弹劾，即予内升。成龙等按得汧以前官福建布政使亏帑令属吏弥补，又派收盐商银九万，上荆南道祖泽深婪取于民又八万，谳上，论绞。保举汧为巡抚者，侍郎王遵训、学士卢琦、大理寺丞任辰旦，皆坐夺官。擢紫芝大理少卿。每谳狱，稍涉矜疑，即为驳正，多所平反。

紫芝以峭直受上知，同朝多侧目。无何，卒。或传紫芝一日诣朝房，明珠延坐进茗，饮之，归遂暴卒云。

2. 张克嶷

卷四百七十六　列传二百六十三

克嶷，字伟公，山西闻喜人。康熙十八年进士，选庶吉士，改刑部主事，累迁郎中。有狱连执政族人，诸司莫敢任，克嶷请独任之。内务府以其人出使为辞，克嶷钩提益急。牒问奉使何地、归何期，力请部长入告。事虽格，闻者肃然。出为广西平乐知府，瑶、僮杂居，盗不可诘。克嶷至浃月，以信义服苗酋。获巨盗二人，毙其一，宥其一，责以侦缉，终其任盗不敢窥。调广东潮州，属县贼蜂起，或称明裔，聚众千余人。克嶷疾驰至其地，命吏士速据白叶祁山，设疑兵，贼不敢逼。会夜半，大风起，简健卒二百斫其营，呼曰："大兵至矣！"城中鼓噪出兵以助之，贼奔祁山，要击之，斩其渠魁三人，众散乞降。巡抚将上其功，克嶷曰："此盗耳，而称明裔，兴大狱，株连多，恐转生变。"乃以盗案结。郡有大豪戕亲迎者于路而夺其妻，克嶷微行迹而得之。狱成，当大辟。监司以督抚命为之请，曰："稍迂缓之，当有以报。"克嶷曰："吾官可罢，狱不可鬻也。"卒置诸法。或假亲王命以开矿，缚执之。其人出龙牌，克嶷命系之狱，以牌申大府。情既得，立杖杀之。丁父忧归，遂不出。年七十六，卒。

康熙二十一年（1682年）壬戌科

第二甲

1. 郝林

卷二百七十　列传五十七

郝林，字中美。康熙二十一年进士，授中书科中书，历吏部郎中，亦以廉正称。累迁礼部侍郎，加尚书衔。致仕，卒。

2. 冯廷櫆

卷四百八十四　列传二百七十一

冯廷櫆，字大木，德州人。康熙二十一年进士，授中书。幼有奇童之目，读书一览辄记，尤长于诗。尝充湖广副考官，试毕，登黄鹤楼，俯江、汉之流，南望潇湘、洞庭，慨然远想，赋诗百余篇，识者以为骚之遗也。平生深契者惟执信，其诗孤峭亦相类，殁后散佚。其孙德培搜辑得五百篇，名冯舍人遗诗。

3. 沈恺曾

卷二百八十二　列传六十九

沈恺曾，字乐存，浙江归安人。康熙二十六年进士（编者按：应为康熙二十一年进士），选庶吉士。三十年，改山东道御史。喀尔喀率属内附，上亲出塞拊循。恺曾疏言："巡行口外，为蒙古诸臣定赏罚，编户口，安插新附。但圣躬远出，间关崎岖，乘舆劳顿于外，群臣晏息于家，臣心何安？宜遣部院大臣经理，令逐一奏闻，仍与皇上亲行无异。乞传旨暂缓此行。"疏入，不报。上还京师，召恺曾入对，赐宴。三十五年，上亲征噶尔丹，岁暮，以余孽未靖，复出塞。恺曾复上疏请回銮，语甚剀切。

顺天学政侍郎李光地有母丧，命夺情视事，光地请给假九月，言路大哗。恺曾疏言："学臣关系名教，表率士子。使衰绖者衣锦论文，其何以训？宜令终丧，以隆孝治。阁臣职司票拟，理应委曲奏请，始不当有在任守制之票，既不当有仍遵前旨之拟。科臣职司封驳，阁臣票拟不当，科臣缴旨覆奏，固其职也。乃亦复默然，不知其所谓封驳者何在也？臣不敢以妄拟阁臣为嫌，劾奏同列为咎。"疏入，下九卿议，寻用彭鹏言，令解任在京守制。陕西提督孙思克请令富民纳粟佐军，恺曾论奏乞敕部停止，上是之。

入台七年，疏数十上，伉直敢言。历掌山西、江南、浙江、河南道事，管登闻院。三十八年，巡两广盐课，多惠政，商民德之。报满，留任一年。还京，复掌山西道。丁父忧，以广东运使罣误事连坐，罢官。四十四年，上南巡，召试行在称旨，赐御书。寻卒。

4. 刘国黻

卷二百九十一　列传七十八

刘国黻，康熙二十一年进士，改庶吉士，授户科给事中，历督捕理事官。在户科，建言民田亩有大小，地有上中下，请具载简明赋役全书，明示天下。在督捕，详考则例刊布之。往时以逃人为根，以一累百十，以逃案为市。取所历州县官职名待劾，弊不胜诘，皆剔除之，乃裁并兵部。改授鸿胪寺卿。

5. 张廷枢

卷二百六十四　列传五十一

张廷枢，字景峰，陕西韩城人。父顾行，康熙六年进士，官江安督粮道。廷枢，二十一年进士，选庶吉士，授编修。三十八年，以侍读主江南乡试。四十一年，以内阁学士督江南学政。四十四年，圣祖南巡，赐御书、冠服。四十五年，迁吏部侍郎，充经筵讲官。

湖广容美土司田舜年揭其子昺如贪庸暴戾，昺如匿桑植土司向长庚所，不赴鞫。总督石文晟以闻，并劾舜年僭妄。命左都御史梅鋗、内阁学士二格会文晟按治。舜年诣武昌，文晟执之，病卒。鋗与文晟各具议疏陈，二格疏言佐证未集，未可即定议。诏廷枢偕大学士席哈纳、侍郎萧永藻覆勘，舜年各款俱虚，梅鋗以草率具奏，下部议夺官；文晟及湖北巡抚刘殿衡、偏沅巡抚赵申乔、提督俞益谟各降罚有差。

四十八年，进刑部尚书。民张三等盗仓米，步军统领托合齐逮送刑部，满尚书齐世武拟斩监候，廷枢持不可，拟充军。下九卿议，廷枢改拟不当，当罚俸。上责廷枢偏执好胜，夺官。俄，托合齐得罪，五十一年，起廷枢工部尚书。江南总督噶礼、江苏巡抚张伯行互讦，命尚书张鹏翮、总督赫寿按治，议夺伯行官。上复命廷枢与尚书穆和伦覆勘，如鹏翮等议。疏下九卿，上特命夺噶礼官，伯行复任。

五十二年，调刑部。五十六年，河南宜阳知县张育徽加征火耗虐民，盗渠亢珽结渑池盗李一临据神垕寨为乱，并劫永宁知县高式青入寨；阌乡盗王更一亦藉知县白澄豫征钱粮，啸聚围县城；巡抚张圣佐、总兵冯君侁不能平，又匿不以起衅所由入告。命廷枢与内阁学士勒什布按治，珽自缢；更一、一临就擒，置之法；澄、育徽拟绞监候；圣佐、君侁夺官；并追咎原任巡抚李锡令属吏加征激变，论斩。兰阳白莲教首袁进等谋不轨，命廷枢并按，论罪如律。五十八年，南阳镇兵为乱，辱知府沈渊，命廷枢偕内阁学士高其倬按治；浙江巡盐御史哈尔金受商人赇，被劾，命廷枢偕内阁学士德音按治。并论如法。

廷枢还京师，疏言："河南漕米自康熙十四年每石改折银八钱解部，嗣因米贱，部议以一钱五分解部，余交巡抚购米起运。巡抚分委州县，州县复派民买输，甚为闾阎累。请交粮道购运，毋得派累民间。"下部议行。

世宗在藩邸，优徐采嗾佣者棰杀人，部议以佣抵。廷枢独议罪在采，坐徙边。世宗即位，褒廷枢抗直，复逮采论罪。雍正元年，以原任编修陈梦雷侍诚郡王得罪，命发黑龙江，廷枢循故事，方冬停遣，又出其子使治装。尚书隆科多劾廷枢徇纵，命镌五级，逐回籍。

子缙，进士，官中允，亦以告病家居。六年，陕西巡抚西琳劾廷枢受河督赵世显赃六千，抗追不纳，缙居乡不法。诏夺廷枢及缙官，令所司严讯。廷枢被逮，道卒。总督岳锺琪议缙当斩，籍其家，诏特宽免，令缙在川、陕沿边修城赎罪。乾隆时，复廷枢官，追谥文端。子綖，亦进士，官户部主事。

康熙二十四年（1685年）乙丑科

第一甲

1. 陈元龙

卷二百八十九　列传七十六

陈元龙，字广陵，浙江海宁人。康熙二十四年一甲二名进士，授编修，直南书房。郭琇劾高士奇，辞连元龙，谓与士奇结为叔侄，招纳贿赂，命与士奇等并休致。语互详士奇传。元龙奏辩，谓："臣宗本出自高，谱牒炳然。若果臣交结士奇，何以士奇反称臣为叔？"事得白，命复任。累迁侍读学士。元龙工书，为圣祖所赏，尝命就御前作书，深被奖许。上御便殿书赐内直翰林，谕曰："尔等家中各有堂名，不妨自言，当书以赐。"元龙奏臣父之閤年逾八十，家有爱日堂，御书榜赐之。四十二年，再迁詹事。以父病乞养归，赐参。时正编赋汇，令携归校对增益。上南巡，元龙迎谒，御书榜赐之閤及元龙母陆。之閤卒，丧终，召元龙授翰林院掌院学士。

五十年，迁吏部侍郎。授广西巡抚。值广东岁歉，广西米价高，元龙遣官诣湖南采米平粜。五十四年，修筑兴安陡河闸，护两广运道。并于省城扩养济院，立义学，创育婴堂，建仓贮谷。五十七年，擢工部尚书。六十年，调礼部。世宗即位，命守护景陵。七年，与左都御史尹泰同授额外大学士，寻授文渊阁大学士，兼礼部尚书。元龙在广西，请开例民捐谷得入监。李绂为巡抚，请以捐谷为开垦费。上责其借名支销，命元龙诣广西清理。绂旋奏："元龙分得羡余十一万有奇，除在广西捐公费九万，又助军需十万。今仓谷尚有亏空，应令分偿。"及授大学士，命免之。十一年，以老乞休，加太子太傅致仕，令其子编修邦直归侍养。行日，赐酒膳，令六部满、汉堂官饯送，沿途将吏送迎。乾隆元年，命在籍食俸。寻卒，赐祭葬，谥文简。

第二甲

1. 蒋陈锡

卷二百七十六　列传六十三

蒋陈锡，字雨亭，江南常熟人。父伊，康熙十二年进士，选庶吉士，授御史。疏陈民间疾苦，绘十二图以进。累官河南提学道副使，卒官。陈锡，康熙二十四年进士，授陕西富平知县。岁饥，米斛直数千，发仓赈济，不给，斥家资佐之，全活甚众。行取，擢礼部主事。监督海运仓，革粮艘篷席例银。迁员外郎。河道总督张鹏翮荐佐两淮河务。四十一年，授直隶天津道，迁河南按察使，谳决平恕。豫省有老瓜贼为害行旅，陈锡廉得其巢穴，悉擒治之。

四十七年，迁山东布政使。未几，擢任巡抚。疏请缓征二十三州、县、卫被灾逋赋，广乡试解额，增给买补营马直，免累及所司。条陈海防三事，言战船当更番修葺，水手当召募熟谙水道之人，沿海村庄当举行团练，互相接应；并以御史陈汝咸条议海疆弭盗，疏请渔舟编甲，闽、粤乌船不许携炮械，得盗舟火药军器，必究所从来。部议悉从之。长芦巡盐御史希禄请增东省盐引，临清关请增设济宁等五州县口岸，陈锡皆言其不便，并得请。

五十五年，擢云贵总督。禄劝州土酋常应运诱沿江土夷攻卓干寨，陈锡檄师会剿，平之，拨兵弁驻守其地。石羊绪矿厂硐老山空，课额不足，疏请嗣后硐衰即止，勿制定额。镇远至省三十二驿，山路崎岖，驿夫苦累，下令非有符合，毋滥应夫马。都统武格、将军噶尔弼率师入西藏，以云南粮运艰难，欲自四川运粮济给。四川总督年羹尧奏言滇、蜀俱进兵，蜀粮不足兼供。乃命陈锡与巡抚甘国璧速运。五十九年，诏责其筹济不力误军机，与国璧并夺职，令自备资斧运米入藏。明年，卒于途。雍正元年，山东巡抚黄炳言陈锡在巡抚任，侵蚀捐谷羡余银二百余万，部议督追。弟廷锡入陈始末，诏减偿其半。子涟、洄。

2. 张孟球

卷二百八十五　列传七十二

张孟球，字夔石，江南长洲人。康熙二十四年进士，授山东昌乐知县。入为工部主事。累迁礼部郎中。出督云南学政，父忧去，服阕，补福建粮驿道。驻防军食取给于漕。上游四郡阻滩险。故事，征解折色，官为采置，辄抑勒病商。孟球于延、建产米地平价购米，僦民船运省城，不假吏胥，诸弊尽绝。地多山岭，官吏滥用驿夫，孟球禁革私冒。遇大徭，预期发雇值，终其任无扰驿者。

调河南粮储道。河南漕粮，就卫辉水次收兑。旧无仓廒，又无额役，运船调之他省。天寒水涸，粮不时至，宿河干以待，遇雨雪则米湿霉变，又患盗窃。孟球始以羡余建仓。署布政使。

西藏用兵，调河南马骡万，凡骡马三需一夫，克期两月。孟球止宿郊外，躬自检阅，西路近陕诸郡遣吏往督之，尽除需索留难诸弊。凡五十四日，马驴如数遣赴军，而民不扰。擢按察使。兰阳民朱复业附白莲教，自称明裔，煽惑数县。孟球檄杞县知县宁君佐驰往捕治，尽获其党。上命尚书张廷枢往按，从孟球议，诛其与逆谋者，愚民被诱悉释之。淅川营兵博，知县崔锡执而罪之，兵哗，执南阳知府沈渊，众辱之，总兵高成不能治。时巡抚张圣佐坐谴，孟球护巡抚，曰："南阳地连襄、郧，急则铤而走险，事未可知。"密令附近诸县严守御，谕："止诛首恶，自首免罪。"得倡乱者七人诛之，不数日而事定。

康熙末，乞归，不复出。乾隆初，卒，年八十。

3. 刘棨

卷四百七十六　列传二百六十三

刘棨，字弢子，山东诸城人。康熙二十四年进士。三十四年，授湖南长沙知县，以廉明称。时讹言裁兵，抚标千人环辕门大噪，棨为开陈大义，预给三月饷，示无裁意，众乃定。总督吴琠以循良荐之。三十七年，擢陕西宁羌知州。关中大饥，汉南尤甚。州无宿储，介万山中，艰于挽运。棨请贷邻邑仓粟，约民能负一斗至者予三升，不十日挽三千石。大吏下其法赈他邑，咸称便。又奉檄赈洋县，移粟沿汉而下。棨先遍历审勘，克期给发，数日而毕。谓洋令曰："此粟贷之官，倘民不能偿，吾两人当代任。"比秋大熟，洋县民相勉还粟，不烦催督。

始宁羌地苦凋瘵，棨为均田额，完逋赋，补栈道，修旅舍。安辑招徕，期年而庐舍萃集。山多槲叶，民未知蚕，遣人旋乡里，赍蚕种，募善蚕者教之，人习其利，名所织曰"刘公绸"。士苦无书，为召贾列肆，分购经籍，建义塾，亲为讲解。

四十一年，擢甘肃宁夏中路同知，未赴，母忧去。以代民完赋，负累不能行，嘱弟代售遗产，不足，弟并以己产易金偿负。民闻之，争输金为助，却不受。服阕，补长沙府同知。入觐，奉温旨，试文艺于乾清门，即日擢山西平阳知府。裁汰陋例，蠲除烦苛，讼牍皆立剖决之。四十八年，九卿应诏举廉能吏，以知府被举者，惟棨与陈鹏年二人。

四十九年，擢直隶天津道副使，迎驾淀津，诏许从官恭瞻亲洒宸翰。棨因奏兄果昔官河间知县，奉"清廉爱民"之褒，乞赐御书"清爱堂"额，上允之。历江西按察使、四川布政使。五十五年，上询九卿，本朝清介大臣数人，求可与伦比者。九卿举四人，棨与焉。驾幸汤泉，又以棨治状语诸从臣，会廷推巡抚，共荐棨，上嘉纳之。以四川用兵，未轻调。五十七年，卒于官。

兄果，官山西太原府推官，有声。改河间知县，康熙八年，驾幸河间，问民疾苦，父老陈果治状，召见褒之。卒，祀名宦。棨子统勋、孙墉、曾孙镮之，并为时名臣，自有传。

第三甲

1. 张伯行

卷二百六十五　列传五十二

张伯行，字孝先，河南仪封人。康熙二十四年进士，考授内阁中书，改中书科中书。丁父忧归，建请见书院，讲明正学。仪封城北旧有堤，三十八年六月，大雨，溃，伯行募民囊土塞之。河道总督张鹏翮行河，疏荐堪理河务，命以原衔赴河工，督修黄河南岸堤二百余里及马家港、东坝、高家堰诸工。四十二年，授山东济宁道。值岁饥，即家运钱米，并制棉衣，拯民饥寒。上命分道治赈，伯行赈汶上、阳谷二县，发仓谷二万二千六百石有奇。布政使责其专擅，即论劾，伯行曰："有旨治赈，不得为专擅。上视民如伤，仓谷重乎？人命重乎？"乃得寝。四十五年，上南巡，赐"布泽安流"榜。

寻迁江苏按察使。四十六年，复南巡，至苏州，谕从臣曰："朕闻张伯行居官甚清，最不易得。"时命所在督抚举贤能官，伯行不与。上见伯行曰："朕久识汝，朕自举之。他日居官而善，天下以朕为知人。"擢福建巡抚，赐"廉惠宣猷"榜。伯行疏请免台湾、凤山、诸罗三县荒赋。福建米贵，请发帑五万市湖广、江西、广东米平粜。建鳌峰书院，置学舍，出所藏书，搜先儒文集刊布为正谊堂丛书，以教诸生。福州民祀瘟神，命毁其偶像，改祠为义塾，祀朱子。俗多尼，鬻贫家女，髡之至千百，伯行命其家赎还择偶，贫不能赎，官为出之。

四十八年，调江苏巡抚，赈淮、扬、徐三府饥。会布政使宜思恭以司库亏空为总督噶礼劾罢，上遣尚书张鹏翮按治。陈鹏年以苏州知府署布政使，议司库亏三十四万，分扣官俸役食抵补，伯行咨噶礼会题，不应。伯行疏上闻，上命鹏翮并按。别疏陈噶礼异议状，上谕廷臣曰：“览伯行此疏，知与噶礼不和。为人臣者，当以国事为重。朕综理机务垂五十年，未尝令一人得逞其私。此疏宜置不问。”伯行寻乞病，上不许。鹏翮请责前任巡抚于准及思恭偿十六万，余以官俸役食抵补。上曰：“江南亏空钱粮，非官吏侵蚀。朕南巡时，督抚肆意挪用而不敢言。若责新任官补偿，朕心实有不忍。”命察明南巡时用款具奏。伯行又疏奏各府州县无着钱粮十万八千，上命并予豁免。

噶礼贪横，伯行与之迕。五十年，江南乡试副考官赵晋交通关节，榜发，士论哗然，舆财神入学宫。伯行疏上其事，正考官左必蕃亦以实闻，命尚书张鹏翮、侍郎赫寿按治，伯行与噶礼会鞫，得举人吴泌、程光奎通贿状，词连噶礼。伯行请解噶礼任付严审，噶礼不自安，亦摭伯行七罪讦奏。上命俱解任，鹏翮等寻奏晋与泌、光奎通贿俱实，拟罪如律；噶礼交通事诬，伯行应夺官。上切责鹏翮等掩饰，更命尚书穆和伦、张廷枢覆按，仍如前议。上曰：“伯行居官清正，天下所知。噶礼才虽有余而喜生事，无清正名。此议是非颠倒，命九卿、詹事、科道再议。”明日，召九卿等谕曰：“伯行居官清廉，噶礼操守朕不能信。若无伯行，则江南必受其朘削几半矣。此互参一案，初遣官往审，为噶礼所制，致不能得其情；再遣官往审，与前无异。尔等能体朕保全清官之意，使正人无所疑惧，则海宇升平矣。”遂夺噶礼官，命伯行复任。

五十二年，江苏布政使缺员，伯行疏荐福建布政使李发甲、台湾道陈瑸、前祭酒余正健，上已以湖北按察使牟钦元擢任。未几，伯行劾钦元匿通海罪人张令涛署中，请逮治。令涛兄元隆居上海，造海船，出入海洋，拥厚资，结纳豪贵。会部檄搜缉海贼郑尽心余党，崇明水师捕渔船，其舟人福建产，冒华亭籍，验船照为元隆所代领，伯行欲穷治。是时令涛在噶礼幕，元隆称病不就逮，狱未竟而死于家。噶礼前劾伯行，因摭其事为七罪之一。会上海县民顾协一诉令涛据其房屋，别有水寨数处窝藏海贼，称令涛今居钦元署中。上命总督赫寿察审，赫寿庇令涛，以通贼无证闻；复命鹏翮及副都御史阿锡鼐按其事，鹏翮等奏元隆、令涛皆良民，请夺伯行官。上命复审，且命伯行自陈，伯行疏言：“元隆通贼，虽报身故，而金多党众，人人可以冒名，处处可以领照。令涛乃顾协一首告，若其不实，例应坐诬；钦元庇匿，致案久悬。臣为地方大吏，杜渐防微，岂得不究？”既命解任，鹏翮等仍以伯行诬陷良民、挟诈欺公，论斩，法司议如所拟，上免其罪，命伯行来京。

旋入直南书房，署仓场侍郎，充顺天乡试正考官。授户部侍郎，兼管钱法、仓场，再充会试副考官。雍正元年，擢礼部尚书，赐“礼乐名臣”榜。二年，命赴阙里祭崇圣祠。三年，卒，年七十五。遗疏请崇正学，励直臣。上轸悼，赠太子太保，谥清恪。光绪初，从祀文庙。

伯行方成进士，归构精舍于南郊，陈书数千卷纵观之，及小学、近思录，程、朱语类，曰：“入圣门庭在是矣。”尽发濂、洛、关、闽诸大儒之书，口诵手抄者七年。始赴官，尝曰：“千圣之学，括于一敬，故学莫先于主敬。”因自号曰敬庵。又曰：“君子喻于义，小人喻于利。老氏贪生，佛者畏死，烈士徇名，皆利也。”在官所引，皆学问醇正，志操洁清，初不令知。平日龄龁之者，复与共事，推诚协恭，无丝毫芥蒂。曰：“己荷保全，敢以私废公乎？”所著有困学录、续录、正谊堂文集、居济一得诸书。

康熙二十七年（1688年）戊辰科

第二甲

1. 丘昇

卷四百八十四　列传二百七十一

昇，字仲韦。康熙二十七年进士。官少詹事。诗笔清丽。尤工书，似董其昌。有澹远堂集。

2. 沈宗敬

卷二百六十六　列传五十三

沈宗敬，康熙二十七年进士，改庶吉士，以编修入直，上命作书，因谕大学士李光地曰："朕初学书，宗敬父荃指陈得失。至今作字，未尝不思其勤也。"宗敬官至太常寺少卿。

3. 汤右曾

卷二百六十六　列传五十三

汤右曾，字西厓，浙江仁和人。康熙二十七年进士，改庶吉士，授编修。出典贵州试。三十九年，授刑科给事中。两广总督石琳疏言琼州生黎以文武官吏婪索，激而为乱。上遣侍郎凯音布、学士邵希穆按治。右曾疏言："揭帖言琼州文武官往黎峒采取沈香、花梨致生衅，石琳及巡抚萧永藻、提督殷化行平时绝不觉察，且黎乱在上年，迟且一载，始行题报，掩饰欺隐，请严加处分。"石琳等皆下吏议。四十年，疏请刊颁政治典训及御制文集。

四十一年，转户部掌印给事中。初，以私钱多，改钱制轻小，使私铸无所利，顾仍不止。上令仍铸大钱，下廷臣议，改铸大钱，其旧铸小钱，期二年销毁。右曾疏言："改大钱宜遵圣谕，若毁小钱则民间必惊扰。且户、工二部存钱八十四万串，若议销毁，工料耗折甚多。且二年中铸出新钱不过一百万串，岂能遍及各省？新钱无多，旧钱已毁，恐私铸更繁，钱法愈坏。古者患钱重，则改轻而不废重；患钱轻，则改重而不废轻：使子母相权而行。新铸重钱，每串作银一两；旧铸轻钱作七钱：并听行使。积久大钱流通，小钱自不行矣。"疏再下廷臣议，定新钱每重一钱四分，旧钱并行勿禁，如右曾议。

四十四年，提督河南学政。秩满，巡抚汪灏疏言右曾取士公明。四十八年，迁奉天府府丞。四十九年，迁光禄寺卿。五十年，转太常寺卿、通政使。五十一年，擢翰林院掌院学士。五十二年，授吏部侍郎。尚书富宁安、陈鹏翮皆廉办有威棱，右曾贰之，锐意文案，纠别是非。选人或挟大力以相要，必破其机纽，俾终不获选。由是干进射利者，皆丛怨于吏部，而富宁安往莅西师，鹏翮任事久，见知于上深，莫可摇动，遂争为浮言撼右曾。六十年，命解右曾侍郎，仍专领掌院学士。六十一年，卒。

右曾少工诗，清远鲜润。其后师事王士祯，称入室。使贵州后，风格益进，锻炼澄汰，神韵泠然。右曾朝热河行在，上命进所为诗，右曾方咏文光果，即以进上。上为和诗，有句曰“丛香密叶待诗公”，右曾自定集，遂取是诗冠首。

4. 陶元淳

卷四百七十六　列传二百六十三

陶元淳，字子师，江苏常熟人。康熙中举博学鸿词，以疾不与试。二十七年，成进士，廷对，论西北赋轻而役重，东南役均而赋重，愿减浮额之粮，罢无益之费。阅者以其言戆，置二甲。三十三年，授广东昌化知县，到官，首定赋役，均粮于米，均役于粮。裁革杂征，自坊里供帐始，相率以力耕为业。县隶琼州，与黎为界，旧设土舍，制其出入，吏得因缘为奸，元淳立撤去。一权量，定法度，黎人便之。城中居人，旧不满百家，至此户口渐蕃。元淳时步行闾里间，周咨疾苦，煦妪如家人。

琼郡处海外，军将多骄横，崖州尤甚。元淳尝署州事，守备黄镇中以非刑杀人，游击余虎纵不问；且贪，索黎人献纳。元淳廉得其状，列款以上，虎私以金赇之不得，造蜚语揭之。总督石琳下琼州总兵会讯，元淳申牍曰：“私揭不应发审，镇臣不应侵官，必挫执法之气，灰任事之心。元淳当弃官以全政体，不能蒲伏武臣，贻州县羞也。”初鞫是狱，镇中令甲士百人佩刀入署，元淳据案怒叱曰：“吾奉命治事，守备敢令甲士劫持，是藐国法也。”镇中气慑，疾挥去，卒定谳，论罪如律。崖人为语曰：“虽有余虎，不敌陶公一怒。”而总督卒因元淳倔强，坐不检验失实，会赦免。复欲于计典黜之，巡抚萧永藻初授事，曰：“吾初下车，便劾廉吏，何以率属？”为言于总督，乃已。

元淳自奉俭约，在官惟日供韭一束。喜接诸生，讲论至夜分不倦。屡乞病未果，竟以劳卒于官。昌化额田四百余顷，半沦于海，赋不及二千，浮粮居三之一，民重困。元淳为浮粮考，屡请于上官，乞豁除，无应者。乾隆三年，元淳子正靖官御史，疏以入告，竟获俞旨免焉。

第三甲

1. 刘以贵

卷四百八十　列传二百六十七

刘以贵，字沧岚。康熙二十七年进士。任苍梧令。地瑶、僮杂处，营茶山书院，以诗、书为教。归里后，杜门著书，有藜乘集。

2. 田从典

卷二百八十九　列传七十六

田从典，字克五，山西阳城人。父雨时，明诸生。寇乱，挈子及兄之孤徙避，度不能兼顾，弃子负兄子以走。贼退，求得子草间，即从典也。

从典笃学，以宋五子为宗。康熙二十七年，成进士。旋居父丧，事必遵家礼。服终，就选。三十四年，授广东英德知县。县地瘠，赋籍不可稽，诡寄逋逃，民重困。陋例两加至八九钱，名曰“均平”。从典尽革之，清其籍。

四十二年，行取，四十三年，授云南道御史。疏言：“督抚不拘成例，请调州县，有秉公者，即有徇私者。州县求调，其弊有三：图优缺，避冲繁，预为卓荐地。督抚滥调，其弊亦有三：徇请托，得贿赂，引用其私人。名为整顿地方，简拔贤良，实乃巧开捷径。屡经败露，有骇听闻。嗣后请除江、浙等省一百一十余县钱粮难征，及边远烟瘴地，仍旧例调补，其他不准滥调。”又疏言：“京官考选科道，令部院堂官保送，恐平日之交结，临时之营谋，在所难免。请敕吏部，遇考选科道，凡正途部属，及自知县升任中、行、评、博，与翰林一体论俸开列，听候考选。”均下部议行。巡视西城，罢铺垫费。察通州仓储，僦神祠以居，庙祝不受值，不入也。

四十九年，擢通政司参议。屡迁转授光禄寺卿。寺故有买办人，亏户部帑至四十一万余，从典请限年带销。迁左副都御史，再迁兵部侍郎，并命兼领光禄寺。五十八年，迁左都御史。两江总督常鼐疏言安徽布政使年希尧、凤阳知府蒋国正婪取，为属吏所讦。命从典与副都御史屠沂往按，国正坐斩，希尧夺官。五十九年，擢户部尚书。雍正元年，调吏部。二年，协办大学士。三年，授文华殿大学士，兼吏部尚书。六年三月，乞休，优诏褒许，加太子太师致仕。赐宴于居第，令部院堂官并集，发帑治装，行日，百官祖饯，驰驿归里，驿道二十里内有司送迎。入辞，赐御榜联并冠服、朝珠。四月乃行，甫一舍，次良乡，病大作，遂卒，年七十八。上闻，以从典子懋幼，遣内阁学士一、侍读学士一为治丧，散秩大臣一、侍卫六奠茶酒，并命地方官送其丧归里。赐祭葬，谥文端。

康熙三十年（1691年）辛未科

第一甲

1. 黄叔琳

卷二百九十　列传七十七

黄叔琳，字昆圃，顺天大兴县人。康熙三十年一甲三名进士，授编修，累迁侍讲。丁父忧，服除，起原官，迁鸿胪寺少卿。五迁刑部侍郎。雍正元年，调吏部。命偕两淮盐政谢赐履赴湖广，与总督杨宗仁议盐价，革除陋规，从所请。疏言："各省支拨兵粮，布政使、粮道为政，先期请托，方拨近营。否则拨远汛，加运费，民既重累输挽，兵亦苦待饷。请敕督抚察兵数，先拨本州县卫、所，不敷，于附近州县拨运。"下部议行。旋授浙江巡抚。时御史钱廷献请浚浙江东西湖，蓄水灌田，命叔琳会总督满保勘议。叔琳等奏言："西湖居会城西，周三十余里，南北山泉入湖处，旧皆设闸以阻浮沙，水得畅流；又有东湖为之停蓄，湖水分出上下塘河，农田资以灌溉。自闸废土淤，民占为田，筑埂围荡，栽荷蓄鱼。请照旧址清厘，去埂建闸，浚城内河道，并疏治上塘河各支港，及自会城至江南吴江界运河港汉坝堰。"部议从之。

叔琳疏荐人才，有廷臣尝言于上者，上疑叔琳请托先容，谕戒郑重。会有言叔琳赴湖广时，得盐商赇，俾充总商，及为巡抚，庇海宁陈氏仆；其弟御史叔璥巡视台湾，过杭州，仆哄于市，叔琳皆以罪商，有死者，商为罢市。上命解叔琳任，遣侍郎李周望与将军安泰分案按治。安泰等奏叔琳以陈氏仆与商争殴，逮商杖毙，事实，无与叔璥事，亦未尝罢市。周望等奏叔琳贷金盐商，非行贿，上命毋穷究。三年，命赴海塘效力。

乾隆元年，授山东按察使。疏言："旧例州县命案，印官公出，由邻封相验。嗣广西巡抚金鉷奏请改委佐杂，夤缘贿嘱，难成信谳。"又言："审案旧有定限，逾限议处。嗣河东总督田文镜题定分立解府、州、司、院限期，虽意在清厘，适启通融挪改之弊，请皆仍旧为便。"从之。二年，迁布政使。四年，丁母忧。服除，授詹事。以在山东误揭属吏讳盗，夺官。叔琳登第甫二十，十六年，重遇登第岁，命给侍郎衔。二十一年，卒，年八十三。

叔琳富藏书，与方苞友。苞治诸经，叔琳皆与商榷。

第二甲

1. 陈汝咸

卷四百七十六　列传二百六十三

陈汝咸，字华学，浙江鄞县人。少随父锡嘏讲学证人社，黄宗羲曰："此程门之杨迪，朱门之蔡沈也。"康熙三十年，会试第一，成进士，选庶吉士，散馆授福建漳浦知县。民好讼，严惩讼师，无敢欺者。县中赋役故责户长主办，版籍混淆，吏缘为奸。汝咸躬自编审人丁，各归现籍。粮户自封投纳，用滚单法轮催，以三百户为一保，第其人口多寡供役。五年一编丁，而役法平。吏胥以不便挠之，大吏摇惑，汝咸毅然不回，奸人无所施技。民乐输将，赋无逋负。

俗轻生，多因细故服断肠草死，挟以图财，力惩其弊，令当刑者掘草根赎罪。禁异神疗病，晓示方证，自制药以济贫者。毁学宫伽蓝祠，葺故儒陈真晟、周瑛、高登诸人所著书表章之。归诚书院，乃黄道周讲学地，为僧据，逐而新之。无为教者，男女群聚茹蔬礼佛，籍其居为育婴堂。西洋天主教要大吏将于漳浦开堂，却止之。修文庙，造祭器，时会邑中士绅于明伦堂讲经史性理诸书。设义学，延诸生有学行者为之师。修朱子祠。教养兼施，风俗为之一变。会大水骤涨，几及城堞，与钱登城，多为木筏，渡一人与钱三十，人皆以钱助拯，活者数千。多方抚恤，虽灾不害。

土寇伏七里洞，将入海，发兵击之，走山中。密招贼党，诱擒其渠曾睦等，余党悉散。又擒海盗徐容，尽得贼中委曲，赦其罪，责以招抚。诸盗归诚，海氛遂清。汝咸任漳浦凡十有八年，大吏因南靖多盗，调使治之，县民请留不得，构生祠曰月湖书院，岁时祀之。汝咸至南靖，诸盗自首就抚，开示威信，颂声大作。

四十八年，内迁刑部主事，擢御史。疏言："商船出海，挂号无益，徒以滋累。"又言："海贼入内地，必返其家。下海劫掠，责之巡哨官；未下海之踪迹，责之本籍县令；当力行各澳保甲。"会海盗陈尚义乞降，汝咸自请往抚。圣祖命郎中雅奇偕汝咸所荐阮蔡生往，尚义率其党百余人果就抚，擢通政使参议。五十二年，奉使祭炎帝神农、帝舜陵，并颁赉驻防兵。遍历苗疆，审度形势抚驭之策。历鸿胪寺少卿、大理寺少卿。五十三年，命赴甘肃赈荒，徒步穷乡，感疫，卒于固原。漳浦士民闻之，奔哭于月湖书院，醵金置田，岁祀不绝。著有兼山堂遗稿、漳浦政略诸书。

2. 惠周惕

卷四百八十一　列传二百六十八

惠周惕，字元龙，原名恕，吴县人。父有声，以九经教授乡里，与徐枋善。周惕少从枋游，又曾受业于汪琬。康熙十八年，举博学鸿儒科，丁忧，不与试。三十年，成进士，选翰林院庶吉士。散馆，改密云县知县，有善政，卒于官。

周惕邃于经学，为文章有架度，著有易传、春秋三礼问及砚溪诗文集。其诗说二卷，谓大、小雅以音别，不以政别。谓正雅、变雅美刺错陈，不必分六月以上为正、六月以下为变；文王以下为正、民劳以下为变。谓二南二十六篇，皆房中之乐，不必泥其所指何人。谓天子诸侯均得有颂，鲁颂非僭，其言并有依据。清二百余年谈汉儒之学者，必以东吴惠氏为首。惠氏三世传经，周惕其创始者也。

3. 王奕清

卷二百八十六　列传七十三

王奕清，字幼芬。康熙三十年进士，选庶吉士。历官詹事。代父赴军，历驻忒斯、阿达拖罗海。奕清体羸善病，处之晏然。雍正四年，命赴阿尔泰坐台。又十年，乾隆元年，召还，仍以詹事管少詹事。乞假葬父，寻卒。

4. 陈鹏年

卷二百七十七　列传六十四

陈鹏年，字沧洲，湖广湘潭人。康熙三十年进士。授浙江西安知县，当兵后，户口流亡，豪强率占田自殖。鹏年履亩按验，复业者数千户。烈妇徐冤死十年，鹏年雪其枉，得罪人置诸法。禁溺女，民感之，女欲弃复育者，皆以陈为姓。河道总督张鹏翮荐调赴江南河工，授江南山阳知县，迁海州知州。四十二年，圣祖南巡阅河，以山东饥，诏截漕四万石，令鹏翮选贤干吏运兖州分赈，以鹏年董其事，全活数万人。上回銮，召见济宁舟次，赋诗称旨，赐御书。寻擢江宁知府。

四十四年，上复南巡，总督阿山召属吏议增地丁耗羡为巡幸供亿，鹏年力持不可，事得寝。阿山嗛之，令主办龙潭行宫，侍从征馈遗，悉勿应，忌者中以蜚语。会致仕大学士张英入对，上问江南廉吏，举鹏年；复询居官状，英言："吏畏威而不怨，民怀德而不玩，士式教而不欺，廉其末也。"上意乃释。幸京口阅水师，先一日，阿山檄鹏年于江干叠石为步，江流急，施工困难，胥徒惶遽。鹏年率士民亲运土石，诘旦工成。顾阿山憾不已，疏劾鹏年受盐、典各商年规，侵蚀龙江关税银，又无故枷责关役，坐夺职，系江宁狱。命桑额、张鹏翮与阿山会鞫，江宁民呼号罢市，诸生千余建幡将叩阍。鹏年尝就南市楼故址建乡约讲堂，月朔宣讲圣谕，并为之榜曰"天语丁宁"。南市楼者故狭邪地也，因坐以大不敬，论大辟。上与大学士李光地论阿山居官，光地言阿山任事廉干，独劾陈鹏年犯清议，上领之。谳上，鹏年坐夺官免死，征入武英殿修书。

四十七年，复出为苏州知府。禁革奢俗，清滞狱，听断称神。值岁饥，疫甚，周历村墟，询民疾苦，请赈贷，全活甚众。四十八年，署布政使。巡抚张伯行雅重鹏年，事无巨细，倚以裁决。总督噶礼与伯行忤，并忌鹏年。已，劾布政使宜思恭、粮道贾朴，因坐鹏年核报不实，吏议夺官，遣戍黑龙江，上宽之，命仍来京修书。噶礼复密奏鹏年虎丘诗，以为怨望，欲文致其罪，上不报。俄，噶礼与伯行互讦，屡遣大臣按治，议夺伯行职。上以伯行清廉，命九卿改议，并谕曰："噶礼曾奏陈鹏年诗语悖谬，宵人伎俩，大率如此。朕岂受若辈欺耶？"因出其诗畀阁臣共阅。五十六年，出署霸昌道，仍回京修书。

六十年，命随尚书张鹏翮勘山东、河南运河，时河决武陟县马营口，自长垣直注张秋，命河督赵世显塞之。议久不决，鹏年疏言："黄河老堤冲决八九里，大溜直趋滋口，宜于对岸上流广武山下别开引河，更于决口稍东亦开引河，引溜仍归正河，方可堵筑。"奏入称旨。世显罢，即命鹏年署河道总督。六十一年，马营口既塞复决，鹏年谓："地势低洼，虽有引河，流不能畅。惟有分疏上下，杀其悍怒。请于沁、黄交汇对岸王家沟开引河，使水东南行，入荥泽正河，然后堤工可成。"诏如议行。先是，马营决口因桃汛流激，难以程工；副都御史牛钮奉命阅河，奏于上流秦家厂堵筑，工甫竟，而南坝尾旋决一百二十余丈，入马营东下。鹏年与巡抚杨宗义谋合之。

既，北坝尾复溃百余丈，鹏年乃建此议。世宗即位，命真除。时南北坝尾合而复溃者四，至是以次合龙，而马营口尚未塞。鹏年止宿河堧，寝食俱废，浸羸惫。雍正元年，疾笃，遣御医诊视。寻卒，上闻，谕曰："鹏年积劳成疾，没于公所。闻其家有八旬老母，室如悬罄。此真鞠躬尽瘁、死而后已之臣。"褒锡甚至。赐帑金二千，锡其母封诰，视一品例荫子，谥恪勤。祀河南、江宁名宦。

子树芝、树萱，圣祖时，以诸生召见，令随鹏年校书内廷。树芝官至平越知府，树萱官至户部侍郎。

5. 任坪

卷二百八十六 列传七十三

坪，字坦公，山东高密人。康熙三十年进士。自刑部郎中考选山西道御史，转掌陕西道。赴军，驻忒斯河。大漠荒寒，盛夏冰雪，坪处之怡然。及归，闭户读书，终老于家。

第三甲

1. 杨名时

卷二百九十 列传七十七

杨名时，字宾实，江南江阴人。康熙三十年进士，改庶吉士。李光地为考官，深器之，从受经学。散馆，授检讨。四十一年，督顺天学政，用光地荐也。寻迁侍读。四十二年，上西巡，肥乡武生李正朝病狂，冲突仪仗。光地时为直隶巡抚，请罪正朝，因劾名时。上斥名时督学，有意弃富录贫，不问学业文字，但不受贿嘱，从宽恕宥。四十四年，任满，命河工效力。旋连遭父母丧，以忧归。五十一年，服除，候补。五十三年，命直南书房。名时不投牒吏部，因不得补官，上特命充陕西考官。五十六年，授直隶巡道。时沿明制，直隶不设两司，以巡道任按察使事。政剧，吏为奸，名时革宿弊殆尽。五十八年，迁贵州布政使。

五十九年，擢云南巡抚。师征西藏，留驻云南，名时为营馆舍，明约束，无敢叫嚣。名时疏言："云南兵粮岁需十四万九千余石，俱就近支放。兵多米少，诸州县例四年折征一次，请改每年给本色三季，折色一季。"部议如所请行。雍正元年，名时奏请安，世宗谕曰："尔向日居官有声。兹当加勉，莫移初志。"寻疏言："云南巡抚一切规礼，臣一无所取。惟盐规五万二千两，除留充恤灶、修井诸用，余四万六千两。累年供应在藏官兵军需赏赉，拨补银厂缺课，及公私所用，皆取于此。藏兵撤后，请仍留臣署若干，余悉充公用。"上谕曰："督抚羡余，岂可限以规则？取所当取，用所当用，全在尔等揆情度理而行，无烦章奏也。"名时迭疏请调剂盐井，改行社仓，皆下部议行。云南自乱后田赋淆乱，往往户绝田去而丁未除，至有一人当数十丁者，累代相仍，名曰"子孙丁"。名时疏请照直隶例，将通省丁额摊入田粮完纳。云南旧例，地方应办事，皆取诸民间，谓之"公件"。胥役科敛，指一派十，重为民累。名时议核实州县需款，酌定数目征收，不得再有加派。檄行所属诸州县，核数开报。三年，擢兵部尚书，改授云贵总督，仍管巡抚事。时上令诸督抚常事疏题，要事折奏。名时泄密折，上令悉用题本，名时乞遇事仍得折奏，许之。四年，转吏部尚书，仍以总督管巡抚。名时具题本，误将密谕载入，上严责，命解任，以朱纲代为巡抚。未至，仍令名时暂署。俄，纲上官，劾名时在任七载，徇隐废弛，库帑仓谷，借欠亏空。上命名时自陈，纲代名时奏谢罪，上责其巧诈，谕总督鄂尔泰严讯。名时自承沽名邀誉，断不敢巧诈。谳上，部议以名时始终掩护，朦胧引咎，无人臣事君礼，坐挟诈欺公，当斩。上命宽免，复遣侍郎黄炳会纲按治。炳等欲刑讯，鄂尔泰持不可，乃坐名时得盐规八万，除捐补银厂缺课，应追五万八千余两。上令名时留云南待后命。

高宗即位，召诣京师。

乾隆元年，名时至，赐礼部尚书衔，兼领国子监祭酒，兼直上书房、南书房。名时以前在云南令诸州县核实需款定数征收，去公件之弊，事未竟而去，奏请下督抚勘定。总督尹继善、巡抚张允随奏请以额编条粮重轻，与原定公件多寡，两相比并，就中摊减，下部议行。视未定议前取诸民者去十之七，云南民困以苏。

苗疆用兵久，名时疏言："御夷之道，贵在羁縻，未有怨毒猜嫌而能长久宁贴者。贵州境内多与苗疆相接，生苗在南，汉人在北，而熟苗居中，受雇直为汉人佣，相安已久。生苗所居深山密箐，有熟苗为之限，常声内地兵威以慑之，故亦罔敢窥伺。自议开拓苗疆，生苗界上常屯官兵，干戈相寻，而生苗始不安其所。至熟苗无事则供力役，用兵则为乡导，军民待之若奴隶，生苗疾之若寇仇。官兵胜，则生苗乘间抄杀以泄忿；官兵败，又或屠戮以冒功。由是熟苗怨恨，反结生苗为乱。如台拱本在化外，有司迎合要功，辄谓苗民献地。上官不察，竟议驻师。遂使生苗煽乱，屡陷官兵，蹂躏内地；间有就抚熟苗，又为武臣残杀，卖其妻女。是以贼志益坚，人怀必死。为今日计，惟有弃苗疆而不取，撤重兵还驻内地，要害筑城，俾民有可依，兵有可守。来则御之，去则舍之。明悬赏格，有能擒首恶及率众归顺者，给与土官世袭，分管其地。更加意抚绥熟苗，使勿为生苗所劫掠，官兵所侵陵，庶有俯首向化之日。不然，臣恐兵端不能遽息也。"二年，卒，赠太子太傅，赐祭葬，谥文定。

2. 冉觐祖

卷四百八十　列传二百六十七

冉觐祖，字永光，先贤郓国公裔。元末有为中牟丞者，因家焉。康熙二年，乡试第一。杜门潜居，爰取四书集注研精覃思二十年。章求其旨，句求其解，字求其训，身体心验，订正群言，归于一是，名曰玩注详说。递及群经，各有专书，兼采汉儒、宋儒之说。十八年，开博学鸿儒科，巡抚将荐之，欲一见觐祖。觐祖曰："往见，是求荐也。"坚不往。少詹事耿介延主嵩阳书院，与诸生讲孟子一章，剖析天人，分别理欲，众皆悚听。三十年，成进士，选庶吉士。三十三年，授检讨。是岁圣祖遍试翰林，御西暖阁，询家世籍贯独详，有"气度老成"之褒。越日，赐宴瀛台，上独识之，曰："尔是河南解元耶？"盖以示优异也。寻告归。卒，年八十有二。

3. 高玢

卷二百八十六　列传七十三

高玢，字荆襄，河南柘城人。康熙二十七年进士（编者按：见于康熙三十年辛未科进士题名碑）。自礼部郎中考选广东道御史，巡视东城。谪戍忒斯军营，运粮西藏。居塞上六年，著出塞集，备言屯戍之苦。释归，终于家。

康熙三十三年（1694年）甲戌科

第二甲

1. 范长发

卷二百八十六 列传七十三

长发，字廷舒，浙江秀水人。康熙三十三年进士，授南城知县。行取礼部主事，考选广西道御史，转掌浙江道。遣戍，予额外主事衔，随都统图腊赴征西将军营。还，驻归化城。后命赴察汉新台。归，以原职休致。

第三甲

1. 高怡

卷二百八十六 列传七十三

怡，字仲友，浙江武康人。康熙二十七年进士（编者按：见于康熙三十三年甲戌科进士题名碑），授长洲知县。善听讼，吏胥惮之。尚书韩菼，怡师也，其姻党系狱，以菼故请恕，怡怒杖之。迁鄜州知州，行取工部主事。考选山东道御史。谪戍时，年逾六十。以原职释归。

2. 周起渭

卷四百八十四 列传二百七十一

起渭，字渔塘，贵阳人。康熙三十三年进士，由检讨累迁詹事府詹事。诗才隽逸，尤肆力于苏轼、元好问、高启诸家。贵州自明始隶版图，清诗人以起渭为冠，而铜仁张元臣、平远潘淳亦并有诗名。

3. 陈璸

卷二百七十七 列传六十四

陈璸，字眉川，广东海康人。康熙三十三年进士，授福建古田知县。古田多山，丁田淆错，赋役轻重不均，民逋逃迁徙，黠者去为盗。璸请平赋役，民以苏息。调台湾，台湾初隶版图，民骁悍不驯。璸兴学广教，在县五年，民知礼让。四十二年，行取，授刑部主事，历郎中，出为四川提学道佥事。清介公慎，杜绝苞苴。上以四川官吏加派厉民，诏戒饬，特称瓒廉。未几，用福建巡抚张伯行荐，调台湾厦门道。新学宫建朱子祠于学右，以正学厉俗，镇以廉静，番、民帖然。在官应得公使钱，悉屏不取。

五十三年，超擢偏沅巡抚。莅任，劾湘潭知县王爰溱纵役累民，长沙知府薛琳声徇庇不纠劾，降黜有差。寻条奏禁加耗，除酷刑，粜积谷，置社仓，崇节俭，禁馈送，先起运，兴书院，饬武备，停开采，凡十事。诏嘉勉，谕以躬行实践，勿骛虚名。旋入觐，奏言："官吏妄取一钱，即与百千万金无异。人所以贪取，皆为用不足。臣初任知县，即不至穷苦，不取一钱，亦自足用。"比退，上目之曰："此苦行老僧也！"

寻调抚福建，上谕廷臣曰："朕见瓒，察其举止言论，实为清官。瓒生长海滨，非世家大族，无门生故旧，而天下皆称其清。非有实行，岂能如此？国家得此等人，实为祥瑞。宜加优异，以厉清操。"陛辞，上问："福建有加耗否？"瓒奏："台湾三县无之。"上曰："火耗尽禁，州县无以办公，恐别生弊端。"又曰："清官诚善，惟以清而不刻为尚。"瓒为治，举大纲，不尚烦苛。修建考亭书院及建阳、尤溪朱子祠，疏请御书榜额，并允之。复疏言："防海贼与山贼异，山贼啸聚有所，而海贼则出没靡常。台湾、金、厦防海贼，又与沿海边境不同，沿海边境患在突犯内境，而台、厦患在剽掠海中。欲防台、厦海贼，当令提标及台、澎水师定期会哨，以交旗为验。商船出海，令台、厦两汛拨哨船护送。又令商船连环具结，遇贼首尾相救，不救以通同行劫论罪。"下部议，以为繁琐，上韪其言，命九卿再议，允行。

是年冬，兼摄闽浙总督。奉命巡海，自赍行粮，屏绝供亿。捐谷应交巡抚公费，奏请充饷。上曰："督抚有以公费请充饷者，朕皆未之允。盖恐准令充饷，即同正项钱粮，不肖者又于此外婪取，重为民累。"令瓒遇本省需款拨用。瓒又请以司库余平赏赉兵役，命遵前旨。广东雷州东洋塘堤岸，海潮冲激，侵损民田，瓒奏请修筑，即移所贮公项及俸钱助工费。堤岸自是永固，乡人蒙其利。五十七年，以病乞休，诏慰留之。未几，卒于官。遗疏以所贮公项余银一万三千有奇充西师之费。命以一万佐饷，余给其子为葬具。寻谕大学士曰："陈瓒居官甚优，操守极清，朕所罕见，恐古人中亦不多得也。"追授礼部尚书，荫一子入监读书，谥清端。

瓒服御俭素，自奉惟草具粗粝。居止皆于厅事，昧爽治事，夜分始休。在福建置学田，增书院学舍，聘主讲，人文日盛。雍正中，入祀贤良祠。乾隆初，赐其孙子良举人；子恭员外郎，官至知府。

4. 觉罗满保

卷二百八十四　列传七十一

觉罗满保，字凫山，满洲正黄旗人。康熙三十三年进士，选庶吉士，授检讨。累迁国子监祭酒，擢内阁学士，直经筵。五十年，授福建巡抚。疏言福州、兴化、泉、漳等属十六州县皆濒海要地，请拣选直省卓异官除授。御史璩廷祜论其不可，部议以为然。诏下九卿等再议，卒从满保言。五十四年，擢福建浙江总督，命巡海。议自乍浦至南澳，沿海五千余里，建台、寨百二十七所，炮位千一百七十有八。别疏言："鹿耳门为台湾咽喉，澎湖为厦门藩卫，安平镇为水师三营重地，及海洋各口岸宜分极冲、次冲，筑墩、台，设汛巡守；并严察海舶出入，禁渔船私载米粮、军器。"又言："淡水、鸡笼山为台湾北界，其澳港可泊巨舰百余。更进为肩豆门，沃野百里，番社交据。请增置淡水营，设官驻防为后蔽。"皆报可。

六十年，凤山民朱一贵为乱。台湾知府王珍苛税滥刑，凤山民黄殿、李勇、吴外等集数百人谋变，一贵素贩鸭，托明裔以为渠。劫冈山塘、槟榔林二汛，掠军器，众益聚，遂破县城，进陷台湾。总兵欧阳凯等率兵御贼，师败绩，死之。台厦道梁文煊等走澎湖。满保疏闻，督兵趋厦门，值淫雨，乘竹兜从数骑行泥淖中。比至，籍丁壮剿悍能杀贼者悉充伍，严申军令，禁舟师毋登陆，民以不扰。淡水营守备陈策使诣厦门乞援，满保移会巡抚吕犹龙，遣兵自闽安渡淡水。未几，南澳镇总兵蓝廷珍率舟师至，满保命统水陆军，会提督施世骠于澎湖，克期进剿。六月，世骠、廷珍攻鹿耳门，败贼安平镇，遂克台湾。上以台湾民附乱非本意，敕满保招抚。寻诸罗民杨旭等密约壮丁六百人，擒一贵及其党十二人，献世骠军前，槛送京师，磔于市。是役，自出师迄事平凡七日。上嘉满保调度有方，加兵部尚书。寻疏言："贼起，惟守备陈策鼓励兵民，坚守汛地，待大兵进援，奋力效忠。"命擢台湾总兵。复疏劾珍纵役需索，致一贵乘机倡乱；文煊及所属官吏一无备御，退回澎湖，应夺官逮问，从之，文煊等论罪如律。秋，台湾飓作，满保以闻，谕："台湾有司平日贪残激变，及大兵进剿，杀戮之气上干天和，令速行赈恤。"

上杭民温上贵往台湾从一贵得伪元帅札、印，还上杭，煽乡人从贼。闻一贵诛，走江西，结棚匪数百，谋掠万载。知县施昭庭集营汛剿捕，擒上贵及其党十数人，并伏法。大学士白潢等条奏禁戢棚匪，满保疏言："闽、浙两省棚民，以种麻靛、造纸、烧灰为业，良莠不一。令邻坊保结，棚长若有容庇匪类，依律连坐。有司于农隙遍履各棚，严加稽察。浙江鄞、奉化等二十七县，福建闽、龙岩等四十州县，皆有棚民，宜如沿海州县例，拣员题补。"诏从之。

雍正三年，卒官。遗疏言："新任巡抚毛文铨未至，总督印信交福州将军宜兆熊署理，并留解任巡抚黄国材暂缓起程，如旧办事。"诏嘉其得体，下部议恤；时尚书隆科多获罪鞫讯，得满保馈金交通状，世宗谕责满保谄隆科多、年羹尧，命毋赐恤予谥。

5. 高其倬

卷二百九十二 列传七十九

高其倬，字章之，汉军镶黄旗人。父荫爵，官口北道。其倬，康熙三十三年进士，改庶吉士，散馆授检讨。寻兼佐领。五迁内阁学士。五十八年，河南南阳镇兵挟忿围辱知府沈渊，命偕尚书张廷枢按治，诛首事者，总兵高成等论罪有差。

五十九年，授广西巡抚。邓横苗叛，其倬亲抚之降。六十一年，世宗即位，擢云贵总督。疏言："土司承袭，向有陋规，已严行禁革。咨部文册，如无大舛错，请免驳换。"得旨嘉奖。青海台吉罗卜藏丹津叛侵西藏，其倬以中甸为入藏要道，檄诸将刘宗魁、刘国侯等严为备。并遵上指，令提督郝玉麟将二千人自中甸进驻察木多，副将孙宏本将五百人赴中甸为声援。雍正二年，师定青海，中甸喇嘛、番酋等率三千五百户纳土请降。上嘉其倬能，予世职拜他喇布勒哈番。其倬规画安抚中甸，疏"请设同知以下官：番酋营官外，又有神翁、列宾诸号，听堪布、喇嘛指挥，请改授守备、千把总札付，听将吏统辖。僧寺喇嘛以三百为限，收兵械入官。沿江数百里及山谷旷土，招民开垦。旧行滇茶，视打箭炉例，设引收课"。鲁魁山者，自国初为盗薮，夷、倮杂处，推杨、方、普、李四姓为渠。有方景明者，挟倮、夷掠元江。其倬遣兵击破之，擒景明，歼倮、夷数百，疏请于其地驻兵，号普威营。

参将驻普洱，守备驻威远、茶山，改威远归流，设同知以下官。土官刁光焕及其孥移置会城，而以新开二盐井充新设兵饷。设义塾，教夷人子弟。元江府学额外增额二名，待其应试。劝夷人垦田，旱田十年后、水田六年后升科。贵州仲家苗酋阿近及其弟阿卧为乱，其倬使抚定傍近诸苗寨。阿近等失援，遣兵擒戮之，并按治定番、广顺诸苗酋不顺命者。疏请改设定广协，分置营汛，防定番、广顺及西孟、青藤、断杉树、长寨、遮贡、羊城垄诸地。又移都匀守备驻独山，改湖广五开卫为县，移隶黎平。并言贵州地连川、楚，奸人掠贩贫家子女为民害，请饬地方官捕治，岁计人数为课最。贵州民间陋俗，被人劫杀，力不能报，则掠质他家人畜，令转为报仇；不应则索赎，谓之"拏白放黑"。请加等治罪。土司贫困，田赋令属苗代纳，请清察，责执业者完赋。土司下设权目人等，请令报有司，有罪并惩。诏悉如所请。

三年，进兵部尚书衔，加太子少傅，调福建浙江总督。濒行，疏言："邓川、嵩明、腾越、太和、浪穹诸州县土军丁银，起明嘉靖、万历间，遣民防夷，立太和、凤梧二所，丁征赋一两。是于本贯已完民赋，请豁除军粮。"诏从之。四年，疏言："福、兴、漳、泉、汀五府地狭人稠，无田可耕，民且去而为盗。出海贸易，富者为船主、为商人，贫者为头舵、为水手，一舟养百人，且得余利归赡家属。曩者设禁例，如虑盗米出洋，则外洋皆产米地；如虑漏消息，今广东估舟许出外国，何独严于福建？如虑私贩船料，中国船小，外国得之不足资其用。臣愚请弛禁便。"下怡亲王会同大学士九卿议行。五年，台湾水连社番为乱，其倬遣兵讨之，擒其渠骨宗等，诸社悉降。寻以李卫为浙江总督，命其倬专督福建。迭疏请整饬盐政，改造水师战船，厘定营汛，并下部议行。入觐，加太子太保。

上以其倬通堪舆术，命诣福陵相度。其倬还奏："陵前左畔水法，因溢流更故道，弓抱之势微觉外张。当顺导河流，方为尽善。"下大学士等，如所议修浚。八年，调江南江西总督。复召至京师，令从怡亲王勘定太平峪万年吉地，进世职三等阿思哈尼哈番。命署云贵广西总督。十一年，普洱属思茅土把总刁国兴纠苦葱蛮及元江夷为乱，攻普洱，通关大寨摆夷复附苦葱蛮，渡阿墨河攻他郎。其倬檄提督蔡成贵等分道捕治，擒其酋并所属五百余，乱乃定。是岁春，命其倬回两江总督。秋，命以总督衔领江苏巡抚。十二年，坐徇知县赵昆珵偿海塘工款，部议降调，即授江苏巡抚。

乾隆元年，召还京师，复授湖北巡抚，调湖南。讨平城步、绥宁二县瑶乱。三年，擢工部尚书，调户部。其倬诣京师，过宝应，疾作，卒于舟次，赐祭葬，谥文良。

6. 朱轼

卷二百八十九　列传七十六

朱轼，字若瞻，江西高安人。康熙三十二年，举乡试第一。三十三年，成进士，改庶吉士，散馆授湖北潜江知县。潜江俗敝赋繁，轼令免耗羡，用法必持平。有斗殴杀人狱，上官改故杀，轼力争之，卒莫能夺。四十四年，行取，授刑部主事，累迁郎中。四十八年，出督陕西学政。修横渠张子之教，以知礼成性、变化气质训士。故事，试册报部科，当有公使钱。轼独无，坐迟误被劾，士论为不平。会有以其事闻上者，上命轼毕试事。五十二年，擢光禄寺少卿。历奉天府尹、通政使。

五十六年，授浙江巡抚。五十七年，疏请修筑海塘：北岸海宁老盐仓千三百四十丈，南岸上虞夏盖山千七百九十丈；并议开中亹淤沙，复江海故道。又疏言："海宁沿塘皆浮沙，虽长椿巨石，难期保固。当用水柜法，以松、杉木为柜，实碎石，用为塘根，上施巨石为塘身。附塘为坦坡，亦用水柜，外砌巨石二三重，高及塘之半，用护塘址。塘内为河，名曰备塘河。居民筑坝积淤，应去坝浚河，即以其土培岸。"俱下部议行。杭州南、北两关税，例由巡抚监收。轼以税口五十余，稽察匪易，请委员兼理。部议以杭州捕盗同知监收，仍令巡抚统辖。五十八年，疏劾巡盐御史哈尔金索商人贿，上命尚书张廷枢、学士德音按治，论如律。五十九年，擢左都御史。六十年，遭父丧，命在任守制，疏辞，上不许，请从军自效。

上以山、陕旱灾，发帑五十万，命轼与光禄寺卿卢询分往劝粜治赈。轼往山西，疏请令被劾司道以下出资赡饥民，富民与商人出资于南省籴米，暂停淮安、凤阳等关米税；饥民流徙，令所在地方官安置，能出资以赡者得题荐；饥民群聚，易生疠疫，设厂医治。又疏言："仓庾积贮，有司平日侵蚀，遇灾复假平粜、借贷、煮粥为名，以少报多，有名无实。请敕详察亏空，少则勒限补还，多则严究治罪。至因赈动仓谷，辄称捐俸抵补，俸银有限，仓谷甚多。借非实借，还非实还，宜并清核。"皆从所议行。别疏请令山西各县建社仓，引泉溉田。上谓："社仓始于朱子，仅可行于小县乡村。若奏为定例，官吏奉行，久之，与民无益。山、陕山多水少，间有泉源，亦不能畅引溉田。轼既以为请，即令久驻山西，鼓励试行。"轼自承冒昧，乞寝其议，上不许。未几，川陕总督年羹尧劾西安知府徐容、凤翔知府甘文煊亏帑，请特简亲信大臣会鞫。上命轼往勘，得实，论如律。六十一年，乞假葬父，归。

世宗即位，召诣京师，充圣祖实录总裁，赐第。雍正元年，命直南书房。予其母冷氏封。加吏部尚书衔，寻复加太子太保。充顺天乡试考官，嘉其公慎，进太子太傅。二年，兼吏部尚书。命勘江、浙海塘。三年，还，奏："浙江余姚浒山镇西至临山卫，旧土塘三道，本为民灶修筑。今民灶无力，应动帑兴修。自临卫经上虞乌盆村至会稽沥海所，土塘七千丈，应以石为基，就石累土。又海宁陈文港至尖山，土塘七百六十六丈，应就塘加宽，覆条石于巅，塘外以乱石为子塘，护塘址当修砌完固。至子塘处，依式兴筑。海盐秦驻山至演武场石塘，圮八十丈，溃七十丈，均补筑。都计工需十五万有奇。江南金山卫城北至上海华家角，土塘六千二百余丈，内三千八百丈当改为石塘。上海汛头墩至嘉定二千四百丈，水势稍缓，土塘加筑高厚，足资捍御。都计工需十九万有奇。"下部议行。拜文华殿大学士，兼吏部尚书。

上命怡亲王胤祥总理畿辅水利营田，以轼副之。四年，请分设四局，各以道员领其事。二月，轼遭母丧，命驰驿回籍，谕曰："轼事母至孝，但母年八十余，禄养显扬，俱无余憾。当节哀抑恸，护惜此身，为国家出力。"赐内帑治丧，敕江西巡抚侯轼至家赐祭。轼奏谢，乞终制，上允解任，仍领水利营田，期八月诣京师。九月，轼将至，遣学士何国宗、副都统永福迎劳，许素服终丧。上以浙江风俗浇漓，特设观风整俗使，轼疏言："风俗浇漓，莫甚于争讼。臣巡抚浙江，知杭、嘉、湖、绍四府民最好讼。请增设杭嘉湖巡道，而以绍兴属宁台道。民间词讼冤抑，准巡道申理。"上从其请。六年，以病乞解任，上手诏留之。八年，怡亲王薨，命轼总理水利营田。寻兼兵部尚书，署翰林院掌院学士。十三年，议筑浙江海塘，轼请往董其役，上俞之，敕督抚及管理塘工诸大臣咸听节制。

高宗即位，召还，命协同总理事务，予拜他喇布勒哈番世职。时治狱尚刻深，各省争言开垦为民累，轼疏言：“四川丈量，多就熟田增加钱粮；广西报部垦田数万亩，其实多系虚无。因请通行丈量，冀求熟田弓口之余，以补报垦无着之数。大行皇帝洞烛其弊，饬停止丈量；而前此虚报升科，入册输粮，小民不免苦累。河南报垦亦多不实。州县田地间有未能耕种之处，或因山区硗确，旋垦旋荒；或因江岸河滨，东坍西涨。是以荒者未尽开垦，垦者未尽升科。至已熟之田，或粮额甚轻，亦由土壤硗瘠，数亩不敌腴田一亩，非欺隐者比。不但丈量不可行，即令据实首报，小民惟恐察出治罪，勉强报升，将来完纳不前，仍归荒废。请停止丈量，饬禁首报，详察现在报垦之田，有不实者，题请开除。”又疏言：“法吏以严刻为能，不问是非曲直，刻意株连，惟逞锻炼之长，希著明察之号。请敕督抚谕有司，谳狱务虚公详慎，原情酌理，协于中正。刑具悉遵定制，不得擅用夹棍、大枷。”上深嘉纳之。

乾隆元年，充世宗实录总裁。九月，病笃，上亲临视疾。轼力疾服朝服，令其子扶掖，迎拜户外。翌日，卒。遗疏略言：“万事根本君心，用人理财，尤宜慎重。君子小人，公私邪正，判在几微，当审察其心迹而进退之。至国家经费，本自有余，异日倘有言利之臣，倡加赋之税，伏祈圣心乾断，永斥浮言，实四海苍生之福。”上震悼辍朝，复亲临致奠，发帑治丧。赠太傅，赐祭葬，谥文端。

轼朴诚事主，纯修清德，负一时重望。高宗初典学，世宗命为师傅，设席懋勤殿，行拜师礼。轼以经训进讲，亟称贾、董、宋五子之学。高宗深重之，怀旧诗称可亭朱先生，可亭，轼号也。子必阶，以荫生官至大理寺卿；堪，进士，官至左庶子；必坦，举人，袭骑都尉。

康熙三十六年（1697年）丁丑科

第一甲

1. 姜宸英

卷四百八十四 列传二百七十一

姜宸英，字西溟，慈溪人，明太常卿应麟曾孙。父晋圭，诸生，以孝闻。宸英绩学工文辞，闳博雅健。屡踬于有司，而名达禁中。圣祖目宸英及朱彝尊、严绳孙为海内三布衣。侍读学士叶方蔼荐应鸿博，后期而罢。方蔼总裁明史，又荐充纂修，食七品俸，分撰刑法志。极言明诏狱，廷杖，立枷，东、西厂之害，辞甚恺至。尚书徐乾学领一统志事，设局洞庭东山，疏请宸英偕行。久之，举顺天乡试。三十六年，成进士。廷对李蟠第一，严虞惇第二，帝识宸英手书，亲拔置第三人及第，授编修，年七十矣。明年，副蟠典试顺天，蟠被劾遣戍，宸英亦连坐。事未白，卒狱中。

宸英性孝友。与人交，坦夷而不阿。祭酒翁叔元劾汤斌伪学，遽移书责之。著湛园集、苇间集。书法得锺、王遗意，世颇重之。

第三甲

1. 邹图云

卷二百八十六 列传七十三

图云，字伟南，江西南城人。康熙三十六年进士，授大竹知县。行取礼部主事，考选河南道御史，转掌山东道，巡视东城。

2. 张元臣

卷四百八十四 列传二百七十一

元臣，字志伊。康熙三十六年进士，由检讨累迁左谕德。有豆村诗钞。

3. 蔡珽

卷二百九十三　列传八十

蔡珽，字若璞，汉军正白旗人，云贵总督毓荣子。康熙三十六年进士，改庶吉士，散馆授检讨。洊擢少詹事，进翰林院掌院学士，兼礼部侍郎。时世宗在潜邸，闻其能医，欲见之，珽谢不往。六十年，四川巡抚年羹尧入觐，世宗命达意，仍坚辞。六十一年，羹尧授川陕总督，以珽代为四川巡抚，觐圣祖热河行在，世宗方扈从，乃诣谒而去。雍正二年，羹尧请川、陕开采鼓铸，珽疏言四川不产铅，开采非便，羹尧劾珽阻挠，下部议，当夺官。珽辱重庆知府蒋兴仁，愤自杀，珽以病卒闻，羹尧劾之，上诘责再三，始自承。下部议，拟斩，诏逮至京师，召入见，具言羹尧贪暴及所以抗拒羹尧状，上谕曰："珽罪应如律，然劾之者羹尧，人将谓朕以羹尧故杀珽，是羹尧得操威福柄也。其免珽罪。"特授左都御史，兼正白旗汉军都统。寻进兵部尚书，仍兼左都御史。会羹尧得罪，直隶总督李维钧隐其财产，上命珽偕内大臣马尔赛往按，得实，夺维钧官，以珽署总督。

直隶方被水，议蠲赈，复发帑修河间、静海诸城，俾饥民就佣受食。珽奏言省会米贵，令按察使浦文倬至天津运截留漕米二万石，以万石运保定平粜，留万石赈经过诸地，上如所请，敕再运通仓米十万石往天津，加赈一月。珽奏："请察地方官侵冒，惩胥役虚报，访衿棍挟制，贫民户给印券，每村给村名纸旗，以次给领。赈满，续修城工，即以赈时所给印券交验受佣。"从之。调补吏部尚书，仍兼领兵部、都察院及都统事。四年，以珽所领事多，先后解左都御史、都统、吏部尚书，专任兵部尚书。旋以在直隶时徇庇昌平营参将杨云栋，坐夺官，上命降授奉天府尹。

初，上以岳锺琪代年羹尧为川陕总督，珽入对，言锺琪叵测。锺琪入觐，过保定，珽方署直隶总督，造蜚语，冀以撼锺琪。事闻，上严旨诘责。五年，召回京按讯，上阅羹尧幕客举人汪景祺所著书，载珽抚四川时得夔州府知府程如丝贿，保治行第一。如丝守夔州，鬻私盐，而捕湖广民鬻私盐者得辄杀之，为羹尧劾罢。珽入对，言其冤。上命免如丝罪，且擢为四川按察使。至是，上颇疑景祺言。会巡抚马会伯劾如丝营私网利疏至，命侍郎黄炳如四川按其事，以珽偕炳还奏，事实，下法司汇谳。寻议珽挟诈怀私，受夔关税银、富顺县盐规，冒销库帑，并得如丝银六万六千、金九百，谗毁锺琪，交结查嗣庭，凡十八事，应斩决，妻子入辛者库，财产没入官，命改斩监候。

六年，管理正白旗信郡王德昭又奏珽家藏朱批奏折三件未缴进，大不敬，应立斩，诏逮至京师。初，珽故吏知县黄振国坐事夺官，珽荐起河南信阳知州，巡抚田文镜劾贪劣不法。李绂自广西巡抚迁直隶总督，入对，力陈振国无罪，御史谢济世劾文镜亦及之，言与绂合。上疑绂与济世为党，召绂还京师，戍济世。及珽至，谕暴珽等结党欺罔、倾陷文镜诸罪状，命斩振国，珽仍改斩监候，下狱。十三年，高宗即位，赦免。乾隆八年，卒。

4. 傅敏

卷三百三　列传九十

福敏，字龙翰，富察氏，满洲镶白旗人。康熙三十六年进士，选庶吉士，散馆，以知县待铨。时世宗在藩邸，高宗初就傅，命福敏侍读。及世宗即位，擢内阁学士，兼礼部侍郎。雍正三年，迁吏部侍郎。出署浙江巡抚。四年，擢左都御史，兼翰林院掌院学士。复出署湖广总督。沔阳、潜江等十州县水灾，疏请发常平仓谷治赈。谬冲花苗叛，福敏檄贵州兵截后路，以湖广兵捣其巢，讨平之。安陆、荆州被水，疏请老弱妇女治赈如常，而以丁壮修堤，俾民得食而堤亦完。上眷福敏厚，尝手诏谕曰："朕令尔暂摄总督，苟得其人，即命往替。近日廊庙中颇乏才，皇子左右亦待尔辅翼。留尔湖广非得已，宜体朕意勉为之。"

五年，召还京，授吏部尚书。六年，以巡抚浙江时徇布政使佟吉图动库银，夺职。八年，命协理兵部侍郎，迁左都御史。十年，署工部尚书，协办大学士，旋署刑部尚书。乾隆三年，擢武英殿大学士，兼工部尚书、翰林院掌院学士。四年，加太保，六年七月，高宗初幸木兰行围，福敏疏言："行围边外，内外章奏按期驰送，较宫廷清穆劳逸迥殊。宜朝乾夕惕，清明在躬，从容应之。留京百官，必因事警察，勿使偷惰者得行其私。巡行之日，言路宜举大利害，不当琐细渎陈伤政体。圣祖于猎地平易险阻无不了然，故周旋中度，驰射如神。愿皇上筹度于先。弁兵布围，未必无参差，乞少加从容，俾黾勉从事。弁兵从行日久，资斧不继，量加恩泽，费无多而惠无穷。"上谕曰："览大学士所奏，老成忠恳，补衮陈善，朕皆嘉纳焉。"八年，疏陈时政，言："河防事重，请如灾民请赈例，便宜处置，以时上闻。灾民流移，情非得已。若有司不善拊循，徒禁越境，致辗转沟壑，宜加以玩视罪。江南、湖广偏灾，请留南漕赈济。定数多寡，当出上裁。庶上不亏储，下足济食。"疏入，从之。

十年，以疾乞解任，温诏如所请，加太傅。二十二年，卒，年八十四。福敏尝有疾，上临视，及闻其卒，复亲奠。赐祭葬，祀贤良祠，谥文端。

福敏性刚正，廓然无城府。直内廷与蔡世远、雷鋐善，尤服膺朱轼。既乞休，语鋐曰："此位岂易称？我浮沉其间，君不我嗤耶？"四十四年，上制怀旧诗，于旧学诸臣皆称先生，字而不名，言于轼得学之体，于世远得学之用，于福敏得学之基。六十年二月上丁，释奠礼成，赠福敏太师，诏言："冲龄就傅时，启迪之力多也。"

康熙三十九年（1700年）庚辰科

第二甲

1. 查嗣瑮

卷四百八十四　列传二百七十一

嗣瑮，字德尹。康熙三十九年进士，官至侍讲。性警敏，数岁即解切韵谐声。诗名与慎行相埒。慎行著敬业堂集、周易玩辞集解，又补注苏诗，行于世。嗣瑮著查浦诗钞、音类通考。

2. 励廷仪

卷二百六十六　列传五十三

励廷仪，字南湖。康熙三十九年进士，改庶吉士。四十一年，特命直南书房。四十三年，授编修，遭父丧，既终，充日讲起居注官。累迁内阁学士，充经筵讲官，擢翰林院掌院学士、兵部侍郎。雍正元年，迁刑部尚书。疏言各省常平仓谷，当责督抚核实盘查，年终册报；又请于古北口外设理事同知，检察命、盗狱：并从之。二年，疏言各州县团练民壮，当选习枪箭，勤加训练，上韪之，下直省督抚实力奉行；又疏请分立内外监，内监居要犯，外监居轻犯，别为女监，另墙隔别：均报可。迭疏论监生考职，禁止私盐，清查入官家产，各举其丛弊所在，并下部议行。七年，加太子太傅，赐"矜慎平恕"榜。九年，调吏部，仍专管刑部事。十年，卒，谥文恭。

3. 陈嘉猷

卷二百八十六　列传七十三

嘉猷，字讱叔，江南溧阳人。康熙三十九年进士。自吏部员外郎考选山西道御史。五十六年，王掞密请建储。未几，嘉猷与同官八人亦合疏陈请，上疑之，掞几获罪，事具掞传。至是，嘉猷复与彝等申请，获咎。

4. 沈近思

卷二百九十　列传七十七

沈近思，字位山，浙江钱塘人。康熙三十九年进士。四十五年，授河南临颍知县。颍水经许州东入临颍，许州孔家口下距临颍境仅百余步，堤屡圮，水入临颍，害禾稼。近思请筑堤，临颍任夫十之七，士民争输谷。日役千三百人，人谷二升，二十日而堤成。水至不为患，岁大熟。近思立紫阳书院，教士以正学。县西葛冈村俗最恶，近思为置塾，课村童，立书程簿，躬教督之。化行于其乡，俗日驯。五十二年，巡抚鹿佑荐卓异，迁广西南宁同知。病，告归。五十九年，以浙江巡抚朱轼荐，敕部调取引见，命监督本裕仓。浙江福建总督满保奏请以知府拣发福建，檄署台湾知府。近思议析置数县，道镇弹压，府治驻兵三千，分布营汛，收材勇入行伍，严加操练，以渐移充内地各标。流民至者，必审籍贯、稽家口，方授以田土，否则悉驱过洋。议未即行，雍正元年，召授吏部文选司郎中，赐第，赉帑金四百。寻授太仆寺卿，仍兼领文选司事。二年，超授吏部侍郎，命与尚书阿尔松阿如河南按治诸生王逊等纠众罢考，论如律。

四年，充江南乡试考官。例以乡试录进呈，上嘉近思命题正大，策问发挥性理，谕奖之。时侍郎查嗣庭、举人汪景祺以诽谤获罪，停浙江人乡会试。近思疏言："浙省乃有如嗣庭、景祺者，越水增羞，吴山蒙耻！"因条列整饬风俗，约束士子，凡十事。上曰："浙省有近思，不为习俗所移，足为越水、吴山洗其羞耻！"所陈委曲详尽，下巡抚李卫、观风整俗使王国栋，如议施行。五年，擢左都御史，仍兼领吏部事。卒，命平郡王福彭往奠，加礼部尚书、太子少傅。以其子方幼，令吏部遣司官为治丧，赐祭葬，谥端恪。

近思少孤贫，为僧灵隐寺。世宗通佛理，尝以问近思，近思对曰："臣少年潦倒时，尝逃于此。幸得通籍，方留心经世事以报国家。亦知皇上圣明天纵，早悟大乘，然万几为重，臣愿皇上为尧、舜，不愿皇上为释迦。即有所记，安敢妄言以分睿虑？"上为改容。及耗羡归公议起，上意在必行，近思独争之，言："耗羡归公，即为正项，今日正项之外加正项，他日必至耗羡之外加耗羡。臣尝为县令，故知其必不可行。"上一再诘之，近思陈对侃侃，虽终不用其言，亦不以为忤也。

5. 陶彝

卷二百八十六　列传七十三

陶彝，顺天大兴人。康熙三十九年进士，授户部主事。再迁郎中。考选广西道御史，巡视两浙盐政。

六十年三月，彝与同官任坪、范长发、邹图云、陈嘉猷、王允晋、李允符、范允�、高玢、高怡、赵成穮、孙绍曾合疏奏曰："皇上深恩厚德，浃洽人心。兹逢六十年，景运方新，普天率土，欢欣鼓舞，而建储一事，尤为巨典。恳独断宸衷，早定储位。"疏入，下内阁。时大学士王掞正密疏请建储。后数日，彝等疏又上，上震怒，斥掞植党希荣。于是王大臣奏请夺掞及诸御史官，从重治罪。越日，谕廷臣曰："王掞及御史陶彝等妄行陈奏，俱称为国为君。今西陲用兵，为人臣者，正宜灭此朝食。可暂缓议罚，如八旗满洲文官例，俱委署额外章京，遣往军前效力赎罪。"雍正四年，世宗以诸御史不谙国体，心本无他，诏释归，以原职休致还籍。

6. 杨汝谷

卷三百四　列传九十一

杨汝谷，字令贻，江南怀宁人。康熙三十九年进士，授浙江浦江县知县。行取，授礼部主事。三迁监察御史。河南南阳镇标兵以知府沈渊禁博，劫渊，围诸教场三日。汝谷论劾，上遣尚书张廷枢等往按，谴总兵高成诛标兵之首事者。别疏言："选人待缺，辄言出为人后，或值远缺，报治丧，冀更选。请饬选人具三代，已选，复称出为人后，报治丧，以不孝论。"下部议行。六迁兵部侍郎，兼署左副都御史。疏言直隶被水灾，请运关东米十万石至天津，留南漕十万石存河间、保定适中地，分贮备赈。下部议行。高宗即位，调户部侍郎，疏言："河南荥泽地滨黄河，康熙三十六年河势南侵，县地多倾陷。民困虚粮，流亡远徙。"上命河南巡抚察议，删赋额。寻迁左都御史。乾隆三年，以老乞休，命本省布政使给俸。五年，卒，年七十六，谥勤恪。

第三甲

1. 史贻直

卷三百三　列传九十

史贻直，字儆弦，江苏溧阳人。父夔，康熙二十一年进士，官至詹事。贻直少娴掌故。三十九年，成进士，年十九。自检讨五迁侍读学士。雍正初，命在南书房行走，再迁吏部侍郎，历工部、户部。命如河南按总督田文镜劾信阳知州黄振国等，定谳入告。上蔡知县张球，文镜所尝荐，贻直等发其讳盗。下吏议，文镜疏自劾。复命如山西按前总督年羹尧领河东盐政，私其子挠盐法。七年，复命如福建按巡抚朱纲劾按察使乔学尹等，并论如律。上奖其公当，命署福建总督。福建水师巡海，挟市易物蚀关税，贻直为申禁。福州、兴化、泉州、漳州四府以米少，仓谷不如例粜易，贻直请以台湾应输兵米易谷运四府，以次粜旧存新；内地兵戍台湾，往还扰番社，贻直请下台湾总兵，戍兵往还，遣裨将检押：皆如所议行。

八年，调署两江总督，以本籍疏辞，勿许。授左都御史，仍留两江。九年，召还。时师征准噶尔，陕西、甘肃当师行道，任馈饷。命偕侍郎杭奕禄等宣谕化导，旋命协理陕西巡抚，擢兵部尚书，仍留陕西。十年，署巡抚。廷议禁烧锅，下诸行省。贻直疏言："年丰粮美；烧锅亦民间谋生之一事。当视年事丰歉，审民力盈虚，加以董劝。"上许为得因时制宜之意。湖广总督迈柱请疏湖广荆子关至陕西龙驹寨水道，便转饷。贻直疏言："荆子关至龙驹寨，旧有丹河，行两山间，纡折三百七十里。夏秋间民引以溉田，筑堰蓄流，涓滴必争。雨后山水骤至，纤路辄断，实不宜于挽运。臣察湖广转饷艰难，当于河南府陕州傍河诸州县积谷，行转搬之策。浚治丹河，宜若可缓。"上韪贻直言，格迈柱议不行。旋授户部尚书，总理陕西巡抚。

十三年七月，召还。八月，世宗崩，高宗即位，贻直入对，高宗出世宗遗念衣赐贻直，勖以始终一致。贻直泣，上亦泣不止。贻直疏言："科道及吏、礼二部宜循旧制用科目；官吏迁擢，捐弃阶资，幸进者不以为公，沉滞者不胜其怨，宜亦循旧制存阶级；河南各州县报垦砂砾山冈，按亩升科，小民鬻儿女以应输将，州县官劝捐，有损国体。请简廉明公正大臣抚绥其地，则情弊立见。"事下总理事务王大臣议行。

寻命署湖广总督。乾隆元年，疏言："旧制州县亏仓谷，议罪：谷一石当银一两，时值实不及。诸杂粮皆视谷，尤失平。"部议米一石当银一两，谷及诸杂粮皆当银五钱，着为令。武昌城西南当江、汉合流处，旧有长堤。贻直令所司履勘重筑，自王惠桥至土城矶，堤千三百余丈，期三岁而毕。湖广为两淮行盐地，而地错入川、粤，凡巴东、归州、道州、宁远等九州县民私食川、粤盐，两淮盐政尹会一以为言。贻直言湖广行两淮盐岁七十余万引，诸州县僻远，两淮盐不至，强而行之，官商且交困。部议如贻直奏。湖南城步等县苗酋蒲寅山、凤老一等为乱，贻直与巡抚高其倬等讨平之，上嘉其劳。召还，历工、刑、兵、吏诸部尚书。七年，命署直隶总督。复召还，协办大学士。九年，授文渊阁大学士。十一年，加太子太保。

贻直子奕昂，官山东运河道，以巡抚鄂昌荐，命署甘肃布政使。二十年，鄂昌坐事籍没，得贻直请托状，上念贻直勤慎，不深罪，令致仕回籍，召奕昂还京。二十二年，上南巡，贻直迎驾沂州，令在家食俸。寻召还，仍授大学士。途中病作，遣御医就视。至京，命领工部，加太子太傅。二十五年，上以贻直成进士已六十年，赐诗奖为"人瑞"。寻命遇祀典不必随班行礼，以肩舆入直。二十七年，贻直乞致仕，命不必兼摄工部，岁加俸五百金。二十八年，卒，年八十二，赠太保，祀贤良祠，谥文靖。

贻直为政持大体，不苟为异同。性强记，饬举止，善为辞令。年羹尧既诛，世宗问贻直："汝亦羹尧荐耶？"贻直免冠对曰："荐臣者羹尧，用臣者皇上。"及事高宗，耄矣，尝奏事，拜起舒迟。高宗问："卿老惫乎？"贻直对曰："皇上到臣年，当自知之。"高宗为霁颜。

2. 范允鏋

卷二百八十六　列传七十三

允鏋，字用宾，浙江钱塘人。康熙三十九年进士，授安平知县。行取工部主事，考选山东道御史。

3. 刘师恕

卷二百九十一　列传七十八

刘师恕，字艾堂，江南宝应人。三十九年进士，选庶吉士，授检讨。累迁国子监祭酒。雍正元年，授贵州布政使。四年，迁通政使，转左副都御史，擢工部侍郎。上以宜兆熊署直隶总督，调师恕礼部，协理总督事。五年，奏获交河妖民孙守礼，严鞫治罪。上奖其遇事直达，不稍隐讳。师恕与兆熊议裁学政陋规，学政孙嘉淦言："学政旧规，日得五十五两，今减半即足用。"师恕言："减至一两亦不可行，当另奏拨解公费。"师恕与兆熊奏已与嘉淦会商裁革，嘉淦以实奏。上谕曰："孙嘉淦非骚扰贪饕者比，尔等何不量至此？可仍循旧例而行。嘉淦，端士也，宜作成之。"初夏，保定诸府少雨，上以为忧。师恕等言："今岁遇闰，此后得雨不迟。"上责其怠忽。寻奏裁驿站夫马工料羡余银，上谕曰："陋规自应裁，第当量情酌理为之，毋过刻，令后来地方诸事难于措办也。"调吏部，仍留协理。大名诸生窦相可诉知府曾逢圣贪劣，布政使张适杖杀之，以狱毙报，兆熊、师恕匿不以闻。上命尚书福敏等按治得实，兆熊坐降调，上宽师恕，谕责其徇隐，命何世璂署直隶总督，仍令师恕协理。

七年，命师恕以内阁学士充福建观风整俗使。八年，疏言："海澄公旧以辖兵给印，后兵裁而印未缴。今海澄公黄应缵滥行印文，非所宜，当令缴销。"并言外省世袭武职，年及二十，当令咨部引见，分京外学习。部议从之。十一年，师恕以病告，省观风整俗使不复设。乾隆七年，宝应灾，治赈，非贫民例不给。师恕族人诸生洞嗾不得赈者，哄堂罢市。上责师恕不能约束，夺官。南巡迎谒，赐侍读学士衔。二十一年，卒。是时广东、湖南皆置观风整俗使。

4. 陆师

卷四百七十六　列传二百六十三

陆师，字麟度，浙江归安人。少负文名。康熙四十年進士（編者按：应为康熙三十九年进士），授河南新安知县。修学校，集诸生治经，童子能应试者免其徭，民兴于学。响马贼季国玉为患久，捕诛之。巡盐使者下县，取盐犯四十人。师曰："律以人盐并获始为犯，今勘犯止二人，何滥为？"父忧归，在途，有六七骑挟弓矢，驱牛车，载妇女三十余人，言归德饥民，某将军买以归者也。师叱止之，令官还妇女于其家，白将军收其骑卒。或谓已去官胡忤将军，师曰："知县一日未出境，忍以饥民妇女媚将军耶？"

服阕，补江苏仪征。有盗引良民为党，师亲驰往捕，见坏器满地，言有暴客食此不偿值，因而斗毁。诘其人，状与盗肖，事得白。春征，劝富户先输，秋则减其耗，令自封投柜。故事，驿夫临时取给铺户，仓猝滋扰。一切禁革，但令户日赋一钱归驿，商贾以安。扬州五县饥，大吏令县各以五千金籴谷备赈，具舟车往，则虚而归。师察知府意欲县官借补所亏也，力争，于是五县皆得谷以赈。

却盐商例馈，固请，乃籍其入以修学官，具祭器乐舞，浚泮池，植桃李其上。修宋文天祥祠，又以其余建仓廒，洁治囹圄。质库书票，故有月无日，勿论久近，皆取一月息。师辞其岁馈，令视他县月让五日。旧有猪税，下令蠲除之。

课最，行取擢吏部主事，升员外郎。掌选，有要人求官，力持不可。督山东矿务，条上开采无益，罢其役。还，擢御史，巡河、谳狱皆称职。康熙六十一年，河督陈鹏年疏请以师为山东兖沂曹道，未到官，卒。祀名宦祠。

5. 张廷玉

卷二百八十八　列传七十五

张廷玉，字衡臣，安徽桐城人，大学士英次子。康熙三十九年进士，改庶吉士。散馆授检讨，直南书房，以忧归。服除，迁洗马，历庶子、侍讲学士、内阁学士。五十九年，授刑部侍郎。山东盐贩王美公等纠众倡邪教，巡抚李树德令捕治，得百五十余人。上命廷玉与都统托赖、学士登德会勘，戮七人、戍三十五人而谳定。旋调吏部。

世宗即位，命与翰林院学士阿克敦、励廷仪应奉几筵祭告文字，赐荫生视一品，擢礼部尚书。雍正元年，复命直南书房。偕左都御史朱轼充顺天乡试考官，上嘉其公慎，加太子太保。寻兼翰林院掌院学士，调户部。疏言："浙江衢州，江西广信、赣州，毗连闽、粤，无藉之徒流徙失业，入山种麻，结棚以居，号曰'棚民'。岁月既久，生息日繁。其强悍者，辄出剽掠。请敕督抚慎选廉能州县，严加约束。其有读书向学，膂力技勇，察明考验录用，庶生聚教训，初无歧视。"下督抚议行。命署大学士事。四年，授文渊阁大学士，仍兼户部尚书、翰林院掌院学士。五年，进文华殿大学士。六年，进保和殿大学士，兼吏部尚书。七年，加少保。

八年，上以西北用兵，命设军机房隆宗门内，以怡亲王允祥、廷玉及大学士蒋廷锡领其事。嗣改称办理军机处。廷玉定规制：诸臣陈奏，常事用疏，自通政司上，下内阁拟旨；要事用折，自奏事处上，下军机处拟旨，亲御朱笔批发。自是内阁权移于军机处，大学士必充军机大臣，始得预政事，日必召入对，承旨，平章政事，参与机密。

廷玉周敏勤慎，尤为上所倚。上偶有疾，奖廷玉等翊赞功，各予一等阿达哈哈番，世袭。廷玉请以子编修若霭承袭。十一年，疏言："诸行省例，凡罪人重者收禁，轻者取保。独刑部不论事大小、人首从，皆收禁，累无辜。请如诸行省例，得分别取保。刑部引律例，往往删截，但用数语，即承以所断罪；甚有求其仿佛，比照定议者：高下其手，率由此起。请敕都察院、大理寺驳正；扶同草率，并予处分。"命九卿议行。大学士英祀京师贤良祠，复即本籍谕祭，命廷玉归行礼，并令子若霭从；弟廷璐督江苏学政，亦命来会。发帑金万为英建祠，并赐冠带、衣裘及貂皮、人参、内府书籍五十二种。十二月，廷玉疏言："行经直隶，被水诸县已予赈，尚有积潦不能种麦，请敕加赈一月。"并议以工代赈。得旨允行。十二年二月，还京师，上遣内大臣、侍郎海望迎劳卢沟桥，赐酒膳。十三年，世宗疾大渐，与大学士鄂尔泰等同被顾命。遗诏以廷玉器量纯全，抒诚供职，命他日配享太庙。高宗即位，命总理事务，予世职一等阿达哈哈番，合为三等子，仍以若霭袭。

乾隆元年，明史成，表进，命仍兼管翰林院事。二年十一月，辞总理事务，加拜他喇布勒哈番，特命与鄂尔泰同进三等伯，赐号勤宣，仍以若霭袭。四年，加太保。寻谕："本朝文臣无爵至侯伯者，廷玉为例外，命自兼，不必令若霭袭。"又谕："廷玉年已过七十，不必向早入朝，炎暑风雪无强入。"十一年，若霭卒。上以廷玉入内廷须扶掖，命次子庶吉士若澄直南书房。十三年，以老病乞休。上谕曰："卿受两朝厚恩，且奉皇考遗命配享太庙，岂有从祀元臣归田终老？"廷玉言："宋、明配享诸臣亦有乞休得请者。且七十悬车，古今通义。"上曰："不然。易称见几而作，非所论于国家关休戚、视君臣为一体者。使七十必令悬车，何以尚有八十杖朝之典？武侯鞠躬尽瘁，又何为耶？"廷玉又言："亮受任军旅，臣幸得优游太平，未可同日而语。"上曰："是又不然。皋、夔、龙、比易地皆然。既以身任天下之重，则不以艰巨自诿，亦岂得以承平自逸？朕为卿思之，不独受皇祖、皇考优渥之恩，不可言去；即以朕十余年眷待，亦不当言去。朕且不忍令卿去，卿顾能辞朕去耶？朕谓致仕之义，必古人遭逢不偶，不得已之苦衷。为人臣者，设预存此心，必将漠视一切，泛泛如秦、越，年至则奉身以退，谁复出力为国家治事？是不可以不辨。"因命举所谕宣告朝列，并允廷玉解兼管吏部，廷玉自是不敢言去。然廷玉实老病，十四年正月，命如宋文彦博十日一至都堂议事，四五日一入内廷备顾问。是冬，廷玉乞休沐养疴，上命解所兼领监修、总裁诸职，且令军机大臣往省。廷玉言："受上恩不敢言去，私意愿得暂归。后年，上南巡，当于江宁迎驾。"上乃许廷玉致仕，命待来春冰泮，舟行归里。亲制诗三章以赐，廷玉入谢，奏言："蒙世宗遗命配享太庙，上年奉恩谕，从祀元臣不宜归田终老，恐身后不获更蒙大典。免冠叩首，乞上一言为券。"上意不怿，然犹为颁手诏，申世宗成命，并制诗示意，以明刘基乞休后仍配享为例。次日，遣子若澄入谢。上以廷玉不亲至，遂发怒，命降旨诘责。军机大臣傅恒、汪由敦承旨，由敦为乞恩，旨未下。又次日，廷玉入谢，上责由敦漏言，降旨切责。廷臣请夺廷玉官爵，罢配享。上命削伯爵，以大学士原衔休致，仍许配享。十五年二月，皇长子定安亲王薨，方初祭，廷玉即请南还，上愈怒，命以太庙配享诸臣名示廷玉，命自审应否配享。廷玉惶惧，疏请罢配享治罪。上用大学士九卿议，罢廷玉配享，仍免治罪。又以四川学政编修朱荃坐罪，荃为廷玉姻家，尝荐举，上以责廷玉，命尽缴历年颁赐诸物。二十年三月，卒，命仍遵世宗遗诏，配享太庙，赐祭葬，谥文和。

乾隆三年，上将临雍视学，举古礼三老五更，谘鄂尔泰及廷玉。廷玉谓无足当此者，撰议以为不可行。四十三年，上撰三老五更说，辟古说踳驳，命勒碑辟雍。五十年，复见廷玉议，以所论与上同，命勒碑其次，并题其后，谓：

“廷玉有此卓识，乃未见及。朕必遵皇考遗旨，令其配享。古所谓老而戒得，朕以廷玉之戒为戒，且为廷玉惜之。”终清世，汉大臣配享太庙，惟廷玉一人而已。

6. 年羹尧

卷二百九十五　列传八十二

年羹尧，字亮工，汉军镶黄旗人。父遐龄，自笔帖式授兵部主事，再迁刑部郎中。康熙二十二年，授河南道御史。四迁工部侍郎，出为湖广巡抚。湖北武昌等七府岁征匠役班价银千余，户绝额缺，为官民累。遐龄请归地丁征收，下部议，从之。疏劾黄梅知县李锦亏赋，夺官。锦清廉得民，民争完逋赋，诸生吴士光等聚众闭城留锦。事闻，上命调锦直隶，士光等发奉天，遐龄与总督郭琇俱降级留任。四十三年，遐龄以病乞休。

羹尧，康熙三十九年进士，改庶吉士，授检讨。迭充四川、广东乡试考官，累迁内阁学士。四十八年，擢四川巡抚。四十九年，斡伟生番罗都等掠宁番卫，戕游击周玉麟。上命羹尧与提督岳升龙剿抚。升龙率兵讨之，擒罗都，羹尧至平番卫，闻罗都已擒，引还。川陕总督音泰疏劾，部议当夺官，上命留任。五十六年，越嶲卫属番与普雄土千户那交等为乱，羹尧遣游击张玉剿平之。

是岁，策妄阿喇布坦遣其将策凌敦多卜袭西藏，戕拉藏汗。四川提督康泰率兵出黄胜关，兵哗，引还。羹尧遣参将杨尽信抚谕之，密奏泰失兵心，不可用，请亲赴松潘协理军务。上嘉其实心任事，遣都统法喇率兵赴四川助剿。五十七年，羹尧令护军统领温普进驻里塘，增设打箭炉至里塘驿站，寻请增设四川驻防兵，皆允之。上嘉羹尧治事明敏，巡抚无督兵责，特授四川总督，兼管巡抚事。五十八年，羹尧以敌情叵测，请赴藏为备。廷议以松潘诸路军事重要，令羹尧毋率兵出边，檄法喇进师。法喇率副将岳锺琪抚定里塘、巴塘。羹尧亦遣知府迟维德招降乍丫、察木多、察哇诸番目，因请召法喇师还，从之。

五十九年，上命平逆将军延信率兵自青海入西藏，授羹尧定西将军印，自拉里会师，并谘羹尧孰可署总督者。羹尧言一时不得其人，请以将军印畀护军统领噶尔弼，而移法喇军驻打箭炉，上用其议。巴塘、里塘本云南丽江土府属地，既抚定，云贵总督蒋陈锡请仍隶丽江土知府木兴；羹尧言二地为入藏运粮要路，宜属四川，从之。兴率兵往收地，至喇皮，击杀番酋巴桑，羹尧疏劾。上命逮兴，囚云南省城。八月，噶尔弼、延信两军先后入西藏，策凌敦多卜败走，西藏平。上谕羹尧护凯旋诸军入边，召法喇还京师。

羹尧寻遣兵抚定里塘属上下牙色、上下雅尼，巴塘属桑阿坝、林卡石诸生番。六十年，入觐，命兼理四川陕西总督，辞，还镇，赐弓矢。上命噶尔弼率兵驻守西藏，行次泸定桥，噶尔弼病不能行，羹尧以闻。上命公策旺诺尔布署将军，额驸阿宝、都统武格参赞军务，驻西藏。青海索罗木之西有郭罗克上中下三部，为唐古特种人，屡出肆掠。阿宝以闻，上令羹尧与锺琪度形势，策进讨。羹尧疏言：“郭罗克有隘口三，悉险峻，宜步不宜骑。若多调兵，塞上传闻，使贼得为备，不如以番攻番。臣素知瓦斯、杂谷诸土司亦憾郭罗克肆恶，原出兵助剿。臣已移锺琪令速赴松潘，出塞督土兵进剿。”寻，锺琪督兵击败郭罗克，下番寨四十余，获其渠，余众悉降。

六十一年，羹尧密疏言：“西藏喇嘛楚尔齐木臧布及知府石如金呈策旺诺尔布委靡，副都统常龄、侍读学士满都、员外郎巴特玛等任意生事，致在藏官兵不睦。”因请撤驻藏官兵。下廷臣议，以羹尧擅议撤兵，请下部严议，上原之，命召满都、巴特玛、石如金、楚尔齐木臧布等来京师，遣四川巡抚色尔图、陕西布政使塔琳赴西藏，佐策旺诺尔布驻守。

自军兴，陕西州县馈运供亿，库帑多亏缺。羹尧累疏论劾州县吏，严督追偿。陕西巡抚噶什图密奏亏项不能速完，又与羹尧请加征火耗垫补。上谕曰："各省钱粮皆有亏空，陕西尤甚。盖自用兵以来，师所经行，资助马匹、盘费、衣服、食物，仓卒无可措办，势必挪用库帑。及撤兵时亦然。即如自藏回京，将军以至士卒，途中所得，反多于正项。各官费用，动至万金，但知取用，不问其出自何项也。羹尧等欲追亏项以充兵饷，追比不得，又议加征火耗。火耗止可议减，岂可加增？朕在位六十一年，从未加征火耗。今若听其加派，必致与正项一例催征，肆无忌惮矣。著传旨申饬。"命发帑银五十万送陕西资饷。

世宗即位，召抚远大将军允禵还京师，命羹尧管理大将军印务。雍正元年，授羹尧二等阿达哈哈番世职，并加遐龄尚书衔。寻又加羹尧太保。诏撤西藏驻防官军。羹尧疏陈边防诸事，请于打箭炉边外中渡河口筑土城，移岚州守备驻守；大河南保县，移威茂营千总驻守；越巂卫地方寥阔，蛮、倮出没，改设游击，增兵驻守；松潘边外诸番，阿树为最要，给长官司职衔；大金川土目莎罗奔从征羊峒有功，给安抚司职衔；乌蒙蛮目达木等凶暴，土舍禄鼎坤等请擒献，俟其至，给土职，分辖其地。下部议，从之。论平西藏功，以羹尧运粮守隘，封三等公，世袭。

青海台吉罗卜藏丹津为顾实汗孙，纠诸台吉吹拉克诺木齐、阿尔布坦温布、藏巴札布等，劫亲王察罕丹津叛，掠青海诸部。上命羹尧进讨，谕抚远大将军延信及防边理饷诸大臣，四川、陕西、云南督、抚、提、镇，军事皆告羹尧。十月，羹尧率师自甘州至西宁，改延信平逆将军，解抚远大将军印授羹尧，尽护诸军。羹尧请以前锋统领素丹、提督岳锺琪为参赞大臣，从之。论平郭罗克功，进公爵二等。

羹尧初至西宁，师未集，罗卜藏丹津诇知之，乃入寇，悉破傍城诸堡，移兵向城。羹尧率左右数十人坐城楼不动，罗卜藏丹津稍引退，围南堡。羹尧令兵斫贼垒，敌知兵少，不为备，驱桌子山土番当前队；炮发，土番死者无算。锺琪兵至，直攻敌营，罗卜藏丹津败奔，师从之，大溃，仅率百人遁走。羹尧乃部署诸军，令总兵官周瑛率兵截敌走西藏路，都统穆森驻吐鲁番，副将军阿喇纳出噶斯，暂驻布隆吉尔，又遣参将孙继宗将二千人与阿喇纳师会。敌侵镇海堡，都统武格赴援，敌围堡，战六昼夜，参将宋可进等赴援，敌败走，斩六百余级，获多巴囊素阿旺丹津。罗卜藏丹津攻西宁南川口，师保申中堡。敌围堡，堡内囊素与敌通，欲凿墙而入。守备马有仁等力御，可进等赴援，夹击，敌败走，诸囊素助敌者皆杀之。羹尧先后疏闻，并请副都统花色等将鄂尔多斯兵，副都统查克丹等将归化土默特兵，总兵马觌伯将大同镇兵，会甘州助战，从之。

西宁北川、上下北塔蒙回诸众将起应罗卜藏丹津，羹尧遣千总马忠孝抚定下北塔三十余庄。上北塔未服，忠孝率兵往剿，擒戮其渠，余众悉降。察罕丹津走河州，罗卜藏丹津欲劫以去。羹尧令移察罕丹津及其族属入居兰州。青海台吉索诺木达什为罗卜藏丹津诱擒，脱出来归，羹尧奏闻，命封贝子，令羹尧抚慰。敌掠新城堡，羹尧令西宁总兵黄喜林等往剿，斩千五百余级，擒其渠七，得器械、驼马、牛羊无算。以天寒，羹尧令引师还西宁。

寻策来岁进兵，疏："请选陕西督标西安、固原、宁夏、四川、大同、榆林绿旗兵及蒙古兵万九千人，令锺琪等分将，出西宁、松潘、甘州、布隆吉尔四道进讨，分兵留守西宁、甘州、布隆吉尔，并驻防永昌、巴塘、里塘、黄胜关、察木多诸隘。军中马不足，请发太仆寺上都打布孙脑儿孳生马三千，巴尔库尔驼一千，仍于甘、凉增买千五百。粮米，臣已在西安预买六万石。军中重火器，请发景山所制火药一百驼，驼以一百八十斤计。”下廷议，悉如所请，马加发千，火药加发倍所请。

察罕丹津属部杀罗卜藏丹津守者来归，羹尧宣上指，安置四川边外。墨尔根戴青拉查卜与罗卜藏丹津合力劫察罕丹津，其子察罕喇卜坦等来归，羹尧令招拉查卜内附。又有堪布诺门汗，察罕丹津从子也，为塔儿寺喇嘛，叛从敌，纠众拒战，至是亦来归。羹尧数其罪，斩之。罗卜藏丹津侵布隆吉尔，继宗与副将潘之善击败之。西宁南川塞外郭密九部屡出为盗，羹尧招三部内附。余部行掠如故，呈库、沃尔贾二部尤暴戾。羹尧令锺琪率瓦斯、杂谷二土司兵至归德堡，抚定上下寺东策布，督兵进歼呈库部众，擒戮沃尔贾部酋，余并乞降。

二年，上以罗卜藏丹津负国，叛不可宥，授锺琪奋威将军，趣羹尧进兵。西宁东北郭隆寺喇嘛应罗卜藏丹津为乱，羹尧令锺琪及素丹等督兵讨之，贼屯哈拉直沟以拒。师奋入，度岭三，毁寨十。可进、喜林及总兵武正安皆有斩馘，复毁寨七，焚所居室。至寺外，贼伏山谷间，聚薪纵火，贼歼焉，杀贼六千余，毁寺，诛其渠。青海贝勒罗卜藏察罕、贝子济克济札布、台吉滚布色卜腾纳汉将母妻诣羹尧请内属，羹尧予以茶叶、大麦，令分居边上。羹尧遣锺琪、正安、喜林、可进及侍卫达鼐，副将王嵩、纪成斌将六千人深入，留素丹西宁佐治事。

二月，锺琪师进次伊克喀尔吉，搜山，获阿尔布坦温布，喜林亦得其酋巴珠尔阿喇布坦等。师复进，羹尧诇知阿冈都番助敌，别遣凉庄道蒋洞等督兵攻之，戮其囊素。复击破石门寺喇嘛，杀六百余人，焚其寺。锺琪师复进次席尔哈罗色，遣兵攻噶斯，逐吹拉克诺木齐。三月，锺琪师复进次布尔哈屯。罗卜藏丹津所居地曰额母讷布隆吉，锺琪督兵直入，分兵北防柴旦木，断往噶斯道。罗卜藏丹津走乌兰穆和儿，复走柴旦木，师从之，获其母阿尔太哈屯及其戚属等，并男妇、牛羊、驼马无算。分兵攻乌兰白克，获吹拉克诺木齐及助乱八台吉。时藏巴扎布已先就擒，罗卜藏丹津以二百余人遁走。青海部落悉平。论功，进羹尧爵一等，别授精奇尼哈番，令其子斌袭，封遐龄如羹尧爵，加太傅；并授素丹、可进三等阿达哈哈番，喜林二等阿达哈哈番，按察使王景灏及达鼐、瑛、嵩、成斌拜他喇布勒哈番，提督郝玉麟及正安拖沙喇哈番。

阿拉布坦苏巴泰等截路行劫，羹尧令继宗往剿，逐至推墨尔，阿拉布坦苏巴泰将妻子遁走。成斌等搜戮余贼至梭罗木，击斩堪布夹木灿垂扎木素。羹尧遣达鼐及成斌攻布哈色布苏，获台吉阿布济车陈；又遣副将岳超龙讨平河州塞外铁布等七十八寨，杀二千一百余人，得人口、牲畜无算。羹尧执吹拉克诺木齐、阿尔布坦温布、藏巴扎布槛送京师。上祭告庙、社、景陵、御午门受俘。羹尧策防边诸事，以策妄阿喇布坦遣使乞降，请罢北征师，分驻巴里坤、吐鲁番、哈密城、布隆吉尔驻兵守焉，辖以总兵，每营拨余丁屯赤金卫、柳沟所田；设同知理民事，卫守备理屯粮，游牧蒙古令分居布隆吉尔迤南山中。宁夏边外阿拉善以满洲兵驻防。上悉从所请。

庄浪边外谢尔苏部土番据桌子、棋子二山为巢，皆穴地而居，官军驻其地，奴使之；兵或纵掠，番御之，尽歼，置不问，番始横。凉州南崇寺沙马拉木扎木巴等掠新城张义诸堡。又有郭隆寺逸出喇嘛，与西宁纳朱公寺、朝天堂、加尔多寺诸番相结，纠谢尔苏部土番谋为乱。羹尧遣锺琪等督兵讨之，纳朱公寺喇嘛降。师进次朝天堂，遣成斌、喜林及副将张玉等四道攻加尔多寺，杀数百人，余众多入水死，焚其寺。游击马忠孝、王大勋战和石沟，王序吉、范世雄战石门口，洞战喜逢堡，苏丹师次旁伯拉夏口，土番伪降，诇之，方置伏，纵兵击之，所杀伤甚众。

洞搜剿棋子山，逐贼巴洞沟，土司鲁华龄逐贼天王沟，先密寺喇嘛缚其渠阿旺策凌以献。师入，转战五十余日，杀土番殆尽。羹尧以先密寺喇嘛反复不常，并焚其寺，徙其众加尔多寺外桌子山；余众降，羹尧令隶华龄受约束。

条上青海善后诸事，请以青海诸部编置佐领。三年一入贡，开市那拉萨拉。陕西、云南、四川三省边外诸番，增设卫所抚治。诸庙不得过二百楹，喇嘛不得过三百。西宁北川边外筑边墙，建城堡。大通河设总兵，盐池、保安堡及打箭炉外木雅吉达、巴塘、里塘诸路皆设兵。发直隶、山西、河南、山东、陕西五省军罪当遣者，往大通河、布隆吉尔屯田；而令锺琪将四千人驻西宁，抚绥诸番。下王大臣议行。十月，羹尧入觐，赐双眼花翎、四团龙补服、黄带、紫辔、金币。叙功，加一等阿思哈尼哈番世职，令其子富袭。

羹尧才气凌厉，恃上眷遇，师出屡有功，骄纵。行文诸督抚，书官斥姓名。请发侍卫从军，使为前后导引，执鞭坠镫。入觐，令总督李维钧、巡抚范时捷跪道送迎。至京师，行绝驰道。王大臣郊迎，不为礼。在边，蒙古诸王公见必跪，额驸阿宝入谒亦如之。尝荐陕西布政使胡期恒及景灏可大用，劾四川巡抚蔡珽逮治，上即以授景灏，又擢期恒甘肃巡抚。羹尧仆桑成鼎、魏之耀皆以从军屡擢，成鼎布政使，之耀副将。羹尧请发将吏数十从军，上许之。觐还，即劾罢驿道金南瑛等，而请以从军主事丁松署粮道。上责羹尧题奏错误，命期恒率所劾官吏诣京师。三年正月，珽逮至，上召入见，备言羹尧暴贪诬陷状，上特宥珽罪。

二月庚午，日月合璧，五星联珠，羹尧疏贺，用“夕惕朝乾”语，上怒，责羹尧有意倒置，谕曰：“羹尧不以朝乾夕惕许朕，则羹尧青海之功，亦在朕许不许之间而未定也。”会期恒至，入见，上以奏对悖谬，夺官。上命更定打箭炉外增汰官兵诸事，不用羹尧议。四月，上谕曰：“羹尧举劾失当，遣将士筑城南坪，不惜番民，致惊惶生事，反以降番复叛具奏。青海蒙古饥馑，匿不上闻。怠玩昏愦，不可复任总督，改授杭州将军。”而以锺琪署总督，命上抚远大将军印。羹尧既受代，疏言：“臣不敢久居陕西，亦不敢遽赴浙江，今于仪征水陆交通之处候旨。”上益怒，促羹尧赴任。山西巡抚伊都立、都统前山西巡抚范时捷、川陕总督岳锺琪、河南巡抚田文镜、侍郎黄炳、鸿胪少卿单畴书、原任直隶巡抚赵之垣交章发羹尧罪状，侍郎史贻直、高其佩赴山西按时捷劾羹尧遣兵围郃阳民堡杀戮无辜，亦以谳辞入奏，上命分案议罪。罢羹尧将军，授闲散章京，自二等公递降至拜他喇布勒哈番，乃尽削羹尧职。

十二月，逮至京师，下议政大臣、三法司、九卿会鞫。是月甲戌，具狱辞：羹尧大逆之罪五，欺罔之罪九，僭越之罪十六，狂悖之罪十三，专擅之罪六，忌刻之罪六，残忍之罪四，贪黩之罪十八，侵蚀之罪十五，凡九十二款，当大辟，亲属缘坐。上谕曰：“羹尧谋逆虽实，而事迹未著，朕念青海之功，不忍加极刑。”遣领侍卫内大臣马尔赛、步军统领阿齐图赍诏谕羹尧狱中令自裁。遐龄及羹尧兄希尧夺官，免其罪；斩其子富；诸子年十五以上皆戍极边。羹尧幕客邹鲁、汪景祺先后皆坐斩，亲属给披甲为奴。又有静一道人者，四川巡抚宪德捕送京师，亦诛死。五年，赦羹尧诸子，交遐龄管束。遐龄旋卒，还原职，赐祭。

康熙四十二年（1703年）癸未科

第一甲

1. 钱名世

卷四百八十四　列传二百七十一

钱名世，字亮工。康熙四十二年一甲进士，授编修。夙负文誉，王士祯见其诗激赏之。鸿绪聘修明史，斯同任考核，付名世属辞润色之。官至侍读，坐投诗谄年羹尧夺职。

第二甲

1. 查慎行

卷四百八十四　列传二百七十一

查慎行，字悔余，海宁人。少受学黄宗羲。于经邃于易。性喜作诗，游览所至，辄有吟咏，名闻禁中。康熙三十二年，举乡试。其后圣祖东巡，以大学士陈廷敬荐，诏诣行在赋诗。又诏随入都，直南书房。寻赐进士出身，选庶吉士，授编修。时族子昇以谕德直内廷，宫监呼慎行为老查以别之。帝幸南苑，捕鱼赐近臣，命赋诗。慎行有句云："笠檐蓑袂平生梦，臣本烟波一钓徒。"俄宫监传呼"烟波钓徒查翰林"。时以比"春城寒食"之韩翃云。充武英殿书局校勘，乞病还。坐弟嗣庭得罪，阖门就逮。世宗识其端谨，特许于归田里，而弟嗣瑮谪遣关西，卒于戍所。

2. 蒋廷锡

卷二百八十九　列传七十六

蒋廷锡，字扬孙，江南常熟人，云贵总督陈锡弟。初以举人供奉内廷。康熙四十二年，赐进士，改庶吉士。四十三年，未散馆即授编修。屡迁转至内阁学士。雍正元年，擢礼部侍郎，世宗赐诗贤之。廷锡疏言："国家广黉序，设廪膳，以兴文教，乃生员经年未尝一至学宫。请敕学臣通饬府、州、县、卫教官，凡所管生员，务立程课，面加考校，讲究经史。学臣于岁、科考时，以文艺优劣定教职贤否。会典载顺治九年定乡设社学，以冒滥停止。请敕督抚令所属州、县，乡、堡立社学，择生员学优行端者充社师，量给廪饩。乡民子弟年十二以上、二十以下有志者得入学。”下部议，从之。二年，奏请续纂大清会典，即命为副总裁。调户部。

三年，命与内务府总管来保察阅京仓。寻疏言：“漕运全资水利，宜通源节流，以济运道。山东漕河，取资汶、济、洸、泗四水，而四水又赖诸泉助成巨流。山东一省，得泉百有八十，其派有五，分水、天井、鲁桥、新河、沂水是也。五派合为一水，是名泉河，旧设管泉通判。今虽裁汰，仍设泉夫。请饬有泉州县，督率疏浚。济南、兖州二府为济水伏流之地，若广为浚导，则散湮沙砾间者，随地涌见。应立法泉夫浚出新泉，优赉银米，岁终册报，为州县课最。诸泉所汇，为湖十五，各设斗门为减水闸，以时启闭。漕溢则减漕入湖，漕涸则启湖济漕，号诸湖为水柜。其后居民壅水占耕，坝圮闸塞，低处多生茭草，高处积沙与漕河堤并。请察勘未耕之地，就低处挑深，即以挑出之土筑堤，复水柜之制。诸湖开支河，以承诸泉之入，益漕河之流，建闸以时减放。旧制，运河于每岁十月筑坝，分泄诸湖，来春三月冰泮，开坝受水。法久玩生，筑坝每至十一月，则失之迟；开坝在正月初旬，又失之早。请饬所司筑必十月望前，开必二月朔后，以循旧制。汶水分流南北，运道攸赖。明宣德间，筑戴村坝于汶水南，以遏汶水入洸；建坎河坝于汶水北，以节汶水归海。嘉靖时，复堆积石滩，水溢纵使归海，水平留之入湖。岁久颓废，万一汶水北注，挟湖泉尽归大清河，四百余里运道所关非小。请饬总河相度形势，修复旧石滩，改建滚水石坝，以为蓄泄。”上命内阁学士何国宗等携仪器舆图，会总河齐苏勒、巡抚陈世倌履勘，请如廷锡奏。下九卿议行。

四年，迁户部尚书，充顺天乡试考官。既入闱，谕曰：“廷锡佐怡亲王董理户部诸事，秉公执正，胥吏嫉妒怀怨。今廷锡典试，或乘此造作浮言，妄加谤议。令步军统领、顺天府尹、五城御史察访捕治。”寻命兼领兵部尚书。遭母丧，遣大臣奠茶酒，予其母封诰，发帑治丧。命廷锡奉母丧还里，葬毕还京，在任守制。六年，拜文华殿大学士，仍兼领户部，充圣祖实录总裁。七年，加太子太傅。命与果亲王允礼总理三库，予世职一等阿达哈哈番。九年，廷锡病，上遣医疗治。十年夏，病复作，上命日二次以病状奏。闰五月，卒，上为辍朝，遣大臣奠茶酒，赐祭葬，谥文肃。

廷锡工诗善画，事圣祖内直二十余年。世宗朝累迁擢，明练恪谨，被恩礼始终。

3. 陈世倌

卷三百三　列传九十

陈世倌，字秉之，浙江海宁人。父诜，自有传。世倌，康熙四十二年进士，改庶吉士。自编修累迁侍读学士，督顺天学政。父忧归，起督江西学政，疏乞终制，得请。雍正二年，服阕，擢内阁学士，出为山东巡抚。时山东境旱蝗，粮运浅阻，世倌单车周历，密察灾轻重、吏能否，乃视事。趣捕蝗略尽，并疏治运道，世宗书扇以赐。世倌疏言：“社仓通有无、济丰歉，古今可行。宜令各乡劝富民输谷，不限多寡，量予奖劝。举公正乡约三人司其出入，官为稽核。贫民春贷秋偿，石纳息二斗，歉则减之，十年后纳息一斗。请饬诸行省先就数州县行之。俟有成效，然后推广。”下所司议行。又疏请禁回教，上以回教其来已久，限于种人，非蔓延难量。无故欲禁革，徒纷扰，非治理，罢其议。又疏上沿海防卫五事，报可。四年，母忧归。命治江南水利，坐迟误夺职，并命赴曲阜督修孔子庙。

高宗即位，起左副都御史。乾隆二年，授仓场侍郎，再迁工部尚书。六年，授文渊阁大学士。是年秋，淮、徐、凤、泗等处被水，上命侍郎周学健会总督高斌庀工役。世倌屡疏陈行水恤灾诸事，上即命乘传往会学健等察勘。世倌言水势高下必当亲勘，请以通测量术者偕往，从之。十二月，偕学健等疏陈筹画工役，请待来岁二三月水涸施工。上曰："世倌临行奏言岁内可疏，积水尽消，今疏言仍待来岁二三月，其所筹画皆不过就高斌、周学健所定规模而润色之，别无奇谋硕画，何必多此往返乎？"

九年，予假回籍，请致仕，不许。疏言："道经山东，闻有剧盗就逮。因案关数省，迁延待质。剧盗既鞫得实，宜速诛。请饬山东巡抚定谳，毋使久稽显戮。"上韪其言。假满还职，加太子太保。云南巡抚劾属吏，例当令总督覆谳。世倌拟旨误，下吏议夺职，上斥世倌卑琐不称大学士，宜如议夺职。又别敕略谓："朕斥世倌卑琐，即如世倌与孔氏有连，乃于兖州私营田宅，冀分其余润。此岂大臣所为？今既夺职，下山东巡抚毋令居兖州。"十五年，入京祝嘏，赏原衔。十六年，命入阁办事，兼管礼部事。二十二年，以老病乞休，诏从其请，加太子太傅。二十三年春，陛辞，御制诗赐之，谓"皇祖朝臣无几也"。赉银五千两，在家食俸。未行，卒，谥文勤。

世倌治宋五子之学，廉俭纯笃。入对及民间水旱疾苦，必反复具陈，或继以泣。上辄霁颜听之，曰："陈世倌又来为百姓哭矣！"虽中被谴诃，终亮其端谨。其后南巡，犹遣官祭其墓云。

4. 唐执玉

卷二百九十二　列传七十九

唐执玉，字益功，江南武进人。康熙四十二年进士，授浙江德清知县。德清盛科第，多巨室，执玉执法无所挠。将编审，吏以例馈金，执玉却之，而罪其吏。召县民亲勘，有田无粮者令自首，有粮无田者除之，富无隐粮，贫无赔累。行取工部主事，考选户科给事中。五十八年，疏言："户部钱粮款项最易作弊，当先驱除作弊之人。乃有所谓'缺主'者，或一人占一司，或数人共一省，占为世业，句通内外书吏，舞文弄法，当严行查禁。"因劾山西司缺主沈天生包揽捐马事例，下九卿议，逮治。六十年，迁鸿胪寺卿。历奉天府府丞、大理寺少卿。雍正二年，岁三迁礼部侍郎。五年，擢左都御史。

七年，命署直隶总督。执玉治事勤，州县稍歉收，必筹画赈恤。隆平报产瑞禾三十三本，执玉于报秋成折附奏，上嘉之。适贡荔支至，命以赐执玉，方有疾，治事如常。时宗人府府丞冀栋以医进，上命视执玉疾，赐人参，谕令："爱养精神，量力治事。若欲栋料量方药，保定咫尺，可再命之来也。"热河征落地税，司其事者议增岁额，并于榜什营等地设口征税。下执玉议，执玉言："商税多寡，视岁收丰歉，故止能折中定额。榜什营距一百八十余里，已收落地税，又抽进路钞银，恐商贾不前，正税反缺，请如旧便。"议乃寝。长芦巡盐御史郑禅宝以商人亏帑，请增盐价，上以询执玉。执玉言："上于商民无歧视。诸商不谨身节用，先公后私，乃至亏帑。欲增盐价厉民，臣以为非宜。"亦罢不行。

八年春，入觐。滦、卢龙、迁安、抚宁、昌黎、乐亭诸州县米贮喜峰口仓，亏二千五百余石，执玉请视通州中、西二仓例免追偿。部议不许，上特允之。密云城临白河，旧筑土木堤坝尽圮，仅存石堤。上游有积土斜出，激水使怒，俗谓之"土嘴"。执玉疏请疏治，使水得畅流；仍筑土堤，务坚厚，用榆囤载石为基，使辅石堤护县城。上褒其妥协，命于夏月水涨前竟工。迁兵部尚书，仍署总督。是岁秋，积雨，永定、滹沱诸水皆盛涨。执玉疏报灾，上命侍郎牧可登、副都统阿鲁等分往治赈。执玉奏言："诸州县被水，消长不一。有上谕所及，而水消未成灾者；有上谕所未及，而水大成灾，田庐被淹，急须拯恤者：请饬治赈诸臣勘实。"上特允之。

国初以民地予满洲将士，谓之"圈地"。民地既圈，以邻近州县地拨补，粮额从旧贯，于是有寄粮；佃租户移新地，于是有寄庄。历年既久，百弊丛起。上令执玉勘察，更除改正，并举怀安、宣化、万全、宝坻、丰润、三河诸县为例。执玉奏言："此外所在皆有，如晋州武丘村、孔目庄，赵州马圈村粮有在赞皇者；蔚县夹道沟、细贤庄粮有在宣化者；宣化井头庄粮有在西宁者：官苦追呼，民劳跋涉。凡地在此处，粮寄彼处，皆令从地所在，粮随产转，此收彼除，不使有交错之病，亦无庸存代征之名，经界各正，田赋悉清。"直隶驿马一，每岁杂支大率至十两。执玉奏定马一每岁杂支三两六钱。昌平、延庆、宣化诸驿事烦，拨僻地马协济，而牧养仍责原驿。执玉奏请改隶受协州县牧养。皆下部议行。

直隶耗羡归公，自雍正三年始。部议元、二年耗羡在三年补纳者，州县充公用，仍当追偿。霸、文安等七州县民借仓谷，逋米二万一千石、谷一万六千石各有奇，部议责州县追偿。执玉言："元、二年耗羡在未着令归公以前，前督臣许州县充公用。今欲追偿，是为小费而失大言。"又言："仓谷民欠历年已久，人产胥绝。今欲追偿，此数十年官州县者无虑百数，悉逮其子孙而加以追比，于情可悯。"上并如执玉议，宽之。九年，以病甚乞解任，许之。十年，病少瘳，命领刑部尚书。十一年春，复命署直隶总督，力辞，上勉之行。三月，卒于官，赐祭葬。

执玉重民事，每请从宽大，疏入辄报可。执玉尝曰："吾才拙，政事不如人，可自力者勤耳。勤必自俭始。"养廉岁用十三四，余归之司库。

5. 万经

卷四百八十一　列传二百六十八

斯大子经，字授一。黄宗羲移证人书院于鄞，申明刘宗周之学。经侍席末，与闻其教。及长，传父、叔及兄言之学，又学于应撝谦、阎若璩。康熙四十二年，成进士，选庶吉士，散馆授编修。五十年，充山西乡试副考官。五十三年，提督贵州学政。及还，以派修通州城工罄其家。素工分隶，经乃卖所作字，得钱给朝夕。晚增补斯大礼记集解数万言，春秋定、哀二公未毕，又续纂数万言。又重修斯同列代纪年，又续纂兄言尚书说、明史举要，皆先代未成之书。乾隆初，举博学鸿词科，不就。年八十二，家遭大火，遗书悉焚。经终日涕洟，自以为负罪先人，逾年卒。著有分隶偶存二卷。

康熙四十五年（1706年）丙戌科

第二甲

1. 嵇曾筠

卷三百十　列传九十七

嵇曾筠，字松友，江南长洲人。父永仁，诸生，从福建总督范承谟死事；母杨守节，抚曾筠成立：事分见忠义、列女传中。

曾筠，康熙四十五年进士，选庶吉士，授编修。累迁侍讲。雍正元年，直南书房，兼上书房。擢左佥都御史，署河南巡抚，即充乡试考官。迁兵部侍郎。河决中牟刘家庄、十里店诸地。诏往督筑，逾数月，工竟。二年春，奏言："黄、沁并涨，漫溢铫期营、秦家厂、马营口诸堤。循流审视，穷致患之由。见北岸长沙滩，逼水南趋，至仓头口，绕广武山根，逶迤屈曲而下。官庄峪又有山嘴外伸，河流由西南直注东北，秦家厂诸地顶冲受险。请于仓头口对面横滩开引河，俾水势由西北而东南，毋令激射东北；并培钉船帮大坝，更于上下增筑减水坝，秦家厂诸地险势可减。"又与河督齐苏勒会奏培两岸堤，北起荥泽，至山东曹县；南亦起荥泽，至江南砀山：都计十二万三千余丈。皆从之。

授河南副总河，驻武陟。疏言："郑州大堤石家桥迤东大溜南趋，应下埽签桩，复于埽湾建矶嘴坝一。中牟拉牌寨黄流逼射，应下埽护岸，建矶嘴挑水坝二。穆家楼堤工坐冲，亦应下埽加镶。阳武北岸祥符珠水、牛赵二处堤工，近因中牟迤下，新长淤滩，大溜北趋成冲，应顺埽加镶。"又言："小丹河自辛句口至河内清化镇水口二千余里。昔人建闸开渠，定三日放水济漕，一日塞口灌田。日久闸夫卖水阻运，请严饬。仍用官三民一之法，违治其罪。"又言祥符南岸回回寨对面淤滩直出河心，致河势南趋逼省城。请于北岸旧河身浚引河，导水直行。上谘齐苏勒用曾筠议。四年，奏卫河水盛，请于汲、汤阴、内黄、大名诸县筑草坝二十七。又请培郑州薛家集诸处埽坝。

五年，命兼管山东黄河堤工。寻转吏部侍郎，仍留副总河任。六年，疏言："仪封北岸因水势冲急，雷家寺上首滩崖刷成支河。请将旧堤加帮，接筑土坝，跨断支河，以防掣溜侵堤。青龙冈水势萦纡，将上湾淘作深兜，与下湾相对。请乘势开引河，导水东行。"寻擢兵部尚书，调吏部，仍管副总河事。奏请培兰阳耿家寨北堤，下埽签桩筑坝。

七年，授河南山东河道总督，疏请开荆隆口引河。八年，署江南河道总督，疏言："山水异涨，汇归骆马湖，溢运浮黄，河、湖合一。请于山盱周桥以南开坝泄水，并启高、宝诸堰，分水入江海。高堰山盱石工察有椿腐石欹，顺砌卑矮者，应筑月坝，加高培实。其年久倾圮者，全行改筑。兴工之际，筑坝拦水，留旧石工为障。俟新基筑定，再除旧石，仍留旧底二层，以御风浪。”又奏：“禹王台坝工为江南下游保障。沭水源长性猛，坝工受冲。请于现有竹络坝二十七丈外，依顶冲形势，建石工六百余丈。接连冈阜，仍筑土堤，并浚沭河口门，使循故道直趋入海。”十年，奏扬州芒稻河闸商工草率，改归官辖，并增设闸官。十二月，加太子太保。十一年四月，授文华殿大学士，兼吏部尚书，仍总督江南河道，予一品封典。十二月，丁母忧，命在任守制。曾筠奏恳回籍终制，温诏许之。以高斌暂署，仍谕曾筠本籍距淮安不远，明岁工程，就近协同经理。十二年四月，同高斌奏增筑海口辛家荡堤闸。同副总河白锺山奏修清江龙王闸，浚通凤阳厂引河。十三年，谕曾筠葬母事毕赴工。高宗御极，命总理浙江海塘工程。

乾隆元年，兼浙江巡抚。寻命改为总督，兼管盐政。曾筠条奏盐政，请改商捕为官役，严缉私贩，定缉私赏罚。地方有抢盐奸徒，官吏用盗案例参处。又疏请于海宁筑尖山坝，建鱼鳞石塘七千四百余丈。入觐，加太子太傅。二年，疏请筑淳安淳河石磡。三年，疏请修乐清滨海堤；又疏请发省城义仓运温、台诸县平粜：并从之。寻召入阁治事，以疾请回籍调治。上令其子璜归省，又遣医诊视。卒，赠少保，赐祭葬，谥文敏，祀浙江贤良祠。又命视靳辅、齐苏勒例，一体祠祀。

曾筠在官，视国事如家事。知人善任，恭慎廉明，治河尤著绩。用引河杀险法，前后省库帑甚巨。第三子璜，亦由治河有功，官大学士，继其武。

2. 汤之旭

卷二百六十五　列传五十二

之旭，字孟升。康熙四十五年进士，官编修，改御史。出为霸昌道，内迁左通政。所至皆有声。

第三甲

1. 王允晋

卷二百八十六　列传七十三

允晋，直隶清苑人。康熙四十五年进士。自户部员外郎考选陕西道御史。

2. 陈时夏

卷二百九十四　列传八十一

陈时夏，字建长，云南元谋人。康熙四十五年进士，考授内阁中书。三迁工部郎中，考选广西道御史。雍正元年，授河南开归道，仍带御史衔。寻奏河北连年歉收，请发帑治赈，蠲免钱粮，上嘉允之。二年，迁湖北按察使，以在开归道任封丘生员罢考，坐不能弹压，夺官。三年，授直隶正定知府。四年，迁长芦盐运使，加布政使衔，署江苏巡抚。疏陈苏、松水利，请发帑兴工。命副都统李淑德、原任山东巡抚陈世倌会勘，议先浚娄江，常熟福山塘、昭文白茆河、太仓七浦河、上海嘉定吴淞江、武进孟渎、德胜新河、丹阳九曲河次第疏治。时夏复疏言江南钱粮，请视直隶、河南正耗统解布政使，督抚以下各给养廉，地方公事用耗银报销，从之。上知时夏有老母，命云南督抚赠资斧，护至苏州，复赐人参。

六年，江苏布政使张坦麟调山东，时夏以坦麟任内钱粮未清，疏请停赴新任；坦麟亦奏时夏令新任布政使赵向奎勒措交代。上责时夏褊浅，才识不足，不能胜巡抚，命改署山东布政使，即以坦麟署江苏巡抚。是时江苏巡抚所属七府五州，自康熙五十一年至雍正四年，积亏地丁钱粮至八百十三万有奇，巡抚张楷请分年带征。及时夏至江苏，催追促迫，民艰于输纳，事久未竟，上命时夏留江苏会办亏空。时夏请以旧欠均派新粮，分年征收，上谕曰："旧欠自有本人，舍此不追而均派新粮，是刁民因积欠而得利，良民因先输而倍征。从此人人效尤，谁复输供正赋？且旧欠派入新粮，必致旧欠未完，新粮又欠。时夏因朕留之在苏，乃欲藉此草率完结。命暂停征比，交新任巡抚尹继善清察。"上又遣侍郎彭维新等佐尹继善察出积欠实一千万有奇，上命以其中侵蚀、包揽四百数十万分十年带征，民欠五百数十万分二十年带征，并令视直隶、河南诸省已行例，每岁带征若干，次年免正赋若干。谕谓"蠲逋赋使顽户偏蒙其泽，不若免新征使众民普受其惠也"。

七年，尹继善劾时夏所举知县蔡益仁贪黩不职，下部议，降调。八年，以母忧归。十二年，诣京师，命以佥都御史衔授霸州营田观察使。奏文安、大城两县界内修筑横堤，请于堤东南尚家村建闸，堤内浚河，引子牙河水溉田，仍于北岸多用涵洞，俾水得宣泄。乾隆二年，奏请用区田法，选属吏租民地试行。皆从之。授内阁学士。三年，卒。

3. 余祖训

卷三百　列传八十七

余甸，字田生，福建福清人。康熙四十五年进士。居乡励名节，巡抚张伯行重之，延主鳌峰书院。授四川江津知县，民投牒者，片言立决遣，讼为之简。日与诸生诵说文艺，疏解性理。所征赋即储库，不入私室。时青海用兵，巡抚年羹尧督饷，多额外急征，檄再三至，甸不应。乃使仆持檄告谕，自朝至晡，甸不出，使者哗。甸坐堂皇，命反接，将杖之，丞簿力为请，久之乃释其缚。越日，使者索檄，甸曰："汝还报，我闭门待劾，檄已达京师矣。"羹尧亦置之。行取吏部主事，时尚书张鹏翮、侍郎汤右曾皆以下济名，甸遇当争辨者，侃侃无所挠。主选三年，权要富人请托多格不行。将告归，条文书已驳议未奏者十余事，曰："此皆作奸巧法易为所蒙，必上闻，吾乃去。"父忧免丧，犹庐墓。

以河道总督陈鹏年疏荐，擢山东兖宁道。厘工剔弊，一祛积习，甚得士民心。鹏年卒，齐苏勒为河督，以工事劾甸，行河至济宁，士民群聚乞还甸。齐苏勒疏陈，召入见。雍正二年四月，授山东按察使。携二仆，买驴之官，务崇礼教，轻刑罚，政化大行。十一月，召诣京师。三年，擢顺天府丞。

甸历官尽革陋规，为按察使，悯囚不能自衣食，取盐商岁馈三之一以资给之。兼完囹圄，修学宫、书院，委有司出入注籍。既去官，上命内阁学士缪沅清察山东盐政诸弊，举是劾甸，夺官，归。甸用唐人诗语为人书楹帖，其人有怨家，讦于有司，以为怨望。有司以向所书也，并下向于狱。事白，遽卒。

4. 刘青藜

卷四百九十七　列传二百八十四

刘青藜，康熙四十五年进士，选庶吉士。遭父丧，哀毁呕血，事母不复出。

5. 阎尧熙

卷四百七十七　列传二百六十四

阎尧熙，字涑阳，河南夏邑人，原籍山西太原。康熙四十五年进士，五十二年，授直隶藁城知县。滹沱常以秋溢，筑堤树木桩，以捍其冲，夹岸种柳，堤固，水不为患。雍正元年，调南宫，擢晋州知州。州濒滹沱河，河决徙道，荡析民居。尧熙为筹安集，民免于患，扶携老稚来谢。尧熙曰："此朝廷恩，我何与？"令望阙拜，人给百钱，以资裹粮，散钱十万，咸感泣曰："真父母也！"怡贤亲王奉使过境，闻其名，奏循良第一。擢山东青州知府，未之官，改授浙江嘉兴。俗健讼，良懦不得直。讼府，下县，或不理，奸猾益无忌。尧熙始至，日受状三百。比对簿，自请息者二百余，庭折数十，各得其情。豪民张某稔恶，讯实，杖杀之，民皆称快。属县赋重，名目纠纷，里胥因缘为奸。民完如额，官不知，民亦不自知，官累以缺赋课殿去。尧熙巡行清理，民始知额，岁无逋赋。

海盐县塘工不就，总督李卫听浮言，欲开引河泄潮。尧熙言："卤水入内河，田皆伤，非特坏庐舍、糜帑金已也。"议遂罢。营弁缉私盐，纵其枭，持他人抵罪。尧熙言其诬，总督不听，庭争再三，总督乃自勘，释之，愈以贤尧熙。累擢湖北按察使、四川布政使，皆持大体，有惠政。乾隆七年，卒于官。

尧熙质直，好面折人过，虽上官不少避。然勇于从善，在川藩多得成都知府王时翔之助，人两贤之。

6. 王苹

卷四百八二四　列传二百七十一

苹，字秋史，历城人。少落拓不偶，人目为狂。雯见其诗，为延誉。尝赋"黄叶"句绝工，人称为王黄叶。康熙四十五年进士，当为令，以母老改成山卫教授。闭门耽吟，介节弥著。有二十四泉草堂集。

7. 陈厚耀

卷四百八十一　列传二百六十八

陈厚耀，字泗源，泰州人。康熙四十五年进士，官苏州府学教授。大学士李光地荐其通天文、算法，引见，改内阁中书。上命试以算法，绘三角形，令求中线及弧背尺寸，厚耀具札以进，皆如式。授翰林院编修，入直内廷。厚耀学问渊博，直内廷后，兼通几何算法，于是其学益进。迁国子监司业，转左春坊左谕德，以老乞致仕，卒于家。

厚耀以天算之法治春秋，尝补杜预长历为春秋长历十卷，其凡有四：一曰历证，备引汉书、续汉书、晋书、隋书、唐书、宋史、元史、左传注疏、春秋属辞、天元历理诸说，以证推步之异。其引春秋属辞载杜预论日月差谬一条，为注疏所无。又引大衍历义春秋历考一条，亦唐志所未录。二曰古历，以古法十九年为一章，一章之首，推合周历正月朔日冬至，前列算法，后以春秋十二公纪年，横列为四章，纵列十二公，积而成表，以求历元。三曰历编，举春秋二百四十二年，推其朔闰及月之大小，而以经、传干支为证佐，述杜预之说而考辨之。四曰历存，古历推隐公元年正月庚戌朔，杜氏长历则为辛巳朔，乃古历所推上年十二月朔，谓元年以前失一闰，盖以经、传干支排次知之。厚耀则谓如预之说，元年至七年中书日者虽多不失，而与二年八月之庚辰、四年二月之戊申又不能合。且隐公三年二月己巳朔日食，桓公三年七月壬辰朔日食，亦皆失之。盖隐公元年以前非失一闰，乃多一闰，因定隐公元年正月为庚辰朔，较长历退两月，推至僖公五年止。以下朔、闰，一一与杜历相符，故不复续推焉。

又撰春秋战国异辞五十四卷、通表二卷、摭遗一卷，春秋世族谱一卷。邹平马骕为绎史，兼采三传、国语、国策，厚耀则皆摭于五书之外，独为其难。氏族一书，与顾栋高大事表互证，春秋氏族之学，几乎备矣。厚耀又著礼记分类、十七史正讹诸书，今不传。

康熙四十八年（1709年）己丑科

第一甲

1. 戴名世

卷四百八十四 列传二百七十一

戴名世，字田有，桐城人。生而才辨隽逸，课徒自给。以制举业发名廪生，考得贡，补正蓝旗教习。授知县，弃去。自是往来燕、赵、齐、鲁、河、洛、吴、越之间，卖文为活。喜读太史公书，考求前代奇节玮行。时时著文以自抒湮郁，气逸发不可控御。诸公贵人畏其口，尤忌嫉之。尝遇方苞京师，言曰："吾非役役求有得于时也，吾胸中有书数百卷，其出也，自忖将有异于人人。然非屏居深山，足衣食，使身无所累，未能诱而出之也。"因太息别去。康熙四十八年，年五十七，始中式会试第一，殿试一甲二名及第，授编修。又二年而南山集祸作。

先是门人尤云鹗刻名世所著南山集，集中有与余生书，称明季三王年号，又引及方孝标滇黔纪闻。当是时，文字禁网严，都御史赵申乔奏劾南山集语悖逆，遂逮下狱。孝标已前卒，而苞与之同宗，又序南山集，坐是方氏族人及凡挂名集中者皆获罪，系狱两载。九卿覆奏，名世、云鹗俱论死。亲族当连坐，圣祖矜全之。又以大学士李光地言，宥苞及其全宗。申乔有清节，惟兴此狱获世讥云。名世为文善叙事，又著有孑遗录，纪明末桐城兵变事，皆毁禁，后乃始传云。

第二甲

1. 阿克敦

卷三百三 列传九十

阿克敦，字仲和，章佳氏，满洲正蓝旗人。康熙四十八年进士，改庶吉士，授编修。五十二年，充河南乡试考官。五十三年，上以阿克敦学问优，典试有声名，特擢侍讲学士。五十五年，转侍读学士。五十六年，朝鲜国王李焞病目，使求空青，命阿克敦赍赐之。迁詹事。五十七年，擢内阁学士。六十一年，朝鲜国王李昀请立其弟昑为世弟，命阿克敦偕侍卫佛伦充使册封。擢兵部侍郎。世宗即位，兼翰林院掌院学士，充圣祖实录副总裁。雍正元年，命专管翰林院掌院学士，充国史、会典副总裁。复偕散秩大臣舒鲁册封朝鲜国王李昑。三年，授礼部侍郎，兼兵部。四年，调兵部，兼国子监祭酒。

两广总督孔毓珣入觐，命阿克敦署总督，兼广州将军。奏劾碣石总兵陈良弼索渔船陋规、左翼总兵蓝奉以二子冒补把总，倚势累兵。上嘉阿克敦实奏，命择胜任之人，具本题参。高要、高明、四会、三水、南海等五县民濒江筑圩，开窦建闸，引水溉田，谓之“围基”。江涨多溃决，巡抚杨文乾奏请以最冲改石工，次冲改桩埽，计费数十万，借帑修筑，且议以开捐补款，阿克敦意与相左。五年，疏言：“高要等县沿江围基，俱系土工，岁十一月后，有司督率乡民按亩分工，加卑培薄，民不为苦，官无所费。江涨不免冲决。但水性不猛，非必石工、桩埽方能抵御。请仍循旧法，令有司于农隙督民修补。倘江水盛涨，遣吏巡行防冲决，无烦改筑费帑。”上为寝文乾议。寻与毓珣合疏请遣广南韶道、肇高廉罗道督修诸县围基，报闻。苍梧芋荚山矿民群聚窃发，阿克敦令捕得其渠，上谕嘉之。

调吏部，署广东巡抚。劾肇高廉罗道王士俊侵税羡，上以士俊尚可用，命训饬迁改。改署广西巡抚。文乾劾阿克敦闻盗不严缉，新会县得盗，授意改谳，以窃贼详结；侵粤海关耗银，令家人索暹罗米船规礼。毓珣亦劾侵太平关耗银。六年，命夺阿克敦官，下毓珣、文乾会鞫，文乾卒，上遣通政使留保、郎中喀尔吉善会毓珣及署广东巡抚傅泰严鞫，以讳盗、侵耗轻罪，不议坐；令家人索暹罗米船，拟绞。士俊复揭告阿克敦庇布政使官达婪赃，加拟斩监候。七年，山东巡抚费金吾以疏浚江南徐州、沛县及济宁、嘉祥诸县水道，请派员督修。上命释阿克敦往江南河工效力自赎。

九年，上命抚远大将军马尔赛率师讨准噶尔，授阿克敦内阁额外学士，协办军务。十一年，命驻扎克拜达里克督饷。十二年，召还。命偕侍郎傅鼐、副都统罗密使准噶尔，宣谕噶尔丹策零，议罢兵息民。喀尔喀与准噶尔以阿尔泰山梁分界，噶尔丹策零欲以杭爱为界，收阿尔泰山为游牧地。阿克敦与议三日不决，噶尔丹策零遣使吹那木喀从阿克敦等诣京师，请以哲尔格西喇呼鲁乌苏为喀尔喀游牧地界。十三年，阿克敦等至京师。上以阿克敦等奏及地图密寄北路副将军策棱，令熟筹定议。策棱言准噶尔游牧不得令过阿尔泰山。议中辍。命阿克敦署镶蓝旗满洲副都统、工部侍郎。高宗即位，命守护泰陵。

乾隆三年，复命阿克敦使准噶尔，以侍卫旺扎尔、台吉额默根为副，赍敕谕噶尔丹策零议界。噶尔丹策零使哈柳从阿克敦等诣京师，请准噶尔游牧不越阿尔泰山，而乞移布延图、托尔和二卡伦入内地。上谓游牧不越阿尔泰山，已可定议，而移二卡伦不可许。命哈柳赍敕还。

授阿克敦工部侍郎。五年，调刑部，复调吏部。八年，授镶蓝旗满洲都统。十年，兼翰林院掌院学士。十一年，授刑部尚书。十三年，命协办大学士。寻解以授傅恒。四月，翰林院进孝贤皇后册文，清文译“皇妣”为“先太后”，上以为大误，召阿克敦询之。阿克敦未候旨已退，上怒，谓阿克敦以解协办大学士故怨望，夺官，下刑部，当大不敬律，拟斩监候。六月，命在内阁学士上行走，署工部侍郎。七月，擢署刑部尚书，授镶白旗汉军都统。十月，兼翰林院掌院学士。十二月，复命协办大学士。十四年，金川平，加太子少保。连岁上幸木兰、幸河南、幸盛京，皆命留京办事，迭署左都御史、步军统领。二十年，以目疾乞假，上遣医视疾。屡乞休，命致仕。二十一年，卒，赐祭葬，谥文勤。子阿桂，自有传。

阿克敦居刑部十余年，平恕易简，未尝有所瞻顾。一日，阿桂侍，阿克敦曰：“朝廷用汝为刑官，治狱宜何如？”阿桂曰：“行法必当其罪，罪一分与一分法，罪十分与十分法。”阿克敦怒，索杖，阿桂惶恐求教。阿克敦曰："如汝言，天下无完人矣！罪十分，治之五六，已不能堪，而可尽耶？且一分罪尚足问耶？"阿桂长刑部，屡举以告僚属云。

2. 李绂

卷二百九十三　列传八十

李绂，字巨来，江西临川人。少孤贫，好学，读书经目成诵。康熙四十八年，成进士，改庶吉士，散馆授编修。累迁侍讲学士。五十九年，擢内阁学士，寻迁左副都御史，仍兼学士。六十年，充会试副考官。出榜日，黄雾风霾，上语大学士等曰："此榜或有乱臣贼子，否亦当有读书积学之士不得中式，怨气所致。"命磨勘试卷，劣者停殿试。又赐满洲举人留保、直隶举人王兰生进士。下第举子群聚绂门，投瓦石喧哄。御史舒库疏劾，下部议，责绂匿不奏，夺官，发永定河工效力。雍正元年，特命复官，署吏部侍郎，赴山东催漕。寻授兵部侍郎。上令截留湖南等省漕粮于天津收贮，旋又命估价出粜。

二年四月，授广西巡抚。奏言："广西贺县大金、蕉木二山产矿砂，五十里外为广东梅峒汛，又数里为宿塘寨，矿徒盘据，时时窃发。臣方拟严禁，闻总督孔毓珣条陈开采，因而中止。将来或恐滋事。"毓珣奏同时至，廷议寝其事。上命以谕毓珣者示绂，令协力禁止。绂疏陈练兵，列举严赏罚、演阵法、习用枪炮、豫备帐房锣锅诸事，上嘉其留心武备。康熙中，巡抚陈元龙奏请开捐，都计收谷百十七万石有奇，石折银一两一钱，而发州县买谷石止三钱，不足以籴。至绂上官，尚亏四万余石，绂奏请限一月补足。会提督韩良辅条奏垦荒，下绂议，绂请以桂林、柳州、梧州、南宁四府收贮捐谷动支为开垦费。上曰："朕观绂意，不过借开垦以销捐谷。当时陈元龙等首尾不清，朕知之甚详。应令元龙等往广西料理。"并谕绂详察，毋隐讳瞻徇，自承亏空。寻绂奏察出督抚、司道、府厅分得羡余银八十二万有奇，勒限分偿，上嘉绂秉公执正。绂在吏部时，年羹尧子富等捐造营房，下部议叙，不肯从优，为羹尧所嫉；及上命天津截漕估粜盈余银五千交守道桑成鼎贮库，绂至广西，成鼎使赍以畀绂。绂具折送直隶巡抚李维钧会奏。维钧匿不上，绂乃奏闻。先是，羹尧朝京师，入对，举此讦绂，谓绂干没。上以问维钧，维钧言绂取数百金治装，余尚贮库。绂奏至，上谓维钧与羹尧比，欲陷绂。谕奖绂，命留充公用。

三年六月，绂奏言："太平、思恩府界流言安南内乱。有潘腾龙者，自言为莫姓后，其党黄把势、陈乱弹等煽诱为乱。严饬将吏捕治。"上谕曰："封疆之内，宜整理振作。至于安边柔远，最忌贪利图功，当慎之又慎！"九月，奏："瑶、僮顽梗，修仁十排、天河三疃为尤甚，常出劫掠。臣遣吏入十排，捕得其渠。三疃阻万山中，所种田在隘外。臣发兵守隘，断其收获。其渠今亦出自归。"上奖其办理得宜。

旋授直隶总督。四年，绂入觐。初，左都御史蔡珽荐起其故吏知县黄振国授河南信阳知州，忤巡抚田文镜。文镜驭吏严，尤恶科目，劾振国贪劣。绂过河南，诘文镜胡为有意蹂践士人。入对，因极言文镜贪虐，且谓文镜所劾属吏，如振国及邵言纶、汪諴皆枉，振国已死狱中。文镜因绂语，先密疏闻，谓绂与振国同年袒护。绂疏辨，上不直绂，而振国实未死，逮至京师，上更谓绂妄语。良辅奏云南、广西所属土司与贵州接壤者，皆改归贵州安笼镇节制，命绂往与云贵总督高其倬会勘，疏请循旧制，从之。

绂还直隶，时上谴责诸弟允禩、允禟等，更允禟名塞思黑，幽诸西宁，复移置保定，命胡什礼监送。绂语胡什礼："塞思黑至，当便宜行事。"胡什礼以闻，上以为不可，命谕绂，绂奏初无此语。塞思黑至保定，未几，绂以病闻，寻遂死。是冬，御史谢济世劾文镜贪虐，仍及诬劾振国等。上夺济世官，下大学士九卿会鞫，戍济世阿尔泰军前。上以济世奏与绂语同，疑绂与为党，召绂授工部侍郎。绂在广西捕乱苗莫东旺置天河县狱，狱未竟，绂移督直隶去。久之，蛮、僮集众破狱，劫东旺去。五年春，良辅署广西巡抚，奏闻。上以诘绂，下部察议。会都察院奏广西州判程旦诣院诉土司罗文刚掠村落抗官兵，上责绂与继任巡抚甘汝来逡巡贻害，命绂与汝来至广西捕治，不获，当重谴。绂至广西，东旺闻而自归，文刚亦捕得。直隶总督宜兆熊劾知府曾逢圣、知县王游亏空钱粮，上以逢圣、游皆绂所荐，命诘绂。户部议覆，绂在直隶奏报怀来仓圮，谷为小民窃食，当下直隶总督详察。上曰："谷至六千余石，岂能窃食至尽？明系绂市恩，为县吏脱罪。当责绂偿补，以成其市恩。"兆熊又劾知县李先枝私派累民，上以先枝亦绂所荐，责绂欺罔，夺官；下刑部、议政大臣等会鞫，绂罪凡二十一事，当斩。上谕曰："绂既知悔过，情词恳切，且其学问尚优，命免死，纂修八旗通志效力。"

七年，又以顺承郡王锡保奏济世在阿尔泰供言劾文镜实受绂及珽指，下绂等刑部。会曾静、张熙狱起，上召王大臣宣谕，并命绂入，谕曰："朕在藩邸，初不知珽、绂姓名。有马尔济哈者，能医。朕问：'更有能医者否？'以珽对。召珽来见，珽谓不当与诸王往来，辞不至，以是朕重之。年羹尧来京，亟称珽，朕告以尝招之不来，羹尧以语珽，珽复辞不至，以是朕益重之。及出为四川巡抚，诣热河行在，始与相见，为朕言李绂。朕知绂自此始。既即位，延访人才，起绂原官。旋自侍郎出抚广西，至为直隶总督，徇私废公，沽名邀誉，致吏治废弛，人心玩愒。又如塞思黑自西大通调回，令暂住保定。未几，绂奏言遘病，不数日即死。奸党遂谓朕授意于绂，使之戕害。今绂在此，试问朕尝授意否乎？塞思黑罪本无可赦，岂料其遽死？绂不将其病死明白于众，致生疑议，绂能辞其过乎？田文镜公忠，而绂与珽极力陷害，使济世诬劾，必欲遂其私怨。此风何可长也？"复下绂刑部严鞫，狱上，请治罪，上宽之。

高宗即位，赐侍郎衔，管户部三库，寻授户部侍郎。乾隆元年，方开博学鸿辞科，绂所举已众，又以所知嘱副都御史孙国玺荐举，事闻上，上诘绂，绂自承妄言，上谓"绂乃妄举，非止妄言，避重就轻"。降授詹事。二年，以母忧归。六年，补光禄寺卿，迁内阁学士。

绂伟岸自喜。其论学大指，谓朱子道问学，陆九渊尊德性，不可偏废，上闻而韪之。八年，以病致仕，入辞，上问："有欲所陈否？"绂以慎终如始对，赐诗奖及之。十五年，卒。

3. 惠士奇

卷四百八十一　列传二百六十八

士奇，字天牧。康熙五十年进士（编者按：见于康熙四十八年己丑科进士题名碑），选翰林院庶吉士，授编修。两充会试同考官。圣祖尝问廷臣，谁工作赋，内阁学士蒋廷锡以王顼龄、汤右曾及士奇三人对。五十七年，孝惠章皇后升祔礼成，特命祭告炎帝陵、舜陵。故事，祭告使臣，学士以上乃得开列，士奇以编修与，异数也。五十九年，充湖广乡试正考官，寻提督广东学政，以经学倡多士，三年之后，通经者多。又谓："校官古博士也，校官无博士之才，弟子何所效法？"访得海阳进士翁廷资，即具疏题补韶州府学教授，部议格不行。圣祖曰："惠士奇所举，谅非徇私，著如所请，后不为例。”

雍正初，复命留任。召还，入对不称旨，罚修镇江城，以产尽停工削籍，乾隆元年，复起为侍读，免欠修城银，令纂修三礼。越四年，告归，卒于家。

士奇盛年兼治经史，晚尤邃于经学，撰易说六卷，礼说十四卷，春秋说十五卷。于易，杂释卦爻，以象为主，力矫王弼以来空疏说经之弊。于礼，疏通古音、古字，俱使无疑似，复援引诸子百家之文，或以证明周制，或以参考郑氏所引之汉制，以递观周制，而各阐其制作之深意。于春秋，事实据左氏，论断多采公、谷，大致出于宋张大亨春秋五礼例宗、沈棐春秋比事，而典核过之。大学说一卷晚出，“亲民”不读“新民”。论格物不外本末终始先后，即絜矩之不外上下前后左右，亦能根极理要，又著交食举隅三卷，琴笛理数考四卷。子七人，栋最知名。

4. 徐用锡

卷五百三　列传二百九十

徐用锡，字坛长，宿迁人，占籍大兴。登乡举，康熙四十八年进士，官翰林院编修。从李光地游，究心乐律、音韵、历数、书法。五十四年，分校会试，严绝请托，衔之者反嗾言官劾其把持闱事，圣祖原之，终以浮议罢归。乾隆初，起授翰林院侍读，年已八十。寻告归，卒于家。用锡乡举出姜宸英之门，与何焯同为光地客，论书多与二家相出入。精于鉴别古人，言笔法亦多心得，著字学札记二卷，载圭美堂集中。

5. 秦道然

卷三百四　列传九十一

秦蕙田，字树峰，江南金匮人。祖松龄，顺治十二年进士，官左春坊左谕德。本生父道然，康熙四十八年进士，官礼部给事中，与贝子允禟善，为其府总管。允禟得罪，逮下狱，蕙田往来省视。世宗贷道然死，而狱未解。乾隆元年一甲三名进士，授编修，南书房行走。乃上疏言：“臣本生父道然身罹重罪，蒙恩曲宥；以追银未完，系狱九年，年已八十，衰朽不堪。本年五六月间，浸染暑湿，疟痢时作，奄奄一息，几至瘐毙。情关骨肉，痛楚难忍。臣虽备官禁近，还顾臣父，老病拘幽，既无完解之期，更无生存之望，方寸昏迷，不能自主。诚不忍昧心窃禄，内惭名教。伏惟皇上矜慎庶狱，一线可原，概予宽释。当此圣明孝治天下，惟有乞恩，丐臣父八十垂死之年，得以终老牖下。臣愿夺职效奔走以赎父罪。”高宗命宥道然，并免所追银。

6. 蔡世远

卷二百九十　列传七十七

蔡世远，字闻之，福建漳浦人。父璧，拔贡生，官罗源训导，有学行，巡抚张伯行延主鳌峰书院，招世远入使院校订先儒遗书。

世远，康熙四十八年进士，改庶吉士。大学士李光地以宋五子之书倡后进，得世远，深器之。四十九年，乞假省亲。五十年，遭父丧，服除，赴京师。以假逾期，于例当休致，世远不欲以父丧自列。会上命纂性理精义，光地充总裁，荐世远分修，书成，世远不欲以编辑叙劳，辞归。巡抚吕犹龙延主鳌峰书院，以正学教士。居久之，雍正元年，特召授编修，直上书房，侍诸皇子读。寻迁侍讲。四年，迁右庶子，再迁侍讲学士。五年，迁少詹事，再迁内阁学士。六年，迁礼部侍郎。

七年，上将设福建观风整俗使，咨世远，命与同籍京朝官议之。佥谓："福建自海疆平定后，泉、漳将吏因功骤擢通显，子弟骄悍，无所慷畏。皇上饬官方，兴民俗，上年学政程元章奏以泉、漳风俗未醇，责成巡道整饬，自此益加儆戒。但人有贤愚，士或鄙劣薄行，民又多因怒互争，未必洗心涤虑。应请设观风整俗使，防范化导，于风俗人心有益。"得旨允行。八年，福建总督高其倬劾世远长子长汉违例私给船照，上以疏示世远。世远奏言："臣子长汉现在京邸。此所给照，不知何人所为。但有臣官衔图书，非臣族姓，即臣戚属，请敕鞫治。"部议坐失察，降调。十年，特旨复原职。十二年，卒。

世远侍诸皇子读，讲四子、五经及宋五子书，必引而近之，发言处事，所宜设诚而致行者；于诸史及他载籍，则即兴亡治乱，君子小人消长，心迹异同，反复陈列。十余年来，寒暑无或间。十三年，高宗即位，赠礼部尚书，谥文勤。所著二希堂集，御制序弁首。"二希"者，谓功业不敢望诸葛武侯，庶几范希文；道德不敢望朱子，庶几真希元。上制怀旧诗，称为闻之蔡先生。六十年，上将归政，释奠于先师，礼成，推恩旧学，加赠太傅。

子长沄，诸生。乾隆三年，以学行兼优荐，发江南以知县用。历甘泉、石埭、句容、无锡诸县。两江总督德沛称其廉明，再迁江宁知府。调庐州、松江诸府，迁四川按察使。二十七年，特擢兵部侍郎。逾年，卒。上屡念世远旧劳，推恩其诸子，观澜、长汭及孙本崇皆赐举人。

7. 阎咏

卷四百八十一　列传二百六十八

咏，康熙四十八年进士，官中书舍人，亦能文。同时山阳学者，有李铠、吴玉搢。

8. 方式济

卷三百二十四　列传一百十一

式济，康熙四十八年进士，官内阁中书。侨居江宁，坐戴名世南山集狱，并戍黑龙江。观承尚少，寄食清凉山寺。岁与兄观永徒步至塞外营养，往来南北，枵腹重趼。数年，祖与父皆没，益困。然因是具知南北厄塞及民情土俗所宜，厉志勤学，为平郡王福彭所知。

第三甲

1. 周人龙

卷四百七十七　列传二百六十四

周人龙，字云上，直隶天津人。康熙四十八年进士，授山西屯留知县。兴学赈荒，有声。调清源，境内洞涡、嵻峪诸河入汾，常有水患，浚渠筑堰，民赖之。历忻州直隶州知州、蒲州知府。蒲郡濒黄河，河水迁徙无常。山、陕两省民隔河争地，讼数十年不结。人龙请于大吏曰："临河滩地，当以河为界。河东迁，则山西无地之粮归陕西；河西迁，则陕西无地之粮归山西。粮随地起，不缺正赋。因地纳粮，无累民生。山、陕沿河二千余里，凡两省湮没之地，令地方官照粮查地，按地过粮。除卤咸者照例题请免征，其余水退之地，招令沿河民认粮承种，庶事无偏枯，争讼可息。"大吏从其议，至今便之。

雍正初，有言丁粮归地，便于无力之丁，不便于有田之家。人龙驳之，略曰："有田者，尚以输纳为艰，岂无田者反易？君子平其政，焉得人人而悦之？今不悦者，不过绅衿富户；而大悦者，乃在茕茕无告之小民。若因其控告而不行，则豪强得志，而穷民终于无告。此议在当日未行则已耳，今行之数年，势难中止。穷民狃于数年乐利，必不安于一旦变更。且富民少而穷民多，不当以彼易此。"议上，事乃定。以忧去官。

服阕，补湖北安陆。数月，擢江西督粮道，未行，江水决钟祥三官庙堤及天门沙沟垸，招集邻县民，谕以利害，同筑御。踊跃荷畚锸至者数万人，亲冒风雨，率以施工。或劝其"已迁官，何自苦"，人龙曰："助夫由我招至，我去即散矣。伏汛一至，民何以堪？"阅两月工成，安陆人尸祝之。江西漕粮征运素多弊，严立规条，宿蠹一清。乾隆十年，乞病归，卒。

2. 王奕鸿

卷二百八十六　列传七十三

奕鸿，字树先。康熙四十八年进士，授户部主事。历湖南驿盐、粮储道。奕清赴军，奕鸿尽斥其产与俱。后命赴乌里雅苏台效力。居边十年，与奕清同释还，官四川川东道。引疾归，卒。

3. 张照

卷三百四　列传九十一

张照，字得天，江南娄县人。康熙四十八年进士，改庶吉士，授检讨，南书房行走。雍正初，累迁侍讲学士。圣祖训士民二十四条，世宗为之注，题曰圣谕广训，照疏请下学官，令学童诵习。复三迁刑部侍郎。十一年，授左都御史，迁刑部尚书，疏请更定律例数事。

大学士鄂尔泰初为云贵总督，定乱苗，稍收其地，置流官。既而苗复叛，扬威将军哈元生、副将军董芳讨之，不以时定。上责鄂尔泰措置不当，照素忤鄂尔泰，因请行。十三年五月，上命照为抚定苗疆大臣。照至贵州，议划施秉以上为上游，用云南、贵州兵，专属元生；以下为下游，用湖广、广东兵，专属芳：令诸军互易地就所划。元生、芳遂议村落道路皆别上下界，文移辨难。照致书元生等，令劾鄂尔泰。会高宗即位，召照还，以湖广总督张广泗往代。上怒照挟私误军兴，广泗复劾照谬妄，元生等并发照致书令劾鄂尔泰事，遂夺职逮下狱。乾隆元年，廷议当斩，上特命免死释出狱，令在武英殿修书处行走。

二年，起内阁学士，南书房行走。五年，复授刑部侍郎。照言："律例新有更定，校刻颁行诸行省，期以一年。旧轻新重者，待新书至日遵行，不必驳改；旧重新轻者，刑部即引新书更正。庶一年内薄海内外早被恩光。"

特旨允行。上以朝会乐章句读不协节奏，虑坛庙乐章亦复如是，命庄亲王允禄及照遵圣祖所定律吕正义，考察原委。寻合疏言："律吕正义编摩未备，请续纂后编。坛庙朝会乐章，考定宫商字谱，备载于篇，使律吕克谐，寻考易晓。民间俗乐，亦宜一体厘正。"下部议行。七年，疏请矜恤军流罪人妻孥，罪人发各边镇给旗丁为奴，其在籍子孙到配所省视，旗丁不得并没为奴。

寻擢刑部尚书，兼领乐部。民间贷钱征息，子母互相权，谓之"印子钱"。雍正间，八旗佐领等有以印子钱朘所部旗丁者，世宗谕禁革。都统李禧因请贷钱者得自陈，免其偿，并治贷者罪。至是，照言印子钱宜禁，如止重利放债，依违禁取利本律治罪，禧所议宜罢不用，从之。九年十二月，父汇卒于家，照方有疾，十年正月，奔丧，上勉令节哀，毋致毁瘠。至徐州，卒，加太子太保、吏部尚书，谥文敏。

照敏于学，富文藻，尤工书。其以苗疆得罪，高宗知照为鄂尔泰所恶，不欲深罪照，滋门户恩怨。重惜照才，复显用。及照卒，见照狱中所题白云亭诗意怨望，又指照集愤嫉语，谕诸大臣以照已死不追罪。后数年，一统志奏进，录国朝松江府人物不及照，上复命补入，谓："照虽不醇，而资学明敏，书法精工，为海内所共推，瑕瑜不掩，其文采风流不当泯没也。"

4. 色楞阁

卷三百三十八　列传一百二十五

塞楞额，瓜尔佳氏，满洲正白旗人。康熙四十八年进士，授内阁中书，擢翰林院侍讲。四迁至侍郎，历刑、兵、礼诸部。雍正二年，出署山东巡抚，入为户部侍郎。如广东按将军李杕纵部兵毁米厂、哄巡抚署，事竟，仍署山东巡抚。疏请以东平州安山湖官地分畀穷民栽柳捕鱼为业，上许之，并令发耗羡备用银为建屋制船；又疏请浚柳长河，开引河二，疏积水。复入为工部侍郎，缘事夺官。乾隆元年，赐副都统衔，如索伦、巴尔虎练兵。寻授镶蓝旗汉军副都统。出为陕西巡抚，移江西。疏请筑丰城石堤，封广信府铜塘山，均许之。再移山东。十一年，擢湖广总督。

十三年，孝贤皇后崩，故事，遇国恤，诸臣当于百日后剃发。锦州知府金文醇违制被劾，逮下刑部，拟斩候。上以为不当，责尚书盛安沽誉，予重谴。江苏巡抚安宁举江南河南总督周学健剃发如文醇，上并命逮治。因诏诸直省察属吏中有违制剃发者，不必治其罪，但令以名闻。是时塞楞额亦剃发，湖北巡抚彭树葵、湖南巡抚杨锡绂及诸属吏皆从之。得诏，塞楞额具疏自陈，上命还京师待罪。谕谓："文醇已拟斩决，岂知督抚中有周学健，则无怪于文醇；岂知满洲大臣中有塞楞额，又无怪于学健。"因释文醇，宽学健，皆发直隶，以修城自赎。树葵、锡绂误从塞楞额，锡绂并劝塞楞额检举，皆贷罪；令树葵分任修城，示薄罚。塞楞额至刑部，论斩决。上谓："祖宗定制，君臣大义，而违蔑至此，万无可恕！以尚为旧臣，令宣谕赐自尽。"

5. 芮复传

卷四百七十七　列传二百六十四

芮复传，字衣亭，顺天宝坻人，原籍江苏溧阳。康熙四十八年进士，授浙江钱塘知县。悉除诸无名钱，曰：

“官足给饔飧而已。”有金三者，交通上官署，为奸利，立逮杖毙之，一时大快。五十八年，大旱，复传勘实上状，上官欲寝之，固争曰：“律有捏灾、匿灾并当劾，某今日请受捏灾罪。”时同城仁和民千人，跣走围署，曰：“钱塘为民父母，仁和独不父母我耶？”上官感动，竟以灾闻。开仓行赈，复传设粥厂二十有七。微行觇视，治胥吏之侵扰者，帑不费而赈溥。驻防营卒驰蹴民田，便宜惩治，辄缚而鞭之。

治绩上闻，世宗特召引见，擢温州知府。故事，贡柑，岁期至。织造封园，民以为累。复传第取足供贡，不使扰民。府境私盐充斥，设三团，集灶户，平其直，私贩息，官盐不督自行。天台山东南有山曰玉环，在海中，总督李卫欲开田设治，檄复传往勘，以徒费无益，陈请罢之。卫怒，檄他吏往，意必行。时山中田仅二万亩，乃割天台、乐清两县民田隶玉环，经费不足，则捐通省官俸，又加关津一切杂税以给之。弛山禁，渔者往来并税，曰涂税。既而渔者不入，山者度关纳税，亦征其涂税。复传争曰“是重税也”，是牍凡七上。卫益怒，以为阻挠玉环垦田事，蜚语颇闻。刘统勋奉使视海塘，过温州，语之曰：“君与李宫保，两雄不相下，不移不屈，君之谓乎？”

寻擢温处道。会铜商积弊败露，复传持法，又揭劾知府尹士份不职，士份反诬以阻商误铜，大吏故嫉之，遂并劾复传。解任，总督赵弘恩质讯，坐失察关吏舞弊夺职。会高宗登极，诏仍留浙江办铜，事竣，例得复官，以亲丧归，遂不出。家居三十余年，卒，年九十有四。

康熙五十一年（1712年）壬辰科

第二甲

1. 刘于义

卷三百七　列传九十四

刘于义，字喻旃，江苏武进人。康熙五十一年进士，改庶吉士，授编修。在翰林文誉甚著，凡有撰拟，辄称旨。雍正元年，命直南书房，迁中允。再迁侍讲，督山西学政。三年，迁庶子，上谕以留心民事。岁饥，无积贮，奏请岁以耗羡四万于太原、平阳、潞安、大同买米贮仓，春粜秋补，上命巡抚伊都立酌量举行。四年，一岁四迁，擢仓场侍郎。仓吏积习，鬻正米以购筛扬耗米抵额。于义严出入，稽余米定数，宿弊一清。七年，命察核西宁军需。八年，迁吏部侍郎。命与侍郎牧可登如山东察赈，并按按察吏唐绥祖劾济南知府金允彝袒邹平知县袁舜裔亏空，论如律。

九年，授直隶河道总督。奏天津截留漕粮，省津贴诸费，但给地方官耗米百之一。又奏青龙湾诸地，侍郎何国宗议建鸡心闸十四阻水，当停。并请展坝面，使无碍水道。均如议行。擢刑部尚书，仍理河务。寻署直隶总督。直隶盗犯，依律不分首从皆斩。大名劫盗十余案，每案数十人。于义以凶器祗田具，赃物仅米谷，乃饥民借粮争夺，非盗，奏请得末减。直隶盗案视各省分首从自此始。

十年，署陕西总督。十一年，授吏部尚书，仍署总督。累疏言甘、凉为军需总汇，粮草价昂，兵饷不敷养赡。请酌借籽粮农器，于瓜州诸地开垦屯种，耕犁以马代牛，并募耕夫二百，教回民农事。又于赤金、靖逆之北湃带湖及塔儿湾筑台堡为保障，安家窝铺口别开渠供灌溉。又疏请甘、凉设马厂，牧长、牧副，视太仆寺条例，岁十一月，察马匹孳生多寡，为弁兵升降赏罚。均如所请行。十三年，命大学士查郎阿代于义领陕西总督，予于义钦差大臣关防，留肃州专管军储。乾隆元年，奏言："兰州浮桥始于前明，用二十四艘，两埠铁缆百二十丈。自有司递减四舟，缆仅七十丈，于是埠基砌入河心，水益湍急，冲溃屡见。请动用公帑改复原式。庶河宽水缓，以便行旅。"得旨允行。

查郎阿入觐，于义仍署陕西总督。二年，召还京。三年，查郎阿劾承办军需道沈青崖等私运侵帑，辞连于义。上遣侍郎马尔泰会查郎阿按治，于义坐夺官，并责偿麦稞价银三万余两。甘肃自康熙末至雍正初，亏帑金一百六十余万，文书散缺。于义奉命察核，逮任总督，部署西师往返，凡四年，屯田筑堡，安集流移，输送军粮战马，其劳最多。以簿领过繁，得过亦由此。

五年，起署直隶布政使。七年，授福建巡抚，疏请裁减闽盐课外加派。漳州民陈作谋、台湾民王永兴等谋为乱，遣将吏捕治。八年，调山西，召补户部尚书。九年，调吏部尚书、协办大学士。御史柴潮生请修治直隶水利，命同直隶总督高斌勘察。议浚牤牛河；开白沟河支流，西淀亦开支河，东淀河道裁湾取直，子牙河疏河口，筑堤界，别清浑；疏凤河；浚塌河淀；引唐河入保定河；浚正定诸泉，引以溉田；并修复营田旧渠闸。是为初次应举各工。十年，署直隶总督，加太子太保。是冬，报初次工竟。复议还乡河裁湾取直，筑运蓟河西堤；挑张青口支河、新安新河；拓广利渠，望都至安肃开沟；并裁永定河兜湾。是为二次应举各工。引塌河淀涨水入蓟运河；疏天津贾家口、静海芦北口诸河；及庆云马颊河、盐山宣惠河。是为三次应举各工。又令署直隶河道总督，疏请减庆云赋额。上命减地丁十之三，著为令。十二年夏，报二、三次工竟。召还。

十三年二月，奏事养心殿，跪久致仆，遽卒。赐祭葬，谥文恪。

2. 鄂尔奇

卷二百八十八 列传七十五

鄂尔奇，康熙五十一年进士，改庶吉士，散馆授编修。雍正中，四迁至侍郎，历工、礼二部，署兵部。五年，擢户部尚书，兼步军统领。十一年，直隶总督李卫论劾坏法营私、紊制扰民诸状，鞫实，当治罪，上推鄂尔泰恩，宥之。十三年，卒。

3. 何国宗

卷二百八十三 列传七十

何国宗，字翰如，顺天大兴人。康熙五十一年进士，改庶吉士，命直内廷学算法。五十二年，命编辑律历渊源。未散馆，授编修。三迁至庶子。雍正初，授侍读学士，再迁至内阁学士。

三年，命视黄、运河道，奏请增筑戴村石坝，疏浚东昌城南七里河、城北魏家湾及德州城南减河；又以汶、泗泉源纡远，请专设管泉通判；又请修高家堰石堤。上皆允其请，并以高家堰石堤工冲要，命发帑兴修。复奏言："运河自临清以上，赖卫水以济。卫水发源百泉，益以丹、洹二水，其流始盛。请疏百泉为三渠，洹河亦筑坝开渠引水，一分灌田，三分济运。"上从其议。旋以山东巡抚塞楞额奏言国宗等奉使所经州县，供亿白金七千六百有奇。上责国宗不惜物力，负任使，坐降调。五年，授大理寺卿。六年，复擢内阁学士，迁工部侍郎。八年，命与侍郎牛钮督修北运河减水坝，并浚引河。国宗等议捍护河西务北堤及耍儿渡鱼鳞坝，别开塌河淀下流贯家沽泄水河，建筑三里浅、筐儿港、张家庄诸处挑水坝，上命如议速行。九年，兼河东河道总督。田文镜奏戴村初建玲珑、乱石、滚水三坝。汶水盛涨，自坝面流入盐河归海。国宗等增筑石坝，水不能过，濒河连年被患。请毁石坝，复为乱石、滚水坝。上责国宗勘工错误，贻害民间，夺官。

乾隆初，起充算学馆、律吕馆总裁。九年，赐秩视三品。寻授左副都御史。十年，兼领钦天监正。十三年，迁工部侍郎。

康熙间，圣祖命制皇舆全览图，以天度定准望，一度当二百里，遣使如奉天，循行混同、鸭绿二江，至朝鲜分界处，测绘为图。以鸭绿、图门二江间未详晰，五十年，命乌喇总管穆克登偕按事部员复往详察。国宗弟国栋亦以通历法直内廷。五十三年，命国栋等周历江以南诸行省，测北极高度及日景。五十八年，图成，为全图一，离合凡三十二帧，别为分省图，省各一帧。命蒋廷锡示群臣，谕曰："朕费三十余年心力，始得告成。山脉水道，俱与禹贡合。尔以此与九卿详阅，如有不合处，九卿有知者，举出奏明。"乃镌以铜版，藏内府。

高宗既定准噶尔，乾隆二十一年，命国宗偕侍卫努克三、哈清阿率钦天监西洋人往伊犁，自巴里坤分西北两路，测天度绘图。既还报，命署左都御史。二十二年，授礼部尚书。以京察举弟国栋，坐徇庇，夺官。寻授编修，直上书房。二十八年，复授内阁学士。是岁，上以诸回部悉定，复遣尚书明安图等往测天度绘图，是为乾隆内府皇舆图。二十六年，迁礼部侍郎。二十七年，以老休致。三十一年，卒。

4. 林佶

卷四百八十四　列传二百七十一

佶，字吉人。康熙五十二年进士（编者按：见于康熙五十一年壬辰科进士题名碑），官中书。工楷法。文师汪琬，诗师陈廷敬、王士祯。此三人集皆佶手缮付雕，精雅为世所重。家多藏书，徐乾学辑经解，朱彝尊选明诗，皆就传钞。有朴学斋集。

5. 李慎修

卷三百六　列传九十三

李慎修，字思永，山东章丘人。康熙五十一年进士，授内阁中书。迁主事，出为浙江杭州知府。雍正五年，入为刑部郎中，历十余年，治狱多所平反。有侵帑狱，初议以挪移从末减，慎修执不可；或讽以上意，亦不为动。乾隆初，出为河南南汝光道，移湖北武汉黄德道，以忧去。服除，授江南驿盐道。引见，高宗曰："李慎修老成直爽，宜言官。"特除江西道监察御史。疏论户部变乱钱法，苛急烦碎。历举前代利害，并言钱值将腾贵，穷极其弊。上元夜，赐诸王大臣观烟火，慎修上疏谏，以为玩物丧志。上喜为诗，尝召对，问能诗否，因进言："皇上一日万几，恐以文翰妨政治，祈不以此劳圣虑。"上韪之，载其言于诗。尝谓慎修曰："是何眇小丈夫，乃能直言若此？"慎修对曰："臣面陋而心善。"上为大笑。复出为湖南衡郴永道。十二年，乞病归，卒。

高密李元直为御史在其前，以刚直著。慎修与齐名，为"山东二李"。京师称元直"戆李"，慎修"短李"。

6. 王澍

卷五百三　列传二百九十

王澍，字若林，号虚舟，江南金坛人。绩学工文，尤以书名。康熙五十一年进士，入翰林，累迁户科给事中。雍正初，诏以六科隶都察院。澍谓科臣掌封驳，品卑任重，倪隶台臣，将废科参，偕同官崔致远、康五端抗疏力争。世宗怒，立召诘之，从容奏对，上意稍解，遂改吏部员外郎。越二年，告归，益耽书，名播海内。摹古名拓殆遍，四体并工。于唐贤欧、褚两家，致力尤深，辄跋尾自道所得。后内阁学士翁方纲持论与异，谓其篆书得古法，行书次之，正书又次之。所著题跋及淳化阁帖考正，并行于世。

自明、清之际，工书者，河北以王铎、傅山为冠，继则江左王鸿绪、姜宸英、何焯、汪士鋐、张照等，接踵而起，多见他传。大抵渊源出于明文征明、董其昌两家，鸿绪、照为董氏嫡派，焯及澍则于文氏为近。澍论书尤详，一时所宗。

7. 徐杞

卷二百七十六 列传六十三

杞，字集功。康熙五十一年进士，官编修。由甘肃布政使巡抚陕西，入为宗人府府丞。予休致，卒。

8. 春山

卷三百九 列传九十六

春山，康熙五十一年进士，选庶吉士，官至盛京兵部侍郎。

第三甲

1. 胡煦

卷二百九十 列传七十七

胡煦，字沧晓，河南光山人。初以举人官安阳教谕。治周易，有所撰述。康熙五十一年，成进士，散馆授检讨。圣祖闻煦通易理，召对干清宫，问河、洛理数及卦爻中疑义。煦绘图进讲，圣祖赏之，曰："真苦心读书人也。"五十三年，命直南书房。上方纂周易折中，大学士李光地为总裁，命煦分纂。寻命直蒙养斋，与修卜筮精蕴。五十七年，迁洗马，与修卜筮汇义。转鸿胪寺少卿。六十一年，迁光禄寺少卿，再迁鸿胪寺卿。雍正元年，擢内阁学士，命与刑部侍郎马晋泰如盛京按鞫私刨人参，录囚百五十八人，论罪如律。煦还奏："刨参俱贫民，羁候按鞫，自春夏至九、十月，往往瘐毙。请归盛京刑部及将军、府尹，以时定谳。"上如所请，命嗣后停遣部院堂官按鞫。五年，擢兵部侍郎，兼署户部。时诸部院每于员外增置佐正员治事，煦协理副都御史，又协办礼部侍郎。八年，命直上书房，充明史总裁。九年，授礼部侍郎。旋以衰老夺官。十年，河东总督田文镜劾煦长子孟基本邱氏子，冒姓，以官卷得乡举，下部议黜。乾隆元年，煦诣阙召见，命还原衔，复孟基举人，赐其幼子季堂荫生。煦疾作，卒于京师，赉银五百治丧，赐祭葬。

煦正直忠厚，所建白必归本于教化。尝奏："请敕州县岁举孝子悌弟，督抚旌其门，免徭役，见长官如诸生。其有慈惠廉节，笃于交友，下逮仆婢，行有可称，皆得申请奖劝，庶化行俗美，人知自爱。"又请敕州县劝农桑，或别设农官以专其任。又言："督抚于命、盗重案，每用'自行招认'四字，援以定罪。夫民奸黠者抵死不服，愚懦者畏刑自诬。请嗣后必证据确然，然后付法司阅实。一有不当，旋即驳正，庶得慎刑之意。"他所陈奏，如广言路，裕积储，汰浮粮，省冗官，平权量，多切于世务。乾隆间，高宗诏求遗书，征煦著述。时季堂官江苏按察使，以煦著周易函书进。五十九年，特命追谥，谥文良。季堂自有传。

2. 陈德荣

卷四百七十七　列传二百六十四

陈德荣，字廷彦，直隶安州人。康熙五十一年进士，授湖北枝江知县。修百里洲堤，除转饷杂派。雍正三年，迁贵州黔西知州，父忧归。服阕，署威宁府。未几，威宁改州，补大定知府。乌蒙土司叛，东川、镇雄附之，德荣赴威宁防守。城陴颓圮，仓猝聚米桶，实土石，比次甃筑，墉堞屹然。贼焚牛卫镇，去城三十里，德荣日夜备战，贼不敢逼。总兵哈元生援至，贼败走。寻以母忧去官。服阕，授江西广饶九南道。九江、大孤两关锢弊尽革之。

乾隆元年，经略张广泗疏荐，擢贵州按察使。时群苗交煽，军事方殷，古州姑卢朱洪文诸叛案，德荣治鞫，详慎重轻，咸称其情，众心始安。及苗疆渐定，驻师与屯将吏多以刻急见能。二年，贵阳大火，德荣谒经略曰："天意如此，当竭诚修省，苗亦人类，曷可尽杀？"广泗感动，戒将吏如德荣言。

四年，署布政使，疏言："黔地山多水足，可以疏土成田。小民难于工本，不能变瘠为腴。山荒尤多，流民思垦，辄见挠阻。桑条肥沃，亦不知蚕缫之法。自非牧民者经营而劝率之，利不可得而兴也。今就邻省雇募种棉、织布、饲蚕、纺绩之人，择地试种，设局教习，转相仿效，可以有成。应责各道因地制宜，随时设教。一年必有规模，三年渐期成效。"诏允行。乃给工本，筑坝堰，引山泉，治水田，导以蓄泄之法。官署自育蚕，于省城大兴寺缫丝织作，使民知其利。六年，疏陈课民树杉，得六万株。七年，贵筑、贵阳、开州、威宁、余庆、施秉诸州、县报垦田至三万六千亩。开野蚕山场百余所，比户机杼相闻。德荣据以入告，数被温旨嘉奖。又大修城郭、坛庙、学舍。广置栖流所，收行旅之病者。益囚粮。冬寒，恤老疾茕孤之无衣者。亲课诸生，勖以为己之学。设义学二十四于苗疆，风气丕变。十一年，迁安徽布政使，赈凤、颍水灾，流移获安。十二年，卒于官。

德荣在贵州兴蚕桑，为百世之利。时遵义知府陈玉壂，山东历城人，到郡见多槲树，土人取为薪炭。玉壂曰："此青莱树也，吾得以富吾民矣。"乃购历城山蚕种，兼以蚕师来，试育五年，而蚕大熟，获茧八百万，自是遵绸之名大著。正安州吏目徐阶平，亦自浙江购茧种，仿玉壂行之正安，亦大食其利。遵义郑珍著樗茧谱，以传玉壂遗法。

3. 谢济世

卷二百九十三　列传八十

谢济世，字石霖，广西全州人。康熙四十七年，举乡试第一。五十一年，成进士，改庶吉士，授检讨。雍正四年，考选浙江道御史。未浃旬，疏劾河南巡抚田文镜营私负国，贪虐不法，列举十罪。上方倚文镜，意不怿，命还济世奏，济世坚持不可。上谕曰："文镜秉公持正，实心治事，为督抚中所罕见者，贪赃坏法，朕保其必无，而济世于督抚中独劾文镜，朕不知其何心？朕训诫科道至再至三，诚以科道无私，方能弹劾人之有私者。若自恃为言官，听人指使，颠倒是非，扰乱国政，为国法所不容。朕岂不知诛戮谏官史书所戒？然诛戮谏官之过小，酿成人心世道之害大。礼义不愆，何恤于人言，朕岂恤此区区小节哉？"夺济世官，下大学士、九卿、科道会鞫，济世辨甚力。刑部尚书励杜讷问："指使何人？"对曰："孔、孟。"问："何故？"曰："读孔、孟书，当忠谏。见奸弗击，非忠也！”谳上，以济世所言风闻无据，显系听人指使，要结朋党，拟斩。

文镜劾属吏黄振国、邵言纶、汪诚等，李绂讼言其枉，并谓河南诸吏张球最劣，文镜纵弗纠。入对，具为上言之。上先入文镜言，不直绂，而济世罪状文镜又及枉振国、言纶、诚庇球诸事。上召大学士、九卿、科道等入见，举前事，谓：“济世言与绂奏一一吻合，今诘济世劾文镜诸事，济世皆茫无凭据，俯首无词，是其受人指使，情弊显见。”命夺济世官，往阿尔泰军前效力赎罪。济世至军，大将军平郡王福彭颇敬礼之，济世讲学著书不稍辍。七年，振武将军顺承郡王锡保以济世撰古本大学注毁谤程、朱，疏劾，请治罪。上摘“见贤而不能举”两节注，有“拒谏饰非，拂人之性”语，责济世怨望谤讪，下九卿、翰詹、科道议罪。有陆生楠者，自举人选授江南吴县知县，引见，上有所诘问，不能对，改授工部主事。复引见，上见其傲慢，以其广西人，疑与济世为党，命夺官发军前，令与济世同效力。生楠撰通鉴论十七篇，锡保以为非议时政，别疏论劾。上并下九卿、翰詹、科道议罪，寻议济世诋讪怨望，怙恶不悛，生楠愤懑猖狂，悖逆恣肆，皆于军前正法。上密谕锡保诛生楠，缚济世使视，生楠既就刑，宣旨释之。

济世在戍九年，高宗即位，诏开言路，为建勋将军钦拜草奏，请责成科道严不言之罚，恕妄言之罪，上嘉纳焉。旋召济世还京师，复补江南道御史。济世以所撰大学注、中庸疏进上，略言：“大学注中，九卿、科道所议讽刺三语，臣已改删，惟分章释义，遵古本不遵程、朱，习举业者有成规，讲道学者无厉禁。千虑一得，乞舍其瑕而取其瑜。”得旨严饬，还其书。乾隆二年，济世疏曰：“臣今所言者有二：一曰去邪勿疑，一曰出令勿贰。有罪而复用，如程元章、哈元生者，舆论犹有恕词；至于隆升，国人皆曰不可，犹未罢斥。不惟不罢斥隆升而已，如王士俊以加赋为垦荒，肆毒中州，又请为田文镜立贤良祠。皇上既深恶之，乃调回而仍用，逮勘而复赦，乃者清问及之，议者谓将用为藩臬。藩臬总一省刑名钱谷，岂辜恩负罪之督抚所能胜任乎？易言涣汗，礼称纶綍，信而已矣。今则元年谕旨，二年即废格或改易矣；特谕停止在任守制，近日督抚又渐次请行。天下之大，何患无才？记曰‘金革无辟’，又曰‘君子不夺人之亲’，安用此食禄忘亲者为哉？特谕监生准入场不准考职。昨世宗升祔恩诏，监生仍准考职。考职者入仕之门，既准捐监，又准考职，复开捐例之张本也。即止给虚衔，不准实授，而后命前命相违，亦不宜如此。臣闻不退不远，大学所讥，世间君子少、小人多，已败露者不行放流，未败露者益无忌惮。若发号施令，小人得以摇夺，君子无所适从，国事未有不隳者也。”

三年，疏言：“母蒋年七十一，行动艰难，耳目昏愦。臣欲归养，则贫不能供甘旨；欲迎养，则老不能任舟车；欲归省，则往返动经半年。在家不过数月，乍逢又别，既别难逢，慈母之涕泪转添，游子之方寸终乱。臣才不称道府，例又从无自请迁转。乞敕部以州县降授湖南、广东，量予近地，臣得母子聚首，无任哀恳。”上特授济世湖南粮储道。

八年，济世闻衡阳知县李澎征赋纵丁役索浮费，易服伪为乡民纳赋者以往，察得实，善化知县樊德贻与同弊，济世详劾。巡抚许容庇德贻等，以济世荡检逾闲列状入告。上命解任，交总督孙嘉淦会鞫，济世捕衡阳丁役下长沙知府张琳，谳得征收浮费有据。容令岳常澧道仓德代济世，布政使张璨附容指，贻书仓德，令更易长沙府详牒。仓德初官给事中，尝劾济世奏事失仪，至是不直璨所为，发其书上嘉淦及漕运总督顾琮，嘉淦庇容，寝其事。谕仓德委曲善处，琮咨都察院奏闻。御史胡定纠容挟私诬劾，采湖南民谣，斥容与璨等朋谋倾济世。上命侍郎阿里衮如湖南会嘉淦按治，而仓德以嘉淦寝其事，复揭都察院奏闻。上责嘉淦草率扶同，召还京师，解容、璨任，夺琳、德贻、澎官。阿里衮寻奏济世被诬劾，请复官，容、璨及按察使王玠皆坐夺官，上命并罢嘉淦，而奖仓德及定，调济世驿盐道。

蒋溥代为巡抚，嗛济世密进所著书，斥为离经畔道，上曰："朕不以语言文字罪人。"置不问。未几，复言其老病，乃命休致。归家居十二年，卒，年六十有八。

康熙五十二年（1713年）癸巳科

第一甲

1. 任兰枝

卷二百九十 列传七十七

任兰枝，字香谷，江苏溧阳人。康熙五十二年一甲二名进士，授编修。雍正元年，命直南书房。累迁内阁学士。五年，与安南定界，偕左副都御史杭奕禄赍诏宣谕，语详杭奕禄传。使还，迁兵部侍郎。命如江西按南昌总兵陈玉章侵饷。调吏部。高宗即位，命充世宗实录总裁。擢礼部尚书，历户、兵、工部，复调礼部。十年，以老致仕。十一年，卒。

2. 魏廷珍

卷二百九十 列传七十七

魏廷珍，字君璧，直隶景州人。李光地督学，招入幕阅卷，旋以举人荐直内廷，与王兰生、梅瑴成校乐律渊源。五十二年，成一甲三名进士，授编修。五十四年，迁侍讲，直南书房。五十六年，转侍读。五十九年，转擢詹事，复迁内阁学士。六十一年，命领两淮盐政。

雍正元年，授偏沅巡抚。世宗谕曰："尔清正和平，但不肯任劳怨。今为巡抚，宜刚果严厉，不宜因循退缩。"二年，以辰溪诸生黄先文故杀人，谳斗杀拟绞，遇赦请免；会同民谭子寿等因奸毙三命，拟斩候，皆失出；又以拨绿旗兵饷未具题：部议降调。上谕："廷珍学问操守胜人，乃料理刑名钱谷，非过则不及。"召回京，授盛京工部侍郎。三年，授安徽巡抚，又以按治泾县吏王时瑞等假印征赋，宽徇，为部驳，上戒其毋姑息。廷珍疏言："清厘钱粮，官吏侵蚀，往往匿民欠中，不易清察。请视民欠多少，多限一年，少限半年，分别详察。官吏侵蚀，循例责偿，如实欠在民，督征催解，州县有逋赋，继任受代，许以时察报。"诏如所请行。嗣以清察限促，敕部更定。广东总督孔毓珣入对，言道经宿州灵壁，积潦妨稼，上责廷珍怠玩，令出俸疏浚。廷珍乞内补，上不许。八年，调湖北。九年，召回京，授礼部尚书。十年，授漕运总督，署两江总督。十二年，授兵部尚书。十三年，仍调礼部。

高宗即位，命以尚书衔守护泰陵。乾隆三年，授左都御史。四年，迁工部尚书。五年，以老病乞休。上以："廷珍在世宗朝服官中外，不克举其职，屡奉申诫，今以老病乞休，似此因循懈怠、持禄保身之习，断不可长。"

命夺官。时方苦旱，太常寺卿陶正靖谢上入对，上问："今苦旱，用人行政或有阙失，宜直言。"正靖因奏："廷珍负清望，无大过。近日放还，天语峻厉，非所以优老臣。"上霁颜听之。后数日，上以语礼部尚书任兰枝，兰枝言正靖其门生也。上知兰枝与廷珍为同年进士，因不怿，谕："朝臣师友门生援引标榜，其端不可开。"命兰枝书上谕戒正靖，兰枝书上谕，言："上问正靖，知为兰枝门生。"上诘兰枝，兰枝对"年老耳聋，一时误听。"上愈怒，责兰枝诈伪，对称"老"，以旧臣自居，下吏议，兰枝、正靖皆夺官。上命留兰枝，正靖降调。

十三年，上东巡，过景州，廷珍迎谒，命还原衔，赐以诗，有句曰："皇祖栽培士，于今剩几人？"并书"林泉耆硕"榜赉之。十六年，又赐诗，予其子锡麟荫生。二十一年，复东巡，廷珍迎谒，年已将九十，又赐诗，予锡麟员外郎衔。寻卒，赐祭葬，谥文简。

第二甲

1. 蒋洞

卷二百七十六　列传六十三

洞，字恺思。进士，历工部郎中，出为云南提学道。西陲用兵，命从军，授甘肃凉庄道。西徼多卜藏、玛嘉诸部与谢勒苏、额勒布两部逃人倚石门寺为巢，往来劫掠。洞料简精锐，会凉州镇官兵，分五路进剿，转战棋子山，歼贼之半。时罗卜藏丹津进逼西宁，复檄兵捍御，罗卜藏丹津遁走。大将军年羹尧上其功，迁山西按察使，进布政使。上嘉洞实心供职，免其父追偿。雍正十年，加侍郎衔，往肃州经理军营屯田。在事二年，辟镇番柳林湖田十三万亩，得粮三万石。筑河堤，扩二大渠，分浚支渠，并建仓储粮，公私饶裕。副都御史二格协理军需，劾洞侵帑误公，逮治论死，下狱追赃。总督查郎阿等交章雪其诬，洞已病卒。

2. 李元直

卷三百六　列传九十三

高密李元直为御史在其前，以刚直著。慎修与齐名，为"山东二李"。京师称元直"戆李"，慎修"短李"。

元直，字象山。康熙五十二年进士，改庶吉士，散馆授编修。雍正七年，考选四川道监察御史，八阅月，章数十上。尝历诋用事诸大臣，谓："朝廷都俞多，吁咈少，有尧、舜，无皋、夔。"上不怿，召所论列诸大臣大学士朱轼、张廷玉辈并及元直，诘之曰："有是君必有是臣。果如汝所言无皋、夔，朕又安得为尧、舜乎？"元直抗论不挠，上谓诸大臣曰："彼言虽野，心乃无他。"次日，复召入，奖其敢言。会广东贡荔枝至，以数枚赐之。未几，命巡视台湾，疏请增养廉、绝馈遗，并条上番民利病数十事。台湾居海外，巡视御史至，每自视如客，事一听于道府。元直悉反所为，时下所属问民疾苦。欲有所施措，督抚劾其侵官，遂镌级去。家居二十余年，卒。世宗尝曰："元直可保其不爱钱，但虑任事过急。"又尝谕诸大臣曰："甚矣才之难得！元直岂非真任事人？乃刚气逼人太甚。"元直晚年言及知遇，辄泣下。初在翰林，与孙嘉淦、谢济世、陈法交，以古义相勖，时称四君子。及嘉淦总督湖广，治济世狱，徇巡抚许容意，为时论所不直，元直遂与疏焉。

3. 陈学海

卷二百九十三　列传八十

陈学海，字志澄，江西永丰人。康熙五十二年进士，改庶吉士。与济世友，授山东恩县知县，行取刑部主事，迁员外郎。文镜劾振国等，上遣侍郎海寿、史贻直往按，请以学海从，得文镜欺罔状，将以实入告，继乃反之，学海争不得。使还，擢御史，尝以语济世，济世用是劾文镜。既谴，学海不自安，次年，以病告。都察院劾伪病，并及与济世交关状，夺官，命与济世同效力军前。雍正七年，召还，授检讨。十一年，卒。

4. 徐士林

卷三百八　列传九十五

徐士林，字式儒，山东文登人。父农也，士林幼闻邻塾读书声，慕之，跪母前曰："愿送儿入塾。"乃奋志励学。康熙五十二年，成进士，授内阁中书。再迁礼部员外郎。雍正五年，授江南安庆知府。十年，擢江苏按察使。坐在安庆失察私铸，左迁福建汀漳道。漳州俗好斗，杀人，捕之，辄聚众据山拒。或请用兵，士林不可。命壮丁分扼要隘，三日，度其食且尽，遣人深入，好语曰："垂手出山者免！"如其言，果逐队出。伏其仇于旁，仇举为首者，擒以徇，众惊散。自此捕杀人者，无敢据山拒。

乾隆元年，迁河南布政使。以父病乞归侍，旋居父丧。命署江苏布政使，士林以母病、父未葬，辞。四年，命以布政使护江苏巡抚，复奏母病笃不能行。是年夏，诣京师，高宗召对，问："道所经山东、直隶，麦收若何？"曰："旱且萎。"问："得雨如何？"曰："虽雨无益。"问："何以用人？"曰："工献纳者，虽敏非才；昧是非者，虽廉实蠹。"上深然之。真除江苏布政使。五年，湖广遣山东流民还里，道经江南，恃其众扰民。士林疏言："真确灾民，或有田可耕，或无田而佃，素皆力穑。时值春融，自当资送复业。至若游惰无业，漂泊日久，彼固非能耕之人，亦不尽被灾之民，应请停资送。或谓无籍穷民，恐流而为匪，终年搜查递送不得休。臣未闻不为匪于本籍，独为匪于邻封者；亦未闻真为匪者递回本籍，即能务本力田而不复潜至邻封者也。安分则抚之，犯法则惩之，在地方官处置得宜而已。"上是其言，下九卿议行。

秋，授江苏巡抚。湖北巡抚崔纪以湖广食淮盐，自雍正元年定值，递年加增，为民累，疏请核减，命士林会盐政准泰核议。士林奏："盐为民食所资，贵固累民，贱亦累商。今确核成本，每引贱价以五两三钱余为率，贵价以五两七钱余为率。商人计子母，若令按本出售，恐商力日绌，转运不前，民亦所未便。请每引酌给余息二三钱。"疏下户部议，成本如所定，至余息已在成本内，无庸酌给。士林奏："商人牟利，运盐不时至，市值即因之而长。盐政三保原议每引贱至六两三钱余，贵至六两五钱余，是实有余息。今臣所议已将余息减除，仅加息二三钱。计售于民，每斤增不过以毫计，利已至薄。祇以商本饶裕，常年通算，积少成多。今不给余息，商情必生退阻。倘汉口运盐不继，恐淮商困而楚民亦病也。"上特从之。是岁徐、海水灾，士林疏请治赈。六年春，复疏请酌借贫民谷麦。沛县灾最重，请发藩库余平银籴米续赈。别疏言："江苏社谷积贮无多，去年秋成，惟徐、海被灾，余俱丰稔。臣饬诸州县劝捐十余万石，仍戒勿强派，勿限数，勿差役滋扰。"上深嘉之。寻以病请告，温旨慰留，遣医诊视。又疏言："淮北被水，二麦无收，急宜抚恤。臣不敢泥成例，已先饬发库帑赈济，俟察实成灾分数具题。”上谕曰：”如此料理，甚副朕视民如伤之念。”

及秋，病益甚，疏请乞假，且言：“母年八十三，未能迎养，睽违两载，寝食靡宁。”上允之。行至淮安，卒。遗疏入，上谕曰：”士林忠孝性成，以母老远离，不受妻孥之养，鞠躬尽瘁，遂致沉疴。及得假后，力疾旋里，以图侍母。临终无一语及私，劝朕以忧盛危明之心为长治久安之计。此等良臣，方资倚任。乃今溘逝，朕实切切含悲不能自已者也！”命祀京师贤良祠，赐祭葬。遗疏言：“故父之淮，母鞠氏，孝养祖父母，侍病二十余年，历久不懈。恳赐表扬。”命予旌如例。

士林善治狱。为巡抚，守令来谒，辄具狱命拟判，每诫之曰：“深文伤和，姑息养奸。夫律例犹本草，其情事万端，如病者之经络虚实，不善用药者杀人，不善用律者亦如之。”凡谳定必先摘大略牌示，始发缮文册，吏不得因缘为奸。日治官文书，至夜坐白木榻，一灯荧然，手批目览，虽除夕、元辰弗辍。爱民忧国，惟日不足。江南民尤德之。九年，请祀苏州名宦祠。鄞县邵基、临汾王师与士林先后抚江苏，有清名。

第三甲

1. 孙嘉淦

卷三百三　列传九十

孙嘉淦，字锡公，山西兴县人。嘉淦故家贫，耕且读。康熙五十二年，成进士，改庶吉士，授检讨。世宗初即位，命诸臣皆得上封事。嘉淦上疏陈三事：请亲骨肉，停捐纳，罢西兵。上召诸大臣示之，且曰：“翰林院乃容此狂生耶？”大学士朱轼侍，徐对曰：“嘉淦诚狂，然臣服其胆。”上良久笑曰：“朕亦且服其胆。”擢国子监司业。雍正四年，迁祭酒，命在南书房行走。六年正月，署顺天府府尹。丁父忧，服未阕，召还京，仍授府尹。进工部侍郎，仍兼府尹、祭酒。十年，调刑部侍郎，寻兼署吏部侍郎。

嘉淦为祭酒，荐其弟扬淦为国子监丞。教习宋镐、方从仁等期满引见，嘉淦言镐等皆可用；上诘之，又言从仁实不堪用。上乃大怒，斥嘉淦反复欺罔，夺职，交刑部治罪，当挟诈欺公律拟斩。上语诸大臣曰：“孙嘉淦太戆，然不爱钱。”命免罪，在户部银库效力行走。嘉淦出狱，径诣库。果亲王允礼时领户部，疑嘉淦故大臣，被黜，不屑会计事；又闻蜚语谓嘉淦沽名，收银皆不足。乃莅视，嘉淦方持衡称量，与吏卒杂坐均劳苦。询所收银，则别置一所，覆之，无丝毫赢绌。事上闻，上愈重嘉淦。十二年，命署河东盐政。

十三年八月，高宗即位，召嘉淦来京，以侍郎候补。九月，授吏部侍郎。十一月，迁都察院左都御史，仍兼吏部。嘉淦以上初政，春秋方盛，上疏言：“臣本至愚，荷蒙皇上圣恩，畀以风纪重任。日夜悚惶，思竭一得之虑；而每月以来，捧读圣训，剀切周详，仁政固已举行，臣愚更无可言。所欲言者，皇上之心而已。皇上之心，仁孝诚敬，明恕精一，岂复尚有可议？而臣犹欲有言者，正于心无不纯、政无不善之中，窃鳃鳃私忧过计而欲预防之也。治乱之循环，如阴阳之运行。阴极盛而阳生，阳极盛而阴姤。事当极盛之地，必有阴伏之机。其机藏于至微，人不能觉；及其既著，积重而不可返。此其间有三习焉，不可不慎戒也。主德清则臣心服而颂，仁政行则民身受而感，出一言而盈廷称圣，发一令而四海讴歌，在臣民本非献谀，然而人主之耳则熟于此矣。耳与誉化，非誉则逆，始而匡拂者拒，继而木讷者厌，久而颂扬之不工者亦绌矣。是谓耳习于所闻，则喜谀而恶直。上愈智则下愈愚，上愈能则下愈畏，趋跄谄胁，顾盼而皆然，免冠叩首，应声而即是。此在臣工以为尽礼，然而人主之目则熟于此矣。目与媚化，非媚则触，故始而倨野者斥，继而严惮者疏，久而便辟之不巧者亦忤矣。是谓目习于所见，则喜柔而恶刚。敬求天下之事，见之多而以为无足奇也，则高己而卑人；慎辨天下之务，阅之久而以为无难也，则雄才而易事；质之人而不闻其所短，返之己而不见其所失。于是乎意之所欲，信以为不逾，令之所发，概期于必行矣。是谓心习于所是，则喜从而恶违。三习既成，乃生一弊。何谓一弊？喜小人而厌君子是也。今夫进君子而退小人，岂独三代以上知之哉？虽叔季之君，孰不思用君子？且自智之君，各贤其臣，孰不以为吾所用者必君子而决非小人？乃卒之小人进而君子退者，无他，用才而不用德故也。德者君子之所独，才则君子小人共之，而且小人胜焉。语言奏对，君子讷而小人佞谀，则与耳习投矣。奔走周旋，君子拙而小人便辟，则与目习投矣。即课事考劳，君子孤行其意而耻于言功，小人巧于迎合而工于显勤，则与心习又投矣。小人挟其所长以善投，人主溺于所习而不觉，审听之而其言入耳，谛观之而其颜悦目，历试之而其才称乎心也，于是乎小人不约而自合，君子不逐而自离。夫至于小人合而君子离，其患可胜言哉？而揆厥所由，皆三习为之蔽焉。治乱之机，千古一辙，可考而知也。我皇上圣明临御，如日中天，岂惟并无此弊，抑且并无此习。然臣正及其未习也而言之，设其习既成，则或有知之而不敢言，抑或言之而不见听者矣。今欲预除三习，永杜一弊，不在乎外，惟在乎心，故臣愿言皇上之心也。语曰：'人非圣人，孰能无过？'此浅言也。夫圣人岂无过哉？惟圣人而后能知过，惟圣人而后能改过。孔子谓五十学易，可无大过。文王视民如伤，望道如未之见。是故贤人之过，贤人知之，庸人不知也。圣人之过，圣人知之，贤人不知也。欲望人绳愆纠谬而及于其所不知，难已。故望皇上圣心自懔之也。反之己真知其不足，验之世实见其未能，故常欿然不敢自是。此不敢自是之意，流贯于用人行政之间，夫而后知谏争切磋，爱我良深，而谀悦为容者，愚己而陷之阱也；夫而后知严惮匡拂，益我良多，而顺从不违者，推己而坠之渊也。耳目之习除，取舍之极定，夫而后众正盈朝，太平可睹矣。不然，自是之根不拔，则虽敛心为慎，慎之久而觉其无过，则谓可以少宽；厉志为勤，勤之久而觉其有功，则谓可以少慰。此念一转，初亦似于天下无害，而不知嗜欲燕安功利之说，渐入耳而不烦，而便辟善柔便佞者，亦熟视而不见其可憎。久而习焉，或不自知而为其所中，则黑白可以转色，而东西可以易位。所谓机伏于至微而势成于不可返者，此之谓也。大学言'见贤而不能举，见不贤而不能退'，至于好恶拂人之性；而推所由失，皆因于骄泰，骄泰即自是之谓也。由此观之，治乱之机，转于君子小人之进退；进退之机，握于人主之一心；能知非则心不期敬而自敬，不见过则心不期肆而自肆。敬者君子之招而治之本也，肆者小人之媒而乱之阶也。然则沿流溯源，约言蔽义，惟望我皇上时时事事常守此不敢自是之心，而天德王道举不外乎此矣。"疏上，上嘉纳，宣示。迁刑部尚书，总理国子监事。河南郑州有疑狱，命使者往勘，仍不得实。上命嘉淦往讯，得其冤状十余人尽脱之。乾隆三年四月，迁吏部尚书，仍兼管刑部事。九月，直隶总督李卫劾总河朱藻贪劣误工，命偕尚书讷亲往鞫，得实，论如律。

十月，授直隶总督。时畿辅酒禁甚严，罹法者众。嘉淦疏言："前督李卫任内，一年中获私酿三百六十四案，犯者千四百余名。臣抵任一月，获私酿七十八案，犯者三百五十余名。此特申报者耳，府、厅、州、县自结之案，尚复不知凡几。吏役兵丁已获而贿纵者，更不知凡几。此特犯者之正身耳，其乡保邻甲、沿途店肆、负贩之属牵连受累者，又复不知凡几。一省如是，他省可知。皇上好生恤刑，命盗案自罹重辟，尚再三酌议，求一线可原之路。今以日用饮食之故，官吏兵役以私酿为利薮，百姓弱者失业，强者犯令，盐枭未靖，酒枭复起，天下骚然，殊非政体。臣前言酒禁宜于歉岁，不宜于丰年，犹属书生谬论。躬莅其事，乃知夺民之资财而狼藉之，毁民之肌肤而敲扑之，取民之生计而禁锢之。饥馑之余，民无固志，失业既重，何事不为？歉岁之不可禁，乃更甚于丰穰。周礼荒政，舍禁去讥，有由然也。且也酒禁之行，无论适以扰民，而实终不能禁。借令禁之不扰，且能永禁，而于贫民生计，米谷盖藏，不惟无益，抑且有损。夫作酒以糜谷，此为黄酒言也，其曲必用小麦，其米则需糯粳，皆五谷之最精。若烧酒则用高梁，佐以豆皮、黍壳、谷糠，曲以大麦为之，本非朝夕所食，而豆皮、黍壳、谷糠之属，原属弃物，杂而成酒，可以得价，其糟可饲六畜。化无用为有用，非作无益害有益也。今欲禁烧酒而并禁黄酒，则无以供祭祀、宾客、养老之用。若不禁黄酒止禁烧酒，省大麦、高梁之粗且贱者，而倍费小麦、糯粳之精且贵者，臣所谓无益于盖藏也。百工所为，皆需易之以粟，太贵则病末，太贱则伤农，得其中而后农末俱利。故农有歉荒，亦有熟荒，十年以内，歉岁三而丰岁七，则粟宜有所泄，非但积之不用而已。今北地不种高梁，则无以为薪、席、屋墙之用，种之而用其秸秆，则其颗粒宜有所售。烧锅既禁，富民不买高梁，贫民获高梁，虽贱价而不售。高梁不售，而酒又为必需之物，则必卖米谷以买黄酒。向者一岁之内，八口之家，卖高梁之价，可得七八两，今止二三两矣；而买黄酒之价，则需费七八两。所入少而所出多，又加以秕糠等物堆积而不能易钱，自然之利皆失。日用所需，惟粜米麦。粜而售，则家无盖藏；粜而不售，则百用皆绌。臣所谓有损于生计者此也。小民趋利，如水就下。利所不在，虽赏不为。利之所在，虽禁弥甚。烧锅禁则酒必少，酒少则价必贵，价贵而私烧之利什倍于昔。什倍之利所在，民必性命争焉。孟子曰‘君子不以所养人者害人’，本为民生计，而滋扰乃至此，则立法不可不慎也。”疏上，诏弛禁。

民王宰谋得诸生马承宗产，贿太监刘金玉等投献贝勒允佑门下，嘉淦疏请交刑部具谳，上嘉其能执法。民焦韬被诬坐邪教，株连者数百人，嘉淦白其枉。民纪怀让食料豆汁染衣，会村有贼杀人，侦者以为血，诬服。决有日，正定知府陈浩廉得冤状，嘉淦亲鞫，雪怀让。

寻命兼管直隶河工，嘉淦议治永定河。初至官，即请于金门闸上下多建草坝，使河流渐复故道。四年正月，复疏请于金门闸下增设草坝一，引永定河归故道，自中亭、玉带达天津归海。得旨，偕总河顾琮悉心经理。嘉淦复疏言：“天津南北运河与淀河会于西沽以入于海河。南运河水浊，久必淤垫，况通省之水皆汇于此，秋潦时至，宣泄不及。大学士鄂尔泰曾奏准丁静海独流疏引河，实下游治水之关键。但开河易，达海难，设中途梗阻，必更漫溢为患。且海口开深，又恐潮水倒灌。臣等现勘通省水道，凡众河交会及入淀、入海之路，有急宜修浚者，即于今夏兴修。”报闻。五月，晋太子少保。

五年九月，疏言：“直隶经流之大者，永定、子牙、南运、北运四河，与东西两淀。治永定河，拟于叶淀之东疏引河，由西沽北入海；治子牙河，拟浚新河，引上游诸水入淀，开旧河东堤，使渐由西沽南入海；治北运河，两岸去沙裁直，浚减河，培堤岸；治南运河，两岸筑遥堤，浚河使行正溜，安陵镇建闸，浚减河三十余里，入老河口达于海；治西淀，拟开白沟河故道以入中亭，九桥南别疏一河，并浚青门河别派分流，下游已畅达，复将金门闸西引河改由东道，于苑家口叠道建木桥五，使沥水通行；治东淀，拟浚上游三岔河令宽深，杨家河、下家河洼诸处疏引河，并行而东会于西沽，庶使四河顺轨，两淀畅泄。”又引永定河改归故道，各工俱全，上嘉之。时江南总督高斌入都，上命会同嘉淦议河务，十月，合疏言：“永定河当于固安南、霸州北顺流东下，接东淀达西沽入海，则上游涨水自消。霸州北当筑堤护城，保定县西新庄至城东路疃村堤根逼溜，应加宽厚，其路疃村东至艾头村接营田围埝约五十余里，拟筑月堤作重障。”嘉淦方锐意引永定河归故道，河溢，傍河诸州县被水。六年正月，谕曰：“朕闻永定河经理未善，固安、良乡、涿州、雄县、霸州诸州县田亩往往被淹，孙嘉淦不能辞其责也。”于是命大学士鄂尔泰莅勘，请暂塞金门闸上游放水口，嘉淦奏：“旋开旋筑，实与放水本意相左，将来泥沙壅入玉带，恐为患更大。”谕曰：“此奏固是，然鄂尔泰慎重，欲筹万全，卿不必固执己见。卿此事自任甚力，而料理未善，朕不能为卿讳。然朕终以卿为是者，不似顾琮为游移巧诈之计耳。”其后上巡天津，阅中亭河工，赋诗纪事，犹病嘉淦之失计也。

是年八月，调湖广总督。七年五月，疏言：“内地武弁不得干预民事。苗疆独不然，文员不敢轻入峒寨，但令差役催科，持票滋扰而已。争讼劫杀之案，皆委之于武弁，威权所及，摊派随之。于是因公科敛，文武各行其令；因事需索，兵役竞逞其能；甚至没其家资，辱及妇女。苗民不胜其忿，与之并命，而嫌衅遂成。为大吏者，或剿或抚，意见各殊。行文查勘，动经数月。苗得闻风豫备，四处句连，饮血酒，传木刻，乱起甚易，戡定实难。幸就削平，而后之人仍蹈前辙，搜捕株连，滋扰益甚。苗、瑶无所告诉，乘隙复动，惟力是视。历来治苗之官，既无爱养之道，又乏约束之方。无事恣其侵渔，有事止于剿杀。剿杀之后，仍事侵渔。侵渔既久，势必又至剿杀。长此循环，伊于胡底。语曰：‘善为政者，因其势而利导之。’苗人散居，各有头人。凡作奸窝匪之处，兵役侦之而不得者，头人能知之；斗争劫杀之事，官法绳之而不解者，头人能调之。故治苗在治头人，令各寨用头人为寨长。一峒之中，取头人所信服者为峒长，使各约束寨长而听于县令。众苗有事，寨长处之不能，以告峒长；又不能，以告县令。如是，则于苗疆有提纲挈领之方，于有司自收令行禁止之效。且峒长数见牧令，有争讼可告官区处，而无仇杀之举。牧令数见峒长，有条教可面饬遵行，而无吏役荧蔽之患。扰累既杜，则心志易孚。所谓立法简易，因其俗而利导者也。”

八年正月，命署福建巡抚，未赴，湖南粮道谢济世劾善化知县樊德贻、衡阳知县李澎浮收漕米，巡抚许容庇德贻等，疏劾济世，下嘉淦察谳。长沙知府张琳按衡阳丁役，得浮收状，申署粮道仓德，布政使张璨致书仓德，请易府牒。仓德持不可，以其实揭报嘉淦及漕运总督顾琮。嘉淦欲寝其事，而顾琮以上闻。御史胡定复论劾仓德，又揭都察院，上遣侍郎阿里衮往按，直济世。上责嘉淦徇庇，夺官，责修顺义城工。

九年，授宗人府府丞。十年，迁左副都御史。十二年，以老乞休，许之。十四年，召来京，直上书房。十五年正月，授兵部侍郎。八月，擢工部尚书，署翰林院掌院学士。十七年，进吏部尚书、协办大学士。十八年十二月，卒，年七十有一，谥文定。

嘉淦居官为八约，曰：“事君笃而不显，与人共而不骄，势避其所争，功藏于无名，事止于能去，言删其无用，以守独避人，以清费廉取。”用以自戒。既以直谏有声，乾隆初，疏匡主德，尤为时所慕。四年，京师市井传嘉淦疏稿论劾大学士鄂尔泰、张廷玉等，高宗谕步军统领、巡城御史严禁。十六年，或又传嘉淦疏稿斥言上失德有五不可解、十大过，云贵总督硕色以闻。命求所从来，遣使者督谳。转相连染，历六省，更三岁，乃坐江西卫千总卢鲁生伪为，罪至死。高宗知无与嘉淦事，眷不替，嘉淦益自抑。尝著书述春秋义，自以为不足，毁之。

子孝愉，以荫生授刑部主事，官至直隶按察使。

2. 何人龙

卷四百九十七　列传二百八十四

何复汉，江西广昌人。十五而丧父，哭泪皆血。长事母孝，母疾作，尝粪苦甘以测病深浅，不解带者数月。母殁，寝苫三月，泪渍苫左右尽血痕。葬，乃庐墓侧，日夜悲号，丧终犹庐居。耿精忠兵至，复汉守墓不去，亲知毁其庐，乃哭而行。著古今粹言示子孙。子人龙，康熙五十二年进士，入翰林。

3. 陈法

卷三百六　列传九十三

法，字定斋，贵州安平人。康熙五十二年进士，自检讨官至直隶大名道。讲学宗朱子，著明辨录，辨陆、王之失。莅政以教养为先，手治文告，辞意恳挚。既久，人犹诵之。

4. 甘汝来

卷三百四　列传九十一

甘汝来，字耕道，江西奉新人。康熙五十二年进士，以教习授知县，补直隶涞水知县。涞水旗丁与民杂居，汝来至，请罢杂派，以火耗补之。禁庄田无故增租易佃。旗丁例不得行笞，汝来请以柳梃约束。三等侍卫毕里克调鹰至涞水，居民家，仆捶民几毙，诉于汝来。毕里克率其仆哄于县庭，汝来逮毕里克，械其仆于狱。事闻，下刑部议，夺汝来职，毕里克罚俸，圣祖命夺毕里克职，汝来无罪。汝来自是负循吏名。移知新安县，凿白杨淀堤，溉田数千顷。又移知雄县，惩奸吏，复请罢杂派。雍正初，授吏部主事，擢广西太平府知府，三迁至广西巡抚。五年，迁都察院左副都御史。

汝来为按察使时，李绂为巡抚，奉议州土司罗文刚纠众阻塘汛，吏请兵捕治，绂与汝来持不许。事闻，世宗命绂、汝来如广西捕文刚。广西巡抚韩良辅如云南，与总督鄂尔泰计事，上令汝来署巡抚。泗城府土司岑映宸所部民相仇，汝来与鄂尔泰、良辅、绂设谋縶映宸，隶其土流官。汝来请于镇安土府置学官，上以非苗疆急务，责其沽名。又以汝来谢恩疏言曲赐宽容，上诘之曰："人君持国法，当行直道，曲则不直，汝来语何意？"召还京。六年，良辅获文刚，汝来坐疏纵夺职，在咸安宫官学行走。山东巡抚费金吾议浚济宁、嘉祥、沛县等处水道，命汝来效力。九年，起直隶霸昌道。丁母忧，令在任守制。

再迁礼部侍郎。高宗即位，议行三年丧，谘于诸大臣，汝来曰："三年之丧，无贵贱，一也。皇上法尧、舜之道，宜行周、孔之礼，立万年彝伦之极。"或言二十七月中朝祭大典若有所妨，汝来曰："墨缞视事，越绋以祭，礼固言之，夫何疑？"乃考载籍，上仪制，援古证今，具有条理。

迁兵部尚书，疏言："广东海滨微露滩形，民间谓之'水坦'。渐生青草，谓之'草坦'。徐成耕壤，谓之

'沙坦'。坦初见，沿海民报围筑者，当先令立标定四至，毋于围筑后争控。民有田十顷以上，毋许围筑，以杜豪占。即贫民围筑，限五顷。其出工本牛种助他人围筑量取租息者，听。陆地开垦例六年升科，海田浮脆，当宽至十年。潮大至坦没，蠲一岁粮。围毁则免升科原额。"疏入，敕广东督抚议行。复疏言："海滨居民单桅船采捕鱼虾，例不输税。近闻各海关监督与双桅船同令领牌纳钞，又闽、广间贫民有置箬取鱼者，有就埠育鸭者，吏或按箬按埠私征税，请通行严禁。"从之。乾隆三年，调吏部尚书，仍兼领兵部，加太子少保。

四年七月，汝来方诣廨治事，疾作，遂卒。大学士讷亲领吏部，与共治事，亲送其丧还第。至门，讷亲先入，妪缝衣于庭，纳亲谓曰："传语夫人，尚书暴薨于廨矣！"妪愕曰："汝谁也？"讷亲具以告，妪汪然而泣，始知即汝来妻也。讷亲因问有余资否，妪曰："有。"持囊出所余俸金，讷亲为感泣。奏上，上奖其寒素，赐银千两，命吏经纪其丧，谥庄恪。

嘉庆间，汝来曾孙绍烈应顺天乡试，以怀挟得罪，仁宗犹念汝来居官持正，宥绍烈，命仍得原名应试。

5. 朱天保

卷二百八十六　列传七十三

朱天保，字九如，满洲镶白旗人，兵部侍郎朱都讷子。康熙五十二年进士，选庶吉士，授检讨。五十六年，典山东乡试。

五十七年正月，疏请复立二阿哥允礽为皇太子。时允礽废已久，储位未定，贝勒允禩觊得立，揆叙、王鸿绪等左右之，欲阴害允礽。朱天保忧之，具疏上，略曰："二阿哥虽以疾废，然其过失良由习于骄抗，左右小人诱导之故。若遣硕儒名臣为之羽翼，左右佞幸尽皆罢斥，则潜德日彰，犹可复问安侍膳之欢。储位重大，未可移置如棋，恐有藩臣傍为觊觎，则天家骨肉之祸，有不可胜言者。"疏成，以父在，虑同祸，徘徊未即上。朱都讷察其情，趣之入告。时上方幸汤山，朱天保早出德胜门，群鸦阻马前，朱天保挥之去。疏上，上欷歔久之。阿灵阿，允禩党也，媒孽之曰："朱天保为异日希宠地。"上怒，于行宫御门召问曰："尔云二阿哥仁孝，何由知之？"朱天保以闻父语对。上曰："尔父在官时，二阿哥本无疾，学问弓马皆可观。后得疯疾，举动乖张，尝立朕前辱骂徐元梦。于伯叔之子往往以不可道之言肆詈，尔知之乎？尔又云二阿哥圣而益圣，贤而益贤，尔从何而知？"朱天保亦以父闻之守者对。诘其姓名，不能答。上曰："朕以尔陈奏此大事，遣人传问，或将尔言遗漏，故亲讯尔。尔无知稚子，数语即穷，必有同谋者。"朱天保对父与婿戴保同谋，遂逮朱都讷、戴保。

上复御门召问曰："二阿哥因病拘禁，朕犹望其痊愈，故复释放，父子相见。教训不悛，始复拘禁。二阿哥以矾水作书与普奇，属其保举为大将军，并谓齐世、札拉克图皆当为将军。朕遣内侍往询，自承为亲笔。此事尔知之否？"朱都讷自称妄奏，应万死。上曰："尔奏引戾太子为比。戾太子父子间隔，朕于二阿哥常遣内监往视，赐食赐物。今二阿哥颜貌丰满，其子七八人，朕常留养宫中，何得比戾太子？尔又称二阿哥为费扬古陷害。费扬古乃功臣，病笃时，朕亲临视，没后遣二阿哥往奠。尔何得妄言？尔希侥幸取大富贵，以朕有疾，必不亲讯。今尔始知当死乎？"辞连朱都讷婿常赉及金宝、齐世、苹泰等，并逮讯议罪。朱天保、戴保皆坐斩。朱都讷与常赉、金宝皆免死荷校，齐世拘禁，苹泰夺官。

6. 王国栋

卷二百九十一　列传七十八

王国栋，字左吾，汉军镶红旗人。康熙五十二年进士，改庶吉士，授检讨。累迁光禄寺卿。雍正初，查嗣庭、汪景祺坐文字谤讪见法。上谓浙江士习浇漓，四年，设浙江观风整俗使，以授国栋。国栋至官，巡行宣谕，清逋赋，惩唆讼，饬营伍，严保甲，次第疏闻，上温谕奖之。迁宗人府府丞。五年，上以浙江被水，米贵，命国栋同巡抚李卫发库帑四万，于杭州、嘉兴、湖州三府修城、浚河、筑堤，俾饥民就佣食力。国栋奏："杭州至海宁塘河淤，当浚治。太湖堤闸及嘉兴石塘多倾圮，当修理。冬春雨雪，工作多费，请俟九、十月水落兴工。"上韪之。

寻擢湖南巡抚，以许容代为浙江观风整俗使。上谕国栋曰："初欲令尔在浙整饬数年，俾收成效。但湖南废弛久，今以命尔，尔其勉之！"上命湖广总督迈柱修两省堤工。国栋疏言："湘阴、巴陵、华容、安乡、澧、武陵、龙阳、沅江、益阳九州县环绕洞庭，居民筑堤堵水而耕。地势卑下，江涨反灌入湖，堤岸冲决，现有四百余处。正饬刻期完筑，务加高培厚，工程坚固。"佥都御史申大成奏贵州屯田，民间贱价顶种，易启纷争。请仿民田买卖，亩纳税五钱，给照为业，并推行各省。国栋疏言："湖南屯田瘠薄，应分别差等，微价顶种，令完税五钱，给照如时价平买。未过户者，视屯粮石税五钱，已过户者二钱。龙阳、武陵、长靖诸屯赋重，按券值两税三分。"均下部议行。

曾静、张熙事起，上令侍郎杭奕禄至湖南会鞫。国栋听静自列，未穷究党羽，允禩、允禟门下太监以罪徙广西，流言于路，直隶、河南督抚俱疏上闻。国栋奏言："湖南监送兵役未闻一语。"又茶陵民陈帝西传播流言，敕国栋按鞫，亦不得实证，坐是失上指，夺官，召还京。八年，命治刑部侍郎事，署山东巡抚。九年，河南祥符、封丘等县水灾，命往治赈。迭署江苏、浙江巡抚。十年，仍还刑部。十二年，以议福建民蓝厚正杀兄狱失当，吏议降调。十三年，复命署刑部侍郎。卒。

康熙五十四年（1715年）乙未科

第二甲

1. 陈仪

卷二百九十一　列传七十八

陈仪，字子翙，顺天文安人。康熙五十四年进士，改庶吉士，散馆授编修。为古文辞，治经世学，大学士朱轼器之。雍正三年，直隶大水，诸河泛滥，坏田庐。世宗命怡亲王允祥偕轼相度浚治。王求谙习畿辅水利者，轼以仪对。延见，咨治河所宜先，仪曰："朱子言治河先低处。天津为古渤海逆河之会，百川之尾闾。今南北二运河、东西两淀盛涨，争趋三岔口，而强潮复来拒之，抵牾洄漩而不时下，下隘则上溢，其势宜然。故欲治河，莫如先扩达海之口。欲扩海口，莫如先减入口之水。入口之水减，则达海之口宽。北永定，南子牙，中七十二沽，皆得沛然入三岔口而东注矣。"四年春，从王行视水利，教令章奏皆出仪手。轼以忧归，王荐于朝，命以侍讲署天津同知。转侍读，擢庶子，仍署同知如故。

五年，王奏设水利营田四局，仪领天津局，兼督文安、大城堤工。二县地卑下，积潦不消。是秋复大水，堤内外皆巨浸。仪购秫秸十余万束，立表下楗以御水。堤本民工，仪言于王，请发帑兴修，招民就工代赈，堤得完固。南运河长屯堤地隶静海，吏舞法，岁调发霸州、文安、大城民协修，百里裹粮，咸以为苦，仪为除其籍。畿辅大小诸河七十余，疏故浚新，仪所勘定殆十六七云。

八年，擢侍讲学士。时议设营田观察使二员，分辖京东西，以督率州县。命仪以佥都御史充京东营田观察使，营田于天津。仿明汪应蛟遗制，筑十字围，三面开渠，与海河通。潮来渠满，闭渠蓄水以供灌溉，白塘、葛沽间斥卤尽变膏腴。丰润、玉田地多沮洳，仪教之开渠筑圩，皆成良田。十一年，大雨，山水暴发，没田庐。仪疏闻，谕筹赈，即命仪董其事，凡赈三十四万余口。十二年，转侍读学士。寻罢观察使，还京师。

仪笃于内行，先世遗田数百亩，悉推以让兄。既仕，分禄畀昆弟，周诸故旧。有故人子贫甚，嘱门生为谋生业，事为人所讦，吏议当降调。乾隆二年，授鸿胪寺少卿。仪以老乞归。七年，卒，年七十三。子玉友，雍正八年进士，官台湾知府。勤其官，有惠政。

2. 杨超曾

卷三百八　列传九十五

杨超曾，字孟班，湖南武陵人。康熙五十四年进士，改庶吉士，授编修。雍正四年，直南书房。时湖南北甫分闱，命充湖北乡试考官。旋督陕西学政。再迁左庶子。六年，疏陈："镇安、山阳、商南、平利、紫阳、石泉、白河诸县士风衰落，西安、汉中各属冒考，号为寄籍，诸弊丛生。请就本籍量取，宁缺无滥。并改寄籍者归本籍，廪增俱作附生。"议行。调顺天学政。迁侍读学士。九年，擢奉天府尹。疏言："奉天各属科派多于正供，造册有费，考试有费，修廨宇、治保甲有费。长官取之州县，州县取之民间，衙蠹里胥，指一派十，婴害尤剧。已严檄所属檄镵石禁。"上韪之，下其奏永为例。十年，疏言："秋收稍歉，明春米谷势必腾贵，请停商运。"下部议行。十一年，疏言："州县所收加一耗羡，自锦州、宁远外，俱留充州县养廉。府尹以下养廉，以中江等税羡支给。"部议即以是年始，着为令。内务府准御史八十条奏，增锦州庄头百户拨民种退圈地亩。超曾奏："地给民种，立业已久。今增庄头百户，户给六百五十晌，晌六亩，都计三十九万亩。民间万户，无地可耕，一时断难安辑。且正值春耕，清丈动需时日，旧户新庄俱不能播种，本年赋必两悬。请缓俟秋收查丈。"事遂寝。迁仓场侍郎。十二年，擢刑部额外侍郎，仍督仓场如故。旋授刑部侍郎。

乾隆元年，署广西巡抚，二年，实授。疏请豁除桂林等府县各墟及贺县花麻地租杂税。初，巡抚金鉷奏令废员官生垦荒报捐，有司因以为利，搜民间有余熟田，量给工本，即作新垦。云南布政使陈宏谋疏陈其弊，下总督鄂弥达及超曾核覆。会疏陈捐垦不实田亩、应减应豁及官生短给工本诸事，上命豁加赋虚田凡数万亩，鉷及布政使张钺皆夺官。三年，召授兵部尚书。

五年夏，署两江总督。秋，授吏部尚书，仍署总督。疏劾江西巡抚岳浚及知府董文伟、刘永锡徇情纳贿，遣侍郎阿里衮会江南河道总督高斌按治，浚等坐谴。六年，疏请裁太通道、扬州盐务道，以通州隶常镇道辖，余如旧，可其奏。兼署安徽巡抚。秋，大风雨，滨江、海诸州县皆被水。超曾令先以本州岛县所存银米抚恤，并发司库银八万、未被水诸州县仓米十万，赈上江各州县；又发司库银十万、各县谷百余万，赈下江各州县。疏入，上谕曰："料理赈恤，颇为得宜。当以至诚恻怛为之，庶可稍救灾黎也。"通州盐河亦以水发辍工，督治水利大理寺卿汪漋、副都御史德尔敏令开唐家闸泄水。民虑淹及麦田，纷集欲罢市。侍郎杨嗣璟疏劾，命超曾按其事。超曾奏："民无挟制阻挠情状，似可无事深究。"上从之。复疏荐江苏巡抚徐士林处己俭约，安徽巡抚陈大受虚中无滞，江西巡抚包括性情和平，惟吏玩民刁，鲜所整顿。上谕曰："此至当至公之论，与朕见同也。"寻内召视部事，以父忧归，籍稿丧次。病作，七年，卒，赐祭葬，谥文敏。

3. 施昭庭

卷四百七十七　列传二百六十四

施昭庭，字筠瞻，江苏吴县人。康熙五十四年进士，授江西万载知县。地僻多山，客民自闽、粤来，居之累年，积三万余人，号曰"棚民"。温尚贵者，台湾逸盗也，亦处山中。雍正元年，福建移捕盗党急，尚贵谋为变。始昭庭之至也，以棚民为虑，厚礼县人易廉野使侦之。廉野积粟贷棚民，不取息，或免偿，得棚民心。其才者严林生、罗老满，从廉野游，尽得山中要领。尚贵将举事，廉野以闻，昭庭、林生、老满率勇敢三百人待之。尚贵有众二千肆掠，昭庭曰："贼易破也，然虑其扰傍县。"抚贼谍使诳尚贵趋万载。乃张疑兵于山径，贼不敢入，由官道来。预设伏丛棘中，伺贼过，突出击杀。贼数中伏，疑骇，逆击之，一战获尚贵。尚贵起二日而败，又二日而抚标兵至。

初，棚民与市人积嫌，事起，道路汹汹，指目棚民。昭庭以免死帖与诸降者，取棚民不从贼者结状，兵至搜山，不戮一人。巡抚初到官，张其事入奏，既见县申状不合，欲改之，昭庭不可。又谓棚民匿盗从乱，今虽赦之，必驱归本籍。昭庭曰："棚民种植自给，非刀手老瓜贼之比。历年多，生齿众，间与居民争讦细故，不必深惩。今乱由台湾逸盗，而平盗悉资棚民。"力请："核户口，编保甲，泯其主客之形，宽其衣食之路，长治久安，于计便。"总督查弼纳许之，巡抚寻亦悟，如昭庭策，棚民乃安。事闻，世宗谕九卿曰："知县以数年心力办贼，巡抚到官几日，岂得有其功耶？"独下总督疏，议叙，以主事知州用。寻引疾归，卒于家。

第三甲

1. 蒋林

卷四百七十七　列传二百六十四

蒋林，字元楚，广西全州人。康熙五十四年进士，选庶吉士，授检讨。直南书房，十年不迁。大将军年羹尧欲辟为幕僚，林急告归。寻调户部郎中，出为福建邵武知府，以事解职，诏发浙江，历杭州、严州、金华三府。在杭州，值织造隆昇建议改海门尖山海口，别开河以固海塘。林极言不可，曰："能使海不潮，则役可兴。否则劳民伤财，万无成理。" 上书督抚，俱不省。雍正十二年三月二十五日夜，牒下，索杭夫万五千人，合旁郡无虑数万人。期三日集海上。林又争曰："田蚕方亟，期会迫，万一勿戢，奈何？必不得已，俟蚕功毕。"隆昇怒，督益急，以抗旨胁之。四月，送役往，面诘以工不可成状。隆昇益怒，留林督役以困之。冒雨抚循，泥深没胫，役人感其诚，咸尽力。隆昇复虐使，动以捶挞，众屡哗噪。微林，事几殆。役迄无成，隆昇得罪去。乾隆初，召至京，入对，即日擢长芦盐运使。曩时院司岁各费数万缗，林率以俭，岁费百缗而已，羡余悉归公。居四年，以亲老乞养。高宗曰："世乃有不愿久为长芦运使者耶？"久之，卒于家。

2. 潘淳

卷四百八十四　列传二百七十一

淳，字元亮。康熙五十四年进士，官检讨。文安陈仪与同榜，一时咸推潘诗陈笔。有椽林诗集。

康熙五十七年（1718年）戊戌科

第一甲

1. 张廷璐

卷二百六十七 列传五十四

廷璐，字宝臣。康熙五十七年，殿试一甲第二名进士，授编修，直南书房，迁侍讲学士。雍正元年，督学河南，坐事夺职。寻起侍讲，迁詹事。两督江苏学政。武进刘纶、长洲沈德潜皆出其门，并致通显，有名于时。进礼部侍郎，予告归，卒。

第二甲

1. 崔纪

卷三百九 列传九十六

崔纪，初名珺，字南有，山西永济人。年幼丧母，哀毁如成人。事父及后母孝。康熙五十七年，成进士，改庶吉士，授编修。迁国子监司业，以母忧归。服阕，补故官。三迁祭酒。乾隆元年，提督顺天学政。雍正间，采安徽学政李凤翥、河南学政刁寯、浙江学政王兰生条议：每岁令诸生五人互结，无抗粮揽讼；诸生有事告州县，当先以呈词赴学挂号；为人作证及冒认命盗案，先革后审；诸生殴杀人及代写词状，加常罪一等；已斥诸生不许出境；诸生欠粮，必全完乃收考。纪疏请罢之。又定诸生月课三次不到，详革，纪请改一年；诸生完粮，上户限十月，中、下户限八月，纪请改岁底。下部议行。迁詹事，再迁仓场侍郎，署甘肃巡抚。

二年，移署陕西巡抚。疏言："陕属平原八百余里，农率待泽于天，旱则束手。惟凿井灌田，实可补雨泽之缺。臣居蒲州，习见其利。陕属延安、榆林、邠、鄜、绥德各府州，地高土厚，不能凿井。此外西安、同州、凤翔、汉中四府并渭南九州县最低，渭北二十余州县地较高，掘地一二丈至六七丈，皆可得水。劝谕凿井，贫民实难勉强。恳准将地丁羡银借给充费，分三年缴完。民力况瘁，与河泉自然水利不同。请免以水田升科。"上谕曰："此极应行之美举，当徐徐化导，实力奉行，自不能视水田升科也。"擢吏部侍郎，仍留巡抚，寻实授。纪疏言："陕西水利，莫如龙洞渠，上承泾水，中受诸泉。自雍正间总督岳锺琪发帑修浚，泾阳、醴泉、三原、高陵诸县资以灌溉。惟未定岁修法，泾涨入渠，泥沙淀阏，泉泛出渠，石罅渗漏。拟于龙洞高筑石堤，以纳众泉，不使入泾。水磨桥、大王桥诸泉亦筑坝其旁，收入渠内。并额定水工，司启闭。”均从之。陕西民惮兴作，言纪烦扰。上令详勘地势，俯顺舆情。三年，命与湖北巡抚张楷互调，时报新开井七万余，上令楷察勘。楷言民间食其利者三万二千余，遇旱，井效乃见。民益私凿井，岁岁增广矣。

纪至湖北，自陈不职，部议降调。上谕曰：“纪在陕西凿井灌田，料理未善，致反贻民累。惟其本意为民，命从宽留任。”五年，总督德沛劾纪以公使钱畀护粮道崔乃镛，上又闻纪以淮盐到迟，令民间暂食私盐，谕纪自列，纪疏辨，下部议，降调。六年，再授祭酒。九年，督江苏学政。以父忧归。十四年，起授山东布政使。以东省贫民借官谷累百万石，请视部定价石六钱，收折色，纾民力。十五年，命以副都御史衔再督江苏学政，力疾按试。旋卒。

纪潜心理学，上亦闻之，再任祭酒，召见，命作太极图说。历官所至，以教养为先。遇事有不可，辄艴然曰：“士君子当引君当道，奈何若是？”

2. 庄亨阳

卷四百八十　列传二百六十七

庄亨阳，字复斋，靖南人。康熙五十七年进士，知山东潍县。母就养，卒于途。归而庐墓三年，自是未尝一日离其父。乾隆初元，礼部尚书杨名时荐士七人，亨阳与焉，授国子监助教。当是时，上方向用儒术，尚书杨名时、孙嘉淦，大学士赵国麟咸以耆寿名德领太学事，相与倡明正学。六堂之长，则亨阳与安溪官献瑶、无锡蔡德晋等，皆一时之俊。每朔望谒夫子，释菜礼毕，六堂师登讲座，率国子生以次执经质疑。旬日则六堂师分占一经，各于其书斋会讲南北学，弦诵之声，夜分不绝。都下号为“四贤、五君子”。

迁吏部主事，外补德安府同知，擢徐州府。徐仍岁水灾，亨阳相川泽，咨耆民，具方略，请广开上游水道，以泄异涨，且告石林可危。未及施工而石林决，沛县城将溃，民窜逃。亨阳驾轻舠行告父老曰：“太守来，尔民何往？”亲率众堵筑，七日夜城完。在徐三年，两遇大荒，勤赈事，几不暇眠食。九年，迁按察司副使，分巡淮徐海道。亨阳通算术，及董河防，推究高深测量之宜，上书当路，大略谓：“淮、徐水患，在壅毛城铺而徐州坏，壅天然减水坝而凤、颍、泗坏，壅车逻、昭关等坝而淮、扬之上下河皆坏。宜开毛城铺以注洪泽湖，则徐州之患息；开天然坝以注高、宝诸湖，则上江之患息；开三坝以注兴、盐之泽，则高、宝之患息；开范公堤以注之海，则兴、盐、泰诸州、县之患息。”当路者颇韪其言，而未能用。

京察，大臣当自陈。高宗命自陈者各举一人自代。内阁学士李清植举亨阳，时论以为允。勘淮海灾过劳，以羸疾卒。卒之日，淮海诸氓罢市奔走，树帜哭而投赙。讷亲巡江南，监司皆靴裤跪迎，亨阳独长揖，讷责问，曰：“非敢惜此膝于公，其如会典所无何？”讷默然。亨阳出巡，属吏循故事馈餐，然一切勿拒，曰：“物以烹饪，却之是暴天物而违人情也。”所从仆皆自饮其马，或犒之，跽而辞曰：“公视奴辈为儿子，不告而受，于心不安。告公，公必命辞，是仍虚君惠也。”强之，皆伏地，誓指其心。其感人如此。

3. 王懋竑

卷四百八十　列传二百六十七

王懋竑，字子中，宝应人。少从叔父式丹学，刻励笃志，精研朱子之学，身体力行。康熙五十七年成进士，年已五十一。乞就教职，补安庆府学教授。雍正元年，以荐被召引见，授翰林院编修，在上书房行走。二年，以母忧去官，特赐内府白金为丧葬费。懋竑素善病，居丧毁瘠，服阕就职。旋以老病乞归，越十六年卒。

懋竑性恬淡，少尝谓友人曰："老屋三间，破书万卷，平生志愿足矣。"归里后，杜门著书。校定朱子年谱，大旨在辨为学次序，以攻姚江之说。又所著白田杂著八卷，于朱子文集、语类考订尤详。谓易本义前九图、筮仪皆后人依托，非朱子所作，其略云："朱子于易，有本义，有启蒙，与门人讲论甚详，而此九图曾无一语及之。九图之不合本义、启蒙者多矣，门人何以绝不致疑也？本义之叙画卦云：'自下而上，再倍而三，以成八卦。八卦之上，各加八卦，以成六十四卦。'初不参邵子说。至启蒙，则一本邵子。而邵子所传，止有先天方圆图。其伏羲八卦图、文王八卦图，则以经世演易图推而得之。同州王氏、汉上朱氏易，皆有此二图，启蒙因之。至朱子所自作横图六，则注大传及邵子语于下，而不敢题曰伏羲六十四卦图，其慎如此。今直云伏羲八卦次序图、伏羲八卦方位图、伏羲六十四卦次序图，伏羲六十四卦方位图，是孰受而孰传之耶？乃云伏羲四图，其说皆出邵氏，邵氏止有先天一图，其八卦图后来所推，六横图朱子所作。以为皆出邵氏，是诬邵氏也。"又云："邵氏得之李之才，李之才得之穆修，穆修得之希夷先生，此明道叙康节学问源流如此。汉上朱氏以先天图属之，已无所据。乃今移之四图，若希夷已有此四图也，是并诬希夷也。文王八卦，说卦明言之。本义以为未详，启蒙别为之说，而不以入于本义。至于'乾，天也，故称乎父'一节，本义以为揲蓍以求爻，启蒙以为'乾求于坤，坤求于乾'与'乾为首'两节，皆文王观于已成之卦，而推其未明之象，与本义不同。今乃以为文王八卦次序图，又孰受而孰传之耶？卦变图启蒙详之，盖一卦可变为六十四卦，彖传卦变，偶举十九卦以说尔。今图、卦皆不合，其非朱子之书明矣。"其说为宋、元儒者所未发。

又考证诸史，谓："孟子七篇，所言齐王皆愍王，非宣王。孟子去齐，当在愍王十三四年。下距愍王之殁，更二十五六年，孟子必不及见。公孙丑两篇，称王不称谥，乃其元本，而梁惠王两篇称宣王，为后人所增。通鉴上增威王十年，下减愍王十年，盖迁就伐燕之岁也。"可谓实事求是矣。同邑与懋竑学朱子学者，有朱泽沄、乔亿。

4. 徐本

卷三百二　列传八十九

徐本，字立人，浙江钱塘人，尚书潮子。本，康熙五十七年进士，改庶吉士，授编修。雍正五年，提督贵州学政，授赞善，迁侍读。七年，擢贵州按察使。八年，调江苏，迁湖北布政使。十年，擢安庆巡抚。奏定比缉盗贼章程，窃案责府州，盗案责臬司。案多而未获，巡抚亲提。比立限，定劝惩。上嘉之。十一年，疏言："云、贵、广西改流土司安置内地，例十人给官房五楹，地五十亩。安庆置二十一人，地远在来安。请变价别购，俾耕以食。"又疏言："州县征粮，例由府道封柜，请改州县自封。完粮十截串票改仍用三连由票，零户银以下以十钱当一分。"又疏言："寿州滨淮，盗聚族而居，假捕鱼为业，每出劫掠，已次第捕治，令渔船编甲。孙、平、焦、邓诸姓设族正，有盗不时举发。”皆下部议行。

召授左都御史。十二年，迁工部尚书、协办大学士。浙江衢州民王益善邪教惑众，命本会总督程元章按治，请改设衢州总兵、金衢严巡道以下官，并更定营制，下部议行。十三年五月，命同宝亲王，果亲王，大学士鄂尔泰、张廷玉等办理苗疆事务。高宗即位，命在办理军机处行走，调刑部尚书。寻命协办总理事务。

乾隆元年，授东阁大学士兼礼部尚书，充世宗实录总裁。二年，直南书房。以协办总理事务，予拖沙喇哈番世职。三年，授办理军机大臣。四年，加太子太保。七年，兼管户部尚书。九年六月，以病乞休，加太子太傅致仕。遣御前侍卫永兴赍赐御用衣冠、内府文绮貂皮，上亲临其第慰问赐诗。命其子侍讲学士以烜送归里，在籍食俸。明年，上念本归将一载，复赐诗。十二年，本卒，加少傅，发白金千治丧。浙江巡抚顾琮往祭，谥文穆。上南巡，所经郡县遣祭旧臣，礼部奏请未及本，上特命遣祭。祀京师贤良祠。

康熙六十年（1721年）辛丑科

第二甲

1. 王兰生

卷二百九十 列传七十七

王兰生，字振声，直隶交河人。少颖异。李光地督顺天学政，补县学生，及为直隶巡抚，录入保阳书院肄业，教以治经，并通乐律、历算、音韵之学。光地入为大学士，荐兰生直内廷，编纂律吕正义、音韵阐微诸书。康熙五十二年，赐举人，以父忧归。服除，仍直内廷。六十年，应会试，未第。上以兰生内直久，精熟性理，学问亦优，赐进士，殿试二甲一名，改庶吉士。雍正元年，散馆授编修。三年，署国子监司业。四年，真除，督浙江学政。五年，迁侍讲。六年，转侍读。时查嗣庭、汪景祺以诽谤得罪，停浙江士子乡会试。兰生奏言："诸生当立品奉公，如有潜通胥役，欺隐钱粮，察出黜惩。臣按考所至，严加晓谕，并令地方官开报，必使输粮乃得入试。"上深嘉之，命浙江士子准照旧乡会试。七年，擢侍读学士，督安徽学政。九年，迁内阁学士，仍留学政。十年，命再留任三年。寻充江南乡试考官，调陕西学政。十三年，以所举士得罪，左授少詹事。高宗即位，召入都，复授内阁学士。乾隆元年，迁刑部侍郎，兼署礼部侍郎。二年春二月，上奉世宗葬泰陵，兰生扈行。次良乡，发，病遽作，卒于肩舆中。赉白金五百，治丧涿州，待家人奔赴，赐祭葬如例。

兰生为学原本程、朱，光地授以乐律，与共校朱子琴律图说，刻本多谬误，以意详正，遂可推据。既入直，圣祖授以律管、风琴诸解，本明道程子说，以人之中声定黄钟之管，积黍以验之，展转生十二律，皆与古法相应；又至郊坛亲验乐器，推匏土丝竹诸音与黄钟相应之理，其说与管子、淮南子相合。音韵亦授自光地，谓邵子经世详等而略韵，顾炎武音学五书详韵而略等，兼取其长，以国书五字类为声韵之元以定韵，又用连音为纽均之法以定等，皆发前人所未及。圣祖深赏之，禁中夜读书，惟兰生侍左右，巡幸必以从，亟称其贤。

2. 邵基

卷三百八 列传九十五

基，字学址。康熙六十年进士，改庶吉士。雍正三年，授编修。考选福建道御史。巡中城，止司坊官馈遗商市月桩钱，厘积案，奸宄惕息。巡直隶顺德、大名、广平三府，以廉勤饬使事。迁户科给事中，命在上书房行走。四迁国子监祭酒，立教术五条，勉生徒以正学。历右通政、左佥都御史，并仍兼祭酒。十二年，迁右副都御史，擢吏部侍郎。疏言："强梗属员，以上官将予参劾，辄先发制人。往往参本未到，揭帖已至。质讯虚诬，按律治罪，上官已被其累。请嗣后上官恃势，属员受屈，仍许直揭部科；其有诬揭者，于本罪外加重科断。"议行。寻兼翰林院掌院学士。

乾隆元年，充博学鸿词阅卷官。出为江苏巡抚。二年，疏言："江苏各属，江、海交错，全资水利。运道、官河及湖海巨工，自当发帑官修。其支河汊港，蓄水灌田，向皆民力疏浚。近悉请官帑，似非执中无弊。请将运河及江、河、湖、海专资通泄之处，仍发库帑估修；其余河港圩岸，令有司劝民以时疏浚修筑，庶公私两益。"下部议，从之。时以治赈收捐，基疏争，略言："天下传皇上新政，首罢捐例。今为乐善好施之例，是开捐而巧更其名也。周官荒政十二，未闻乞灵于赀郎。"上命停止，户部持不可，卒行之。上以基题补按察使戴永椿，知府王乔林、石杰皆同乡，道员李梅宾、卢见曾皆同年，不知避嫌，严旨诘责。基旋卒。子铎，官检讨，早卒。孙洪，赐举人，官至礼部侍郎，亦有清名。

3. 钱陈群

卷三百五　列传九十二

钱陈群，字主敬，浙江嘉兴人。父纶光，早卒。母陈，翼诸孤以长，语在列女传。康熙四十四年，圣祖南巡，陈群迎驾吴江，献诗。上命俟回跸召试，以母陈病不赴。六十年，成进士，引见，上谕及前事。改庶吉士，授编修。雍正七年，世宗命从史贻直、杭奕禄赴陕西宣谕化导，陈群周历诸府县，集诸生就公廨讲经，反覆深切，有闻而流涕者。使还，上谕奖为"安分读书人"。五迁右通政，督顺天学政。乾隆元年，以母丧去官。服除，高宗命仍督顺天学政，除原官。陈群以母陈夜纺授经图奏上，上为题词。疏请增顺天乡试中额，上以官制有定，取者多，用者益远，国家不能收科目取人之效，寝其议。

三迁内阁学士。陈群屡有建白：尝疏请严治匿名揭帖，无论事巨细，非据实首告而编造歌谣诗词，匿名粘贴闾巷街衢，当下刑部依律治罪。疏请广劝种植树木，官地令官种，州郡吏种至千本以上，予纪录；受代时具册，备地方公用。民地令民种，至五六百本者，予扁额奖赏，成材后听取用。疏请偏灾蠲免分数，分别贫富，富者按例定分数蠲免，贫者被灾几分即蠲免几分，使之相等。及敕询州县耗羡，疏言："康熙间，州县官额征钱粮，收耗羡一二钱不等。陆陇其知嘉定县止收四分，清如陇其，亦未闻全去耗羡也。议者以康熙间无耗羡，非无耗羡也，特无耗羡之名耳。世宗出自独断，通计外吏大小员数，酌定养廉，而以所入耗羡按季支领。吏治肃清，民亦安业。特以有征报支收之令，不知者或以为加赋。皇上询及盈廷，臣请稍为变通，凡耗羡所入，仍归藩库，各官养廉及各州县公项，如旧支给。其续增公用，名色不能画一，多寡亦有不同，应令直省督抚明察，某件应动正项，某件应入公用，分别报销。各省州县自酌定养廉，荣悴不一，其有支绌者，应令督抚确察量增，俾稍宽裕。仍饬勿得耗外加耗，以致累民。则既无加赋之名，并无全用耗羡办公之事，州县各有赢余，益知鼓励。至于施从其厚，敛从其薄，古之制也。及此仓庾充裕、民安物阜之时，大臣悉心调剂，使养廉之入，不为素餐，元气培扶，帑藏盈溢，然后以三十年之通制国用。宋太祖能罢羡余，臣固知皇上之圣，不必廷臣建白如张全操其人者，而德音自下也。"

七年，擢刑部侍郎。上令廷臣议州县常平仓应行诸事，诸臣皆议歉岁减价。陈群疏言："成熟之年，出陈易新，仓米必不及市米，而民以米值纳仓，银色当高于市易。拟令石减一钱二分，还仓时加谷四五升，以为出入耗费。”

十七年，患反谷疾，连疏乞解职，许之。命其子编修汝诚侍行，且赐诗以宽其意。陈群进途中所作诗，上为答和。时有伪为孙嘉淦疏稿语谤上，上令穷治，陈群自家密疏请省株连，上严饬之，而事渐解。二十二年，上南巡，令在籍食俸。二十五年，上为桥梓图寄赐陈群。二十六年，偕江南在籍侍郎沈德潜诣京师祝皇太后七十寿，命与香山九老会，加尚书衔。上谕：“明岁南巡，诸臣今年已赴阙，毋更远迎。”二十七年，南巡，陈群偕德潜迎驾常州，上赐诗称为“大老”。三十年，南巡，复迎驾。是岁陈群年八十，加太子太傅。赐其子汝器举人，汝诚扈跸，命从还省视。

三十一年，陈群复进其母陈画册，册有纶光题句。上题诗以赵孟頫、管道昇为比。三十五年，上六十万寿，命德潜至嘉兴劝陈群毋诣京师，陈群献竹根如意，上批札云：“未颁僧绍之赐，恰致公远之贡，文而有节，把玩良怡！今赐卿木兰所获鹿，服食延年，以俟清晤。”三十六年，上东巡，陈群迎驾平原，进登岱祝釐颂。是冬，复诣京师祝皇太后八十万寿，命紫禁城骑马，赐人参，再与香山九老会。陈群进和诗有句云“鹿驯岩畔当童扶”，上赏其超逸，复为图赐之。南归，以诗饯。

陈群里居，每岁上录寄诗百余篇，陈群必赓和，亲书册以进，体兼行草，屡蒙奖许。三十九年，卒，年八十九。上谕谓：“儒臣老辈中能以诗文结恩遇、备商榷者，沈德潜卒后惟陈群。”加太傅，祀贤良祠，谥文端。四十四年，上制怀旧诗，列五词臣中。

子汝诚，字立之。乾隆十三年进士，改庶吉士，授编修，命南书房行走。四迁至侍郎，历兵、刑、户诸部。再典试江南，上命寄谕尹继善，招陈群游摄山，父子可相见。汝诚试毕，迎陈群入试院，居数日乃还。三十年，乞养归。四十一年，父丧终，授刑部侍郎，仍在南书房行走。四十四年，卒。

汝诚子臻，字润斋。自兵马司副指挥授河南邓州知州，累迁江西粮道。左授山西平阳知府，复累迁直隶布政使。嘉庆二十一年，授江西巡抚。江西南昌诸府食淮盐，而与福建、浙江、广东三省毗连，私贩侵引额。臻议疏纲额、缉私贩。寻移山东巡抚。兖、曹、沂诸府民素悍，染邪教，盗甚炽。臻请就诸府增设参将以下官，上皆采其议。入觐，以衰老左授湖南布政使，休致。道光十九年，卒。

陈群诗纯悫朴厚，如其为人。赓唱既久，亦颇敩御制诗体。贰刑部十年，慎于庶狱，虚衷详鞫。高宗尝以于定国期之。汝诚继贰刑部，奉陈群之教，持法明允。臻亦善治狱。在平阳，介休民被盗杀其母，攫钏去。民言姻家尝贷钏，佣或窃钏逃，邻家子左右之。县捕三人，榜掠诬服。他日获盗得钏，民乃言非其母物。狱不能决。臻微服访得实。抚山东，清庶狱，雪非罪二十余人，擒教讼者置于法。

4. 沈起元

卷三百　列传八十七

沈起元，字子大，江南太仓人。康熙六十年进士，选庶吉士，改吏部主事。擢员外郎，以知府发福建用。总督高其倬令权福州，调兴化。时世宗闻福建仓谷亏空，遣广东巡抚杨文乾等往按，被劾者半，受代者争为烦苛，起元独持平。莆田民因讼互斗，其倬恐酿乱，令捕治。起元责两人而释其余，报曰：“罪在主者，余不足问也。”

寻摄海关，裁陋规万余金。巡抚常安有奴在关，以索费困商舶。起元闻，立督收税如额，令商舶行，白常安斥奴。自是人皆奉法。其倬奏开南洋，报可。已，复令商出洋者，必戚里具状，限期返，逾者连坐。起元曰："人之生死，货之利钝，皆无常，戚里岂能预料？且始不听出洋则已，今听之，商造船集货费不赀，奈何忽挠以结状？若令商自具状，过三年不归，勿听回籍，不犹愈乎？"其倬从之。

调台湾。台湾田一甲准十一亩有奇，赋三则：上则一甲谷八石，中则六石，下则四石，视内地数倍。然多隐占，民不甚困。时方清丈，占者不得匿。其倬欲使台湾赋悉视内地下则，恐不及额致部诘。起元令著籍者仍旧额，丈出者视内地下则。俟隐占既清，更减旧额重者均于新额，赋不亏而民无累。起元在福州，以辨冤狱忤按察使潘体丰，体丰中以他事，镌四级，遂告归。

高宗即位，起江西驿盐道副使。乾隆二年，擢河南按察使。会久雨，被灾者四十余县，饥民四走，或议禁之。起元谓："民饥且死，奈何止其他徙？"令安置未被水诸县，给以粮，遂无出河南境者。巡抚雅尔图檄府县修书院，以起元总其事，乃教群士省身克己之学。立章善坊，书孝子、悌弟、义夫、贞妇名，采访事实，为章善录版行，一时风动。

七年，迁直隶布政使。大旱议赈，总督高斌欲十一月始行，起元力请先普赈一月，俟户口查竣，再分别加赈。有倡言赈户不赈口者，起元曰："一户数口，止赈一二，是且杀七八人矣！"檄各属似此者罪之。户部尚书海望奏清理直隶旗地，有司违限，旨饬责。斌将劾数州县应命，起元不可，曰："旗地非旦夕可清，州县方赈灾，何暇及此？独劾起元可也！"乃止。九年，内转光禄寺卿。十三年，移疾归。

起元自少敦厉廉耻，晚岁杜门诵先儒书。临没，言："平生学无真得。年来静中自检，仰不愧，俯不怍，或庶几焉！"

5. 励宗万

卷二百六十六　列传五十三

宗万，字滋大。康熙六十年进士，改庶吉士，授编修。雍正二年，命直南书房，充日讲起居注官，督山西学政。六年，迁国子监司业，按试潞安。临晋民解进朝诈称御前总管，私书请托，宗万疏发之，谕嘉奖，迁侍读，命巡察山西。八年，巡抚石麟劾宗万扰驿递，并纵仆受赇，坐夺官。十年，起鸿胪寺少卿，仍直南书房。四迁至礼部侍郎，调刑部。乾隆元年，吏部劾宗万保举河员受请托，坐夺官。寻命直武英殿。七年，再起侍讲学士，累迁通政使。直懋勤殿，纂秘殿珠林，迁左副都御史。擢工部侍郎，调刑部。十年，坐纵门客生事，复夺官，手诏诘责，命还里闭户读书。督抚那苏图劾宗万纵弟占官地，命承修固安城工，免其罪。十六年，复起侍讲学士，累迁光禄寺卿。二十四年，卒。

6. 留保

卷二百九十　列传七十七

留保，字松裔，完颜氏，满洲正白旗人。祖阿什坦，字金龙，顺治初，授内院六品他赦哈哈番，翻译大学、中庸、孝经、通鉴总论诸书；九年，成进士，授刑科给事中。留保，康熙五十三年举人。六十年，与兰生同赐进士，改庶吉士。雍正元年，散馆授检讨。累迁通政使。六年，广东巡抚杨文乾劾总督阿克敦侵蚀粤海关火耗，并令家人索暹罗米船规礼诸事，上命总督孔毓珣及文乾按治。寻文乾卒，改命留保及郎中喀尔吉善会毓珣按治。毓珣以上怒，将刑讯，留保争之，乃免。谳定，阿克敦罪当死，寻复起，语详阿克敦传。留保迁侍郎，历礼、吏、工三部。乾隆初，乞病，致仕。卒，年七十七。

7. 卢见曾

卷三百四十一　列传一百二十八

卢荫溥，字南石，山东德州人。祖见曾，康熙六十年进士，官至两淮盐运使。父谦，汉黄德道。

见曾起家知县，历官有声。为两淮盐运使，以罪遣戍，复起至原官。当乾隆中叶，淮鹾方盛。见曾擅吏才，爱古好事，延接文士，风流文采，世谓继王士祯。在扬州时，屡值南巡大典，历年就盐商提引，支销冒滥，官商并有侵蚀。至三十三年，事发，自盐政以下多罹大辟。见曾已去官，逮问论绞，死于狱中。籍没家产，子孙连坐，谦谪戍军台。荫溥甫九岁，贫困，随母归依妇翁，读书长山。越三年，大学士刘统勋为见曾剖雪，乞恩赦谦归，授广平府同知。荫溥刻苦励学，至是始得应科举。

8. 顾栋高

卷四百八十　列传二百六十七

顾栋高，字震沧，无锡人。康熙六十年进士，授内阁中书。雍正间，引见，以奏对越次罢职。乾隆十五年，特诏内外大臣荐举经明行修之士，所举四十余人。惟大学士张廷玉、尚书王安国、侍郎归宣光举江南举人陈祖范，尚书汪由敦举江南举人吴鼎，侍郎钱陈群举山西举人梁锡玙，大理寺卿邹一桂举栋高，此四人，论者谓名实允孚焉。寻皆授国子监司业。栋高以年老不任职，赐司业衔。皇太后万寿，栋高入京祝嘏，召见，拜起令内侍扶掖。栋高奏对，首及吴敝俗，请以节俭风示海内，上嘉之。陛辞，赐七言律诗二章。二十二年，南巡，召见行在，加祭酒衔，赐御书“传经耆硕”四字。二十四年，卒于家，年八十一。

所学合宋、元、明诸儒门径而一之，援新安以合金溪，为调停之说。著大儒粹语二十八卷，又著春秋大事表百三十一篇，条理详明，议论精核，多发前人所未发。毛诗类释二十一卷，续编三卷，采录旧说，发明经义，颇为谨严。其尚书质疑二卷，多据臆断，不足以言心得。大抵栋高穷经之功，春秋为最，而书则用力少也。

第三甲

1. 唐继祖

卷三百　列传八十七

唐继祖，字序皇，江南江都人。康熙六十年进士，选庶吉士。雍正元年，散馆，授编修，转礼部员外郎。五年，考选浙江道御史。七年，授工科给事中。命察八旗亏帑，律侵挪皆不赦，犯者贫，羁狱二三十年不结。继祖为核减开除，奏请豁免，积牍一清。命巡西城，回民聚居，顽犷不法，严治之，有犯必惩，悉敛戢。建仓东便门外，多发冢墓，毁祠宇，继祖陈其不便，改地营建，冢墓祠宇并修复。南漕愆期，命赴淮安巡视。继祖驰至，不更张成法，惟选干吏催督，惩其疲惰。两阅月，粮艘悉抵通州。条上漕务利病，下部议行。

七年，命往湖南谳狱，并巡察湖南、湖北两省，裹粮出，有馈觞酒豆肉，皆却之，令行禁止。与巡抚赵申乔同按永顺苗变狱，群情帖服，苗疆以安。湖南捕役多通盗，奏请捕役为盗，加重治罪，报可，入新例。八年，擢通政司参议。九年，擢鸿胪寺卿。寻命以本衔署河南按察使，旋授湖北按察使。继祖在两湖久，熟知吏民情伪。楚俗刁健，黠吏与奸豪通，伺官喜怒，讼益难治。继祖闭诸胥于一室，不令与外通，讼风衰减。雪监利女子冤狱，按钟祥民变，皆为时所称。世宗驭吏严，内外大僚凛凛，救过不暇。继祖一意展舒，所陈奏无不允。上欲大用之，出巡察，赐以折匣，许奏事，曰："朕于督抚贤者始赐折匣，汝宜好为之！"调江西，未之任，以疾乞归。病愈将出，遽卒。

2. 马维翰

卷三百　列传八十七

马维翰，字墨麟，浙江海盐人。康熙六十年进士。雍正元年，授吏部主事。甫视事，杖奸胥，铨政清肃。转员外郎，考选陕西道御史，迁工科给事中，监督仓场，所至有声。六年，命赴四川清丈田亩，时同奉使者四。维翰分赴建昌道属，具有条理，粮浮于田者必请减，逾年事竣。御史吴涛在川东丈田不实，以维翰助之。至则发其弊，遂以维翰代任。巡抚宪德荐可大用。八年，留补建昌道副使，疏陈二事：四川俗好讼，州县断狱苟简，案牍不具，奸民辄翻控，淆乱是非，请设幕职以襄治理；又民鲜土著，多结草屋，轻于迁徙，焚劫辄致灾，请发官款造砖甓，劝民多建瓦屋。上斥其非政要，以其疏示宪德，谓："汝荐可大用者乃若此！"然维翰勇于任事，相度要害，改黎州千户所设清溪县。乌蒙苗乱，出师会剿，维翰治军需，供糗粮刍茭，凿雪通道，与厮卒同甘苦。论剿抚悉中机宜，事乃定。凉山地震数百里，勘灾散赈，民感之。矿厂扰蛮，起为乱，方进剿。维翰力陈营兵不戢及各厂病蛮状，请罢厂撤兵，抚各番，止诛其魁。

在川七年，不阿上官。旋被构，维翰揭部请解职赴质。时亲王总部事，特威重，捽使免冠。维翰以手按冠抗声曰："奉旨不免冠！"谯问故，则又抗声曰："旨解职，非革职也！"部乃疏请夺官。事旋白。乾隆二年，起授江南常镇道参议。丁父忧，归，卒于家。

3. 陆奎勋

卷四百八十四　列传二百七十一

奎勋，字聚侯，世楷子也。少随莱京师，以学行为公卿所推重，顾久困诸生中。康熙末，年几六十，始成进士，授检讨，充明史纂修官。匄疾归，主广西秀峰书院。奎勋笃于经学，忘饥渴寒暑。著陆堂易学，谓说卦一篇，足该全易。其诗学与明何楷诗世本古义相近。尚书说，惟解伏生今文二十八篇、戴礼绪言，纠正汉人穿凿附会之失。春秋义存录，则凡经、传、子、纬所载孔子语尽援为据，力主春秋非以一字褒贬。奎勋说经务新奇，使听者忘倦。最后撰古乐发微，未成而卒。

4. 介锡周

卷三百三十六　列传一百二十三

介锡周，字鼎卜，山西解州人。康熙六十年进士。雍正初，授贵州毕节知县。乌蒙土司叛，督运军粮，遇逆苗，徒役欲弃粮走，锡周厉声曰："失粮法当死，犯苗亦死。死法毋宁死贼！"策马径前，千夫拥粮而进，逆苗眙愕，鸟兽散。迁平远知州。乌蒙倮夷复叛，川、滇苗、倮应之。锡周先往抚大定苗，平远得无患。十三年，擢大定知府。古州苗乱，陷黄平、清平，驿路俱梗。塘兵妄报土酋安国贤通古州苗，克期犯贵阳。大吏发川兵将至，国贤辖地九百里，众惶骇。锡周甫莅郡，立召国贤至，谕以祸福。国贤伏地陈无交通古州状，锡周曰："汝率众苗就抚，我以百口保汝不死，且止川兵。"时丹江亦被围，乃请以川兵往援，丹江围解而大定安堵。

南笼民王祖先素无藉，以书符惑众，播为逆词。又粤西侬人王阿耳为寨长王文甲所执，窜入苗寨，诬文甲将纠合册亨诸寨叛。二狱同时起，株连千余人，南笼狱不能容。滇、粤错壤，寨苗多逃。锡周奉檄往会鞫，蔽罪悉当，释文甲及系累者，逃亡并归，边境以靖。摄贵东道，管粮运。时军兴，岁馈饷金二百四十余万两、米八十余万石，调马三千、夫五千，麇集镇远，漫无纪，夫糜廪食，马累里户；复于上游南笼诸府役民夫加运九站，下游铜仁诸府则增雇调二千人助役。锡周画三策：以马设台站，运凯里、丹江诸路；夫按期日运台拱诸路，楚、粤米皆由水运；分清江及古州、都江两路，挽输迅速，粮乃集。上游之加运，下游之调夫，皆止之，省帑数十万，民间亦减劳费之累。补贵西道，调粮道。兵米折色，不收余羡，兵民交颂之。乾隆中，擢按察使。

锡周在黔中久，吏治、风土、民苗疾苦皆熟习，莅之以诚，慎刑狱，兴教化。性素耿介，不谐于时，以老乞休。上念其劳勚，召入觐，授太仆寺少卿。阅三年，告归。

5. 彭家屏

卷三百三十八　列传一百二十五

彭家屏，字乐君，河南夏邑人。康熙六十年进士，授刑部主事，累迁郎中。考选山西道御史，外授直隶清河道。三迁江西布政使。移云南，再移江苏。以病乞罢。乾隆二十二年春，高宗南巡，家屏迎谒。上咨岁事，家屏奏："夏邑及邻县永城上年被水灾独重。"河南巡抚图尔炳阿朝行在，上以家屏语诘之，犹言水未为灾，上命偕家屏往勘；又以问河东河道总督张师载，师载奏如家屏言，上谓师载笃实，语当不诳，饬图尔炳阿秉公勘奏，毋更回护。上幸徐州，见饥民困苦状，念夏邑、永城壤相接，被灾状亦当同；密令步军统领衙门员外郎观音保微服往视。上北还，发徐州，夏邑民张钦遮道言县吏讳灾，上申命图尔炳阿详勘。次邹县，夏邑民刘元德复诉县吏施赈不实，上不怿，诘主使，元德举诸生段昌绪，命侍卫成林监元德还夏邑按其事；而观音保还奏夏邑、永城、虞城、商丘四县灾甚重，积水久，田不可耕；灾民鬻子女，人不过钱二三百，观音保收灾民子二，以其券呈上。上为动容，诏举其事，谓："为吾赤子，而使骨肉不相顾至此，事不忍言。"因夺图尔炳阿职，戍乌里雅苏台，诸县吏皆坐罪。

成林至夏邑，与知县孙默召昌绪不至，捕诸家，于卧室得传钞吴三桂檄，以闻上。上遂怒，贷图尔炳阿遣戍及诸县吏罪，令直隶总督方观承覆按。召家屏诣京师，问其家有无三桂传钞檄及他禁书。家屏言有明季野史数种，未尝检阅，上责其辞遁，命夺职下刑部，使侍卫三泰按验。家屏子传笏虑得罪，焚其书，命逮昌绪、传笏下刑部，诛昌绪，家屏、传笏亦坐斩，籍其家，分田予贫民。图尔炳阿又以家屏族谱上，谱号大彭统记，御名皆直书不缺笔。上益怒，责家屏狂悖无君，即狱中赐自尽。秋谳，刑部入传笏情实，上以子为父隐，贷其死。上既谴家屏等，召图尔炳阿还京师，逮默下刑部，命观音保以通判知夏邑。手诏戒敕，谓："刁顽既除，良懦可悯。当善为抚绥，毋俾灾民失所也。"

6. 王士俊

卷二百九十四　列传八十一

王士俊，字灼三，贵州平越人。康熙六十年进士，改庶吉士。雍正元年，上特命以知州发河南待缺，除许州。田文镜为巡抚，恶以科第起家者，有意督过之，士俊惧将及。文镜增碱地税，民不堪，士俊具牒争，冀以是劾罢邀名。布政使杨文乾奇士俊，曲护之。三年，文乾迁广东巡抚，奏以士俊从。四年，题授肇高廉罗道。五年，署巡抚阿克敦察士俊所辖黄江厂税亏税银千余，疏劾。上谕之曰："王士俊尚有用，小过犹可谅。当严饬令悛改。"寻召士俊诣京师。士俊发黄江厂库官为布政使官达索规礼，阿克敦即令官达按鞫。士俊请改员严讯，阿克敦令按察使方愿瑛会鞫。士俊即以阿克敦、官达、方愿瑛朋谋徇私，揭吏部奏闻。会文乾亦以他事劾阿克敦、官达，上命解官达、愿瑛任，令总督孔毓珣及文乾会鞫，并令士俊署布政使。士俊行至曲江，闻命，还广东上官。会文乾卒，上命傅泰署巡抚，复遣通政使留保等如广东会鞫，阿克敦等皆坐谴。六年，实授广东布政使。九年，擢湖北巡抚。

十年，文镜解任还京师，擢士俊河东总督，兼河南巡抚。十一年，疏劾学政俞鸿图纳贿行私，命侍郎陈树萱按鞫，得实，鸿图坐斩。文镜在河南督州县开垦，士俊承其后，督促益加严，又令州县劝民间捐输。高宗即位，户部尚书史贻直奏言："河南地势平衍，沃野千里，民性纯朴，勤于稼穑，自来无土不耕，其不耕者大都斥卤沙碛之区。臣闻河南各属广行开垦，一县中有报开十顷、十数顷至数十顷者，积算无虑数千百顷，安得荒田如许之多？推求其故，不过督臣授意地方官多报开垦，属吏迎合，指称某处隙地若干、某处旷土若干，造册申报。督臣据其册籍，报多者超迁议叙，报少者严批申饬，或别寻事故，挂之弹章。地方官畏其权势，冀得欢心，讵恤后日官民受累，以致报垦者纷纷。其实所报之地，非河滩沙砾之区，即山冈荦确之地；甚至坟墓之侧，河堤所在，搜剔靡遗。目下行之，不过枉费民力，其害犹小；数年后按亩升科，指斥卤为膏腴，勘石田以上税，小民将有鬻儿卖女以应输将者。又如劝捐，乃不得已之策，今则郡县官长，驱车郭门，手持簿籍，不论盐当绅民，慰以好言，令其登写，旋索资镪。地方官一年数换，则籍簿一年数更，不惟大拂民心，亦且有损国体。请敕廉明公正大臣前往清察。"上谕曰："田文镜为总督，苛削严厉，河南民重受其困。士俊接任，不能加意惠养，借垦地之虚名，成累民之实害。河南民风淳朴，竭蹶以从，甚属可嘉。然先后遭苛政，其情亦至可悯矣！河南仍如旧例，止设巡抚。"以傅德代士俊。士俊至京师，命署兵部侍郎。

乾隆元年，复命署四川巡抚。士俊在河南，上蔡知县贵金马奉檄开垦，迫县民加报地亩钱粮，武生王作孚等诣县辨诉。贵金马以聚众哄堂揭士俊，士俊谕定谳毋及开垦，妄坐作孚等勒减盐价，拟斩。傅德疏劾，下部议，士俊当夺官，上命仍留任。

士俊密疏陈时政，略言：“近日条陈，惟在翻驳前案，甚有对众扬言，只须将世宗时事翻案，即系好条陈。传之天下，甚骇听闻。”又言大学士不宜兼部，又言各部治事，私揣某省督抚正在褒嘉，其事宜准；某省督抚方被诘责，其事宜驳。不论事理当否，专以逢合为心。又言廷臣保举，率多徇情，甚或借以索贿。上览奏，怒甚，发王大臣公阅。御史舒赫德因劾：“士俊奸顽刻薄，中外共知。其为河南总督，勒令州县虚报垦荒，苦累小民。近日巡抚傅德论劾，外间传说士俊已命逮治，皇上犹冀其改恶向善，曲赐矜全。乃士俊丧心病狂，妄发悖论，请明正其罪。”上召王、大臣、九卿等谕之曰：“从来为政之道，损益随时，宽猛互济。记曰：‘张而不弛，文武弗能；弛而不张，文武弗为。’尧因四岳之言而用鲧，鲧治水九载，绩用弗成；至舜而后殛鲧。当日用鲧者尧，诛鲧者舜，岂得谓舜翻尧案乎？皇考即位之初，承圣祖深仁厚泽，休养生息，物炽而丰；皇考加意振饬，使纪纲整齐，此因势利导之方，正继志述事之善。迨雍正九年以来，人心已知法度，吏治已渐澄清，又未尝不敦崇宽简，相安乐易。朕缵承丕绪，泣奉遗诏，向后政务应从宽者悉从宽。凡用人行政，兢兢焉以皇考诚民育物之心为心，以皇考执两用中之政为政。盖皇祖、皇考与朕之心初无丝毫间别。今王士俊訾为翻驳前案，是诚何心？朕躬有阙失，惟恐诸臣不肯尽言；至事关皇考，而妄指前猷，谓有意更张，实朕所不忍闻。至谓大学士不宜兼部，大学士兼部正皇考成宪，士俊欲朕改之，是又导朕以翻案也，彼不过为大学士鄂尔泰而发。士俊河南垦荒，市兴利之善名，行剥民之虐政，使败露于皇考时，岂能宽宥？彼欲掩饰从前之罪，且中伤与己不合之人，其机诈不可胜诘。至谓部件题驳，怀挟私心，保举徇情，夤缘贿嘱，诸臣有则痛自湔除，无则益加黾勉，毋为士俊所讪笑，以全朕委任简用之体可也。”解士俊任，逮下刑部，王大臣等会鞫，请用大不敬律拟斩立决，命改监候。二年，释为民，遣还里。

六年，以争占瓮安县民罗氏墓地，纵仆殴民，民自经死，民子走京师叩阍。命副都御史仲永檀如贵州，会总督张广泗鞫，得实，论罪如律。二十一年，卒。

7. 王恕

卷三百八　列传九十五

王恕，字中安，四川铜梁人。康熙六十年进士，改庶吉士。雍正元年，吏部以员外郎缺员，请以庶吉士拣补，恕与焉。旋自员外郎迁郎中。考选广西道御史。转兵科给事中。出为江南江安粮道，再迁广东布政使。乾隆五年，署福建巡抚。上谕之曰：“勉力务实，勿粉饰外观。封疆大吏不可徒自立无过之地，遂谓可保禄全身也。”旋奏：“臣到任数月，官方民俗，积储兵防，已得其大略。漳、泉素刁悍，已严谕有司勤为听断，力行整刷。民俗尚华靡，督臣德沛以俭朴化民，臣更当倡导为助。合省常平仓谷，至四年岁终，共存一百三十四万，又收捐监谷十五万，委道府切实察核。”报闻。六年，奏言：“台湾各县最称难治。于繁缺知县内拣选调补，多以处分被驳。请嗣后调台官员，虽有经征承追各案，准予题调。”上谕曰：“用此定例则不可，随本奏请则可。”又奏：“各乡社谷向俱借存寺庙，请于四乡村镇适中处分建仓房，工费即以社谷拨充，俟将来续收补项。”又奏免崇安无田浮赋一千二百五十一顷，及闽县加征无著学租。又奏："福建多山田，零星合计成亩。嗣后民间开垦不及一亩，与虽及一亩而地角山头不相毗连者，免其升科。"均从之。实授巡抚。

江苏布政使安凝条奏赈务，上发各督抚察阅。恕疏言："救灾之法有三：曰赈，曰粜，曰借。此三者，实心办理则益民，奉行不善则害政。以赈而论，地方有司于仓猝查报时，分极贫、次贫。一有差等，便启弊端。里甲于此酬恩怨，胥役于此得上下，而民之冀幸而生觖望者，更不待言。盖贫富易辨，极次难分。如以有田为次贫，无田为极贫，一遇旱涝，颗粒皆无，有田与无田等也。如以有家为次贫，无家为极贫，则无从得食，相忍守饥，完聚与茕独同也。与其仓猝分别开争竞之门，莫如一视同仁绝觊觎之望。臣愚以为初赈似应一律散给，加赈再行分别，庶杜争端。以粜而论，定例石减时价一钱，俾小民升斗易求，牙商居奇无望，诚接济良法。乃有司每多请过减，倘轻听准行，势必希图多粜，规利者云集喧嚣。且米价太贱，商贩不前。臣请嗣后平粜，仍照定例斟酌办理，使灾民实沾升斗之惠，而棍徒囤户难行冒滥之奸。以借而论，动公家之银，为百姓谋有无、通匮乏，此周官恤贫遗法也。然使办理未协，则官民交累。假如荒年田土无力耕种，有司借给籽种，犹可获时即偿。若告贷银米以给口食，则必计其能还而后与之，狡黠之流遂谓官有偏私，不免造谤生事。有司不得已略为变通，而无力还官，差拘征比，民无安息。是始则借不能遍，因争闹而被刑；继则还不能清，迫追呼而更困。名为利民，实为病民。且年久不清，蒙恩豁免，帑项终归无著。臣以为与其借而无偿，莫如赈而不借。此皆当先事而熟筹者也。"报闻。旋以官按察使时删改囚供，下吏部，召诣京师。上以恕居官贤否询闽浙总督策楞，又命新任巡抚刘于义考察。策楞言"恕操守廉洁，老成持重，惟识力不能坚定"；于义亦言"恕廉洁，百姓俱称安静和平，绝无扰累。惟不能振作"。上谓两奏皆至公之论。寻补浙江布政使。旋卒。

恕治事不苟。初授湖北粮道，押运赴淮，以船户挟私盐，自请总督纠劾。任江安粮道，整饬漕务尤有声。充福建乡试监临，武生邱鹏飞以五经举第一，士论不平，奏请覆试。寻察出实使其弟代作，吏议降调，上特宽之。

8. 李渭

卷四百七十七　列传二百六十四

李渭，字菉涯，直隶高邑人。父兆龄，康熙中官福建闽清知县，以廉能称。渭，康熙六十年进士，授内阁中书，迁刑部主事。雍正二年，出为湖南岳州知府，诏许密折奏事。忤大吏，左迁武昌府同知，未之任，丁母忧。服阕，授四川嘉定知府，复以争冤狱忤上官。渭曰："吾官可弃，杀人媚人不为也。"奉檄赈重庆水灾，多所全活。父忧归。

后补河南彰德，万金渠源出善应山，环府城，入洹河，灌田千数百顷，山水暴发易淤。渭履勘浚治，增开支河，建闸启闭，定各村分日用水，岁以有秋。漳河当孔道，旧设草桥于临漳，道回远，移于丰乐镇，行旅便之。雪武安民班某诬杀族兄狱。林县富室殴人死，赂尸属以病死报。渭验尸腿骨尽碎，治如律。举卓异。

乾隆九年，擢山东盐运使，时议增盐引，渭以增引则商不能赔，必增盐价，商、民且两病，持不可。十二年，山东大水，大吏檄渭勘灾，至益都、博兴、乐安诸县，饿莩载途，而有司先以未成灾报，已入告，难之；乃请以借作赈，异日免追，民乃苏。十三年，就迁按察使，折狱平。尝曰："古人言求其生而不得，今俗吏移易狱词，何求生不得之有？然如死者何！此妇寺之仁，非持法之正。”

寻迁安徽布政使，禁革征粮长单差催法，以杜诡寄。调山东，垦荒，令客民带完旧欠，免邻保代赔逃户之累，民便之。为政持大体，不吝出纳，不轻揭一官，驭吏严而不念旧过。十九年，卒于官。子经芳，乾隆中官至湖北施南知府，亦廉谨守其家风。

9. 戴亨

卷四百八十五　列传二百七十二

亨，字通乾，号遂堂，沈阳人，原籍钱塘。父梓，以事戍辽，见艺术传。亨，康熙六十年进士。官山东齐河县知县，以抗直忤上官，解组去。寄居京师，家益贫，晏如也。为人笃于至性，不轻然诺，夙敦风义。其诗宗杜少陵，上溯汉、魏，卓然名家。有庆芝堂诗集。

10. 晏斯盛

卷三百九　列传九十六

晏斯盛，字虞际，江西新喻人。康熙五十九年，举乡试第一。六十年，成进士，改庶吉士。雍正元年，授检讨。五年，考选山西道御史。镶红旗巡役，以斯盛从骑惊突，拘辱之。斯盛以闻，命治罪。疏言：“各州县立社仓，原以通济丰歉。贫民借谷，石收息十升。如遇歉，当不取其息。”从之。九年，督贵州学政。迁鸿胪寺少卿。乾隆元年，擢安徽布政使。奏言：“各省水旱灾，督抚题报，应即遴员发仓谷治赈，仍于四十五日限内题明应否加赈。其当免钱粮，将丁银统入地粮核算，限两月题报。或分年带征，或按分蠲免，请旨遵行。”三年，疏言：“安徽被灾州县，仓储不敷赈粜，请留未被灾州县漕米备赈。”四年，奏言：“江北向多游食之人，每遇歉岁，轻去其乡。惟寓赈于工，人必争趋。凤阳、颍州以睢水为经，庐州以巢湖为纬，六安、滁、泗旧有堤堰，请援淮、扬水利例，动帑修浚。”皆从之。

七年，擢山东巡抚。山东有老瓜贼，巡抚朱定元令汛兵巡大道。斯盛疏言：“贼情狡狯，大道巡严，必潜移僻路；或假僧道技流，伏匿村落。应令州县督佐杂分地巡察。”又奏：“邪教惑民，莫如创立教会，阳修善事。此倡彼和，日传日广，大为风教之害。尽法深求，株连蔓延，恐生事端。请将创教授徒为首者如法捕治，被诱者薄惩，出首者免究。”上从其请。寻以莱州被水，请暂禁米出海。上谕曰：“此不过属吏为一郡一邑之说，汝等封疆大吏，不可存遏粜之心。若无米可贩，百姓自不运，何待汝等禁乎？”又言兖、沂等府州被水，而江南饥民复至，疏请无灾州县留养限五百人，有灾州县限二三百人，上命实力料理。八年，调湖北巡抚。九年，迁户部侍郎，仍留任。

斯盛究心民事，屡陈救济民食诸疏，以社仓保甲相为经纬，因言：“周礼族师、遂人之法，稽其实则井田为之经。盖就相生相养之地，而行政教法令于其中。是以习其事而不觉，久于其道而不变。周衰，管子作轨里连乡，小治而未大效。秦、汉、隋、唐，庞杂无纪。宋熙宁中，编闾里之户为保甲，事本近古，然亦第相保相受，而未得其相生相养之经。臣前奏推广社仓之法，请按堡设仓，使人有所恃，安土重迁，保甲联比，相为经纬。顾欲各堡一仓，仓积谷三千，一时既有难行；而入谷之数，则变通于额赋之中，别分本折，稍觉纷更。虽然，社仓保甲，原有相通之理，亦有兼及之势。求备诚难，试行或易。加意仓储，既虑贵粜妨民，停止采买，又虑积贮无资。详加酌剂，拟请停户部捐银之例，令各省捐监于本地交纳本色，以本地之谷实本地之仓，备本地之用。不采买而仓储自充，诚为兼济之道。窃谓常平之积便于城，未甚便于乡。城积多，则责之也专，而无能之吏或以为累；乡积多，则守之者众，而当社之民可以分劳。且社仓未有实际，以仓费无所出也。名有社仓，而仓不在社，社实无仓，往往然矣。今捐谷多在于乡，而例又议有仓费。拟请将此项捐纳移入社仓，捐多则仓亦多。取乡保谷数而约举之，大州县八十堡，四堡一仓，仓一千二百五十石，总二万五千石，中小州县，以此类推。储蓄之方，莫便于此。方今治平日久，一甲中不少良善，四堡之仓，轮推甲长递管，互相稽核，年清年款。则社长累弊自除，而官考其成，隐然有上下相维之势矣。"奏入，上嘉纳之。

十年，进喜雨诗四章，用其韵赐答。京师钱贵，上令廷臣议平市值，下各督抚仿行。斯盛疏请视京师例，禁民间铜铺毁钱；又令州县每岁秋以平粜钱市谷。时设局令商民以银平易，又疏请捕私钱，并禁民私剪钱缘，兼限民间用银二三两以上、粜米二三石以上，皆不得以钱准银，下廷臣议行。寻以母老请终养回籍。十七年，卒。

斯盛著楚蒙山房易经解，唐鉴称其"不废象数而无技术曲说，不废义理而无心性空谈，在近日易家犹为笃实近理"云。

雍正元年（1723年）癸卯科

第一甲

1. 戴瀚

卷五百二　列传二百八十九

瀚，成雍正元年一甲第二名进士。

第二甲

1. 焦祈年

卷二百九十一　列传七十八

焦祈年，字谷贻，山东章丘人。雍正元年进士，改庶吉士，授编修。考选云南道御史，擢顺天府丞，权府尹，迁右通政。八年，命充广东观风整俗使，修建十府、二州书院，延通人为之师。滨海多盗，设策钩捕，得剧盗百余置诸法，盗差熄。奸民以符札惑众，擒治之，赦其株连者。西洋人置天主堂，使徙归澳门。简阅营伍，军政以肃。擢光禄寺卿，召为顺天府尹，旋调奉天。行次山海关，疾作，乞归，卒于里。

2. 周学健

卷三百三十八　列传一百二十五

学健，江西新健人。雍正元年进士，改庶吉士，散馆授编修。五迁至户部侍郎。命如山东按事，两诣上下江会督抚治灾赈、水利，出署福建巡抚、浙闽总督。加太子少保，授江南河道总督，坐违制剃发，夺官，命江西巡抚开泰籍其家。开泰发其往来私书，中有丁忧兖沂曹道吴同仁行赇学健，乞举以自代。上为罢陈举自代例，诏曰："朕令大臣举可以自代之人，凡以拔茅茹、显俊乂之意也。今同仁嘱学健许以两千，朕不解焉。问之钱陈群，始知为赇。夫考绩黜陟，何可为苞苴之门，岂朕若渴之诚尚未喻于二三大臣耶？朕甚恶焉！其罢之。"别诏又谓："学健卞急刚愎，不料其不励名检竟至于此！"下两江总督策楞覆勘，具得学健营私受赃、纵戚属奴仆骫法状，刑部引塞楞额及前步军统领鄂善例论斩决。上谓学健违制罪已贯，婪赃鬻破荐举事视鄂善尤重，赐自尽。

3. 张廷瑑

卷二百六十七　列传五十四

廷瑑，字桓臣。雍正元年进士，自编修累官工部侍郎，充日讲官。起居注初无条例，廷瑑编载详赡得体。既擢侍郎，兼职如故。终清世，已出翰林而仍职记注者惟廷瑑。乾隆九年，改补内阁学士，兼礼部侍郎。典试江西，移疾归。廷瑑性诚笃，细微必慎。既归，刻苦砺行，耿介不妄取。三十九年，卒，年八十四。上闻，顾左右曰："张廷瑑兄弟皆旧臣贤者，今尽矣！安可得也？"因叹息久之。

4. 松寿

卷二百三十二　列传十九

嵩寿，希福曾孙。雍正元年进士，选庶吉士，授编修。乾隆二年，册封安南国王黎维祎，以侍读充正使，赐一品服。累擢内阁学士。十四年，颁诏朝鲜，擢礼部侍郎。十九年，袭一等子爵。二十年，卒。

5. 尹继善

卷三百七　列传九十四

尹继善，字元长，章佳氏，满洲镶黄旗人，大学士尹泰子。雍正元年进士，改庶吉士，授编修。五年，迁侍讲，寻署户部郎中。上遣通政使留保等如广东按布政使官达、按察使方愿瑛受赇状，以尹继善偕。鞫实，即以尹继善署按察使。六年，授内阁侍读学士，协理江南河务。是秋，署江苏巡抚，七年，真除。疏禁收漕规费，定石米费六分，半给旗丁，半给州县，使无不足，然后裁以法。平粜盈余，非公家之利，应存县库，常平仓捐谷听民乐输，不得随漕勒征。命如议行。又疏请崇明增设巡道，兼辖太仓、通州。并厘定永兴、牛羊、大安诸沙分防将吏。福山增隶沙船，与京口、狼山诸汛会哨。又请移按察使驻苏州，苏松道驻上海。皆从之。旋署河道总督。九年，署两江总督。十年，协办江宁将军，兼理两淮盐政。疏言："镇江水兵驻高资港，江宁水兵驻省会，各增置将吏。狼山复设赶缯大船，与镇江、江宁水兵每月出巡察，庶长江数千里声势联络。"上嘉之。尹继善请清察江苏积欠田赋，上遣侍郎彭维新等助为料理，又命浙江总督李卫与其事。察出康熙五十一年至雍正四年都计积亏一千十一万，上命分别吏蚀、民欠，逐年带征。尹继善等并议叙。又请改三江营同知为盐务道，并增设缉私将吏。

十一年，调云贵广西总督。思茅土酋刁兴国为乱，总督高其倬发兵讨之，擒兴国，余党未解。尹继善至，咨于其倬，得窾要，檄总兵杨国华、董芳督兵深入，斩其酋三，及从乱者百余。元江、临安悉定。分兵进攻攸乐、思茅，东道抚定攸乐三十六寨，西道攻六困，破十五寨，降八十余寨。疏闻，上谕曰："剿抚名虽二事，恩威用岂两端？当抚者不妨明示优容，当剿者亦宜显施斩馘，俾知顺则利，逆则害。今此攻心之师，即寓将来善后之举，是乃仁术也。识之！"十二年，奏定新辟苗疆诸事，请移清江镇总兵于台拱，并移设同知以下官，增兵设汛，从之。又奏云南浚土黄河，自土黄至百色，袤七百四十余里。得旨嘉奖。寻诏广西仍隶广东总督。十三年，奏定贵州安笼等营制。贵州苗复乱，尹继善发云南兵，并征湖广、广西兵策应。遣副将纪龙剿清平，参将哈尚德收新旧黄平二城，合兵徇重安。副将周仪等复余庆，获苗酋罗万象等。总兵王无党、韩勋剿八寨，总兵谭行义剿镇远。

又令无党合广西、湖南兵与行义会，破苗寨，斩千余级，获苗酋阿九清等，苗乱乃定。乾隆元年，贵州别设总督，命尹继善专督云南。二年，奏豁云南军丁银万二千二百有奇。入觐，以父尹泰老，乞留京侍养。授刑部尚书，兼管兵部。三年，丁父忧。四年，加太子少保。五年，授川陕总督。郭罗克部番复为乱，尹继善檄谕番酋执为盗者以献，事旋定。六年。奏陈郭罗克善后诸事，请设土目，打牲予号片，宽积案，撤戍兵，上皆许之。七年，丁母忧。

八年，署两江总督，协理河务。疏言："毛城铺天然坝，高邮三坝，皆宜仍旧。"上谕令斟酌，因时制宜。九年，卫入觐，还，上命传旨开天然坝，且曰："卫奏河水小，坝宜开。"尹继善覆奏，略言："卫不问河身深浅，但问河水大小，非知河者也。河浅坝开，宣流太过。湖弱不敌黄强，为害滋甚。"上卒用尹继善议。十年，实授两江总督。十二年，疏言："阜宁、高、宝诸地圩岸分年修治，务令圩外取土，挑浚成沟，量留涵洞，使旱涝有备。凤、颍、泗三属频遭水患，河渠次第开浚，而田间圩塍实与为表里，亦陆续兴修。俟有成效，推行远近。"上谕曰："此诚务本之图，实力为之。"

十三年，入觐，调两广，未行，授户部尚书、协办大学士、军机处行走，兼正蓝旗满洲都统。未几，复出署川陕总督。嗣以四川别设总督，命专督陕、甘。大学士傅恒经略金川，师经陕西，上奖尹继善料理台站、马匹诸事，调度得宜。十四年，命参赞军务，加太子太保。十五年，西藏不靖，四川总督策楞统兵入藏，命兼管川陕总督。

十六年，复调两江。十七年，尹继善以上江频被水，疏请浚宿州睢河、彭家沟，泗州谢家沟，虹县汴河上游，筑宿州符离桥，灵壁新马桥，砂礓河尾黄疃桥、翟家桥，诏如所请。罗田民马朝柱为乱，檄总兵牧光宗捕治，并亲赴天堂寨，获朝柱家属、徒党，得旨嘉奖，召诣京师。十八年，复调署陕甘总督。雍正间，开哈密蔡伯什湖屯田，乾隆初，以畀回民。贝子玉素富以屡歉收请罢。尹继善奏言："从前开渠引水，几费经营。回民不谙耕作，频岁歉收。万亩屯田，弃之可惜。请选西安兵丁子弟，或招各卫民承种。"上韪其言。

调江南河道总督。十九年，疏言："河水挟沙而行，停滞成滩。有滩则水射对岸，即成险工。铜、沛、邳、睢、宿、虹诸地河道多滩，宜遵圣祖谕，于曲处取直，开引河，导溜归中央，借水刷沙。河堤岁令加高，务使稳固，而青黄不接，亦寓赈于工。"诏如议行。命署两江总督，兼江苏巡抚。二十一年，疏请浚洪泽湖入江道，开石羊沟，引东西湾两坝所减之水，疏芒稻闸达董家沟引河，引金湾闸坝所减之水，加宽廖家沟河口，引壁虎、凤凰两桥所减之水，并浚各河道上游，修天妃、青龙、白驹诸闸，从之。实授两江总督。二十二年，疏言："沛县地最卑，昭阳、微山诸湖环之，济、泗、汶、滕诸水奔注。请于荆山桥外增建闸坝，使湖水畅流入运。又沂水自山东南入骆马湖，出卢口入运，阻荆山桥出水。当相度堵修。"上以所言中形势，嘉之。旋与侍郎梦麟等会督疏治淮、扬、徐、海支干各河暨高、宝各工，是冬事竟，议叙。二十五年，上命增设布政使，尹继善请分设江宁、苏州二布政使，而移安徽布政使驻安庆。二十七年，上南巡，命为御前大臣。二十九年，授文华殿大学士，仍留总督任。三十年，上南巡，尹继善年七十，御书榜以赐。召入阁，兼领兵部事，充上书房总师傅。三十四年，兼翰林院掌院学士。三十六年，上东巡，命留京治事。四月，卒，赠太保，发帑五千治丧。令皇八子永璇奠醊，永璇，尹继善壻也。赐祭葬，谥文端。

尹继善释褐五年，即任封疆，年才三十余。莅政明敏，遇纠纷盘错，纡徐料量，靡不妥贴。一督云、贵，三督川、陕，四督两江。在江南前后三十年，最久，民德之亦最深。世宗最赏李卫、鄂尔泰、田文镜，尝谕尹继善，谓当学此三人。尹继善奏曰："李卫，臣学其勇，不学其粗。田文镜，臣学其勤，不学其刻。鄂尔泰，宜学处多，然臣亦不学其愎。"世宗不以为忤。高宗尝谓："我朝百余年来，满洲科目中惟鄂尔泰与尹继善为真知学者。"御制怀旧诗复及之。子庆桂，自有传。

6. 刘吴龙

卷三百四 列传九十一

刘吴龙，字绍闻，江西南昌人。雍正元年进士，授庶吉士。二年，以朱轼荐，改吏部主事。六迁至光禄寺少卿。尝视谳牍，有以欲劫行舟定罪者，吴龙曰："欲劫二字，岂可置人于死？"论释之。十一年，出为安徽按察使。十三年，内迁光禄寺卿，命管理北路军需。乾隆元年，召还，疏言："北路军需，有输送科布多截留察汉廋尔诸处，应就车驼户追缴脚价。尚有逋负，请量予豁除。"上从其议。三迁左都御史，疏言："步军统领衙门番役，私用白役，生事害民，宜令具册考核，有所追捕，官畀差票，诣有司呈验。步军统领鞫囚，旗人会本旗都统，民人会顺天府尹、巡城御史，互相觉察。"疏入，议行。又疏言诸行省州县董理讼狱，其有舛误，小民无所申诉，宜令督抚遣监司按行稽考，以申民隐。旋劾罢浙江巡抚卢焯，论如律。迁刑部尚书。七年，卒，赐白金五百治丧，谥清悫。

吴龙简重，不苟言笑。为政慎密持重，得大体。督学直隶、江苏，士循其教。乾隆初，杨汝榖、张泰开与吴龙先后为左都御史，皆以笃谨被上眷。

第三甲

1. 陈弘谋

卷三百七 列传九十四

陈宏谋，字汝咨，广西临桂人。为诸生，即留心时事，闻有邸报至，必借观之。自题座右，谓"必为世上不可少之人，为世人不能作之事"。雍正元年恩科，世所谓春乡秋会。宏谋举乡试第一，成进士，改庶吉士，授检讨。四年，授吏部郎中。七年，考选浙江道御史，仍兼郎中。监生旧有考职，多以人代。世宗知其弊，令自首，而州县吏藉察访为民扰。宏谋疏请禁将来，宽既往。召见，征诘再三，申论甚晰，乃允其奏，以是知其能。授扬州知府，仍带御史衔，得便宜奏事。丁父忧，上官留之，辞，不许。迁江南驿盐道，仍带御史衔，摄安徽布政使。又丁母忧，命留任，因乞假归葬。

十一年，擢云南布政使。初，广西巡抚金鉷奏令废员垦田报部，以额税抵银得复官，报垦三十余万亩。宏谋奏言："此曹急于复官，止就各州县求有余熟田，量给工本，即作新垦。田不增而赋日重，民甚病之，请罢前例。"上命云南广西总督尹继善察实，尹继善请将虚垦地亩冒领工本核实追缴。乾隆元年，部议再敕两广总督鄂弥达会鉷详勘。宏谋劾鉷欺公累民，开捐报垦不下二十余万亩，实未垦成一亩，请尽数豁除。时鉷内迁刑部侍郎，具疏辨。上命鄂弥达会巡抚杨超曾确勘。二年，宏谋复密疏极论其事。高宗责"宏谋不待议覆，又为是渎奏。粤人屡陈粤事，恐启乡绅挟持朝议之渐”。交部议，降调。寻鄂弥达等会奏，报垦田亩多不实，请分别减豁。铁以下降黜有差。

三年，授宏谋直隶天津道。五年，迁江苏按察使。六年，迁江宁布政使，甫到官，擢甘肃巡抚，未行，调江西。九年，调陕西。十一年，复调回江西。寻又调湖北。十二年，川陕总督庆复劾宏谋在陕西爱憎任情，好自作聪明，不持政体。部议夺官，上命留任。未几，复调陕西。上谕曰：“此汝驾轻就熟之地，当秉公持重，毋立异，毋沽名。能去此结习，尚可造就也。”署陕甘总督。十五年，加兵部侍郎。其冬，河决阳武。调河南巡抚。十七年，调福建。十九年，复调陕西。二十年，调甘肃。再调湖南，疏劾布政使杨灏侵扣谷价。上嘉其不瞻徇，论灏罪如律。二十一年，又调陕西。

二十二年，调江苏。入觐，上询及各省水灾，奏言皆因上游为众水所汇，而下游无所归宿，当通局筹办。上以所言中肯綮，命自河南赴江苏循途察勘。十二月，迁两广总督，谕曰：“宏谋籍广西，但久任封疆，朕所深信。且总督节制两省，专驻广东，不必回避。”二十三年，命以总督衔仍管江苏巡抚，加太子少傅。二十四年，坐督两广时请增拨盐商帑本，上责“宏谋市恩沽名，痼习未改”。下部议夺官，命仍留任。又以督属捕蝗不力，夺总督衔，仍留巡抚任。二十六年，又以失察浒墅关侵渔舞弊，议罢任，诏原之，谕责“宏谋模棱之习，一成不变”。调抚湖南。二十八年，迁兵部尚书，署湖广总督，仍兼巡抚。召入京，授吏部尚书，加太子太保。

宏谋外任三十余年，历行省十有二，历任二十有一。莅官无久暂，必究人心风俗之得失，及民间利病当兴革者，分条钩考，次第举行。诸州县村庄河道，绘图悬于壁，环复审视，兴作皆就理。察吏甚严，然所劾必择其尤不肖者一二人，使足怵众而止。学以不欺为本，与人言政，辄引之于学，谓：“仕即学也，尽吾心焉而已。”故所施各当，人咸安之。

在扬州值水灾，奏请遣送饥民回籍，官给口粮，得补入赈册，报可。盐政令淮商于税额外岁输银助国用，自雍正元年始，积数千万，率以空数报部。及部檄移取，始追征，实阴亏正课，宏谋奏停之。

在云南，方用兵倮夷，运粮苦道远，改转搬递运，民便之。增铜厂工本，听民得鬻余铜，民争趋之。更凿新矿，铜日盛，遂罢购洋铜。立义学七百余所，令苗民得就学，教之书。刻孝经、小学及所辑纲鉴、大学衍义，分布各属。其后边人及苗民多能读书取科第，宏谋之教也。

在天津，屡乘小舟咨访水利，得放淤法，水涨挟沙行，导之从堤左入、堤右出。如是者数四，沙沉土高，沧、景诸州悉成沃壤。按察江苏，设弭盗之法，重诬良之令，严禁淹亲柩及火葬者。

在江西，岁饥，告籴于湖广。发帑缮城垣，筑堰埭，修圩堤闸坝，以工代赈。南昌城南罗丝港为赣水所趋，善冲突，建石堤捍之。左蠡朱矶当众水之冲，亦筑堤百丈，水患以平。又以钱贵，奏请俟云南铜解京过九江，留五十五万五千斤，开炉鼓铸；并以旧设炉六，请增炉四：诏并许之。又以仓储多亏缺，请令民捐监，于本省收谷，以一年为限。限满，上命再收一年。又以民俗尚气好讦讼，请令各道按行所属州县，察有司，自理词讼，毋使延阁滋累。上命实力督率，毋徒为具文。

在陕西，募江、浙善育蚕者导民蚕，久之利渐著。高原恒苦旱，劝民种山薯及杂树，凿井二万八千有奇，造水车，教民用以灌溉。陕西无水道，惟商州龙驹寨通汉江，滩险仅行小舟。宏谋令疏凿，行旅便之。又以陕西各属常平仓多空废，亦令以捐监纳谷。并请开炉铸钱，如江西例。户部拨运洋铜，铸罄，采云南铜应用，钱价以平。

请修文、武、成、康四王及周公、太公陵墓，即以陵墓外余地召租得息，岁葺治。皆下部议行。

在河南，请修太行堤。又以归德地洼下，议疏商丘丰乐河、古宋河，夏邑响河，永城巴沟河，民力不胜，请发帑浚治。

既至福建，岁歉米贵，内地仰食台湾，而商舶载米有定额，奏弛其禁以便民。又疏言福建民嚣竞多讼，立限月为稽核，以已未结案件多寡，课州县吏勤惰。又言福建地狭民稠，多出海为商，年久例不准回籍。请令察实内地良民或已死而妻妾子女愿还里者，不论年例，许其回籍，从之。

在湖南，禁洞庭滨湖民壅水为田，以宽湖流，使水不为患，岁大熟。江南灾，奏运仓谷二十万石济之，仍买民谷还仓。

再至陕西，闻甘肃军需缺钱，拨局钱二百万贯济饷，上嘉其得大臣任事体。疏请兴关外水利，浚赤金、靖逆、柳沟、安西、沙州诸地泉源，上命后政议行。又以准噶尔既内附，请定互市地，以茶易马充军用，诏从之。

其治南河，大要因其故道，开通淤浅，俾畅流入海。督民治沟洫，引水由支达干，时其蓄泄。徐、海诸州多弃地，遇雨辄淫溢，课民开沟，即以土筑圩，多设涵洞为旱潦备；低地则令种芦苇，薄其赋。其在江苏，尤专意水利，疏丁家沟，展金湾坝，浚徐六泾白茆口，泄太湖水，筑崇明土塘御海潮，开各属城河。又疏言："苏州向设普济、育婴、广仁、锡类诸堂，收养茕独老病，并及弃婴。请将通州、崇明滨海淤滩，除附近民业著听升科，余拨入堂。又通州、崇明界新涨玉心洲，两地民互争，请并拨入，以息争竞。"上谕曰："不但一举而数善备，汝亦因此得名也。"

及督湖广，疏言："洞庭湖滨居民多筑围垦田，与水争地，请多掘水口，使私围尽成废壤，自不敢再筑。"上谕曰："宏谋此举，不为煦妪小惠，得封疆之体。"

逮入长吏部，疏言："文武官弁，均有捕盗之责。乃州县捕役，平时豢盗，营兵捕得，就谳时任其狡展，或且为之开脱。嗣后应令原获营员会讯。"上嘉其所见切中事理。又疏言："河工办料，应令管河各道亲验加结。失事例应文武分偿，而参游例不及，应酌改画一。"下河督议行。又言："匿名揭帖，循例当抵罪，所告款内有无虚实，仍应按治。则宵小不得逞奸，有司亦知所警。"上亦韪之。

二十九年，命协办大学士。三十二年，授东阁大学士，兼工部尚书。三十四年，以病请告，迭谕慰留。三十六年春，病甚，允致仕，加太子太傅，食俸如故。赐御用冠服，命其孙刑部主事兰森侍归。诏所经处有司在二十里内料理护行。上东巡，觐天津行在，赐诗宠其行。六月，行至兖州韩庄，卒于舟次，年七十六。命祀贤良祠，赐祭葬，谥文恭。

宏谋早岁刻苦自励，治宋五子之学，宗薛瑄、高攀龙，内行修饬。及入仕，本所学以为设施。莅政必计久远，规模宏大，措置审详。尝言："是非度之于己，毁誉听之于人，得失安之于数。"辑古今嘉言懿行，为五种遗规，尚名教，厚风俗，亲切而详备。奏疏文檄，亦多为世所诵。曾孙继昌，字莲史。嘉庆二十四年乡试，二十五年会试、廷试，俱第一，授修撰。历官至江西布政使。

2. 郑方坤

卷四百八十四　列传二百七十一

郑方坤，字则厚，建安人。雍正元年进士。为令邯郸，屡擢至山东兖州知府。时禁人口出海，抵奉天而未入籍者，悉勒还本土。方坤适知登州，以为司牧者但当严奸宄之防，不得闭其谋生之路，为白大吏，弛其禁。调武定，能尽心赈务。兖州饥，复移治之。方坤记诵博，诗才凌厉，与兄方城齐名。有蔗尾集，又著经稗、五代诗话、全闽诗话、国朝诗人小传。

3. 翁运标

卷四百九十八　列传二百八十五

翁运槐，字楫山；运标，字晋公：浙江余姚人。父瀛，往广西，道湖南。一夕，泊舟祁阳新塘，失所在，舟人求不得，还报，归其行箧，锁在而钥亡。时运槐、运标皆幼，运槐年十三，行求父不得，以病归。运标，雍正元年成进士，与运槐复求父，遍湖南境，更二年不得。一夕，复泊新塘，遇土人郑海还，言距今三十年，弟海生堕水，格败苇不死。视苇间有尸，因瘗之白沙洲，身有钥在囊，藏为识。乃遣力以囊钥还，钥与行箧锁牝牡合，囊则运槐女兄昔年制以奉父者也。乃痛哭启攒，以父丧还葬，而于瘗处留封树焉，时雍正五年八月也。

运标谒选，得湖南武陵知县。尝有兄弟争田讼，运标方诣勘，忽掩涕。讼者请其故，曰："吾兄弟日相依，及官此，与吾兄别。今见汝兄弟，思吾兄，故悲耳。"讼者为感泣罢讼。县东堤圮，水虐民，县又无书院，运标为修筑，民以运标姓名其堤与书院。擢道州知州，县通郴、桂，凿山八十余里为坦道。疫，亲持方药巡视，曰："我民父母，子弟病，奈何不一顾耶？"年六十，卒官。

运标知武陵，建祠白沙洲，起钥亭，买田，俾郑氏世董之。知道州，拜祠下，哀感行路。

4. 李徽

卷二百九十一　列传七十八

李徽，字元纶，山西崞县人。康熙五十二年，乡试举第一。雍正元年进士，改庶吉士，散馆刑部主事。寻复授检讨。考选浙江道御史。是时遣御史巡察顺天直隶诸府，顺天、永平、宣化为一员，保定、正定、河间为一员，顺德、广平、大名为一员，徽巡察顺德、广平、大名三府。曾静、张熙事起，上虑湖南士民为所惑，议遣使循行训迪。以大学士朱轼荐，遣徽劝谕化导。寻授佥都御史，充湖南观风整俗使。徽在官四年，察吏安民，能称其职。坐事，降授仓监督。高宗即位，命复官，遽卒。

雍正二年（1724年）甲辰科

第一甲

1. 陈德华

卷三百四 列传九十一

陈德华，字云倬，直隶安州人。雍正二年一甲一名进士，授修撰，再迁侍读学士。提督广东肇高学政，旋调广韶学政。遭母丧归，未终制，召充一统志馆副总裁官。乾隆元年，迁詹事，上书房行走，再迁刑部侍郎。四年，迁户部尚书。七年，调兵部尚书。八年，以弟德正为陕西按察使，谳狱用酷刑，为巡抚塞楞额所劾。德正具密折拟揭部科，为书告德华，德华沮之，未奏闻。上以德华既知德正事非是，当奏闻，乃为隐匿，非大臣体，且曰："父为子隐，子为父隐，直在其中。朕非不知以此风天下。然君臣之伦，实在弟兄之上。"下部议夺职，命左迁兵部侍郎。十二年，以议处江西总兵高琦武备废弛，违例邀誉，夺职。十四年，起为左副都御史，上书房行走。以督诸皇子课怠，屡诘责夺俸。二十二年，迁工部侍郎。二十三年，迁礼部尚书。二十九年，致仕。三十六年，皇太后万寿，诏绘九老图，以德华入致仕九老中。四十四年，卒，年八十三。

德华性笃俭，缊袍蔬食，萧然如寒素。立身循礼法，而不自居道学。尝谓："士大夫之患，莫大于近名。求以立德名，则必有迂怪不情之举而实行荒；求以立言名，则必有异同胜负之论而正理晦；求以立功名，则必务见所长，纷更旧制。立一法反生一弊，而实行无所裨。"方为尚书时，京师富民俞民弼死，诸大臣皆往吊。上闻，察未往者，德华与焉。

2. 王安国

卷三百四 列传九十一

王安国，字春圃，江南高邮人。雍正二年一甲二名进士，授编修，再迁侍讲。提督广东肇高学政，复再迁左佥都御史。乾隆二年，疏请禁官吏居丧诣省会谒大吏，下部议行。复三迁左都御史。五年，两江总督马尔泰论广东巡抚王谟徇纵，命安国往按，即命以左都御史领广东巡抚。安国曰："吾奉命勘事而即得其位，古所讥蹊田夺牛者非欤？"疏力辞，上不许。广东俗奢靡，安国事事整肃，仓有余粟。故事，自总督以下皆有分，安国独以非制，止之。九年正月，就迁兵部尚书，寻遭父丧。广州将军策楞疏言安国孤介廉洁，归葬无资，与护理巡抚托庸等具赙归之，报闻。

十年，召为兵部尚书，调礼部。安国疏乞终丧，居庐营葬。服阕，乃入朝。十四年六月，安国入对，言诸行省方科试，诸学臣尚有未除积弊。上令具疏陈，安国疏言："上科乡试后，颇闻诸学臣因录科例严，转开侥幸。或于省会书院博督抚之欢，或于所属义学徇州县之请，或市恩于朝臣故旧，或纵容子弟家人乘机作弊，致取录不甚公明。"上召安国询所论诸学臣姓名，安国举尹会一、陈其凝、孙人龙、邓钊等。上以会一、钊已物故，其凝、人龙皆坐事黜，因责安国瞻徇，手诏诘难。二十年，迁吏部尚书。二十一年，疏乞假为父改葬。上以来年当南巡，谕俟期扈行。冬，病作，予假治疾。二十二年春，卒，赐白金五百治丧，谥文肃。

安国初登第，谒大学士朱轼，轼戒之曰："学人通籍后，惟留得本来面目为难。"安国诵其语终身。至显仕，衣食器用不改于旧。深研经籍，子念孙，孙引之，承其绪，成一家之学，语在儒林传。

第二甲

1. 汪由敦

卷三百二　列传八十九

汪由敦，字师茗，浙江钱塘人，原籍安徽休宁。雍正二年进士，选庶吉士。遭父丧，以篡修明史，命在馆守制。丧终，三迁内阁学士，直上书房。乾隆二年，廷臣妄传除目，为言官执奏，语连由敦，未得旨，由敦具疏辨。上诘由敦何以先知，足见有为之耳目者，其人必不谨。左授侍读学士。累迁工部尚书，调刑部，兼署左都御史。十一年，命在军机处行走。十四年，金川平，加太子少师。是岁命协办大学士。由敦出大学士张廷玉门，其直军机处，廷玉荐也。时军机处诸大臣，鄂尔泰已卒，廷玉为班首，而讷亲被上眷，日入承旨，出令由敦属草，虑不当上意，辄令易稿，至三四不已，傅恒为不平。及讷亲诛，傅恒自金川还朝，引诸大臣共承旨以为常。廷玉致仕将归，以世宗遗诏许配享太庙，乞上一言为券，谢恩未亲至。传旨诘责，傅恒与由敦承旨，由敦免冠叩首，言廷玉蒙恩体恤，乞终始矜全，若明旨诘责，则廷玉罪无可逭。次日，廷玉早入朝，上责由敦漏言，徇师生私恩，不顾公议。解协办大学士，并罢尚书，仍在尚书任赎罪。十五年，命复任。

上阅永定河工，令由敦同大学士傅恒、总督方观承会勘南岸建坝，请于张仙务、双营葺旧坝二，马家铺及冰窖以东增新坝亦二，如所议。四川学政朱荃以匿丧黩贿得罪，由敦所荐举，吏议夺职。上以由敦谨慎，长于学问，命降授兵部侍郎。俄，永定河堤决，复命赴固安监塞口。有请别开新河者，由敦主仍浚旧河，亦如所议。十六年，调户部侍郎。命同大学士高斌勘天津等处河工，请浚永定河下流，疏王庆坨引河，增凤河堤坝，培东岸堤障东淀。十七年，授工部尚书。十九年，加太子太傅，兼刑部尚书。二十年，准噶尔平，军机大臣得议叙。二十一年，调工部尚书。二十二年，授吏部尚书。二十三年，卒，上亲临赐奠，赠太子太师，谥文端。

由敦笃内行，记诵尤淹博，文章典重有体。内直几三十年，以恭谨受上知。乾隆间，大臣初入直军机处，上以日所制诗用丹笔作草，或口授令移录，谓之"诗片"。久无误，乃使撰拟谕旨。由敦能强识，当上意。上出谒陵及巡幸必从，入承旨，耳受心识，出即传写，不遗一字。其卒也，谕称其"老诚端恪，敏慎安详，学问渊深，文辞雅正"，并赋诗悼之。又以由敦善书，命馆臣排次上石，曰时晴斋法帖。上赋怀旧诗，列五词臣中，称其书比张照云。

2. 王峻

卷四百八十五 列传二百七十二

王峻，字艮斋，常熟人。少与同里宋君玉师事陈祖范，一时并称王宋。雍正二年进士，授编修。历典浙江、贵州、云南乡试。乾隆初，改御史，拜官甫三日，劾左都御史彭维新矫诈苛鄙，直声震都下。以母忧去官，遂不出。主讲安定、云龙、紫阳书院。其学长于史，尤精地理。尝以水经正文及注混淆，欲一一厘定之，而补唐以后水道之迁变，及地名之同异，为水经广注，手自属稿，未暇成也。惟成汉书正误四卷。钱大昕谓驾三刘氏、吴氏刊误上也。书法橅李北海，所书碑碣盛行于时。

3. 开泰

卷三百二十六 列传一百十三

开泰，乌雅氏，满洲正黄旗人。雍正二年进士，改庶吉士，授编修。九年，迁侍讲。上御门，开泰未入侍班，黜令乾清门行走。十三年，复编修。乾隆元年，迁国子监司业。八年，迁祭酒。督江苏学政。再迁内阁学士。三迁兵部侍郎，仍留学政任。十年，授湖北巡抚。疏言："社仓较常平尤近于民，而弊亦易滋。湖北社仓谷麦五十二万石有奇，散在诸乡，恐多亏缺。应饬道府按部所至，便宜抽验。"调江西。十三年，又调湖南。疏言："户部咨各省常平仓谷，以雍正旧额为准。湖南溢额谷五十五万余石，令粜价储库。臣维雍正旧额七十余万石。湖南夙称产米，乾隆二年至八年，诸省赴湖南购米，先后计百七十五万有奇。中间又拨运福建、江苏。若尽粜溢额之谷，遇本省需用或邻疆告籴，必致仓储缺额，买补不易。"疏上，以留心积贮嘉之。十五年，有寿抡元者，自言南河同知，赴湖南采木，布政使孙灏谕永州府为料理。寻得其诈伪状，开泰以闻，但言灏殊为未谙。上以灏瞻徇，何得但言未谙，知为开泰门生，斥其徇庇，下吏部严议，议夺官，命留任。寻调贵州。十八年，疏言："古州募军屯田，户上田六亩，中田八亩，下田十亩。今食指日多，生计艰难，请准屯户入伍充兵。"许之。擢湖广总督，加太子少傅。

二十年，调四川。金川土司莎罗奔与革布什咱土司色楞敦多布初为婚媾，继乃相怨构兵。旁近绰斯甲布、鄂克什、杂谷、巴旺、丹坝、明正、章谷、小金川诸土司皆不直莎罗奔。二十三年，莎罗奔攻吉地。吉地，色楞敦多布所居寨也。开泰与提督岳钟琪檄游击杨青、都司夏尚德等率兵分屯章谷、泰宁，令鄂克什、杂谷援革布什咱，攻金川，莎罗奔引退。寻复攻破吉地，色楞敦多布走泰宁求援，开泰复檄诸土司出兵助之，调杂谷土练千人分屯丹坝、章谷、泰宁，发黎、雅、峨边兵屯打箭炉，谕郎卡撤兵。郎卡，莎罗奔从子，为副酋，主兵事者也。事闻，上谓："番目相攻，于打箭炉何与？"疑郎卡扰边，命开泰具实覆奏。开泰寻疏报章谷、巴旺土兵击败金川，莎罗奔焚吉地走，尽复革布什咱境，留绰斯甲布、明正两土司兵分守之，使色楞敦多布归寨。上谕曰："番民挟仇攻击，不必绳以内地官法。宜以番攻番，处以静镇。"旋加太子太保。二十四年，松潘镇总兵杨朝栋入觐，开泰与钟琪奏朝栋衰老，难期胜任。上责开泰何以不先奏，下吏部议，夺官，命仍留任。

二十七年，莎罗奔死，郎卡应袭。例，土司承袭，邻封诸土司具结。开泰以郎卡与诸土司皆不协，令毋取结，疏闻，上许之，命严谕郎卡知恩守法。未几，郎卡侵丹坝，取所属玛让，开泰檄绰斯甲布往援，使守备温钦等赴金川诘责。上谕曰："郎卡狼子野心，即使诘责伏罪，岂肯永守约束？诸土司援兵既集，能协力剿除，分据其地，转可相安；若诸部不能并力剿除，而郎卡怙恶不悛，亦非开泰、岳锺琪四川绿营兵能任其事，应临时奏请进止。"二十八年六月，开泰奏九土司大举击破金川。上闻郎卡使人诣成都，开泰许进谒，抚慰之，而阴令九土司进兵，谕曰："郎卡于绰斯甲布等屡肆欺凌，众土司合力报复。开泰既闻其事，惟应明白宣示，谕令悉锐往攻；而于郎卡来人严为拒绝，且谕以尔结怨邻境，谁肯甘心？断不能曲为庇护。如此，则郎卡既不敢逞强，绰斯甲布等亦可泄忿。乃既用谲以笼络郎卡，又隐为各土司援助，郎卡素狡黠，岂能掩其耳目？殊非驾驭边夷之道。"命夺官，以头等侍卫赴伊犁办事。寻卒。

4. 刘统勋

卷三百二　列传八十九

刘统勋，字延清，山东诸城人。父棨，官四川布政使。统勋，雍正二年进士，选庶吉士，授编修。先后直南书房、上书房，四迁至詹事。乾隆元年，擢内阁学士。命从大学士嵇曾筠赴浙江学习海塘工程。二年，授刑部侍郎，留浙江。三年，还朝。四年，母忧归。六年，授刑部侍郎。服阕，诣京师。

擢左都御史。疏言："大学士张廷玉历事三朝，遭逢极盛，然晚节当慎，责备恒多。窃闻舆论，动云'张、姚二姓占半部缙绅'，张氏登仕版者，有张廷璐等十九人，姚氏与张氏世婚，仕宦者姚孔𬘭等十人。二姓本桐城巨族，其得官或自科目荐举，或起袭荫议叙，日增月益。今未能遽议裁汰，惟稍抑其迁除之路，使之戒满引嫌，即所以保全而造就之也。请自今三年内，非特旨擢用，概停升转。"又言："尚书公讷亲年未强仕，综理吏、户两部。典宿卫，赞中枢，兼以出纳王言，时蒙召对。属官奔走恐后，同僚亦争避其锋。部中议覆事件，或辗转驳诘，或过目不留，出一言而势在必行，定一稿而限逾积日，殆非怀谦集益之道。请加训示，俾知省改。其所司事，或量行裁减，免旷废之虞。"两疏入，上谕曰："朕思张廷玉、讷亲若果擅作威福，刘统勋必不敢为此奏。今既有此奏，则二臣并无声势能钳制僚采可知，此国家之祥也。大臣任大责重，原不能免人指摘。闻过则喜，古人所尚。若有几微芥蒂于胸臆间，则非大臣之度矣。大学士张廷玉亲族甚众，因而登仕籍者亦多。今一经察议，人知谨饬，转于廷玉有益。讷亲为尚书，固不当模棱推诿，但治事或有未协，朕时加教诲，诫令毋自满足。今见此奏，益当自勉。至职掌太多，如有可减，候朕裁定。"寻命以统勋疏宣示廷臣。

命勘海塘。十一年，署漕运总督。还京。十三年，命同大学士高斌按山东赈务，并勘河道。时运河盛涨，统勋请浚聊城引河，分运河水注海。德州哨马营、东平戴村二坝，皆改令低，沂州江枫口二坝，俟秋后培高，俾水有所泄。迁工部尚书，兼翰林院掌院学士，改刑部尚书。十七年，命军机处行走。十八年，以江南邵伯湖减水二闸及高邮车逻坝决，命偕署尚书策楞往按。合疏言河员亏帑误工，诏夺河督高斌、协办河务巡抚张师载职，穷治侵帑诸吏。九月，铜山小店汛河决，统勋疏论同知李焞、守备张宾呈报稽误。上以焞、宾平日侵帑，闻且穷治，自知罪重，河涨任其冲决，立命诛之，并縶斌、师载令视行刑。统勋驻铜山督塞河，十二月，工成。统勋偕策楞疏陈稽察工料诸事，诏如所议行。大学士陈世倌疏言黄河入海，套柜增多，致壅塞，命统勋往勘。统勋疏言："海口旧在云梯关，今海退河淤，增长百余里，柜套均在七曲港上，河流无所阻遏。"上又命清察江南河工未结诸案，统勋疏言未结款一百一十一万有奇，请定限核报。又以河道总督顾琮请于祥符、荥泽诸县建坝，并浚引河，命统勋往勘。统勋议择地培堤坝，引河上无来源，中经沙地，易淤垫，当罢，上从之。

十九年，加太子太傅。五月，命协办陕甘总督，赐孔雀翎。时方用兵准噶尔，统勋请自神木至巴里坤设站一百二十五，并裁度易马、运粮诸事，命如所议速行。二十年，廷议驻兵巴里坤、哈密，命察勘。统勋至巴里坤，阿睦尔撒纳叛，攻伊犁，伊犁将军班第死事，未得报。定西将军永常自木垒引师退，统勋疏请还守哈密。上责其附和永常，置班第于不问，命并永常夺职，逮治。其子墉亦夺职，与在京诸子皆下刑部狱，籍其家。旋上怒解，谕："统勋所司者粮饷马驼，军行进止，将军责也。设令模棱之人缄默不言，转可不至获罪。是其言虽谬，心尚可原。永常尚不知死绥，何怪于统勋？统勋在汉大臣中尚奋往任事，从宽免罪，发往军营交班第等令治军需赎罪。"释其诸子。

二十一年六月，授刑部尚书。寻命勘铜山县孙家集漫工，解总河富勒赫任，即命统勋暂摄。是冬，工竟。二十二年，命赴徐州督修近城石坝，加太子太保。二十三年，调吏部尚书。二十四年，命协办大学士。二十六年，拜东阁大学士，兼管礼部、兵部。八月，偕协办大学士兆惠查勘河南杨桥漫工。十二月，工竟。二十七年，上南巡，复命偕兆惠勘高、宝河湖入江路，疏请开引河，择地筑闸坝。上谕谓："所议甚合朕意。"又以直隶景州被水，命勘德州运河，疏请移吏董理四女寺、哨马营两引河，毋使淤阏。二十八年，充上书房总师傅，兼管刑部，教习庶吉士。三十三年，命往江南酌定清口疏浚事宜。三十四年，复勘疏运河。

三十八年十一月，卒。是日夜漏尽，入朝，至东华门外，舆微侧，启帷则已瞑。上闻，遣尚书福隆安赍药驰视，已无及。赠太傅，祀贤良祠，谥文正。上临其丧，见其俭素，为之恸。回跸至乾清门，流涕谓诸臣曰："朕失一股肱！"既而曰："如统勋乃不愧真宰相。"

统勋岁出按事，如广东按粮驿道明福违禁折收，如云南按总督恒文、巡抚郭一裕假上贡抑属吏贱值市金，如山西按布政使蒋洲抑属吏补亏帑，如陕西按西安将军都赉侵饷，如归化城按将军保德等侵帑，如苏州按布政使苏崇阿误论书吏侵帑，如江西按巡抚阿思哈受赇，皆论如律。其视杨桥漫工也，河吏以刍茭不给为辞，月余事未集。统勋微行，见大小车载刍茭凡数百辆，皆弛装困卧。有泣者，问之，则主者索贿未遂，置而不收也。即令缚主者至，数其罪，将斩之。巡抚以下为固请，乃杖而荷校以徇，薪刍一夕收立尽。逾月工遂竟。方金川用兵，统勋屡议撤兵，及木果木军覆，上方驻热河，统勋留京治事，天暑甚，以兼上书房总师傅，检视诸皇子日课。廷寄急召，比入对，上曰："昨军报至，木果木军覆，温福死绥。朕烦懑无计，用兵乎，抑撤兵乎？"统勋对曰："日前兵可撤，今则断不可撤。"复问谁可任者，统勋顿首曰："臣料阿桂必能了此事。"上曰："朕正欲专任阿桂，特召卿决之。卿意与合，事必济矣。"即日令还京师。户部疏论诸行省州县仓库多空缺，上欲尽罢州县吏不职者，而以笔帖式等官代之。召统勋谕意，且曰："朕思之三日矣，汝意云何？"统勋默不言。上诘责，统勋徐曰："圣聪思至三日，臣昏耄，诚不敢遽对，容退而熟审之。"翌日入对，顿首言曰："州县治百姓者也，当使身为百姓者为之。"语未竟，上曰："然。"事遂寝。上为怀旧诗，列五阁臣中，称其"神敏刚劲，终身不失其正"云。子二：墉、堪。

5. 诸锦

卷四百八十五 列传二百七十二

诸锦，字襄七，秀水人。少时家贫陋，辄就读书肆，主人敬其勤学，恣所观览。顾嗣立为之延誉，名大起。雍正二年进士。乾隆初，试鸿博，授编修。闭门撰述，不诣权要。至左赞善，遂告归。著有毛诗说、飨礼补亡、夏小正注及绛跗阁集。

先是康熙己未征博学鸿儒，得人称盛。高宗御极，复举行焉，内外荐达二百六十七人，试列一等者五人，锦第三；二等十人。

6. 尹会一

卷三百八 列传九十五

尹会一，字元孚，直隶博野人。雍正二年进士，分工部学习，授主事，迁员外郎。五年，出为襄阳知府。汉水暴涨，坏护城石堤。会一督修建，分植巡功，民忘其劳。创八蜡庙，表诸葛亮所居山，复为茅庐其上。署荆州，石首饥民聚众，扬言将劫仓谷。会一单骑往谕，系其强悍者，发仓谷次第散予之，众悦服。九年，调江南扬州知府，浚新旧城市河通舟楫，浚城西蜀冈下河灌田畴。十一年，迁两淮盐运使。新安定书院，士兴于学。高宗即位，就加佥都御史衔，擢两淮盐政。

乾隆二年，入觐，命署广东巡抚，以母老辞。调署河南巡抚。河南方闵雨，疏请缓征，并发仓平粜，不拘存七粜三旧例，视缓急为多寡，上从之。寻疏言："力田贵乘天时。河南民时宜播种，尚未举耜；时宜耘耔，始行播种。臣拟分析种植先后，刊谕老农，督率劝勉。如工本不敷，许借仓谷，秋后补还。北方地阔，一夫所耕，自七八十亩至百余亩，力散工薄。臣劝谕田主，授田以三十亩为率。分多种之田给无田之人，则游民亦少。河南多咸碱沙地，犁去三尺，则咸少而润泽。臣责成乡保就隙地植所宜木，则地无旷土。河南产木棉，而商贾贩于江南，民家有机杼者百不得一。拟动公项制造给领。广劝妇女，互相仿效。"上谕之曰："酌量而行，不可欲速，不可终怠。若民不乐从，尤不可绳以法也。"旋命实授。三年，上以河南岁稔，敕筹备仓谷。会一疏言："河南岁丰，直隶、江南岁歉，商贩纷集，米价日昂。臣饬有司，本地价高，于邻县买补；邻县价高，报明不敷银，在各属盈余款内均拨。河南民食麦为上，高粱、荞麦、豆次之。臣并令参酌籴贮，来春先尽粜借。"上嘉之。

四年，黄河、沁水共涨，濒河四十七州县成灾。会一定赈恤规条十六，无食者予一月之粮，无居者予葺屋之资，缓征减粜，留漕运贷仓米，米不足，移他郡之粟助之，富民周济；并假余屋以栖贫窭，建棚舍，安流亡，免米税，兴工代赈，种蔓菁助民食，助耔种，施药饵，延诸生稽察；又令离乡求食者，有司随在廪给，开以作业，俟改岁东作资送还乡。御史宫焕文劾会一本年报盗百六十余案，秋审招册驳改至三十余案，疲玩贻误，上以会一忠厚谨慎，非有心误公，召授左副都御史。疏陈："人主一言，天下属耳目。今方甄别年老不胜任之员，而饶州知府张锺以年老改部属，旬日间前后顿殊，群下无所法守。"上嘉纳之。

会一母年七十余，疏请终养。上知会一孝母，母李先以节孝旌，有贤名，赐诗褒之。会一在官有善政，必归美于母。家居设义仓，置义田，兴义学，谓皆出母意。母卒，会一年已逾五十，居丧一遵古礼。十一年，服阕，召授工部侍郎，督江苏学政。

十二年，上敕各省学政按试时，以御纂四经取与旧说别异处发问，答不失指者，童入学，生补廪。会一请令生童册报考试经解，别期发问，不在册报者，不概补经解。下部议行。会一以江南文胜，风以质行。尝谒东林道南祠，刻小学颁示士子。处士是镜庐墓隐舜山，亲访之，荐于朝。侍郎方苞屏居清凉山，徒步造访，执弟子礼。校文详慎，士林悦服。十三年，转吏部，仍留学政任。力疾按试，至松江，卒。遗疏请任贤纳谏。巡抚雅尔哈善奏准入名宦祠。

子嘉铨，自举人授刑部主事，再迁郎中。授山东济东道，再迁甘肃布政使。改大理寺卿，休致。乾隆四十六年，上巡幸保定，嘉铨遣其子赍奏，为会一乞谥；又请以汤斌、范文程、李光地、顾八代、张伯行及会一从祀孔子庙。上责其谬妄，逮至京师亲鞫之，坐极刑，改绞死。上以嘉铨自著年谱，载与刑部签商缓决，并称大学士为“相国”，又编本朝名臣言行录，屡降旨深斥之。

第三甲

1. 潘思矩

卷三百八 列传九十五

潘思矩，字絜方，江南阳湖人。雍正二年进士，改庶吉士。三年，分刑部学习。六年，补主事。累迁郎中。八年，授广东南雄知府。骤雨水溢，郊野成巨浸，露宿于野。督吏卒治筏拯溺，出金瘗死赡生，活民无算。十三年，迁海南道。浚琼州西湖。深入五指山，安辑黎众，劾守将之残黎民者。调粮驿道。乾隆四年，迁按察使。惩贪鉏猾，理冤狱尤多。民以旱纠众入市掠夺，思矩方被疾，强起坐堂皇，立捕数十人杖以徇，事乃定。疏言：“广东有㑌、瑶、黎三种：㑌世居茂名，今附民籍，读书应试如平民。瑶亦输税归诚，设瑶童义学为训课。惟黎僻处海南，崖、儋、万、陵水、昌化、感恩、定安七州县为最多。生黎居深山，熟黎错居民间相往来，语言相习，请于此七州县视瑶童例设义学，择师教诲，能通文义者许应试。”部议从之。

七年，迁浙江布政使。八年，疏言：“常平仓谷春发秋敛。但收成有迟早，俗所谓青黄不接。有司不揆缓急，甫春开粜，牙行囤积，吏胥侵渔。民未沾实惠，而谷已出逾额，且减价过多。迨秋成买补，非存价观望，冀省耗折；即抑派争买，致昂市价。请定浙东诸府以四月、浙西诸府以六月发粜，价平即止。”上以因时制宜，许之。又疏言：“浙江土狭民稠，全资溪湖容蓄灌溉，乃民间占垦甚多。如余杭南湖，会稽鉴湖，上虞夏盖湖，余姚汝仇湖，慈溪慈湖，向称巨浸，今已弥望田畴，殊妨水利。嗣后报垦田地，当责有司亲勘，果非官湖，方准升科；查勘不实，严定处分。”下廷臣议行。秋，金、衢、严三府被水，旁溢杭、湖、绍三府，漂流人畜无算。思矩出临江干，处分赈事。萧山民汹汹欲渡江，思矩曰：“民饥当哺，哄则乱民耳。”严治之，自是无敢哗者。思矩再疏闻，上谕曰：“今岁浙江灾，巡抚常安有讳灾之意，汝为其难矣。”

十一年，授安徽巡抚。河决凤阳，颍、泗诸府州灾尤重。思矩请加赈，按行督察，犯风渡洪泽，舟几覆。十二年，疏请调济灾区，略言：“凤、颍民习惰窳。臣上年遍历查勘，方冬水落，二麦已播种，而民不知耰锄培壅。所过村落，林木甚稀，蔬圃亦少。臣令有司审察桑麻、蔬蓏，凡可佐小民日食之用者，随宜试种。凤、颍地分三等，冈地最高，湖地稍低，湾地最下。湾地连大河，水发难施人力。湖地则外仰中低，积潦为湖，下流疏泄，即可涸出栽种。冈地水虽不及，而绝少沟池，交秋缺雨，即患暵干。间有傍山麓而为陂塘，如寿州安丰塘、怀远郭陂塘、凤阳六塘，均应及时修筑。与其因灾动帑巨万，何如平时酌动数百金陆续培治。民间减荒歉，多收成，朝廷亦省帑金。纵遇偏灾，亦可以工代赈。凤、颍民好转徙，丰年秋成事毕，二麦已种，辄携家外出，春熟方归。遇灾留一二人在家领赈，余又潜往邻境。俗谓在家领赈为大粮，在外留养为小粮，沿途资送为行粮，至有一家领三粮者。本业抛荒，人无固志。应令有司严察，流民过境，实系被灾，方准资送；借端生事者究惩。"奏入，上谕曰："此乃固本之事，历来无有言及此者。朕甚嘉悦焉！"

寻调福建巡抚。未行，疏请安徽学田、囚田、义田三项，视江苏免学租例，予以蠲免。下军机大臣察议，以江苏无免学租例，上责思矩沽名干誉，博去后之思，命出资修涿州城工示罚。十三年，疏言："福建自乾隆元年至十一年积欠钱粮，正设法清厘。民间田业授受，往往不及推粮过割。粮从田出，既有赔粮之户；即有无粮之田，岂可使得业者任其脱漏，无业者代其追比？当饬有司确察，务使粮归于田。"十四年，复疏言："臣清察积欠，一在屯田户名不清，一在寺田租赋不一。自顺治间裁并卫所，名虽军户，实系民耕，乃粮册仍列故军姓名，致难催比，应令核实更正。寺田始自明季，僧、民相杂，辄称寺废僧逃，藉词逋赋，应令分析寺已废者，官为经理。"上命实力为之。别疏言："福州城外西湖为东晋郡守严高所开，周二十余里，蓄水溉田，年久淤垫。臣劝导疏浚，并筑堤建闸。又福清郎官港、法海埔俱有海滩淤地，臣令筑堤招垦，得地二千一百余亩。"上奖谕之。

思矩莅政精勤，昼见官属，夜披案牍。旱潦必抚恤。民犷，以斗讼相尚，多去为盗，廉得主名，饬有司捕治。又以农隙巡行海防，周阅战舰。朔望入书院与诸生讲说经艺，如是者以为常。积劳疾作不少止。十七年，卒。上命用江苏巡抚徐士林例，祀京师贤良祠。予恤视一品，赐祭葬，谥敏惠。

2. 陈庆门

卷四百七十七 列传二百六十四

陈庆门，字容驷，陕西盩厔人。雍正元年进士（编者按：见于雍正二年甲辰科进士题名碑）。从鄂王心敬讲学，养亲不仕。母王趣之，乃谒选。七年，授安徽庐江知县，修建文庙，规制悉备。大浚城壕。置义田二百亩有奇。赡养茕独，立社仓四所，积谷以贷平民。县民旧习，止知平畴种稻，高阜皆为弃壤。囚市牛具，仿北方种植法，躬督垦辟，遂享其利。

寻署无为州事。州濒江，上下二百里，率当水冲，前人筑坝四，常没于水。庆门于鲍鱼桥、鲇鱼口二处，树桩编竹，实土为坦坡；又取乱石填掷水中，水停沙淤，久而成洲，民免垫溺之患。又署六安州，旧有水塘，议者欲垦塘以为田，将绝灌溉之利。庆门力言于上官，事乃寝。

十一年，擢亳州知府，俗悍，好群斗，倚蠹役，表里为奸。庆门廉得其魁党，先后杖遣数百人。又好讼，仿古乡约法，使之宣导排解。勤于听断，日决数十事。不数月，浇风一变。州濒湖，地洼下，用秦中收淀之犁法，督民挑浚，地下者渐高，水归其壑，农田赖焉。母忧归。

乾隆元年，服阕，以大臣荐，补四川达州知州。境环万山，岁常苦旱，教民种旱稻，始无艰食之忧。邻郡巴州，桑柘素饶，乃买桑遍植，教以分茧缫丝之法，获利与巴州等。时川东多流民，官廪不给，遂厘剔腴田之被隐占者，为义产以赡之，全活甚众。建宣汉书院，聘名流教授，文风渐振。未几，乞病归。著仕学一贯录，世以儒吏称之。

雍正五年（1727年）丁未科

第一甲

1. 彭启丰

卷三百四　列传九十一

彭启丰，字翰文，江南长洲人。祖定求，康熙十五年，会试、殿试皆第一，官至翰林院侍讲。启丰，雍正五年会试第一，殿试置一甲第三，世宗亲拔第一。授翰林院修撰，南书房行走。三迁右庶子。乾隆六年，充江西乡试副考官，再迁左佥都御史。疏言："臣驿路经宿州，宿州方被水，蒙恩赈恤。知州许朝栋任甲长胥吏索费，饥民户籍登记不以实。凤阳知府梅毓健不亲诣察核。"下两江总督那苏图严察。七年，迁通政使，督浙江学政。三迁刑部侍郎，疏言："浙省吏民占官湖为田，余杭南湖发源天目，下注苕溪，溉杭、嘉、湖三郡。自巡抚朱轼浚治，今已沙淤。其他会稽、余姚、慈溪等湖，皆仅存其名，请敕次第开浚。江南漕米，每石收钱五十四，半给运丁，半归州县为公使钱。杭、嘉、湖运丁有漕截，而州县无漕费，石米私加一二升至五六升，请敕如江南例，石米收钱二十四，为州县修仓铺垫费，而禁其浮收。浙江额设均平夫银供差徭，差简可以敷用，差繁每苦赔垫，本省官吏来往，任意多索，请敕部按官吏尊卑、差役繁简，定人夫名额，俾为成例。浙省黄岩、太平地多斥卤，民家稍有余盐，兵弁借以婪索。婪索不遂，指为私盐，甚或以数家数人之盐合并诬报，请敕文武大臣申禁。"下部议行。寻以忧去。

十五年，授吏部侍郎。十八年，调兵部侍郎。二十年，疏乞养母，允之。二十六年，复授吏部侍郎。二十七年，以京察注考，吏部郎中阿敏尔图诸尚书、侍郎皆列一等，启丰独列二等，上责其示异市名。旋迁左都御史。二十八年，迁兵部尚书。三十一年，上以史奕昂为侍郎，入对，谕加意部事。奕昂遂自恣，面斥启丰，不称尚书，侍郎期成额以是讦奕昂。上诘启丰，启丰力言无之。询侍郎锺音，锺音对如期成额。启丰语乃塞。上为罢奕昂，因谓："启丰学问尚优，治事非所长。今乃巽懦模棱，奏对不以实，失大臣体。"即降侍郎。三十三年，命原品休致。四十一年，上东巡，迎驾，予尚书衔。四十九年，卒，年八十四。

第二甲

1. 邹一桂

卷三百五　列传九十二

邹一桂，字原褒，江南武进人。祖忠倚，顺治九年一甲一名进士，官修撰。一桂，雍正五年二甲一名进士，改庶吉士，授编修。十年，授云南道监察御史，疏禁官媒蓄妇女为奸利。乾隆七年，转礼科给事中，疏言："刑部诸囚已结入北监，未结羁南所。今察视监所，已未结杂收，请如例分禁。"又言："奉命下部议诸事，科道辄于部议未上之先，搀越渎陈，请申饬。"上韪其言。湖南巡抚许容坐诬劾粮道谢济世罢，复命署湖北巡抚。一桂与给事中陈大玠具疏论列，谓："容狡诈欺公，仅予夺职，已邀宽典；今复任封疆，何以训天下？乞降旨宣示臣民，俾晓然于黜陟之所以然，斯国法昭而吏治有所率循。"上为罢容。十年，迁太常寺少卿，疏言："律载狱具全图，铁索钮镣，俱有定式。狱官以防范为辞，匣床以束其身，铁箫以直其项，观音圈以挛其手足。部议禁非刑，日久复创新制，令诸囚排头仰卧，横穿长木，压其手足，与匣床无异，请敕严禁。"从之。四迁为礼部侍郎。同部侍郎张泰开举一桂子志伊为国子监学正，又坐徇尚书王安国、左都御史杨锡绂祀其父乡贤，屡下部议，二十一年，左授内阁学士。二十三年，乞致仕。三十六年，诣京师祝上寿，加礼部侍郎衔，在籍食俸。三十七年，归，卒于东昌道中。加尚书衔。

一桂画工花卉，承恽格后为专家。尝作百花卷，花题一诗，进上，上深赏之，为题百绝句。晚被薄谴，归犹赋诗饯之云。

2. 叶滋

卷三百　列传八十七

王叶滋，字槐青，江南华亭人。弱冠，补诸生。浙江巡抚朱轼辟佐幕，器其才。雍正元年，重开明史馆，轼荐之，引见称旨，命入馆纂修。举顺天乡试。福敏督湖广，世宗命叶滋往赞其幕。五年，应礼部试，甫毕，上召见，问湖广吏治、民生利弊，奏对甚悉，趣驰传还湖广。榜发中式，未与殿试，赐二甲进士，即授常德知府。常德例，知府至，行户更新照，规费四千金，叶滋革其例。境数被水灾，请帑增筑花猫新陂堤堰，豁被水荒田额粮，民德之。辰州关木税为利薮，时议移关常德，叶滋恐累民，拒之，请仍旧制。行法不避豪贵，兴学造士，荐举优行诸生陈悌为武平知县，贵金马为上蔡知县，刘樵为清平知县，并为良吏。

署岳州、辰州二府，摄岳常道副使。久之，授辰沅靖道副使。时苗疆初辟，清林箐，增汛堠，规模肃然。所属绥宁、城步与黔疆犬牙错。尝率数骑，持酒肉盐烟，循行苗寨。群苗迎拜，谓"上官亲我"。召诸头人集校场，赐花红银牌，宣上德意，劝以礼义。因偕总兵阅兵耀军容，群苗帖服。署按察使，调粮储道，旧有漕费，悉归公用。值贵州苗乱，师进剿，叶滋驻辰州治军需，克期办。绥宁苗蠢动，为贵州苗应。叶滋条上剿抚事，悉中窾要。大吏令驻绥宁指挥，积劳疾作，卒于山中。

叶滋初以文学受知，及官于外，所至有声绩。卒时年仅五十五，世咸惜之。

第三甲

1. 张鹏翀

卷五百四　列传二百九十一

张鹏翀，字天飞，自号南华山人，江苏嘉定人。雍正五年进士，入翰林，官至詹事府詹事。天才超迈，诗画皆援笔立就，潇洒自适，类其为人。高宗爱其才，不次拔擢。进奉诗文，多寓规于颂。画无师承，自然入古。虽应制之作，萧散若不经意，愈见神韵。绘春林澹霭图，题诗进上，上赐和，鹏翀即于宫门叠韵陈谢。尝从驾西苑液池，一渡之顷，得诗八首。屡敕御舟作画，赐御笔枇杷折枝及松竹双清图，又赐双清阁书额，迭拜笔砚、文绮之赐无算。乾隆十年，乞假归，卒于途次。上眷之，久不忘，对群臣辄曰："张鹏翀可惜！"

自康熙至乾隆朝，当国家全盛，文学侍从诸臣，每以艺事上邀宸眷。大学士蒋廷锡及子溥，董邦达及子诰，尚书钱维城，侍郎邹一桂，与鹏翀为尤著。

2. 杨锡绂

卷三百八　列传九十五

杨锡绂，字方来，江西清江人。雍正五年进士，授吏部主事。累迁郎中。考选贵州道御史。十年，授广东肇罗道。肇庆濒海，借围基卫田。岁亲莅修筑，终任无水患。乾隆元年，署广西布政使，寻实授。请禁州县以土产馈上官。六年，授广西巡抚。贵州土苗石金元为乱，焚永从县治。会贵州、湖广兵剿擒之。既而迁江土苗复为乱，谋犯思恩府。檄兵往捕，得其渠李尚彩及其党八十余。七年，奏言："广西未行保甲。苗、僮虽殊种，多聚族而居，原有头人，略谙事体。请因其旧制，寓以稽核。苗、瑶、伶、僮各就其俗为变通。"诏嘉之。寻又奏言："设兵以卫民，乃反以累民：城守兵欺凌负贩，攫取薪蔬；塘汛兵驱役村庄，恣为饮博。臣于抚标访察惩治，请敕封疆大臣共相厘剔。"得旨允行。八年，梧州知府戴肇名馈人参，诡其名曰"长生果"，却之，具以闻，上谕曰："汝可谓不愧四知矣。"广西民有逃入安南者，捕得下诸狱，疏闻，上命重处，锡绂即杖杀之。上谕曰："朕前批示，令其具谳明正典刑。乃锡绂误会，即毙杖下。此皆当死罪人，设使不应死者死，则死者不可复生矣。"下部议处。九年，授礼部侍郎。

十年，授湖南巡抚。奏言："周礼：遂人治野，百里之间，为浍者一，为洫者百，为沟者万，捐膏腴之地以为沟洫。诚以蓄泄有时，则旱潦不为患，所弃小、所利大也。后世阡陌既开，沟洫虽废，然陂泽池塘尚与田亩相依，近水则腴，远水则瘠。湖南滨临洞庭，愚民昧于远计，往往废水利而图田工。甚至数亩之塘，培土改田；一湾之涧，绝流种蓺。彼徒狃于雨旸时若，以为无害；不知偶值旱涝，得不偿失。且溪涧之水，远近所资，若截堑为田，则上溢下漫，无不受累。官吏以改则升科为劝垦之功，亦复贪利忘害，沟洫遂致尽废。臣以为关系水利，当以地予水而后水不为害，田亦受益。请敕各省督抚，凡有池塘陂泽处所，严禁改垦。"上以各省米价腾贵，谕各督抚体察陈奏，锡绂疏言："米贵由于积渐。上谕谓处处积贮，年年采买，民间所出，半入仓庾，此为米贵之一端。臣生长乡村，世勤耕作，见康熙间石不过二三钱，雍正间需四五钱，今则五六钱。户口多则需谷多，价亦逐渐加增。国初人经离乱，俗尚朴醇。数十年后，渐习奢靡，揭借为常，力田不给。甫届冬春，农籴于市，谷乃愈乏。承平既久，地值日高，贫民卖田。既卖无力复买，田归富户十之五六。富户谷不轻售，市者多而售者寡，其值安得不增？臣以为生齿滋繁，无可议者。田归富户，非均田不可，今难以施行。风俗奢靡，止可徐徐化导，不能遽收其效。至常平积贮，当以足敷赈济而止，不必过多。目今养民之政，尤宜专意讲求水利，使蓄泄有备，偏灾不能为患。以期产谷之多，未必非补救米贵之一道也。”疏入，上均嘉纳焉。丁父忧，服阕，十五年，授刑部侍郎，仍授湖南巡抚。丁母忧，服阕，十八年，仍授湖南巡抚。擢左都御史。十九年，署吏部尚书。礼部侍郎张泰开保同部侍郎邹一桂子志伊为国子监学录，下吏部议处，议未当，责锡绂曲庇，下都察院，议夺官，命留任。二十年，复署湖南巡抚，授礼部尚书。二十一年，署山东巡抚。

二十二年，授漕运总督，疏请豁兴武、江淮二卫旗丁欠缴漕项，上责其沽名，命以养廉代偿。二十三年，疏言："屯田取赎，宜宽年限。价百金以上，许三年交价，价足田即归船。旗丁交兑不足，名曰'挂欠'。应由坐粮厅限追惩治，督运官以下有一丁挂欠，即停其议叙，旗丁改佥。新丁但交篷桅杠索价值；旧丁公私欠项，不得勒新丁接受。水次兑漕，令仓役执斛，旗丁执概。江淮、兴武二卫运丁运粮，快丁驾船。应循例并佥，不得避运就快。”上谕曰："此奏确有所见。"下部议，从之。二十五年，疏言："自开中河，漕艘得避黄河之险。独江北、长淮等帮，以在徐州交兑，不能避险。请令改泊皂河，弁丁诣徐州受兑。州县代雇剥船转运过坝。"上从之。寻以锡绂实心治事，命免以养廉代偿漕项。二十六年，疏言："运蓟州粮船自宁河转入宝坻，由白龙港、刘家庄达蓟州。水道淤浅，请责成官为疏浚。"又疏言："板闸、临清、天津三关，尚沿明制，漕艘给发限单，应请裁革。州县收漕如有搀杂潮润，粮道察出，本管知府视徇庇劣员例议处。军丁兼充书役，一体句佥。头舵水手受雇，领费辄复潜逃，请发边远充军。"上谕曰："所奏俱可行。"从之。加太子少师。二十八年，加太子太保。二十九年，疏言："军、民户籍各分，既隶军籍，即应听佥办运。乃宦家富户百计图避，所佥皆无力穷民，情理未得其平。嗣后如佥报后辨诉审虚，参劾治罪。"上谕曰："锡绂此奏，破瞻徇之习。如所议行。"并下部议叙。又疏言："粮艘例禁私盐。道经扬州，总督、盐政及臣各专委督察。乃又有淮扬道，扬州游击、守备，江都、甘泉两县，各差兵役搜查，粮艘因之羁阻。如江广帮为通漕殿后，过扬州已在冬令，尤为苦累。臣思事权宜归于一，请专听总督、盐政委员督察，余悉停止。"上谕曰："所奏是。"下部议行。三十年，疏言："骆马湖蓄水，相传专济江广重运。今岁帮船阻滞，先开柳园堤口，运河水长，江浙帮遂得遄行。次开王家沟口，江广帮至，湖水未尝告竭。每岁沂水自湖而下，为海州、沭阳水患。若于四五月间引湖济运，亦减海州、沭阳水患，一举两利。"从之。三十三年，卒，赐祭葬，谥勤悫。

锡绂官漕督十二年，编辑漕运全书，黄登贤代为漕督，表上之。自后任漕政者，上辄命遵锡绂旧章。

3. 张文龄

卷四百九十八　列传二百八十五

张文龄，字可庭，河南西华人。父昵妾而憎其母，文龄事父抚庶弟甚笃，庶弟亦感之，而父终不悟，逐文龄。文龄号泣呼天自惩艾，谓不复比于人，未尝一言扬亲过。远近慕其行，遣子弟从游，得束脩，因庶弟以献其父，或不得通，循墙走，泣且望，见者皆泣下。雍正五年，成进士，父荣之，意稍改。八年，就吏部选，京师地震，死者众，文龄亦与焉。邹一桂与为友，归其丧，父始悟其孝，为之恸。

雍正八年（1730年）庚戌科

第一甲

1. 梁诗正

卷三百三　列传九十

梁诗正，字养仲，浙江钱塘人。雍正八年进士及第，授编修。累迁侍讲学士。十三年，以母忧归。高宗即位，召南书房行走。乾隆三年，补侍读学士。累迁户部侍郎。诗正疏言："八旗除各省驻防与近京五百里俱听屯种，余并随旗驻京。皇上为旗人资生计者，委曲备至，而旗人仍不免穷乏。盖生齿日繁，若不使自为养，而常欲官养之，势有不能。臣谓非屯田不可。今内地无闲田，兴、盛二京膏腴未尽辟。世宗时，欲令黑龙江、宁古塔等处分驻旗人耕种，已有成议，未及举行。今不早为之所，数百年后，旗户十倍于今。以有数之钱粮，赡无穷之生齿，使取给于额饷之内，则兵弁之关支，不足供闲散之坐食；使取给于额饷之外，则民赋不能加，国用不能缺。户口日繁，待食者众，无余财给之，京师亦无余地处之。惟有酌派户口，散列边屯，使世享耕牧之利，以时讲武，亦以实边。诸行省绿营马步兵饷，较康熙年间渐增至五六百万。在各标营、镇协每处浮数十百名，不觉其多；在朝廷合计兵饷，则冗额岁不下数十百万。各省钱粮，大半留充兵饷，其不敷者，邻省协拨，而解部之项日少。向来各营多空粮，自雍正元年清查，此弊尽除。是近年兵额但依旧制，已比前有虚实之别。况直省要害之地，多满洲驻防，与各标营、镇协声势联络，其增设兵额可以裁汰者，宜令酌定数目，遇开除空缺，即停止募补。庶将来营制渐有节省，而现在兵丁无苦裁汰。"

十年，擢户部尚书，诗正疏言："每岁天下租赋，以供官兵俸饷各项经费，惟余二百余万，实不足备水旱兵戈之用。今虽府库充盈，皇上宜以节俭为要，勿兴土木之工、黩武之师，庶以持盈保泰。"十三年，调兵部尚书。十四年，加太子少师，兼刑部尚书、翰林院掌院学士、协办大学士。

十五年，调吏部尚书。御史欧堪善疏劾诗正徇庇行私，上召诸大臣及堪善廷诘。所劾皆无据，惟翰林院轮班引见，偶有越次。上谕曰："梁诗正职在内廷，不过文学供奉，朕何如主，而谓诸臣能恣行其胸臆乎？至小小瞻徇私情，则不独诗正，诸大臣恐俱未能尽绝。如张廷玉掌院三十年，引见越次，不知凡几，何以未闻论劾？诗正有此一二可议，即被论劾，得以知所儆省，未始非福。堪善之言，当以为感，不当以为怨也。"会御史储麟趾劾四川学政朱荃匿丧，上询诗正，诗正对失指，下吏议，当夺职，命留任。

十六年，从上南巡，诗正父文濂年八十，予封典。十七年，疏乞终养。二十三年，丁父忧，召署工部尚书。

二十四年，调署兵部尚书。二十五年，服阕，真除，仍命协办大学士，兼翰林院掌院学士。二十八年，授东阁大学士，加太子太傅。寻卒，谥文庄。

第二甲

1. 蒋溥

卷二百八十九 列传七十六

子溥，字质甫。雍正七年，赐举人。八年，进士，改庶吉士，直南书房，袭世职。廷锡卒，溥奉丧归，命葬毕即还京供职。十一年，授编修。四迁内阁学士。乾隆五年，授吏部侍郎。疏言："凡条奏发九卿会议，主稿衙门酌定准驳。会议日，书吏诵稿以待商度，其中原委曲折，一时难尽。请于会议前二日将议稿传钞，俾得详勘畅言。至命、盗案，刑部例不先定稿，俟议时平决；不关命、盗各案，亦宜先期传知，庶为审慎。"下部议，如所请。

八年，授湖南巡抚。九年，疏言："永顺及永绥、乾州、凤凰诸处苗民贪暴之习未除，城步、绥宁尤多狡恶。臣整饬武备，渐知守法。"谕曰："驭苗以不扰为要，次则使知兵威不敢犯。此奏得之。"旋劾按察使明德不详鞫盗案，夺官；驿盐道谢济世老病，休致。给事中胡定奏请湖南滨湖荒土，劝民修筑开垦，令溥察议。溥奏言："近年湖滨淤地，筑垦殆遍。奔湍束为细流，洲渚悉加堵截，常有冲决之虑。沅江万子湖、湘阴文洲围，士民请修筑开垦。臣亲往履勘，文洲围倚山面江，四围俱有旧堤，已议举行。万子湖广袤八十余里，四面受水，费大难筑，并于上下游水利有碍。臣以为湖地垦筑已多，当防湖患，不可有意劝垦。"上韪之。

十年，授吏部侍郎、军机处行走。十三年，擢户部尚书，命专治部事。十五年，加太子少保。十八年，命协办大学士，兼礼部尚书，掌翰林院事。二十年，兼署吏部尚书。二十四年，授东阁大学士，兼领户部。二十六年，溥病，上亲临视。及卒，复亲临奠。赠太子太保，发帑治丧，赐祭葬，谥文恪。

2. 鄂敏

卷三百三十八 列传一百二十五

鄂乐舜亦鄂尔泰从子，初名鄂敏。雍正八年进士，改庶吉士，授编修。秋谳侍班，刑部侍郎王国栋放纵愆仪。上命之退，鄂敏未引去。因以责鄂敏，夺官。逾年，复编修。出为江西瑞州知府，累迁湖北布政使。命更名鄂乐舜。迁甘肃巡抚，疏请茶引备安西五卫积贮；移浙江，修海塘：皆议行。寻移安徽，又移山东。未行，浙江按察使富勒浑密劾鄂乐舜在浙江时，布政使同德为婪索盐商银八千，命侍郎刘纶、浙闽总督喀尔吉善按治。纶等言鄂乐舜实假公使银。上又命两江总督尹继善会鞫，得婪索盐商状，如富勒浑言，但无与同德事，鄂乐舜论绞，富勒浑亦坐诬治罪。上以定拟失当，擢富勒浑布政使，逮鄂乐舜至京师，赐自尽。时后鄂昌死未一年也。

3. 胡宗绪

卷四百八十五 列传二百七十二

宗绪，字袭参。康熙末，以举人荐充明史馆纂修。雍正八年进士，授编修，迁国子监司业。少孤贫，母潘苦节，课之严而有法。感愤励学，自经史以逮律历、兵刑、六书、九章、礼仪、音律之类，莫不研究。著易管、洪范皇极疑义、古今乐通、律衍数度衍参注、昼夜仪象说、岁差新论、测量大意、梅胡问答、九九浅说、正字通芟误、正蒙解、大学讲义、方舆考、南河北河论、胶莱河考、台湾考、两戒辨、苗疆纪事等书。自为诗文曰环隅集，古藻过大櫆。

4. 嵇潢

卷三百十　列传九十七

璜，字尚佐。幼读禹贡，曰："禹治水皆自下而上。盖下游宣通，水自顺流而下。"长老咸惊异。雍正七年，赐举人。八年，成进士，选庶吉士，年裁二十。授编修，再迁谕德。乾隆元年，命直南书房。三年，丁父忧，服阕，擢庶子。两岁四迁左佥都御史。九年，奏："督抚阅兵，祇就趋走应对定将弁能否。请近省命大臣，边省命将军、副都统，简阅行伍。"是岁令大学士讷亲阅河南、山东、江南三省行伍，璜此奏发之也。

璜侍曾筠行河，习工事。奏河工疏筑诸事：请浚毛城铺坝下引河，并于顺河集诸地开河引溜，修筑黄河岸，留新黄河、韩家堂诸地旧口，泄盛涨，议行。授大理寺卿。累迁户部侍郎。十八年十月，黄、淮并涨。璜疏请浚铜山以下、清口以上河身，并仿明刘天和制平底方船，用铁耙疏沙，修补高堰石工、归仁堤闸，酌复江南境内减水闸坝。尚书舒赫德等被命视河，奏请派熟谙工程大员董理堤防，因令璜偕工部侍郎德尔敏督修。璜奏："高堰工程有砖石之殊，年分有新旧之异。今当修砌石工，堤外筑拦水坝，并将旧有砖工尽改石工。石较砖重，桩木应培增。旧修石堤用石二进，石后用砖二进，砖与土不相融结，久经风浪，根空基圮，令于砖石后加筑灰土三尺，以御冲刷。"又奏："串场河为诸水总汇。请自石础闸南更建闸二，并就旧河道疏浚，直达海口。"十九年，奏："高堰、高涧、龙门、古沟四处深塘兜湾，请修复草坝。"皆从之。是年堤工竟，议叙，转吏部。二十年，以母病，乞假归。

二十二年春，上以璜母病愈，授南河副总河，并谕曰："璜侍父曾筠久任河工，见闻所及，谙练非难。母虽年近八十，常、淮带水，尽可轻舟迎养，固无异在家侍奉也。"四月，上南巡，临视高堰、清口及徐州诸工。以伏汛将至，近河诸地岁频歉，贫民甚多，谕疏筑诸工同时并举，以工代赈。因璜前奏请于昭关增滚坝、浚支河，南关旧坝改建滚水石坝，即命璜董其事。璜奏："运河东堤减水入下河，经刘庄、伍祐、新兴诸场，分注斗龙、新洋二港归海。但刘庄大团闸至新兴石础闸相距较远，请于伍祐沿洼口、蔡家港各增建石闸，引水出新洋港。并疏射阳湖港口，使之径直。浚串场河以西孔家沟、冈沟河、皮家河支流凡三。此皆下河归海之路也。湖河诸水，归海纡回，归江迳直。多一分入江，即少一分入海。应挑河筑坝，使湖河水势相平，乃将各坝开放。则湖水既减，可为容纳来水地。伏秋水盛，泄高邮湖引入运河，出车逻、南关二坝，则归海水少，下河田庐可无虑矣。"上谕曰："璜此奏分别缓急，因势利导，会全局而熟筹之。改纡为直，移远为近，浚浅为深，具有条理。即令尹继善、白锺山等会璜次第兴举。"十一月，高邮运河东堤新建石坝工成，奏请酌定水则，车逻、南关二坝过水至三尺五寸，开五里中闸；至五尺，开新建石坝。又奏："车逻、南关坝脊高于高邮湖面二尺七寸。芒稻闸为湖水归江第一尾闾，请常年启放，俾江、湖脉络贯通。”上深嘉之，从所请，并降旨命勒石闸畔。

二十三年正月，擢工部尚书。五月，上下江诸工皆竟。九月，调礼部。二十四年四月，请在籍终养。二十五年，诣京师祝上寿。归至清江浦，奏言：“归江之路，尚有应筹。请于金湾坝下开引河，并浚董家沟。又以廖家沟、石羊沟、董家沟三坝改低三尺，使与芒稻闸相准。”上命交尹继善等勘议。二十九年，丁母忧。三十二年，服阕，署礼部尚书，旋实授。七月，授河东河道总督，奏：“杨桥大坝为河南第一要工，虽已堵闭，时辄渗漏。而北岸河滩顺直，既不能挑引河分溜，大坝迤东又遍地飞沙，不能建越堤。请将坝身裹戗培厚，用资完固。”璜每巡河，不避艰险，身先属吏。一夕闻虞城工险，驰往。天甫晓，雨雹交下，下埽岌岌欲崩，从者失色，劝璜姑退。璜立堤上叱曰：“埽去我与俱去！”雨雹息，堤卒无恙。

三十三年九月，召授工部尚书，罢直南书房。寻以在河督任未甄别佐杂，左迁左副都御史。三十六年，迁工部侍郎。三十八年，擢尚书，调兵部。四十年，复调工部。四十四年，调吏部，协办大学士。初，璜议挽黄河北流仍归山东故道，入对尝及之。是岁河决青龙冈，大学士阿桂视工。上以璜议咨阿桂及河督李奉翰，佥谓地北高南低，水性就下；欲导河北注，揣时度势，断不能行。上复命廷臣集议，仍谓黄河南徙已久，不可轻议改道，寝其事。

四十七年，加太子太保，在上书房总师傅上行走。并以璜年老，谕冬令日出后入朝，赐玄狐端罩。五十年正月，与千叟宴，为汉大臣领班。五十一年，以老乞休，赐诗慰留。上幸避暑山庄，命留京办事。五十五年四月，以璜成进士逾六十年，重与恩荣宴。璜年八十，与高宗同岁生，生日在六月，奏改万寿节后。上嘉其知礼，代定八月十九日，赐诗及联榜、上方珍玩宠之。五十六年，复赐肩舆入直。五十九年七月，卒，年八十有四，命皇八子奠醊，赠太子太师，赐祭葬，谥文恭。

5. 张若溎

卷二百八十八　列传七十五

从子若溎，字树谷。雍正八年进士，授兵部主事。考选江西道御史。擢鸿胪寺少卿，六迁刑部侍郎，擢左都御史。上命旌恤胜朝殉节诸臣，若溎请遍行采访。下大学士、九卿议，以为明史外兼采各省通志，专谥、通谥已至千五六百人，不必更行采访。若溎以老乞休。上南巡，屡迎谒。五十年，与千叟宴，御书榜以赐。归，又二年，卒。

6. 曹一士

卷三百六　列传九十三

曹一士，字谔廷，江苏上海人。雍正七年进士（编者按：见于雍正八年庚戌科进士题名碑），改庶吉士，散馆授编修。十三年，考选云南道监察御史。高宗即位，谕群臣更番入对。一士疏言：“敬读谕旨，曰‘百姓安则朕躬安’，大哉王言，闻者皆感涕。臣愚以为欲百姓之安，其要莫先于慎择督抚。督抚者守令之倡。顾其中皆有贤者、有能者，贤能兼者上也，贤而不足于能者次之，能有余而贤不足者又其次也。督抚之为贤为能，视其所举而瞭如。今督抚举守令，约有数端：曰年力富强，曰治事勤慎，曰不避嫌怨。征其实迹，则钱粮无欠，开垦多方，善捕盗贼。果如所言，洵所谓能吏也。乃未几而或以赃污著，或以残刻闻，举所谓贪吏、酷吏者，无一不出于能吏之中，彼诚有才以济其恶耳。夫吏之贤者，悃愊无华，恻怛爱人，事上不为诡随，吏民同声谓之不烦。度今世亦不少其人，而督抚荐剡曾未及此，毋亦轻视贤而重视能之故耶？抑以能吏即贤吏耶？臣恐所谓能者非真能也，以趋走便利而谓之能，则老成者为迟钝矣；以应对捷给而谓之能，则木讷者为迂疏矣；以逞才喜事而谓之能，则镇静者为怠缓矣；以武健严酷、不恤人言而谓之能，则劳于抚字、拙于锻炼者谓之沽名钓誉、才力不及，而摭拾细故以罢黜之矣。至于所取者溃败决裂，则曰臣不合误举，听部议而已。夫有误举必有误劾，误举如此，则误劾者何如？误举者犹可议其罪，误劾者将何从问乎？臣以为今之督抚，明作有功之意多，而惇大成裕之道少；损下益上之事多，而损上益下之义少：此治体所关也。皇上于凡丈量开垦、割裂州县、改调牧令，一切纷更烦扰，皆行罢革。为督抚者，度无不承流宣化，所虑者，彼或执其成心，饰非自护；意为迎合，姑息偷安。臣敢请皇上特颁谕旨，剖析开导，俾于精明严肃之中，布优游宽大之政。所属守令，敕于保题荐举时，分列贤员、能员，然后条疏实事于下。能员有败行，许自行检举；贤员著劣迹，则从重处分。倘所举皆能而无贤，则非大吏乏正己率属之方，即贤者有壅于上闻之患。督抚之贤否，视所举而瞭如矣。”疏入，上为通谕诸督抚。

一士又请宽比附妖言之狱，并禁挟仇诬告，疏言：“古者太史采诗以观民风，借以知列邦政治之得失、风俗之美恶，即虞书在治忽以出纳五言之意，使下情之上达也。降及周季，子产犹不禁乡校之议。惟是行僻而坚，言伪而辨，虽属闻人，圣人亦必有两观之诛，诚恐其惑众也。往者造作语言，显有悖逆之迹，如罪人戴名世、汪景祺等，圣祖、世宗因其自蹈大逆而诛之，非得已也。若夫赋诗作文，语涉疑似，如陈鹏年任苏州知府，游虎丘作诗，有密奏其大逆不道者，圣祖明示九卿，以为‘古来诬陷善类，大率如此’。如神之哲，洞察隐微，可为万世法。比年以来，小人不识两朝所以诛殛大憝之故，往往挟睚眦之怨，借影响之词，攻讦诗文，指摘字句。有司见事风生，多方穷鞫，或致波累师生，株连亲故，破家亡命，甚可悯也。臣愚以为井田封建，不过迂儒之常谈，不可以为生今反古；述怀咏史，不过词人之习态，不可以为援古刺今。即有序跋偶遗纪年，亦或草茅一时失检，非必果怀悖逆，敢于明布篇章。使以此类悉皆比附妖言，罪当不赦，将使天下告讦不休，士子以文为戒，殊非国家义以正法、仁以包蒙之意。伏读皇上谕旨，凡奏疏中从前避忌，一概扫除。仰见圣明廓然大度，即古敷奏采风之盛。臣窃谓大廷之章奏尚捐忌讳，则在野之笔札焉用吹求？请敕下直省大吏，察从前有无此等狱案、现在不准援赦者，条列上请，以俟明旨钦定。嗣后凡有举首文字者，苟无的确踪迹，以所告之罪依律反坐，以为挟仇诬告者戒。庶文字之累可蠲，告讦之风可息矣。”上亦如其议。

雍正间督各省开垦，督抚以是为州县课最，颇用以厉民。一士疏言：“开垦者所以慎重旷土，劝相农夫，本非为国家益赋起见也。臣闻各省开垦，奉行未善，其流弊有二：一曰以熟作荒。州县承上司意旨，并未勘实荒地若干，预报亩数，邀急公之名。逮明知荒地不足，即责之现在熟田，以符报额。小民畏官，俯首而从之，咸曰：此即新垦之荒地而已。一曰以荒作熟。荒地在河堧者，地低水溢，即成沮洳；在山麓者，上土下石，坚不可掘；州县悉入报垦之数。民贫乏食，止贪官给牛种草舍，糊旦夕之口，不顾地之不可垦也。十年之后，民不得不报熟，官不得不升科。幸而薄收，完官不足。稍遇岁歉，卒岁无资，逃亡失业之患从此起矣。然且赋额一定，州县不敢悬欠，督抚不敢开除，飞洒均摊诸弊，又将以熟田当之。是名为开垦，有垦之名无垦之实也。兹二弊者，缘有司但求地利，罔惜贻害；大吏惟知虑始，不暇图终：是以仁民之政，反启累民之阶。臣请敕下直省督抚，凡开垦地亩，无论已未升科，俱令州县官覆勘，内有熟田混报开垦，举首除额，免其处分；如实为新垦，具印结存案，少有虚伪，发觉从重治罪：则以熟作荒之弊可免矣。新垦应升科，督抚遴员覆勘，硗确瘠薄，即与免赋；倘因报垦在先，必令起赋，以贻民累，发觉从重治罪：则以荒作熟之弊亦可免矣。”

乾隆元年，迁工科给事中。故事，御史迁给事中，较资俸深浅。一士入台仅六月，出上特擢。寻疏劾原任河东河道总督王士俊，疏未下，语闻于外。上疑一士自泄之，召对诘责，下吏议，当左迁，仍命宽之。一士复疏请复六科旧职，专司封驳，巡视城仓、漕盐等差，皆不当与。又疏论各省工程报销诸弊，请敕凡有营造开浚，以所须物料工匠遵例估定，榜示工作地方。又疏论州县官谳狱，胥吏上下其手，窜改狱词，请饬申禁。又疏论盐政诸弊，请毋令商人公捐，禁司盐官吏与商人交结；小民肩挑背负，戒毋苛捕；大商以便盐船阻通行水道，戒毋堵截。皆下部议行。一士病哽噎，即以是年卒。

一士晚达，在言官未一岁，而所建白皆有益于民生世道，朝野传诵。闻其卒，皆重惜之。

7. 陈兆仑

卷三百五　列传九十二

陈兆仑，字星斋，浙江钱塘人。亦幼慧。雍正八年进士，福建即用知县。举博学鸿词，诣京师试，授内阁中书，充军机章京。乾隆元年，廷试二等，授检讨。十七年，上御经筵，以撰进讲义称旨，擢左中允。御试翰詹各官，复擢侍讲学士。再迁顺天府府尹。值大水，兆仑心计指画，抚绥安集，无不得所。畿辅役繁，旧设官车疲敝，议佥富户应役，兆仑奏罢之。时方西征，发禁旅，兆仑经画宿顿储蓄，井井有绪，军民晏然。二十一年，迁太常寺卿。上谒陵，以同官迎驾失仪，左授太仆寺少卿。再迁太仆寺卿。三十六年，卒。

兆仑精六书之学，尤长经义，于易、书、礼均有论述。为诗文澹泊清远。

8. 胡彦昇

卷四百八十一　列传二百六十八

彦昇，字国贤。雍正八年进士，授刑部主事，改山东定陶县知县。著春秋说、四书近是、丛书录要。又于乐律尤有心得，著乐律表微八卷。

第三甲

1. 王师

卷三百八　列传九十五

师，字贞甫。雍正八年进士，以知县发直隶。十一年，授元城知县。王胜疃芜田数百亩，岁有征，请除其累。导民树蓺，沙壤成沃，岁祲不待请而赈。调清苑，迁冀州知州。州民被诬为杀人，已定谳，民所聘女誓同死。廉得实，覆鞫，雪其枉，俾完娶。累迁清河道，从大学士高斌等规画直隶水利，周历保定、河间、天津、正定诸地，所擘画多被采用。擢直隶按察使。乾隆十一年，迁浙江布政使，调江苏，巡抚安宁劾，解任。又以按察使任内失察邪教，降补天津道。再授浙江布政使。十五年，擢江苏巡抚，免沛县昭阳湖淹地老荒麻地征课。寻卒。子亶望，自有传。

2. 戚弢言

卷四百九十八 列传二百八十五

戚弢言，字魏亭，浙江德清人。父麟祥，官翰林院侍讲学士。坐事戍宁古塔，弢言从，备艰苦。麟祥遣令归就试，成雍正八年进士，除福建连江知县，勤其官。乾隆初，赦流人，麟祥不得与，弢言深痛之。总督郝玉麟将入觐，弢言刺指血为书求赦父，诣玉麟乞代上，玉麟难之。弢言叩首持玉麟裾号泣，引佩刀欲自裁，玉麟乃许之。诣京师，以弢言书上，高宗悯之，赦麟祥。麟祥就弢言养连江，明年卒。弢言持丧还，哀甚，亦卒。

3. 金溶

卷三百三十六 列传一百二十三

金溶，字广蕴，顺天大兴人。雍正八年进士，以刑部员外郎擢山东道监察御史。高宗即位，诏求直言，溶上疏言安民五事：一曰开垦之地缓其升科；二曰带征之项宜加豁免；三曰关税正额之外免报盈余；四曰州县殿最首重民事，不以办差为能；五曰巡狩之地崇尚朴素，不以纷华取媚。当是时，上命翰詹科道各进经史折子，溶又上疏曰："头会箕敛以裕囊橐者，匹夫之富也；轻徭薄税使四海咸宁者，天子之富也。易卦：损下益上，上益矣而反名损；损上益下，上损矣而反名益。盖谓百姓足君孰与不足，百姓不足君孰与足，圣人制卦之意可深长思也。"乾隆九年，湖广总督孙嘉淦因徇巡抚许容夺职，命修顺义城。溶上疏论曰："赏罚者，人主御世之大权。臣工有罪，有罚锾一例，因其素非廉吏，使天下晓然知所得者终不能为子孙计留也。孙嘉淦操守不苟，久在圣明洞鉴之中，而罚令出资效力，恐天下督抚闻之，谓以嘉淦之操守，尚不免于议罚，或一不得当，而罚即相随，势必隳廉隅预为受罚之地。是罚行而贪风起，不可不慎也。臣为嘉淦所取士，不敢避师生之嫌而隐默不言。"奏上，部议夺职。

未几，特起为福建漳州知府。漳俗强悍，胥吏千余交结大吏家奴，势力出长官上。有吴成者，设局诱博，擒治之，民称快。华葑村距县治二百里，康熙时尝议设县丞，以不便于胥吏，格不行。溶复以请，布政使文不下府而直行县，溶大怒，严讯县胥，得其交通状，乃详请治罪而设官。其父老叹曰："微金公，吾侪奔驰道路死矣！"十三年春，闽省旱，斗米千钱，大府檄溶平粜。溶劝富家出粜，给印纸令商人赴籴；又请宽台湾米入内地之禁；民情帖然。其他修文庙乐器，增书院膏火，皆次第举行。迁台湾道。补陕西盐驿道。署布、按两司事。调浙江粮道，与巡抚陈学鹏抵牾，学鹏论溶迂缓不任事，原品休致。卒，年七十三。

4. 吴嗣爵

卷三百二十五 列传一百十二

吴嗣爵，字树屏，浙江钱塘人。八岁而孤，母钱督之严，雍正八年成进士。授礼部主事，大学士张廷玉奏改吏部。再迁郎中。嗣爵强识，娴故事。乾隆六年，授常州知府，再授保宁，皆奏留部。旋命视学湖北，调福建。十三年，授淮安知府，迁淮扬道。洪泽湖盛涨，例当开天然坝。嗣爵曰："开坝减暴涨，如下河州县生灵何？"持之力，卒无恙。十六年，调两淮盐运使。十八年，复授淮扬道，遭母忧，上谕曰："防河官吏丛弊，故特由运使调用。河工与地方官吏不同，畀假两月治丧，毕，在任守制。"

擢江苏按察使。迁布政使，调湖南，未行，奏江宁等三十五州县积欠应征口粮，请特旨缓征。上谘巡抚托恩多，托恩多奏江宁等州县年丰，不当再请缓征。上责嗣爵藉缓征卸过，并为有司催征不力地，命发江南河工，以同知用。二十五年，补宿虹同知，仍授淮扬道，移淮徐道。黄河盛涨，逼徐家庄缕堤，嗣爵督吏抢护，命署理河东河道总督。旋坐官运使时商人侵蚀提引公费，坐降调，命改夺官，仍留任。三十四年，奏请修补丁庙、六里、南旺、荆门、戴村诸闸坝，并言："运河两岸土工，临清以北为民堰，南旺以南为官堤，自临清至南旺，官堤、民堰交错。请凡民堰卑薄残缺处，督令修筑，官堤酌缓急次第培修。"上嘉之。署河南巡抚。三十五年，奏："南旺湖北高南下，在运河西岸，值分水口之冲。伏秋汶水发，自关家、常鸣等斗门灌入，只能收水入湖，不能出水济运。请于南旺下游土地庙前增建石闸一，以时启闭。"

三十六年，迁江南河道总督。四十年，奏："丁家集黄河自北趋南，北岸新滩插入河心，致冲漫南岸民堰五百余丈。毛城铺过水较大，下流亦不能容。今收正河头，测量河唇，浚引渠，筑子坝，于北岸旁黄河故道浚引河，来春相机开放，俾河改由北岸东下，不使旁注丁家集诸地。"又奏："里河厅运口本设惠济、通济、福兴三闸，惠济尤为淮水入运关键，请俟春融修筑。"四十一年，又奏清口通湖引河凡五，为洪泽湖尾闾，并分别筹浚，运道以济。寻奏五引河中张家庄、裴家场二河水泄，应浚使宽深，从之。是年，上东巡，嗣爵觐行在，入对，不能兴，左右掖以出。改吏部侍郎，四十二年，乞罢，归。四十四年，卒，年七十有三。子璥，自有传。

5. 何梦瑶

卷四百八十五　列传二百七十二

何梦瑶，字报之，南海人。惠士奇视学广东，一以通经学古为教。梦瑶与同里劳孝舆、吴世忠，顺德罗天尺、苏珥、陈世和、陈海六，番禺吴秋一时并起，有"惠门八子"之目。雍正八年成进士，出宰粤西，治狱明慎，终奉天辽阳知州。性长于诗，兼通音律算术。谓蔡元定律吕新书，本原九章，为之训释。更取御制律吕正义研究八音协律和声之用，述其大要。参以曹廷栋琴学，为书一编。时称其决择精当。又著算迪，述梅氏之学，兼阐数理精蕴、历象考成之旨。江藩谓近世为此学者，知有法，不知法之所以然；知之者，惟梦瑶也。

6. 陈玉友

卷二百九十一　列传七十八

玉友，雍正八年进士，官台湾知府。勤其官，有惠政。

7. 李盛唐

卷四百九十八　列传二百八十五

李敬跻，字翼兹，云南马龙州人。父盛唐，雍正八年进士，官四川松茂道，以所部有罪坐监临官，戍卜魁。卜魁距云南万四千里，敬跻三往省。尝遇暴水，丧其仆马，徒步行，路人哀之，与之食，导使诣盛唐，盛唐辄令还侍祖母，迫使归。敬跻成乾隆二十二年进士，授福建将乐知县，计赎盛唐还。盛唐死戍所，敬跻遂发病，日呜呜而啼，未几亦死。

卜魁有范杰者，与盛唐善，盛唐倚以居二十年，至是归其丧。闽人吴阿玉尝欲从敬跻之官，盛唐丧过京师，吴为送还云南。

8. 方浩

卷三百三十六　列传一百二十三

方浩，字孟亭，安徽桐城人。雍正八年进士，授山西太原知县。尝知隰、平定二州。隰民有茹素号为大乘教者，浩召至庭，啖以酒肉，人莫知其故。其后逮捕大乘教人连数郡，而隰民独免。平定旱，奸民煽哗呶求粜，捕渠魁一人置之法，余悉不问。迁潞安知府。会上西巡，取道泽、潞，吏平道，及道旁民田。浩以銮舆未出而民废耕作，非上爱民之意，令耕如平时。民得收获，而事亦治。擢江西广饶九南道按察副使，兼摄九江府事。岁旱，米商未至，他郡县乏食，大吏檄运仓粮往济。浩以郡民咸待食，而移粟他往，恐生事，请独输九江仓，而属县停运，违大吏意。未几，安仁以阻运成大狱，大吏以此重浩。旋调吉南赣道。奸民据险为乱，驰诣捕缉。比大吏至，谋主已就擒，其敏捷如此。坐事罢，循例复职。方需次吏部，以疾卒。

雍正十一年（1733年）癸丑科

第二甲

1. 张若霭

卷二百八十八 列传七十五

若霭，字晴岚。雍正十一年进士。廷试，世宗亲定一甲三名。折卷知为廷玉子，遣内侍就直庐宣谕。廷玉坚辞，乃改二甲一名，授编修，直南书房，充军机章京。乾隆间，屡迁至内阁学士。若霭工书画，内直御府所藏，令题品鉴别，诣益进。十一年，扈上西巡，感疾，归卒。

2. 鄂容安

卷三百十二 列传九十九

鄂容安，字休如，西林觉罗氏，满洲镶蓝旗人，大学士鄂尔泰长子。雍正十一年进士，改庶吉士。世宗命充军机处章京。乾隆元年，授编修，南书房行走。再迁，五年，授詹事府詹事。鄂尔泰承旨固辞，上曰："鄂容安与张廷玉子若霭，皇考命在军机处行走，本欲造就成材。朕兹擢用，鄂尔泰毋以己意辞。"是时直军机处大臣与章京皆曰行走，无异辞也。寻又命上书房行走。七年，以与闻左副都御史仲永檀密奏留中事，夺职，语在永檀传。八年，命仍在上书房行走，授国子监祭酒。十年，袭三等伯爵，后五年加号襄勤。十二年，授兵部侍郎。

十三年，出为河南巡抚，赐孔雀翎。河南境伏牛山界陕西、湖北二省，袤延八百余里，鄂容安行部入山亲勘。又以界上诸关通大道，易藏奸宄，饬行保甲，入奏，上嘉焉。卫辉参将阮玉堂督操，鞭所部兵，兵哗。鄂容安疏请先治哗兵罪，然后罢玉堂，毋令兵骄，亦当上指。鄂容安又令籴补诸府、州、县常平仓谷都二十九万石有奇，浚治开封、归德、陈州三府乾枝诸水，以慎蓄泄、广灌溉。上奖其留心本务。

十五年，上巡幸河南，鄂容安疏言河南士民乐输银五十八万七千有奇，上曰："朕巡幸方岳，从不以丝毫累民，曾何藉于输将？且省方问俗，勤恤民隐，尚虑助之弗周，岂容供用转资于下？鄂容安此奏失政体。其以输银还之士民。"鄂容安疏请罪，又言："士民输银出本愿，还之恐不免胥吏中饱，仍请允其奏。"上意终不怿。还幸保定，鄂容安入见，不引谢，上诘责，令痛自改悔，不得有丝毫糜费粉饰，为补过之地。

十六年，移山东巡抚。济南被水，米贵。鄂容安请用乾隆十三年例，暂弛海禁，招商往奉天籴运。旋与东河总督顾琮规塞张秋挂剑台河决，培筑运河堤，自台儿庄至德州千有余里，循堤建堡房。塞太行堤涵洞，以纾宁阳等县水患。十七年，疏陈山东州县吏交代库银仓谷多有亏缺，下各府考核。又移江西巡抚。

十八年，授两江总督。十九年，疏言："江南地广事繁，胥役弊滋甚。淮安等府藉赈为弊，苏州等府藉漕为弊，徐州府藉应徭为弊，当严核惩治。令各属胥吏遵经制原额，禁伪冒及额外无名白役。"是年考绩，加太子少傅。

上将用兵准噶尔取达瓦齐，以鄂容安年力方盛，勇壮晓畅，召授参赞大臣。二十年，永常以定西将军出西路，萨喇尔以定边右副将军为副，鄂容安实从。谕曰："汉西域塞外地甚广，唐初都护开府扩地及西北，今遗址久湮。鄂容安在军，凡准噶尔所属及回部诸地，有与汉、唐史传相合可援据者，并汉、唐所未至处，当一一咨询记载。"旋偕萨喇尔入告，途中抚降诸部落，并檄谕达瓦齐，赉荷包、鼻烟壶。

及师定伊犁，值胡中藻以赋诗诽上诛。中藻为鄂尔泰门生，鄂尔泰从子鄂昌与唱和，连坐。上责鄂容安不为陈奏，行赏独不及。命与班第驻守伊犁。

阿睦尔撒纳叛迹渐著，鄂容安入告。上令与萨喇尔率师至塔尔巴哈台相机捕治。阿睦尔撒纳入觐，中途遂叛，伊犁诸宰桑应之。鄂容安与班第力战不支，相顾曰："今日徒死，于事无济，负上付托矣！"班第自刭。鄂容安腕弱不能下，命其仆剚刃于腹，乃死。故事，大臣予谥者，内阁拟二谥请上裁，以翰林起家者例谥"文"，至是拟"文刚""文烈"，上抹二"文"字，谥刚烈。图形紫光阁，上亲为赞，有曰："用违其才，实予之失。"盖重惜之也。以次子鄂津袭爵，官至伊犁领队大臣，坐事夺官；以鄂容安长子鄂岳袭爵。

3. 雷鋐

卷二百九十　列传七十七

雷鋐，字贯一，福建宁化人。为诸生，究心性理。庶吉士蔡世远主鳌峰书院，从问学。雍正元年，举于乡。世远时为侍郎，荐授国子监学正。十一年，成进士，改庶吉士，乞假归。十三年，高宗即位，召来京，命直上书房。乾隆元年，散馆，以病未入试，特授编修。二年，大考二等一名，赐笔、墨、砚、葛纱。同直编修余栋以忧归，端慧皇太子丧，入临，上欲留之。鋐疏言："侍学之臣，当明大义，笃人伦。使栋讲书至'宰我问三年丧'，何以出诸口？"杨名时亦诤之，事遂寝。四年，迁谕德。寻以父忧归。九年，召来京，仍直上书房，赏额外谕德食俸。

十年，三迁通政使。上以言事者多沽直名，自规便利，诏训饬。鋐疏言："皇上裁成激劝，俾以古纯臣为法，意至深厚。然台谏所得者名，政事所得者实。论臣子之分，不惟不可计利，并不可好名；而在朝廷乐闻谠言，不必疑其好名，并不必疑其计利。孔子称舜大知曰隐恶扬善，则知当时进言者不皆有善无恶，惟舜隐之扬之，所以嘉言罔攸伏，成执两用中之治。"得旨嘉奖。十四年，乞假省母。十五年，还京，命督浙江学政。十六年，上南巡，赐以诗，谓："浙江近福建，为汝便养母也。"寻调江苏。十八年，擢左副都御史，仍留督学。复调浙江。杭州、嘉兴灾，致书巡抚周人骥议蠲赈。人骥以时已隆冬，例不得补报，难之。鋐遂疏闻，上命蠲赈。二十一年，乞养母归。二十二年，上南巡，鋐迎谒，上书榜赐其母。二十四年，丁母忧。二十五年，鋐未终丧，卒，年六十四。

鋐和易诚笃，论学宗程、朱。督学政，以小学及陆陇其年谱教士。与方苞友，为文简约冲夷得体要。

4. 邵大业

卷四百七十七 列传二百六十四

邵大业，字在中，顺天大兴人，旧籍浙江余姚。雍正十一年进士，乾隆元年，授湖北黄陂知县。初到官，投讼牒者坌至，不移晷，决遣立尽。吏人一见问姓名，后无不识，众莫敢弄以事。有兄弟争产讼，皆颁白，貌相类。令以镜镜面，问曰："类乎？"曰："类。"则进与为家人语曰："吾新丧弟，独不得如尔两人白首相保也。"二人感动罢去。蛟水坏城，当坏处立，誓以殉，水骤止，拯溺餔饥，完堤岸，民得免患。总督以其名上闻，会父忧去。

服阕，授河南禹州知州，调睢州。频涝，请粜请赈，民以免患。浚惠济河，以俸钱更直，擢江南苏州知府。松江盗狱久不决，株连瘐毙者众，奉檄鞫治。见群犯皆断胫折踝，蹙然曰："尔等亦人子，迫饥寒至此，犹茹刑颠倒首从，诬连非罪人，何益于尔？"有盗幡然曰："官以人类待我，我不忍欺。"狱辞立具。

兼署苏松太道，寻摄布政使事，大吏交章荐。十六年，高宗南巡，御舟左右挽行，名緅须纤。大业语从臣，除道增纤必病民，非所以宣上德意，遂改单纤。会积雨，治吴江帐殿未就，总督劾大业观望。及乘舆至，则供备已具，然大业卒因左迁。

寻授河南开封知府，属县封丘民被控侵占田亩，及勘丈，非侵占，而亩浮于额。大业考志乘，河南赋则，自明万历改并，中地十亩，作上地七亩；下地十亩，作上地三亩。上官以昔为下则，今则膏腴，议加赋。大业曰："此河冲淤积，百姓以坟墓田庐所易之微利也。今日为退滩淤地，异日即可为沙压水冲。冬春播种，夏秋之收获不可知。上年河决，屋宇未尽葺，流亡未尽复，遽增岁额，何以堪？"旋从部议试种三年，次年果没入水，乃止。未几，以河溢，降江南六安州知州，又以盗案镌级。引见，再还江南，署江宁府。

二十八年，授徐州知府，府城三面濒黄河，西北隅尤当冲，虽有重堤，恃韩家山埽为固。大业按视得苏公旧堤，起城西云龙山，迄城北月堤，长三里，湮为民居，复其旧。越岁，韩家山埽几溃，民恃此堤以无恐。复浚荆山桥河，于水利宣泄，规画尽善。治徐七年，间有水患，不病民。三十四年，坐妖匪割辫事罢职，谪戍军台，数年卒。

大业所至以劝学为务，因黄陂二程子祠建义学，葺睢州洛学书院，集诸生亲为之师焉。

5. 陈大受

卷三百七 列传九十四

陈大受，字占咸，湖南祁阳人。幼沉敏，初授内则，即退习其仪。既长，家贫，躬耕山麓。同舍渔者夜出捕鱼，为候门，读书不辍。雍正十一年，成进士，选庶吉士。乾隆元年，授编修。二年，大考翰詹诸臣，日午，上御座以待。大受卷先奏，列第一，超擢侍读。五迁吏部侍郎。四年，授安徽巡抚。初视事，决疑狱，老吏骇其精敏。庐、凤、颍诸府时多盗，有司多讳匿，大受定限严缉，月获盗五十辈，得旨褒美。淮南、北洊饥，发仓谷赈之。谷且尽，继以麦。又告粜江南、广东，且发且储。时频岁饥民掠米麦以食，有司以盗论。哀其情，奏原六十余人。麦熟，禁蹕曲造酒及大商囤积。又以高阜斜陂不宜稻麦。福建安溪有早稻名畲粟，不须溉灌，前总督郝玉麟得其种，教民试艺有获。因令有司多购，分给各州县，俾民因地种植。事闻，上谕曰："诸凡如此留心，甚慰朕怀。"

是年，调江苏，疏请饬粮道较定各州县漕斛，及先冬令民搜蝻子。屡谕嘉奖，并以搜蝻子法令直隶总督高斌仿行。常州、镇江、太仓三府州被水灾，发仓治赈。江南旧多借堰圩塘，或有久废者，被水后尤多溃败，工巨费重，民力不能胜。大受出官粟借之，召民兴筑，计时而成。于江浦缮三合、永丰、北城诸圩，于句容复郭西塘黄堰，苏州、太仓疏刘家河，灌溉潴泄，诸工毕举。七年秋，黄河决古沟、石林，高、宝、兴、泰、徐诸州县罹其患，大受驰视以闻。上命截漕米协济，大受乃命多具舟，候水至分载四出，舳舻数百里，一日而遍。丹阳运河口藉湖水灌输，淤沙需疏浚，大受奏定六年大修，每年小修。后高宗南巡，御制反李白丁都护歌曰："岂无疏浚方，天工在人补。轮年大小修，往来通商贾。"盖嘉其奏定岁修法利于漕运也。

十年，有旨蠲明年天下钱粮，大受疏请核准漕项科则，晓谕周知；汇核地丁耗羡，同漕项并完；酌定业户减租分数，通饬遵行。得旨嘉奖。户部议禁商人贮米，大受谓："商人贮米，得少利即散，贮不过一岁，民且利焉。请弛禁便。"又言："城工核减，意在节用。用省而工恶，再修且倍之。"上皆韪其言。常州俗好佛，家设静堂，自立名教。江宁、松江、太仓渐染其习。大受疏请饬有司防禁，移佛入庙；堂内人田屋产，量为处置。上谕曰："此等事须实力，不可欲速。不然，则所谓好事不如无也。"

十一年，加太子少保，调福建。十二年，疏言："近海商民，例许往暹罗造船贩米。内渡时若有船无米，应倍税示罚。"部议从之。疏言："巡台御史巡南北二路，台湾、凤山、诸罗、彰化四县具厨传犒赏，往往滥准词讼。又于额设胥役外，俾奸民注籍，恃符生事。"上命自乾隆五年起，巡台御史均下部严议。又疏言："台湾番民生业艰难，向汉民重息称贷。子女田产，每被盘折。请拨台谷二万石分贮诸罗、彰化、淡水诸县，视凤山例接济。其不愿借者听。"报可。台湾民、番杂处，土音非译不通。有奸民杀人贿通事，移坐番罪，疑之，再鞫，竟得白。或言海上有岛十四，为田万余亩，可开垦，前政以入告。大受以岛地久在禁令，一旦开禁，聚人既多，生奸尤易。设兵弹压，为费弥甚，利不敌害，辄奏罢之。召授兵部尚书。十三年，调吏部，协办大学士、军机处行走。十四年，金川平，晋太子太傅。秋，署直隶总督。十五年，授两广总督。陛辞请训，上曰："汝直军机处两年，万几之事，皆所目击，即朕训也。何赘辞？惟中外一心足矣。"寻命协理粤海关。两粤去京师远，吏偷民哤，大受以猛治之，举劾不法吏，政令大行。十六年，以病乞解任，温诏慰留。未几，卒，赐祭葬，谥文肃，祀贤良祠。

大受眉目皆上起，丰髯有威。清节推海内。以微时极贫，禄不逮亲养，自奉如布衣时。子辉祖，自有传。

6. 董邦达

卷三百五　列传九十二

董邦达，字孚存，浙江富阳人。雍正元年，选拔贡生。以尚书励廷仪荐，命在户部七品小京官上行走。十一年，成进士，改庶吉士，授编修。乾隆三年，充陕西乡试考官，疏言官卷数少，以民卷补中，报闻。授右中允，再迁侍读学士。十二年，命直南书房，擢内阁学士，以母忧归。逾年，召诣京师，命视梁诗正例，入直食俸。十五年，补原官，迁侍郎，历户、工、吏诸部。二十七年，迁左都御史，擢工部尚书。二十九年，调礼部。三十一年，调还工部。三十二年，仍调还礼部。三十四年，以老病乞解任，上谕曰："邦达年逾七十，衰病乞休，自合引年之例。惟邦达移家京师，不能即还里。礼部事不繁，给假安心调治，不必解任。"寻卒。赐祭葬，谥文恪。

邦达工山水，苍逸古厚。论者谓三董相承，为画家正轨，目源、其昌与邦达也。子诰，自有传。

7. 夏之蓉

卷四百八十五　列传二百七十二

之蓉，字芙裳。雍正十一年进士。举鸿博，以检讨典试福建，又督广东、湖南学政。其校士也，必以通经学古为先。

8. 任启运

卷四百八十一　列传二百六十八

任启运，字翼圣，宜兴人。少读孟子，至卒章，辄哽咽，大惧道统无传。家贫，无藏书，从人借阅。夜乏膏火，持书就月，至移墙不辍。事父母以孝闻。年五十四，举于乡。雍正十一年，计偕至都，会世宗问有精通性理之学者，尚书张照以启运名上。特诏廷试，以"太极似何物"对，进呈御览，得旨嘉奖。会成进士，遂于胪唱前一日引见，特授翰林院检讨，在阿哥书房行走。上尝问以"朝闻夕死"之旨，启运对以"生死一理，未知生，焉知死"。上曰："此是贤人分上事，未到圣人地位。从此作去，久自知之。"逾年抱疾，赐药赐医，越月谢恩，特谕绕廊而进。面称："知汝非尧、舜不敢以陈于王前。"务令自爱。令侍臣扶掖以出，且遥望之。

高宗登基，仍命在书房行走，署日讲起居注官，寻擢中允。乾隆四年，迁侍讲，晋侍讲学士。七年，擢都察院左佥都御史。八年，充三礼馆副总裁官，寻升宗人府府丞。九年，卒于赐第，年七十五。赐帑金治丧具，赐祭葬。

启运学宗朱子，尝谓诸经已有子朱子传，独未及礼经，乃著肆献祼馈食礼三卷。以仪礼特牲、少牢、馈食礼皆士礼，因据三礼及他传记之有关王礼者推之，不得于经，则求诸注疏以补之，凡五篇：一曰祭统，二曰吉蠲，三曰朝践，四曰正祭，五曰绎祭。其名则取周礼"以肆献祼享先王""以馈食享先王"之文，较之黄乾所续祭礼，更为精密。又宫室考十三卷，于李如圭释宫之外别为类次：曰门，曰观，曰朝，曰庙，曰寝，曰塾，曰宁，曰等威，曰名物，曰门大小广狭，曰明堂，曰方明，曰辟雍，考据颇为精核。仪礼一经，久成绝学，启运研究钩贯，使条理秩然，不愧穷经之目。又礼记章句十卷，以大学、中庸，朱子既成章句，则曲礼以下四十七篇，皆可厘为章句。但所传篇次序列纷错，爰仿郑康成序仪礼例，更其前后，并为四十二篇。其有关伦纪之大，而为秦、汉、元、明轻变易者，则众著其说，以俟后之论礼者酌取。外有周易洗心九卷，四书约指十九卷，孝经章句十卷，夏小正注，竹书纪年考，逸书补，孟子时事考，清芬楼文集等书，其周易洗心则年六十时作，观象玩辞，时阐精理。

启运研穷刻苦，既受特达之知，益思报称。年七十二，犹书自责语曰："孔、曾、思、孟，实惟汝师。日面命汝，汝顽不知，痛自惩责，涕泗涟洏。呜呼老矣，瞑目为期。"及总裁三礼馆，喜甚，因尽发中秘所储，平心参订，目营手写，漏常二十刻不辍。论必本天道，酌人情，务求合朱子遗意，而心神煎耗，竟以是终。

十四年，诏举经学，上谕有"任启运研穷经术，敦朴可嘉"之语。三十七年，命中外搜集古今群书，高宗谕曰："历代名臣，洎本朝士林夙望，向有诗文专集及近时沉潜经史，原本风雅，如顾栋高、陈祖范、任启运、沈德潜辈，亦各著成编，并非剿说卮言可比。均应概行查明，在坊肆者或量为给价，家藏者或官为装印。至有未经镌刊只系钞本存留者，不妨钞录副本，仍将原本给还。庶几副在石渠，用储一览。"于是上启运所著书四种，入四库中。

9. 王检

卷三百九 列传九十六

王检，字思及，山东福山人。父蒻，官太常寺卿。检，雍正十一年进士，改庶吉士。乾隆元年，授编修。大考四等，休致。十三年，上幸阙里，召试，复授编修。十四年，授直隶河间知府，迁甘肃凉庄道。以官河间有政声，即调直隶霸昌道。累擢安徽按察使。奏："外任官员眷属外，定例州县家人二十名，府道以上递加十名，违者降级。定额本宽，近则州县一署几至百人，毋论招摇滋弊，即养廉亦不足供，请申明定例，违数详参。"又奏："皖城滨临大江，岁多劫案，请加重沿江乘危抢夺旧例，边海有犯视此。"均得旨允行。调直隶，又调山西。二十八年，迁广西布政使，调甘肃。奏："各省大计举劾，例由藩司主稿。请嗣后藩司新任，得援督抚例展限三月，以重考核。"

二十九年，擢湖北巡抚，署湖广总督。以前巡抚爱必达请于沔阳新堤设文泉县治，地处低洼，城仓库狱俱未兴工，且于民情未便，奏请裁撤，移沔阳州同驻新堤，下部议行。

调广东巡抚。秋审，刑部进湖广招册，检所定拟，多自缓决改情实，或改可矜。上核刑部九卿所改皆允，谕检"秋谳大典，宜详慎持平，失出失入，厥过维均"，传旨申饬。三十一年，奏："凡盗出洋肆劫，伙党、器械，招买皆自内地。如果保甲严查，岂能藏匿？请嗣后洋盗案发，询明由某地出口，将专管及兼辖、统辖各员，照保甲不实力例议处。"从之。广东有名竹洲艇者，其制上宽下锐，行驶极速。海盗用以行劫，追捕为难。检令凡船皆改平底。琼州地悬海外，黎人那隆等劫商骫法，为诸盗最。检亲督剿捕，决遣如律。又以民多聚族而居，置祭田名曰"尝租"，租谷饶裕，每用以纠众械斗。奏请"尝租自百亩以上者，留供每年祭祀，余田归本人。其以租利所置，按支均派，俾贫民有田以资生，凶徒无财以滋事"。上谕曰："所奏意在惩凶息讼，惟恐有司奉行不善，族户贤否不齐，难免侵渔攘夺。嗣后因恃祠产丰厚，纠众械斗，按律惩治。即以祠田如检所请分给族人，俾凶徒知所警惧，而守分善良仍得保其世业。"三十二年，因病请假，有诏慰问。旋卒。

子启绪，自编修官河南开归陈许道；燕绪，自编修官侍讲；孙庆长，内阁中书，官福建按察使。

第三甲

1. 吴士功

卷三百九 列传九十六

吴士功，字惟亮，河南光州人。雍正十一年进士，选庶吉士，改吏部主事。累迁郎中，考选御史。奏言："部院大臣简用督抚，调所属司员以道府题补，恐滋偏听、交结诸弊，请照雍正旧例停止。"从之。御史仲永檀言密奏留中，近多泄漏。敕王大臣诘问，举士功劾尚书史贻直疏以对。上出士功疏，戒以不悛改，当重谴。乾隆七年，授山东济东泰武道，丁忧，服阕，调直隶大名道。改山东兖沂曹道，属县饥，上南巡，迎驾，召对，以闻。为截留粮米六十万石赈之，命士功董其事。旱蝗为灾，督吏捕治，昼夜巡阅，未及旬，蝗尽。调湖南粮道，巡抚阿克敦疏留，调山东粮道。再迁湖北按察使。二十二年，护巡抚。河南饥，敕湖北发毗连州县仓米运河南，即留本年应运漕粮归仓。士功奏湖北地卑湿，米难久贮，请以一米改收二谷还仓，报闻。

迁陕西布政使，护巡抚。疏言："宜君、榆林、葭州、怀远、府谷、神木、靖边、宁远诸州县先旱后潦。拨宁夏米麦五万石分赈怀远、靖边诸县，中阻黄河，河冰即难挽运，臣饬先期速运；拨绥德等四州县米二万石协济榆林、葭州，山路崎岖，臣饬添雇骡驼速运，俾民早沾实惠。"谕令竭力妥为之。调直隶，奏请："抚藩离任，将库项有无亏空奏明。新任抚藩亦于交代限内另折奏闻，仍照例出结保题，以除挪借积弊。"上以所奏简而易行，命著为例。二十三年，复调陕西，护巡抚。疏言："延安府兵米，各县运府仓。弁兵赴府支领，路远费倍，耗损过半。请甘泉、宜川、延川、延长四县本县征收支给。"又奏："陇州汧阳县跬步皆山，岁征屯豆，请改折色解司充饷。"俱从之。

擢福建巡抚。二十四年，奏请捕私铸，按钱数多寡治罪。又奏获南洲盗八十余人，与总督杨廷璋疏请改定南洲塘汛。又奏："福建九府二州，常平缺额谷三十一万石有奇；台湾积年平粜未买谷十五万石有奇：皆令补足。浙西歉收，请拨台湾谷十万石听浙商贩运。风汛不便，先发内地沿海府县仓谷拨给，俟台湾谷运到还仓。一转移间，无妨于闽，有益于浙。"上嘉之。二十五年，奏："寄居台湾皆闽、粤滨海之民，乾隆十二年复禁止移眷，民多冒险偷渡，内外人民皆朝廷赤子。向之在台湾为匪者，均只身无赖。若既报垦立业，必顾惜身家，各思保聚。有的属在内地者，请许报官给照，迁徙完聚。"又条奏稽查滨海渔船，令取船主、澳甲保结；出口逾期不还，责成澳甲、船主查报；稽察携带多货，帆樯编字号，书姓名，免匪舟溷迹：均从之。寻以福建民多械斗，由大族欺凌小族，疏请大户恃强纠众拟情实，小户被欺抵御拟缓决。刑部拟驳，上谕曰："福建械斗最为恶俗。士功乃欲以族大族小分立科条，是使械斗者得以趋避其词，司谳者因而高下其手。士功夙习沽名，宜刻自提撕，勿自贻伊戚！"

二十六年，廷璋劾提督马龙图挪用存营公项，命士功严谳。会奏龙图借用公项，已于盘查时归补，援自首例减等拟徒。上以龙图败露后始行归补，且将登记数簿焚毁，又增舞文之罪，不得以自首论，因究诘出何人意，寻覆奏士功主政。上夺士功官，发巴里坤效力自赎。二十七年，廷璋奏闽县民杨魁等假造敕书承袭世职，投抚标效力。上命巴里坤办事大臣诘责士功，并令自揣应得处分，赎罪自效。士功输银赎罪，命释回。旋卒。

子玉纶，二十六年进士，自检讨累迁兵部侍郎，督福建学政，复降授检讨。

2. 桑调元

卷四百八十　列传二百六十七

调元，字弢甫，钱塘人，为孝子天显之子。天显亲病革，合羊脂和粥以进。亲死，抱铛而哭，人为绘抱铛图。调元受业于史，得闻性理之学。雍正十一年，召试通知性理，钦赐进士，授工部主事，引疾归。调元主九江濂溪书院，构须友堂，祠余山先生，以著渊源有自，余山，史自号也。调元东皋别业又辟余山书屋，以友教四方之士。为人清鲠绝俗，足迹遍五岳。晚主泺源书院，益畅师说。

3. 牛运震

卷四百七十七　列传二百六十四

牛运震，字阶平，山东滋阳人。雍正十一年进士。乾隆元年，召试博学鸿词，不遇。寻授甘肃秦安知县，开九渠，溉田万亩。县北玉钟峡山崩塞河，水溢为灾。运震率丁夫开浚，凡四日夜，水退。缘山步行，以钱米给灾户。县聚曰西固，去治二百余里，输粮苦运艰，多积逋。运震许以银代纳，民便之。先是巡检某诬马得才兄弟五人为盗，前令弗察，得才自刎死。其兄马都上控，令又诱而毙之狱。其三人者将解府，运震鞫得其情，昭雪之。又清水县某令冤武生杜其陶父子谋杀罪，上官檄运震覆治，验死者得自刎状，以移尸罪其陶而释其子。他讼狱多所平反。

官秦安八年，惠农通商。暇则行视郊野，铸农具，教民耕耨。称贷贩褐户，不求其息。设陇川书院，日与诸生讲习，民始向学。兼摄徽县，又摄两当县，茇舍于三县之中，曰大门镇，以听讼。徽县多虎，募壮士杀虎二十六，道始通。调平番，值县境五道岘告馑，捐粟二百石以赈，民感之。人输一钱，制衣铭德，运震受衣返币。固原兵变四掠，督抚皆至凉州，檄召运震问方略。运震请勿以兵往，但屯城外为声援，令城内捋出乱者。游击某执三百余人，众恼惧，运震请释无辜，入城慰喻。斩三人，监候四人，余予杖徒有差，反侧遂安。有忌者摭前受万民衣事，劾免官。贫不能归，留主皋兰书院，教学得士心。及归，有走千里送至灞桥者。

运震居官，不假手幕下，事辄自治。所至严行保甲，斗争讼狱日即于少。遇人干讼，必严惩。治盗尤严，曰："边鄙风俗疵悍，不如此，则法不立；令不行，民不可得而治。且与其轻刑十人，不如重处一人而九人畏，是惩一而恕九也。"罢官归后，闭门治经，搜考金石，所著经义、史论、文集及金石图，皆行于世。尝主晋阳、河东两书院，所造多名隽士，世称"空山先生"。

4. 胡定

卷三百六　列传九十三

胡定，字登贤，广东保昌人。雍正十一年进士，改庶吉士，授检讨。乾隆五年，考选陕西道监察御史。七年，湖南巡抚许容劾粮道谢济世，下湖广总督孙嘉淦按治，将坐济世罪，八年二月，定疏陈容陷济世、嘉淦袒容状，录湖南民揭帖，谓布政使张璨、按察使王玠、长沙知府张琳、衡州通判方国宝、善化知县樊德贻承容指，朋谋倾陷；并述京师民谚，目容为媪，谓其妒贤嫉能如妇人之阴毒。疏入，上命户部侍郎阿里衮如湖南会嘉淦覆勘，并令定从往。会湖南岳常道仓德密揭都察院，发璨请托私改文牍状，阿里衮至湖南，雪济世枉。上夺嘉淦、容等职，谕谓："定为言官，言事不实，自有应得之罪谴。今既实矣，若止为济世白冤抑，其事尚小；因此察出督抚等扶私诬陷，徇隐扶同，使人人知所儆戒，此则有裨于政治，为益良多。至诸行省督抚举劾必悉秉公心，方为不负委任，若以爱憎为举劾，如嘉淦、容居心行事，岂不抱愧大廷，负惭夙夜？诸督抚当深自儆省，以嘉淦、容为戒。"定于是负敢言名。

转兵科给事中，巡视西城。求居民善恶著称者，皆榜姓名于衢。民有讼者，即时传讯判结。西山卧佛寺被窃，同官误以僧自盗奏，定廉得真盗，僧得雪。旋以母老乞归养。服除，复授福建道御史。疏论内务府郎中某朘民为私利，按治事不实，夺职下刑部，久之谳定，罢归。二十二年，上南巡，定迎驾杭州，复原衔。卒，年七十九。著有双柏庐文集。

5. 韩海

卷四百八十五 列传二百七十二

韩海，字伟五，亦番禺人也。雍正十一年进士，官封川教谕。大府欲荐应鸿博，海赋诗以见志，大府览诗愕然，遂不复强。海亦旋卒。